JN329978

三浦恵子 MIURA Keiko

アンコール遺産と
共に生きる

めこん

カオイダン難民収容センター：クメールの古典舞踊（1980年）　　　　　　　　　［写真：Colin Grafton］

コーク・ドーン村：井戸水を使う子供たち

南寺から見たアンコール・ワット

バイヨン寺院：舞踊の衣装を着て観光客の記念撮影を待つモデルたち

アンコール・ワットで愛を誓い合った新郎新婦

ター・リエイ：南寺の孤児と神像の世話人

アンコール・トム：ワット・タン・トックへ向かうカティンの行列

ワット・タン・トック：
故ター・サエム僧正を
訪問した親子に聖水を注ぐ

プラダック村：観光客向けの籠を売る店

プレ・ルップ寺院前で
みやげ物を売る近くの村の女性

バイヨン寺院周辺の草刈りをする
アプサラ機構の整備員

北スラッ・スラン村：
みやげ物の太鼓を彫る若者

サイハー（スナーダイ・クマエ孤児院提供）

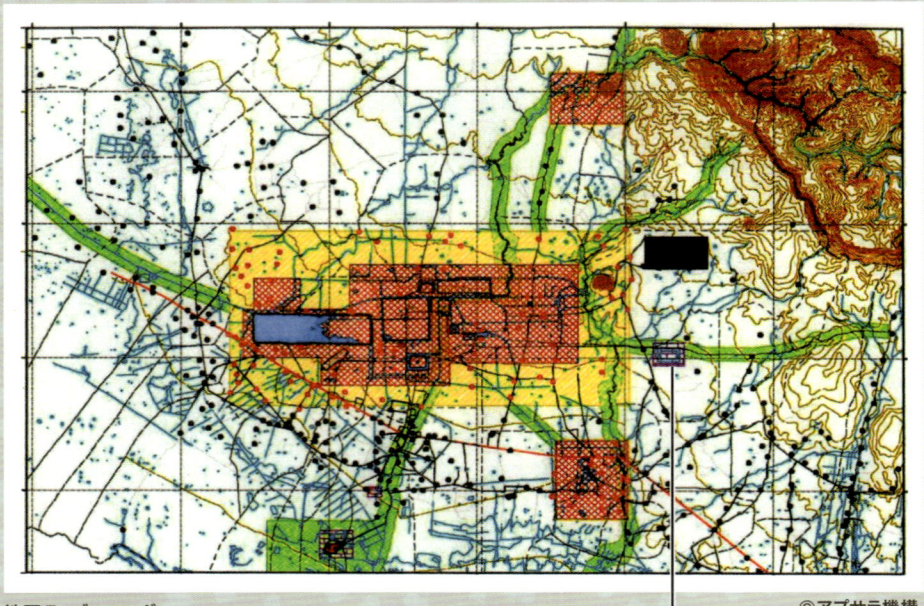

地図5　ゾーニング

©アプサラ機構

ゾーン4

ゾーン1：赤／建造物遺跡区域（コア・ゾーン）
ゾーン2：黄／考古学的保護区域（バッファー・ゾーン）
ゾーン3：緑／文化的景観保護区域（河川流域）
ゾーン4：考古学的、人類学的、歴史学的関心の高い区域
ゾーン5：シェム・リアップ／アンコール地域の社会・経済・文化発展区域
■：ルン・ター・エーク

謝辞

　この本の出版にあたって振り返ってみると、1998年9月に博士課程の研究を開始してから既に10年以上たち、お世話になった方々も年々数を増しています。この間に残念ながら亡くなった人々も多く、その中には鍵となるインフォーマントだった方々も少なくありません。中でもとりわけお世話になった故人は、アンコール・クラウ村の親代わりだったイエイ・ユーンとター・ニエム夫妻、イエイ・ユーンのお兄さんター・チャイ、イエイ・ユーンの甥で、村の小学校の校長だったモーク・チャンさん、アンコール・トムのタン・トック寺の僧正だったサエム師とテープ・プラナン寺のヴォアー師、バイヨン寺院で仏像の世話をしていた6人のアンコール・クラウ村のお年寄り、村長のター・ミア、トロペアン・セッ村のアチャー、ター・ロアムなどが挙げられます。彼らが私に快く分け与えてくれた地域の知識、知恵や人生の物語がなかったら博士論文もこの本も書き上げることはできませんでした。故人になられてしまった方々同様、まだ生存中のアンコール地域の村人の皆さんも、アンコールの遺産がどれ程豊かなものであるかを教えてくれました。貴重な時間と知識を共有して下さった皆さまに心から感謝の念を表します。

　現地調査にあたっては、数人のカンボジア人に調査のアシスタントと運転手を務めていただきました。その中でも、タップ・サコーンさん、チム・ペートさん、ブンナ・ピンさん、アン・チョーンさんには特にお世話になりました。彼らの協力なしには、アンコールと地域社会が直面する問題をここまで詳しく知ることはできませんでした。謹んでお礼申し上げます。

　アプサラ機構には各種の情報、資料、交通機関、人材を適宜提供していただいただけでなく、アンコール公園への入場料を免除していただき、感謝しています。機構に関してかなり批判的で不都合な記述もあったかと思いますが、これから継続してアンコール遺産の保護管理と観光およびコミュニティ開発を進めていく過程での挑戦と改善のために論文や本書をお役に立てていただければ幸いです。

　ユネスコのカンボジア事務所にも情報、資料、アンコール国際調整委員会

(ICC) の会議への出席を許可していただき、シェム・リアップのクメール学センター (CKS) には、資料と資料を読む場所を提供していただいたことに心から感謝の念を表します。

　上智大学修復チームの現地駐在員の建築家三輪悟さん、IKTT の森本喜久男さん、JST のチア・ノルさんと小池陽子さん御夫妻、シェム・リアップとアンコール・クラウ村の子供たちの絵画教室を見せていただいただけでなく、2 点の絵を本に掲載することを許可して下さった「小さな美術スクール」の笠原知子さんとスナーダイ・クマエ孤児院のメアス博子さん、APDO のテーク＝サカナ・サブットさん、バッファロー・トレイルのチア・ソパルさん、ラ・ノリアのオリヴィエ・アドリアンさんにプロジェクトの説明やら活動現場案内などの協力をいただき、多くを学ばせていただきました。ありがとうございました。

　D.A.C. の蓬郷裕司さんには、資料を提供していただき、JICA の後藤哲司さん同様早稲田大学文学学術院の修士学生の実習でもシェム・リアップで大変お世話になりました。

　カンボジア専門の歴史家で博士論文に丁寧なコメントやアドバイスを下さったデービッド・チャンドラー教授とクメール語の専門家であるミシェル・アンテルム博士、英語の校正を快く引き受けて下さった知人のロバート・ファウラーさんと友人のジョセフィン・シエドレッカさん、またこの本のためにクメール語の日本語表記にアドバイスを下さった福富友子さん、アンコールの専門家であり元文化遺産国際協力コンソーシアム職員の田代亜紀子さんと上智大学の丸井雅子さんにも、資料、情報、研究会への招待と楽しいひと時を共有させていただき、この場を借りて心より御礼申し上げます。

　博士課程でお世話になった、ロンドン大学東洋アフリカ学院の指導教官だったアンドリュー・タートン博士、副指導教官のドロレス（ローラ）・マルティネス博士、研究指導教官だったジョン・ピール教授、修士課程の指導教官でクメール考古学の専門家だったエリザベス・モアー博士と世界遺産関連の人類学教官であるトレヴァー・マーシャンド博士のご指導に深く感謝しております。

　博士課程同期の村上大輔さんとウィン・チュン・ホーさんの友情、いくつかの章を読んで忌憚ないコメントをくれた私の姉妹、友人の三浦久美子さんと Up Field Gallery の上野重一さん、難民キャンプの写真を提供してくれたコリ

ン・グラフトンさん、それに私の勉学に変わらぬ関心と激励を惜しまなかった故岩崎秀夫さんと文子さん御夫妻、両親、夫、姑にも心から感謝いたします。そして研究や住居の頻繁な移動で翻弄された息子に迷惑をかけたことを詫びつつ、一緒に様々な経験ができたことを大変うれしく思っています。

　2004年以降研究を続けられたのは、次に述べる各プロジェクトとその研究費によるもので、下記の財団、大学、個人に深く感謝いたします。

　平成16年〜19年度：科学研究費基盤（A）「東アジアにおける水稲文化の儀礼と景観」（日本学術振興会）早稲田大学文学学術院海老澤衷教授代表。

　平成19年度：科学研究費補助金（奨励研究）研究課題「アンコール世界遺産地域における観光開発の影響と地元住民の生活戦略の変化」（日本学術振興会）早稲田大学文学学術院（三浦恵子代表）。

　2009年〜2011年：ドイツ、ジョージ・オーガスト・ゲッティンゲン大学「文化財の構成：アクター、言説、文脈、規則 [The Constituting of Cultural Property: Actors, Discourses, Contexts, Rules]」学際的研究プロジェクト（代表：レジーナ・ベンディックス [Regina Bendix] 教授）、「世界遺産アンコール・サブ・プロジェクト」（代表：ブリギッタ・ハウザー－ショーブリン [Brigitta Hauser-Schäublin] 教授）。

　最後になりましたが、新曜社の小林みのりさんには読みづらい最初の草稿を読んでいただき、コメントと激励を頂戴し感謝の念に堪えません。めこんの桑原晨さんには、出版を二つ返事で引き受けていただき、その上原稿の修正でも大変お世話になりました。多くの人々の支え、忍耐、関心と期待の下に今日この本の刊行にまで至ることができました。皆さまの有形、無形の支援に心から感謝申し上げます。

　本書は、アンコール遺跡と共に生きて来た地域の人々と、両親に捧げたいと思います。

　2011年4月

三浦恵子

目次

謝辞……I

地図1｜カンボジア全図…9
地図2｜シェム・リアップ - アンコール地域…10
地図3｜アンコール・グループと村…12
地図4｜アンコール・トムと水田…14
地図5｜ゾーニング…口絵最終ページ

資料1｜頭字語と略語…15
資料2｜用語解説…18
資料3｜Declaration by Colonel Tan Chay（タン・チャイ将軍・前遺跡警察署長による宣言）…25
資料4｜Royal Decree establishing Protected Cultural Zones in the Siem Reap/Angkor Region and Guidelines for their Management（シェム・リアップ／アンコール地域の保護文化ゾーンと、管理のガイドラインを設定する王令）…27

序章

カンボジアとの出会い…35
アンコールとアンコール・クラウ村との出会い…37
アンコールの歴史的概観…38
文化遺産をめぐる問題と本書の主旨…41
世界遺産アンコールの行為者とそれぞれの関心…49
研究アプローチと方法論…54
制約、ジレンマ、問題点…55
研究地域と対象者…57
本書の構成…58

第1章　遺産概念とアンコール

1. リビング・ヘリテージ概念の再考…63
2. 過去と遺産…69

3. 遺産の定義：変わる概念……74
  ❖定義 74　❖変化する焦点と意味 79

4. 空間……84
  ❖社会的空間の生産：闘争の場 85　❖相互監視 88　❖空間、知識と力 90　❖実在、想像、象徴空間 90　❖時間と空間 91

5. 場所とローカリティ……93

6. ランドスケープ……97
  ❖概念 98　❖応用 98　❖文化的景観 102

第2章　空間と場の知識

1. 地域社会の知識……107
  ❖歴史、神話、伝説、民話、信仰 109

2. 聖域としてのアンコール……110
  ❖王の神格化 110　❖ヒンドゥー教の神々、仏陀、ネアック・ター、ボン・ボット 112　❖アンコールの神話と伝説 114

3. アンコール・トムと城門……116

4. バイヨン寺院……118
  ❖ニアン・ニアック[Neang Neak]とプレア・タオンの神話（ター・チャムの語り）120　❖プラ・タオン[Praḥ Thaong]とナギ[Nāgī]の神話（『王朝年代記』）124　❖混塡[Hun-t'ian]と柳葉[Liu-ye]の神話（中国の王朝年代記『梁書』）126　❖バラモン—カウンディニャ [Kauṇḍinya]とソマ[Somā]の神話（チャンパの碑文）126　❖混塡——カウンディニャ——プレア・タオンと柳葉——ソマ——ニアン・ニアック（1960年代の学校の教科書）127　❖王とナーガの女王の合体伝説（周達観の記録）128　❖癩王伝説 130

5. プレア・ピトゥ寺院……132
  ❖プレア・ピトゥ王子と夜叉（ター・チュオップの語り）134　❖癩王プレア・ピトゥと夜叉ルルジャック[Rulujak]（ター・チャイの語り）134　❖神プレア・ピトゥと夜叉の夫婦（スン・サオンの語り）135

6. ブランパル・ルヴェーン寺……136

7. セントミア湖……137
  ❖セントミア湖、コン・ライ[Kon Rei]とチャオ・セン[Chao Saen]（イエイ・ユーンの語り）137

8. アンコール・ワット……142
  ❖ター・リエイとネアック・ターのネットワーク 143　❖プレア・アン・チェークとプレア・アン・チ

ヨーム 145　❖ドンボーン・クロニューン王とプロム・ケル[Prohm Kel]（ター・チュオップの語り）149

9. まとめ………151

第3章　アンコール・クラウ村と実践知

1. アンコール・クラウ村………154

2. コミュニティの生活知………159
　❖プームと信仰創設の実践知 160　❖スロック[Srok]：想像の共同体 163

3. 精霊の身体化された知識………164
　❖ネアック・ター 167

4. 仏教の知識と実践………172
　❖村人の僧院との関わり 177

5. 環境の知識と実践………182
　❖環境と関連したアイデンティティ 182　❖社会経済環境 183　❖稲作の知識と実践 185
　❖自然資源の知識と採取 188

6. 家族の相続財産に関する知識………191
　❖アンコール・トムと周辺にある相続財産 191　❖森と樹木 192　❖水田と所有の歴史 193

7. まとめ………197

第4章　空間からの追放、場からの排除

1. アンコール・トムからの追放………199

2. アンコール時代の追放………203
　❖王女伝説──バージョン1：王女ヴォン・ティア[Vong Tia]、秘密の恋人、双子の男児 204
　❖王女伝説──バージョン2：王女ヴォン・シル[Vong Syle]、秘密の恋人、女児 205　❖王女伝説──チャム・バージョン：プラサート・ター・ウアン、別名プラサート・レアック・コーン[Prasat Leak Kon] 205　❖トン・チェイ物語：アチャー・バージョン 206　❖トン・チェイ物語：僧侶バージョン 207

3. シャムによる周辺化、フランスによる追放、イサラクによる介入………209
　❖シャムによる周辺化 209　❖フランスの管理 209　❖シアヌーク時代（1953～70年）221

4. 戦争、混乱と剝奪………222
　❖ロン・ノル時代（1970～75年）：戦争と混乱からの避難 222　❖民主カンプチア（ポル・ポ

ト)時代(1975 〜 79年):強制移住、破壊、喪失 224

5. まとめ………… 226

第5章　実践の規制

1. 権力の概念、政治文化、権力関係の歴史………… 231
　❖ 権力の概念 231　❖ 政治文化と権力関係の歴史 233

2. 私有地所有の拒否と樹木の違法伐採………… 237
　❖ ポル・ポト政権時代(1975 〜 79年)からの負の遺産とその余波 237　❖ カンプチア人民共和国(PRK):1979 〜 89年 238

3. 改革と移住………… 242
　❖ カンボジア国(SOC)期:1989 〜 91年 242

4. 更なる規制:禁止と排除………… 244
　❖ 1990年代アンコールの「新しい管理体制」244　❖ アプサラ機構と遺跡警察の政治的立場 245　❖ 実践の規制 246

5. まとめ………… 251

第6章　ター・ネイ会議——様々な言説

1. 支配的な言説ともう1つの言説間の対立………… 254
　❖ ター・ネイ言説 255　❖ 慣習・義務・法律:どの法律? 258　❖ 保全対開発 266　❖ ター・ネイ会議の影響 274

2. 権力関係の社会的動態………… 276
　❖ アプサラ機構と他組織との関係 276　❖ 地域のパトロン:権力の仲介者 279　❖ 宗教の権威と世俗の権威 280　❖ 変化する地域社会の権力者の序列 281

3. 支配の文脈と形式………… 282
　❖ イデオロギー、権力、国家、非国家 283　❖ 支配の文脈と形式 284

4. ガバナンスと市民社会………… 289

第7章　地域住民の生活戦略と遺産管理をめぐる論争

1. 地域住民の戦略と戦術……294
  ❖戦略と戦術 295　❖集合的戦略 296　❖個々の戦略 302　❖個人の戦術 310　❖セクション1のまとめ 313
2. 遺産保全主義派－観光推進派間の綱引き……314
  ❖遺産保全と観光推進派の政治的景観 317
3. まとめと提言……325

第8章　持続可能な開発へ

1. アプサラ機構の新しい管理体制と実践……330
  ❖コミュニケーション課(CU) 330　❖人口統計学・開発部(DDD) 331　❖水・森林部(DWF) 331　❖遺跡・考古学部II（DMA-II）332
2. 社会経済開発計画と観光開発……333
  ❖社会経済開発計画と貧困削減 333　❖成長する観光市場 334　❖シェム・リアップにおける観光開発と地域経済 334　❖利益の分配 335　❖何をいかに開発して、持続するか？ 337
3. まとめ……363

|　参照文献リスト…368
|　索引…387

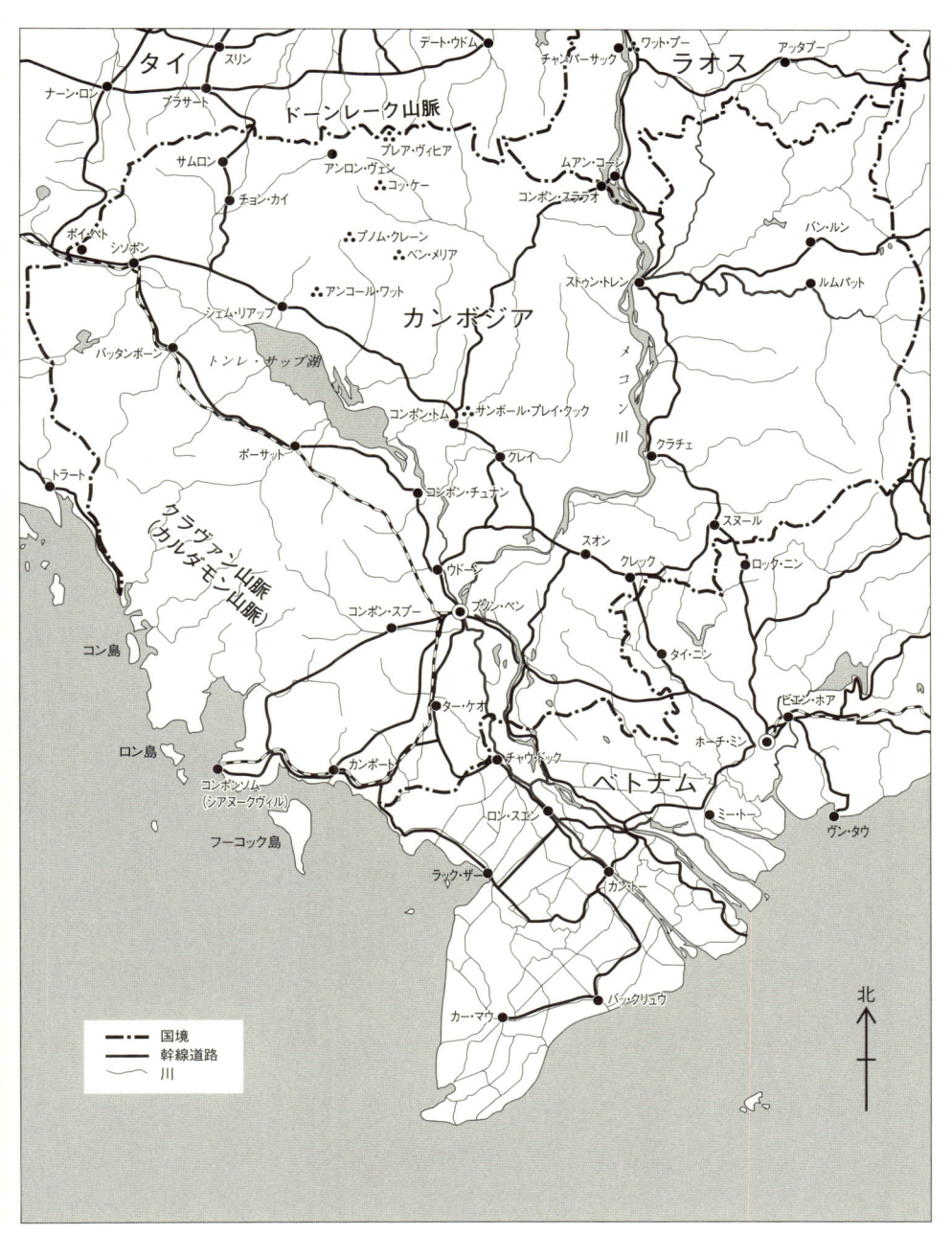

地図1　カンボジア全図

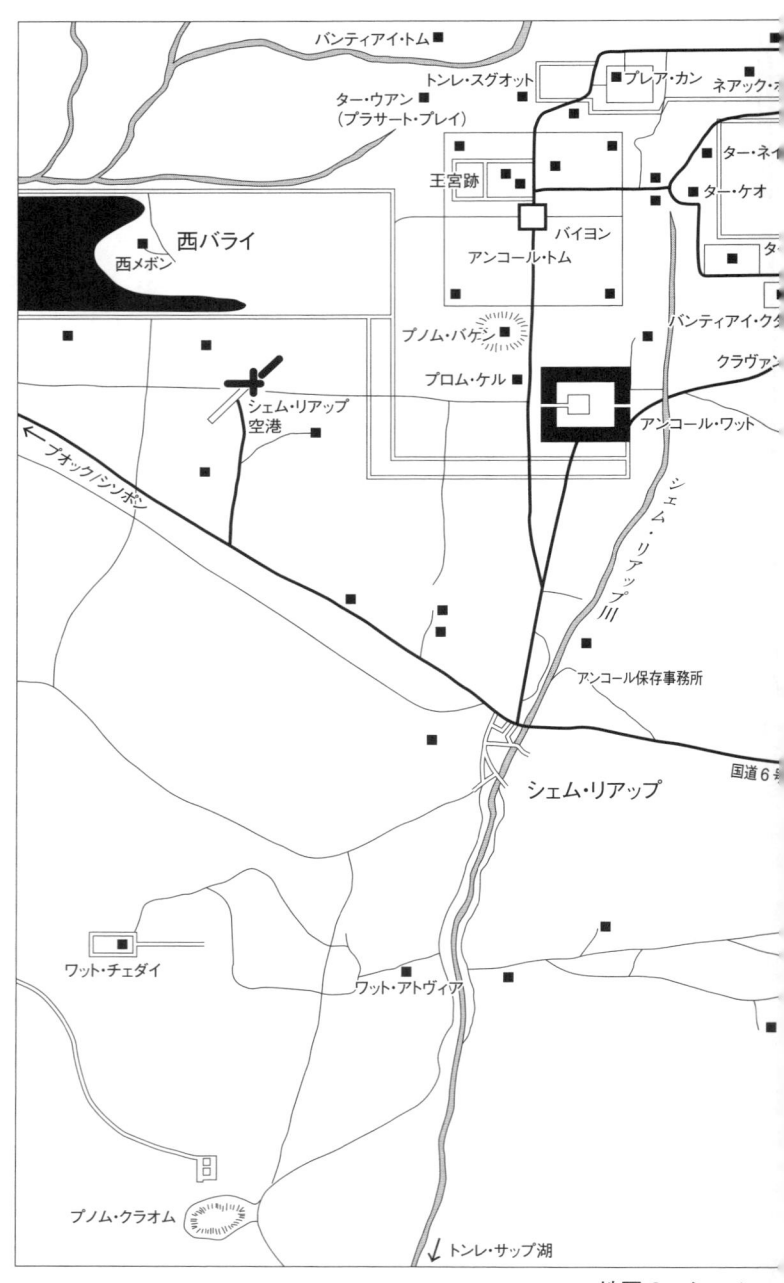

バンティアイ・トム
トンレ・スグオット
プレア・カン
ネアック・
ター・ウアン
（プラサート・プレイ）
ター・ネ
王宮跡
ター・ケオ
バイヨン
西バライ
アンコール・トム
西メボン
バンティアイ・クダ
プノム・バケン
クラヴァン
プロム・ケル
シェム・リアップ空港
アンコール・ワット
←プオック/シソポン
シェム・リアップ川
アンコール保存事務所
国道6号
シェム・リアップ
ワット・チェダイ
ワット・アトヴィア
プノム・クラオム
↓トンレ・サップ湖

地図2　シェム・

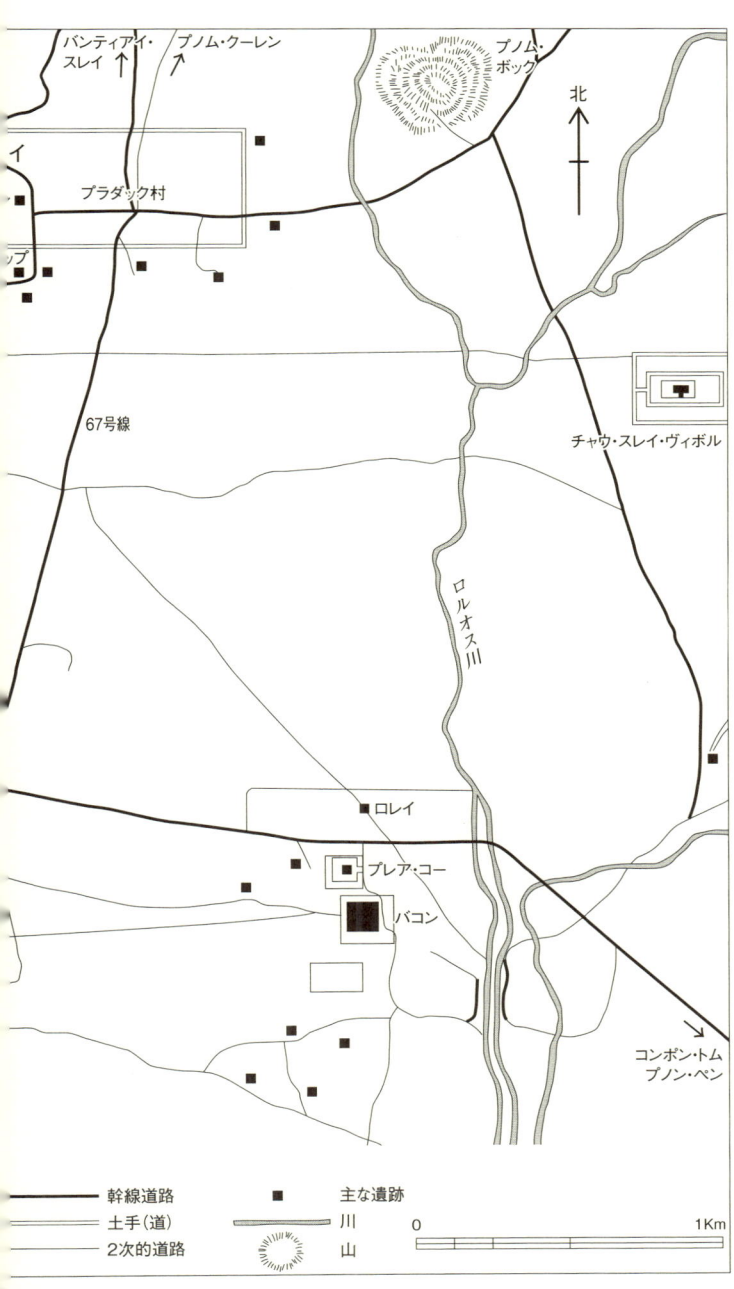

バンティアイ・　プノム・クーレン
スレイ ↑　　　↑

プノム・ボック

北 ↑

プラダック村

67号線

チャウ・スレイ・ヴィボル

ロルオス川

ロレイ

プレア・コー

バコン

コンポン・トム
プノン・ペン

━━━　幹線道路　　　■　主な遺跡
━━━　土手(道)　　　　　川
━━━　2次的道路　　　　　山

0　　　　　　　　　1Km

ンコール地域

地図3　アンコール・グループと村

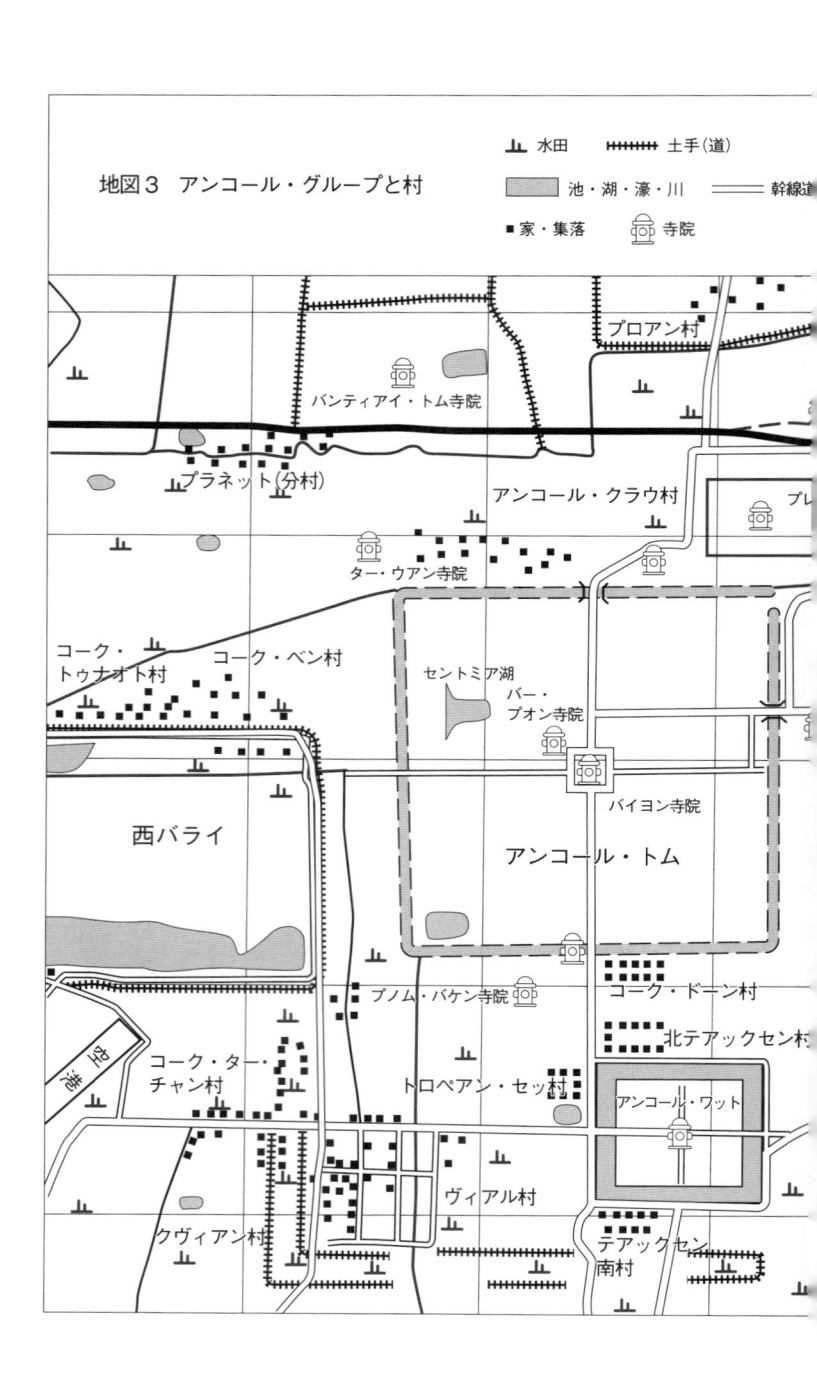

凡例:
- 水田
- 土手(道)
- 池・湖・濠・川
- 幹線道
- 家・集落
- 寺院

- プロアン村
- バンティアイ・トム寺院
- プラネット(分村)
- アンコール・クラウ村
- ター・ウアン寺院
- コーク・トゥナオト村
- コーク・ベン村
- セントミア湖
- バー・プオン寺院
- バイヨン寺院
- 西バライ
- アンコール・トム
- プノム・バケン寺院
- コーク・ドーン村
- 北テアックセン村
- コーク・ター・チャン村
- トロペアン・セッ村
- アンコール・ワット
- クヴィアン村
- ヴィアル村
- テアックセン南村

北

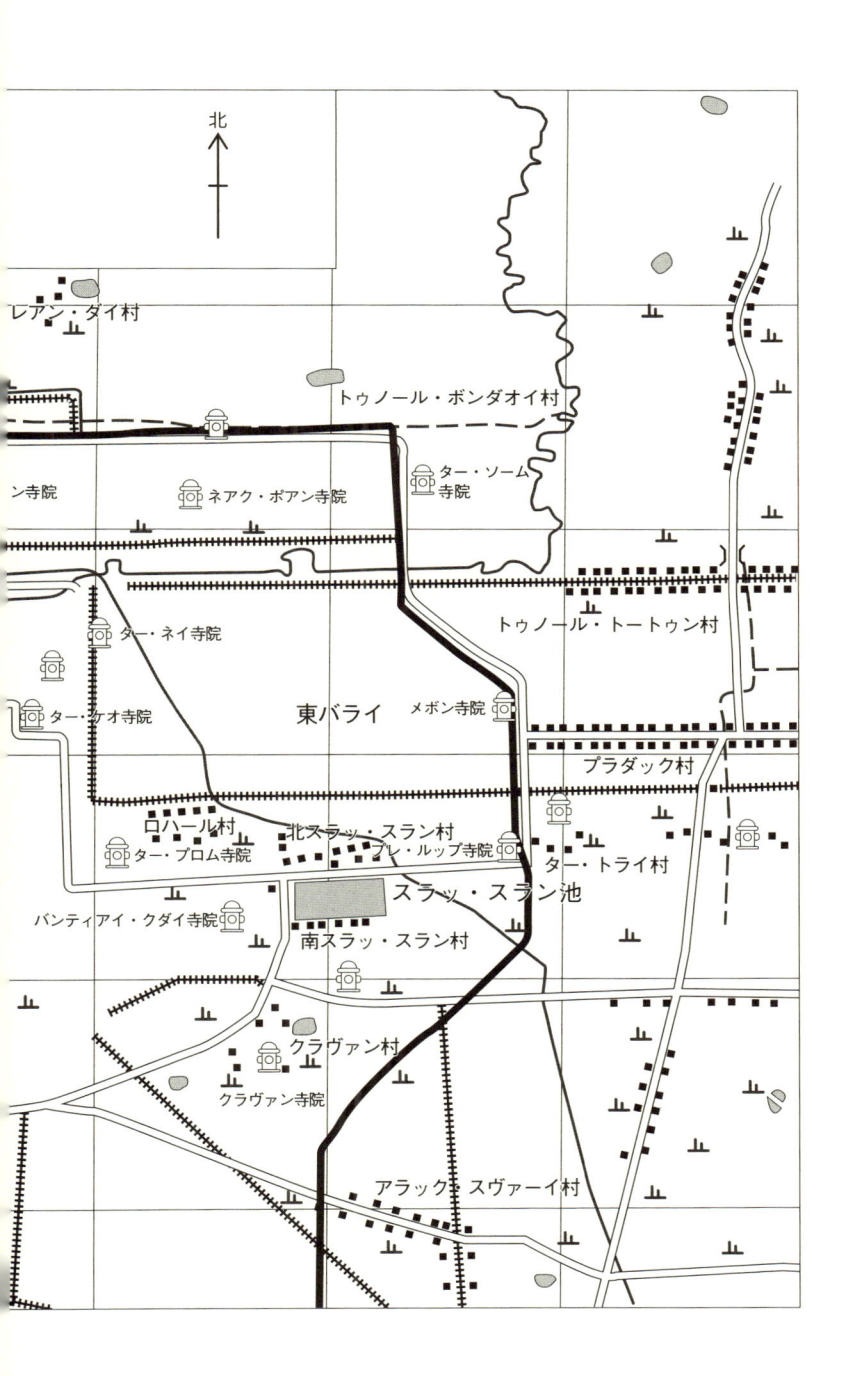

レアン・ダイ村

トゥノール・ボンダオイ村

ネアク・ポアン寺院

ター・ソーム寺院

ター・ネイ寺院

トゥノール・トートゥン村

ター・ケオ寺院

東バライ

メボン寺院

プラダック村

ロハール村　北スラッ・スラン村

ター・ブロム寺院　プレ・ルップ寺院

ター・トライ村

バンティアイ・クダイ寺院

スラッ・スラン池

南スラッ・スラン村

クラヴァン村

クラヴァン寺院

アラック スヴァーイ村

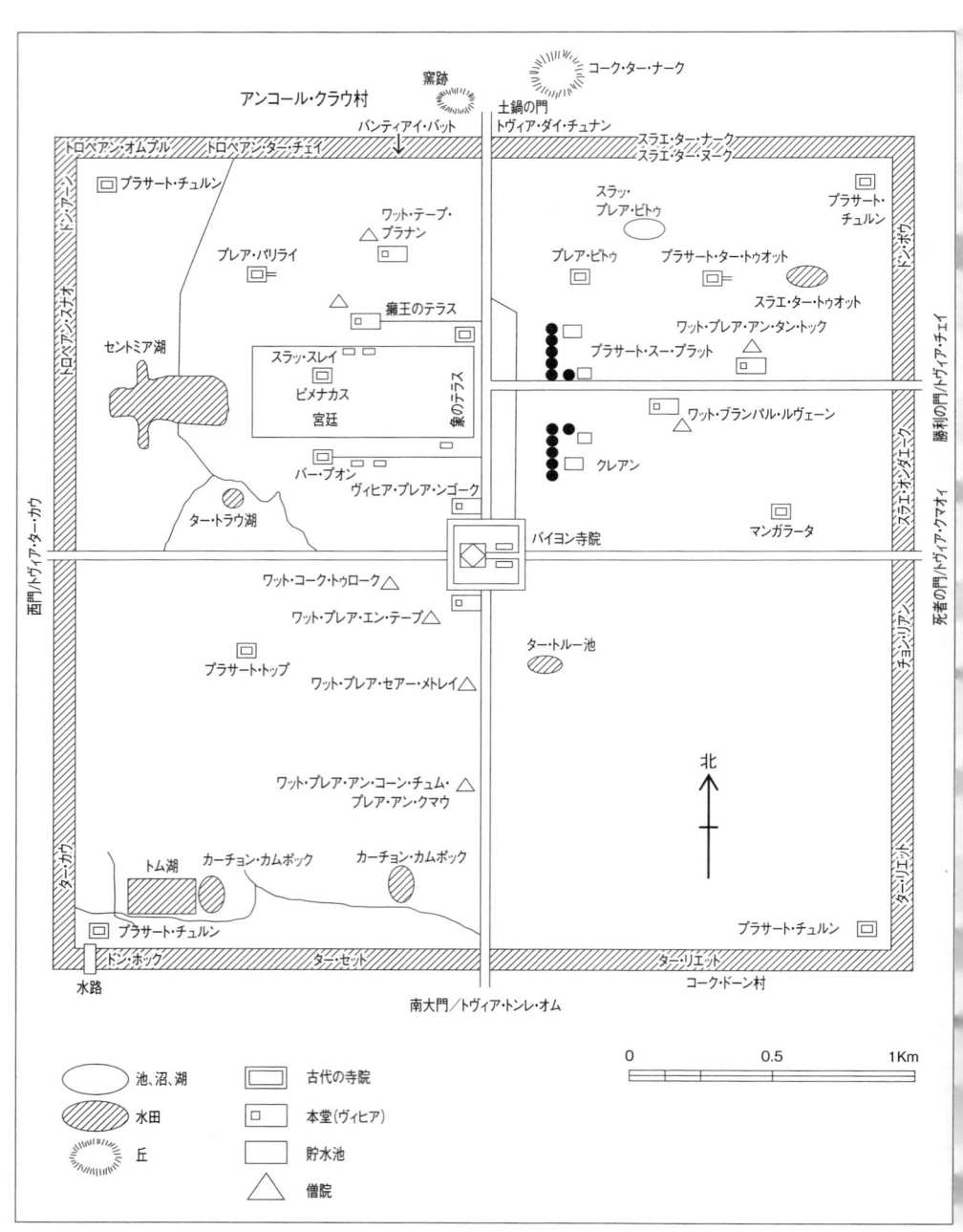

地図4　アンコール・トムと水田

資料1　頭字語と略語

ACO .... Angkor Conservation Office：アンコール保存事務所
ADB .... Asian Development Bank：アジア開発銀行
APDO .... Angkor Participatory Development Organization：アンコール参加型開発機関
APSARA .... Autorité pour la Protection du Site et l'Aménagement de la Région d'Angkor（Authority for the Protection of the Site and the Development of the Region of Angkor）：アプサラ機構（アンコール地域保護開発機構）
CMDG .... Cambodian Millennium Development Goals：カンボジア・ミレニアム開発目標
CDP .... Cambodian Defenders Project：カンボジア弁護士会
CG .... Consultative Group of Donors：ドナーによる諮問グループ
CKS .... Center for Khmer Studies：クメール学センター
CPP .... Cambodian People's Party：カンボジア人民党
CSA .... Chinese Government Team for Safeguarding Angkor：中国政府アンコール遺跡救済チーム
CU .... Communication Unit：コミュニケーション課
DANIDA .... Danish International Development Agency：デンマーク国際開発事業団
DDD .... Department of Demography and Development：人口統計学・開発部（2004年に創設されたアプサラ機構の1部門）
DK .... Democratic Kampuchea：民主カンプチア
DLHMAP ...... Dept. of Land and Housing Management in the Angkor Park：アンコール公園土地住宅管理部（2008年に創設されたアプサラ機構の1部門）
DMA-II .... Department of Monuments and Archaeology II：遺跡・考古学部II（2004年に創設されたアプサラ機構の1部門）
DPOC .... Dept. of Public Order and Cooperation：公秩序・協力部（2008年に創設されたアプサラ機構の1部門）
DWF .... Department of Water and Forestry：水・森林部（2004年に創設されたアプサラ機構の1部門）
EFEO .... École Française d'Extrême-Orient：フランス極東学院
EU .... European Union：欧州連合
FAO .... Food and Agricultural Organization：国際連合食糧農業機関
GACP .... German Apsara Conservation Project：ドイツ・アプサラ保全プロジェクト
GIS .... Geographic Information System：地理情報システム
ICC .... International Co-ordinating Committee for the Safeguarding and Development of the Historic Site of Angkor：アンコール遺跡救済国際調整委員会。略して、

「アンコール国際調整委員会」
ICOM……………International Council of Museums 国際博物館会議
ICCROM………International Centre for the Study of the Preservation and the Restoration of Cultural Property：国際文化財保存修復センター［ローマ］
ICOMOS………International Council on Monuments and Sites：国際記念物遺跡会議
ILO………………International Labour Organization：国際労働機関
INALCO………Institut National des Langues et Civilisations Orientales：フランス国立東洋言語文化研究所
ISA………………Ideological State Apparatus：イデオロギー的国家組織
ITASA…………Indonesian Government Team for Safeguarding Angkor：インドネシア政府アンコール遺跡救済チーム
JASA……………JAPAN-APSARA Safeguarding Angkor：日本国政府アンコール遺跡救済チーム（JSA）が、2005年APSARAのパートナーとして再編成されたもの。日本語では、同じ訳を使用。
JICA……………Japan International Cooperation Agency：国際協力機構
JSA………………Japanese Government Team for Safeguarding Angkor：日本国政府アンコール遺跡救済チーム
JST………………Joint Support Team for Angkor Preservation and Community Development：アンコール遺跡の保全と周辺地域の持続的発展のための人材養成支援機構
JVC………………Japan Volunteer Center：日本国際ボランティアセンター（旧名：日本奉仕センター）
MIU………………Mix Intervention Unit：複合調整課（2004年に創設されたアプサラ機構の管理部の1課）
NGO……………Non-Governmental Organization：非政府組織
NSDP……………National Strategic Development Plan：国家戦略開発計画
NZAID…………New Zealand's International Aid & Development Agency：ニュージーランド国際開発庁
OSMOSE………トンレ・サップ湖周辺の鳥類保護のために1999年にフランスのNGOとして設立され、2007年ローカルNGOになった環境保護団体。湖の3つの漁村で環境教育、環境保護活動とエコ・ツーリズムによるコミュニティ開発を行なっている。
PAR………………Participatory Action Research：参与行動調査
PRK……………Peoples Republic of Kampuchea：カンプチア人民共和国
RAF………………Royal Angkor Foundation：ハンガリア王立アンコール財団
RGC……………Royal Government of Cambodia：カンボジア王国政府
RSA………………Repressive State Apparatus：抑圧的国家組織
RUFA……………Royal University of Fine Arts：王立芸術大学

SEDP	Socio-Economic Development Plan：社会経済開発計画
SNC	Supreme National Council：最高国民評議会
SOC	State of Cambodia：カンボジア国
SPAFA	SEAMEO Regional Center for Archaeology and Fine Arts：東南アジア教育大臣組織地域美術考古学センター
UN	United Nations：国際連合
UNESCO	United Nations Educational, Scientific and Cultural Organization：国際連合教育科学文化機関
UNTAC	United Nations Transitional Authority in Cambodia：カンボジア国連暫定統治機構
UNV	United Nations Volunteers：国連ボランティア・国連ボランティア計画
VDC	Volunteer Development Committee：ボランティア開発委員会。国連ボランティアが設立。他の場合は、Village Development Committee：村落開発委員会。
VOA	The Voice of America（ボイス・オブ・アメリカ）：アメリカ合衆国政府が公式に運営する国営放送で国際公共放送局。
WB	World Bank：世界銀行
WFP	World Food Programme：国際連合世界食糧計画
WHC	World Heritage Centre：世界遺産センター
WMF	World Monuments Fund：世界記念碑基金
WTO	World Tourism Organization：世界観光機関
ZEMP	Zoning and Environmental Management Plan for Angkor：アンコールのためのゾーニングと環境管理計画。略して、ゼンプ。

資料2　用語解説

＊クメール語の日本語表記に定型はなく、発音に近い表記を用いている。

achar(アチャー) ……………司祭。仏僧の経験者で仏教の戒律、教義、儀礼の知識が深く、伝統社会の中心的存在。葬式や法事専門のアチャー(アチャー・ヨキ)と結婚式専門のアチャー(アチャー・カー)の2種類がある。
âmnach(オムナーイ) ………力。権力。
âmpil(オムプル) ……………タマリンド〈熱帯性マメ科高木〉。
ampoeu(アムプー) …………郡(シャム語)。
andoung(オンドーン) ……井戸。
angkar(オンカー) …………組織。ポル・ポト政権下でクメール・ルージュ兵によって、絶対的な権力を持つ組織(幹部)を指して使われた言葉。人々を威嚇し、コントロールする言語的武器となった。
angkonh(オンコニュ) ……*Entada pursaetha*。プノム・クーレンなどの森の中に生育する植物。その大きな平たい実は、クメール正月の遊びや火葬の後に死者の膝の部分を表すために使用。
angkor(アンコール) ………都。市。
aphibal(アピバール) ………統治する。
aphireak(アピレア) ………保存する。保護する。
arak(アラック) ……………1種の守護霊。ときに悪霊になる。
ayai(アヤイ) ………………しばしば滑稽な、または風刺に富んだ対話形式の劇。1種の漫才。
baku(バクー) ………………王室のバラモン教の占星術師
bâng bât(ボン・ボット) ……山の森の中にある崖や洞窟付近に存在する池や川の畔に住む精霊。古寺の主霊。
banteay(バンティアイ) ……砦。
baoeng(バン) ………………湖。
baray(バラーイ) ……………貯水池。
bay(バーイ) …………………飯。
baysei(バイサイ) ……………バナナの幹や葉でできた供物。ときに、米を伴う。bayは、「ごはん」を表す。seiは、サンスクリット語で「幸運」や「繁栄」を意味する srī が転訛したもの。
bon(ボン) …………………祭。宗教儀礼(サンスクリット語で punya〈プニャ〉)。
boran(ボラーン) ……………古い。古代。
borei(ボレイ) ………………市。

資料2　用語解説

brampil(ブランパル) ………7。ブランピルとも言う。
buddharāja(ブッタラジャ) ……サンスクリット・パーリ語で、仏陀王。仏陀化した王。
buon(ブオン) ……………4。
châmbâk(チョムボック)……*Irvingia malayana*。ネアック・ターやプリエイが住処として好む木。
châmkar(チョムカー) ……果物、野菜や陸稲栽培のためのプランテーションや畑。
chao(チャウ)………………孫。
chaol chhung(チャオル・チューン)……クメール正月遊びの1つ。手ぬぐいの中に綿をつめたものを2組に分かれて投げ合う。
chas(チャ)…………………古い。歳をとっている。
chbab(チバップ)……………法規、規律、慣習。
chek(チェーク)……………バナナ。
chenh(チェン)………………出る。
cheung(チューン) …………北。
chey(チェイ) ………………勝利。
chhau(チャウ) ……………なま。
chheu(チュー) ……………木。
chhnang(チュナン) …… 土鍋。
chhnuor(チュヌオ) ………霊媒(クルー・メモット)の家系に伝わる指導霊の継承。
chiet(チアット)……………国家、要素、物質、風味、味、化身、生命、現世。
chom(チョーム) ……………クルー・メモットやクルー・コムナウトなどの精霊に捧げる供物。
chon(チョン)………………人々。人民。
chubab(チュバーブ) ………法。
daek(ダエク)………………鉄。
dai(ダイ) ……………………腕。
dâmbâng(ドンボーン)……棒。
dâmnael(ドムナエル) ……遺産。他の人に最初に使われた物や残り物を指すクメール語のdael keeのdaelからの派生語。
daoy(ダオイ) ………………〜で／によって／による。
dei(ダイ)……………………土、土地。
devarāja(デヴァラジャ) …サンスクリット語で神王(王即神)の意。クメール語では、デヴァリエイ(devareach)。
doem(ダウム) ……………原初、最初。
doung(ドーン) ……………ココナッツ。
eisei(エイサイ) ……………超能力を持つと信じられている隠者。
hau(ハウ) …………………呼ぶ。
kâmbao(コンバオ)…………石灰。

kamnan（カムナン）…………郡や村の役人（シャム語）。
kâmnoet（コムナウト）……誕生。
kânsaeng（コンサエン）……ハンカチ。日本の手ぬぐいのようであるが、もっと幅広く長いので、用途の範囲も広い。
kao（カオ）………………剃る。
kaot khlach（カオト・クラーイ）……畏怖する。
kathen（カティン）…………雨安居明けに、新しい僧衣、宗教用品、日常生活必需品などを僧侶に贈る仏教儀礼。
kben（クバン）……………クメールの伝統的なズボン。
ker（ケー）………………「名声、有名、発言、報告」を意味するサンスクリット語のkīrtiからの派生語。ker dâmnaelのように「遺産」や「相続」の意味もある。
khaet（クェト）……………州。
khang（カーン）……………方向。側。
khmaoch（クマオーイ）……幽霊。
khum（クム）………………コミューン。
knhom（クニョム）…………私。アンコール時代には「奴隷」を指して使われた。
kô（コー）…………………牛。
koh（コッ）………………島。
kôk（コーク）……………丘、土手、堤。
kon（コーン）……………子供。
kralan（クロラーン）………竹の筒にもち米と豆を入れていぶし焼きした「魂飯」。
kraom（クラオム）…………下。
krau（クラウ）……………外側。
krauch（クローイ）…………みかん。
krom（クロム）……………集団。グループ。
kronhung（クロニューン）…*Dalbergia cochinchinensis*、または、*Dalbergia cultrate*。高級家具用の硬く黒い木。かつて王のためにのみ使用。
kru（クルー）……………先生、師匠（指導霊も含む）。
laoeng（ラウン）…………上げる。上がる。
leak（レアック）……………隠す。
loeu（ルー）………………上。
lôk（ローク）……………氏。
lôk ta（ローク・ター）………仏僧に呼びかける時、または、仏僧の名前の前に付けられる尊称。
longhen（ロンヒン）………真鍮。
luang（ルアン）……………知事（シャム語）。
mchas（ムチャ）……………所有者。

用語	解説
mday（マダーイ）	母。
Meakh（ミアク）	太陰暦の月の1つ。太陽暦の1月中旬から2月中旬にかかることが多い。
meas（ミア）	金。
meba（メーバー）	存命の、または、死亡した近親。文字通りには、「母・父」の意。
memôt（メーモアット）	霊媒。霊。ときに、「クルー・メーモアット」と呼ばれる。一般的にはメーモットと表記されるが、シェム・リアップ州では、メーモアットと発音される。
meo（メーオ）	猫の泣き声の擬音語。
mlu（マルー）	キンマの葉。
moha（モハー）	結婚式の進行係。嫁側を代表し、婿の一行を迎える。
morodâk（モロドック）	サンスクリット語の死者を意味するmṛtakaに由来。遺産、相続財産、継承の意。
muk（モク）	顔。正面。
nāga（ナーガ）	複数の頭を持つ神話上の蛇を指すサンスクリット・パーリ語。クメール語でニアック [neak]。
neai（ニアイ）	長。かしら、チーフ。
neak（ニアック）	ナーガ。
neak（ネアック）	人。
neak ta（ネアック・ター）	最も重要な守護霊の1種。
neang（ニアン）	若い女性・男性
nom banhchok（ノム・バンチョック）	米粉で作るクメールうどん。魚のスープか鶏肉のカレーと食べる。
om（オム）	伯父・伯母。または、自己の両親より年上の人を呼ぶ時に使う。
petekaphoan（ペテカポアン）	パーリ語の「父系」を意味するpetikaと「財産」を意味するbhaṇḍaに由来。「国家遺産」を意味する言葉として1970年代から使われるようになった言葉。
ph-aem（パアエム）	甘い。
phchum（プチュム）	集まる。集める。
phlae（プラエ）	果物。
phnom（プノム）	山。
phnou（プナウ）	*Aegle marmelos*。野生の果物の1種。
phsar（プサー）	市場。
phum（プーム）	村。
pinpeat（プンピアット）	宗教音楽の1種。
poeu（ポウ）	末子。
prâk poal（プロック・ポアル）	加護を祈る儀式。

prâp kay(プロップ・カーイ)………クメール正月に伝統的に行なわれる歌合戦。
prasat(プラサート)…………古寺。遺跡。
preah(プレア)……………秀でた、顕著な、上級の、神聖な、神々しい、高徳な。しばしば敬称として名前や社会的地位を表す言葉の前につけられる。特に、王室の成員、仏陀、神、神聖化されたモノ、聖職者に関連した言葉の前。神。
prey(プレイ)………………森。
priey(プリエイ)……………自殺、溺死、事故死、感電死、処女の死、妊婦の死などの「悪い」死から派生した悪霊の1種。クメール人の間で最も恐れられている生霊。
prohm(プロム)……………バラモン神。
proling(プロルン)…………魂。クメール語のpreahとサンスクリット語のlinga(リンガ)の合成語。
râmvong(ロムヴォン)………お祝い時に踊られる踊り。
reach(リエイ)………………王室の、王家の。
reamker(リアムケー)………クメール版のラーマヤナ。
roluos(ロルオス)……………Erythrina。木の1種。クルー・コムナウト用に供物のチョームがこの木で作られる。
romiet(ロミアット)…………うこん。
rup(ループ)……………姿、形、身体、霊媒(霊が乗り移っていない時)
samaki(サマキー)…………連帯。結束。
sâmnang(ソムナーン)………幸運。
sâmnom sângvar(ソムノム・ソンヴァー)……誕生時に、臍の緒が一方の肩から背中を斜めに横切って生まれた状態。このような子供は、伝統治療師や治療ができる霊媒になるための能力が備わっていると考えられている。
sâmrit(ソムリット)…………合金。
sângvar(ソンヴァー)………臍の緒が背中を交差して生まれた状態。このような子供は、伝統治療師や治療ができる霊媒になるための能力が備わっていると考えられている。
saoech(サウイ)……………笑う。微笑む。
sasana(サーサナー)………宗教。
sbaek(スバエク)……………皮。
sbaek thom(スバエク・トム)……大型影絵。
sdach(スダーイ)……………王。
seh(セッ)……………………馬。
sei(セイ)……………………「幸運」。供物のbayseiでは、srei(サンスクリット語のsrī)の転訛。
sel(セル)……………………神聖。
sema(セマー)………………聖域の境界を示す石。
slar(スラー)………………檳榔子。
slar thor(スラー・トア)……バイサイと共に用意される供物。

snguot(スグオット) ………乾いた、乾燥した。
srae(スラエ) ……………水田。
srah(スラッ) ……………池。人工的な池を指すことが多い。
sral(スラール) …………軽い。
srau(スラウ) ……………稲。籾。
srei(スレイ) ……………女。
srok(スロック) …………郡。国。
svay(スヴァーイ) ………マンゴー。
ta(ター)………………祖父、老人(男性)、または、敬称として成人男性の名前の前に付けられる。
tbong(トボーン) …………南。
tevoda(テヴァダー) ………神の1人。
thae reaksa(タエ・レアクサー)……世話をする、維持する、保存する。
thmei(トゥマイ) …………新しい。
thnaot(トゥナオト) ………砂糖椰子(木、実)
thngay(トゥガイ) …………日。
thngun(トゥグン) …………重い。
thom(トム) ………………大きい。
thor(トア) ………………法(律)、戒律、徳。
thudong(トゥドン) ………森の中で修行する僧。
tienh proat(ティエン・プロアット) ………綱引き。
toch(トーイ) ……………小さい。
tong daeng(トン・ダエン) …青銅。
tonle(トンレ) ……………川。
tongvia(トンヴィア) ………銅と錫、または、銅と金の合金。
trach(トラーイ) …………*Dipterocarpus intricatus*。伝統的に樹脂を採取する木。
trâpeang(トロペアン) ……池。
trâsâk(トロソック) ………胡瓜。
trot(トロット) …………クメール正月に家々をまわって行なわれる厄払いと雨乞いの儀礼。
tuk(トゥク) ………………水。
tvear(トヴィア) …………門。戸。
veal(ヴィアル) …………原。野。
vihear(ヴィヒア) …………寺の本堂。
vossa(ヴォサー) …………雨安居。仏教暦の雨季。
wat(ワット) ………………寺院。僧院。
yeak(イヤック) …………夜叉。

yeang（イアン/ジアン）……*Dipterocarpus alatus*。チュー・ティアルとも呼ばれ、樹脂が採取される。木が、建築や家具用として価値が高い。
yiey（イエイ/ジエイ）………祖母。老女。50代以上の成人の女性に対する敬称。
yiké（イケー/ジケー）………劇の一種。イケー劇。

資料3　Declaration by Colonel Tan Chay
（タン・チャイ将軍・前遺跡警察署長による宣言）

Kingdom of Cambodia
Nation Religion King

Ministry of Interior
General Department of the National Police
Special commissary for heritage protection

No: 281/99 Sor. Chor. ម. ស. ព. ក

Siem Reap, November 16, 1999

Declaration

Reference to the royal decree # 011 Nor Sor dated 28 May 1994 on the management in Siem Reap Angkor Park area.

According to the royal proclamation # Sor/Ro Mo Kor/0196/26 dated 25 January 1996 on the culture heritage protection.

Reference to a warrant # 136 Sor Sor Ro dated 11 July 1996 on a joint committee establishment to crackdown forest infraction in Angkor Park area.

Special commissary for heritage protection would like to announce population who are settling in and next to Angkor Park area, and workers who have been working for all services in Angkor Park area as follows:

1 Absolutely prohibit deforestation, vine collection, resins collection from trees, firewood collection and forest clearing for agriculture activities etc. in Angkor Park area.

2 Absolutely forbid to dig up the ground to find the valuable things such as buried treasure, sculptures or digging up hill and ancient road in Angkor Park area.

3 Do not hunt wildlife, fish in the Angkor moat, and release cows and buffaloes to gaze in Angkor Park area, especially in Ankor Wat ground.

4 Do not enter to the temples ground in night from 19pm to 5:00am.

5 Educate people's children not to beg or fan the nation and international tourists that annoy the nation and international tourist's traveling and also cause our country to be disgraced.

6 People who are still stubborn to violate the declaration, the competence of special commissary for heritage protection will take strong action according to law

Special commissary for heritage protection hopes people to participate in Angkor Park area protecting to improve the culture value of our country

Special commissary for heritage protection

Colonel Tan Chay

CC:
- Apsara Authority's Director General
- Province Governor
  (for information)
- Siem Reap District Governor
- Banteay Srey District Governor
- Angkor Thom District Governor
  (for information and collaboration)
- Chief of Norkor Thom Commune
- Chief of Kor Church Commune
- Chief of Preah Dak Commune
- Chief of Leang Dai Commune
       (for extension)
- File

Note: This translation is the original as circulated at the Ta Nei meeting.

資料4 Royal Decree establishing Protected Cultural Zones in the Siem Reap/Angkor Region and Guidelines for their Management
（シェム・リアップ／アンコール地域の保護文化ゾーンと、管理のガイドラインを設定する王令）

001/NS

We,

Preah Bat Samdech Preah Norodom Sihanouk Varman Rajbarivong Ubhato Socheathi Visothipong Akamohaborohrathn Nikarodom Dhamikmoharaja Thiraj Boromaneath Borombopithr Preah Chau Krung Kampuchea Thipadei, having regard to:

- the Constitution of the Kingdom of Cambodia,
- the Royal Decree of 24 October 1993 appointing the First Prime Minister and the Second Prime Minister,
- the Royal Decree of 1 November 1993 establishing the Royal Government,
- the proposal to register the Angkor monuments on the World Heritage List,
- the proposal of the Council of Ministers,

Order

Part 1 Zoning and management of the Siem Reap/Angkor area: classification of protected cultural sites

Article 1:
It is hereby decided to control the development of the Siem Reap region by means of a zoning plan.

Article 2:
The cultural sites listed in this plan benefit from five national categories of protected sites with different levels of protection:

- Zone 1: Monumental Sites.
- Zone 2: Protected Archaeological Reserves.
- Zone 3: Protected Cultural Landscapes.
- Zone 4: Sites of Archaeological, Anthropological or Historic Interest.
- Zone 5: The socio-economic and cultural development zone of the Siem Reap/Angkor Region.

Article 3:
Zone 1: Monumental Sites are areas which contain the most significant archaeological sites in the country and, therefore, deserve the highest level of protection. They may be quite small areas, but in the case of Angkor, large areas will be managed under this category, given the density and importance of

the monuments and archaeological remains in the region.

Article 4:
Zone 2: Protected Archaeological Reserves are areas rich in archaeological remains which need to be protected from harmful land use practices and the consequences of inappropriate development. They will most frequently surround monumental sites, providing protection to adjacent areas of known or likely archaeological importance, much of which, in most cases, may not be obviously visible above ground. The principle use of zones in this category will be to act as buffer zones protecting the monumental sites.

Article 5:
Zone 3: Protected Cultural Landscapes are areas with the characteristics of a landscape that should be protected on account of its traditional appearance, land use practices, varied habitats, historic building, or man-made features from the past or of recent origin, that contribute to the cultural value or reflect traditional life styles and patterns of land use. Cultural landscapes may also safeguard viewpoints and relationships between significant features which contribute to their historic or aesthetic value. Protected Cultural Landscapes are subject to regulations controlling harmful or disruptive activities.

Article 6:
Zone 4: Sites of Archaeological, Anthropological or Historic interest include all other important archaeological sites, but of less significance than Monumental Sites, that need to be safeguarded for the purposes of research, education or tourist interest. Activities in these sites and areas are subject to regulation. The regulations are similar to those applying to the Protected Archaeological Reserves.

Article 7:
Zone 5: Socio-economic and Cultural Development Zone of the Siem Reap/Angkor Region: this region covers the whole Siem Reap province. Guidelines will be provided in order to encourage sustainable development and assess its impact on the environment, with a view to preserving the cultural and natural heritage.

Part 2 Directives for the protected zones of Angkor

Article 8: Development
The following guidelines are provided in connection with the development of the zones:
a - **All protected cultural sites** (zones 1, 2, 3, 4, 5) .

- Establish procedures for the review and approval of development projects in the Siem Reap/Angkor Region .
- Ensure that the projects are accompanied by an evaluation of their impacts on the environment, include an alternative project and are planned so as to minimize adverse effects.
- Incorporate an archaeological study of the zones concerned in any assessment of environmental impact.

- Undertake, if necessary, emergency archaeological excavations before development work is started.

b - zone 1:
Prohibit development in Monumental Sites, with the exception of development essential for the protection and enhancement of the sites.

c - zone 2:
Prohibit development, with the exception of development essential for the protection and enhancement of the archaeological sites, or for the preservation of local lifestyles.

Article 9: Archaeology
The following guidelines are provided in connection with archaeological activities:

a - All protected cultural sites (zones 1, 2, 3, 4, 5)

- Impose a moratorium on all archaeological excavations until a system of permits has been established and guidelines laid down.
- Set up a program of detailed archaeological records in the Siem Reap/Angkor Region.
- Establish an inventory of archaeological sites in the Siem Reap/Angkor Region and include it in the Geographical Information System (GIS).
- Make sure that all existing or new information about the archaeological sites and monuments is included in the inventory and the GIS.
- Draw up criteria and a program for designating sites as points of archaeological, anthropological or historic interest.
- Draw up guidelines and model management agreements for these sites, so as to make provision for archaeological research and educational or leisure activities.
- Draw up criteria and a program for the designation of protected cultural landscapes, and guidelines and policies for the management of those landscapes so as to make provision for archaeological research and educational or leisure activities .
- Establish a "management presence" (e.g. employ local guards) in order to maintain and protect each designated site.

b- zone 1:
Provide strict protection for the territory of monumental sites and manage it so as to make provisions for archaeological research and educational or leisure activities.

c- zone 2: .

- Provide strict protection for all archaeological sites and for remains on the surface and under the ground.
- Control and manage activities that could have harmful effects on these archaeological sites.

Article 10: Management of Visitors
The following guidelines are provided for the management of visitors:

a - All protected cultural sites (zones 1, 2, 3, 4, 5)

- Allow the public a controlled right of access for the purposes of archaeological research, educational and leisure activities.

- Plans and management guidelines should be drawn up for visitors access, to include opening times, cost of entry and the provision of any necessary facilities.

b - zone 1:
- Limit and regulate access by visitors.
- Show in a visible way that the management authority is present in order to inform, guide, ensure security, and provide basic services to the visitors.
- Fix the entry price at a level that can generate sufficient income for conservation work and site management.
- Lay down limits for the number and size of groups of visitors so as to maintain the quality of the visit and protect the monuments.
- Ensure strict control of access by car, ban coaches, impose a speed limit and introduce restrictions regarding car parks.

c - zone 2:
- Ban through traffic in the reserves.
- Improve access roads for residents, avoiding the Monumental Sites.
- Keep the visitors' reception facilities and car parks in one place inside the reserves.
- Construct new roads in order to create a circuit around the monumental site of Siem Reap/Angkor, and rewrite *sic,* reroute?] highway number 6 around the monumental site of Roluos.

Article 11: Tourist facilities

The following guidelines are provided regarding tourist facilities:

a - All protected cultural sites (zones 1, 2, 3, 4, 5)

Regulations will have to be observed and permits will be needed for any tourist facilities in the protected cultural sites.

b - zone 1:
- Authorize only the smallest possible number of constructions for visitors on isolated sites (food and refreshment stands, pedestrian paths, bicycle stands and minibus stops).
- Impose restrictions regarding car parks.
- Make arrangements enabling visitors to observe the archaeological excavations and restoration works in progress.

c - zone 2:
- Minimize the adverse impact of tourism on the local communities.
- Provide small-scale facilities and craft centers in order to offer economic opportunities to the residents.

Article 12: Presentation of Cultural Sites

The following guidelines are provided regarding the presentation of cultural sites:

a - All protected cultural sites (zones 1, 2, 3, 4, 5)

- Draw up a plan for presenting the archaeology, the nature conservation zones and the local traditions of the Siem Reap/Angkor Region.

資料4　Royal Decree establishing Protected Cultural Zones in the Siem Reap/
Angkor Region and Guidelines for their Management
（シェム・リアップ／アンコール地域の保護文化ゾーンと、管理のガイドラインを設定する王令）

- Set up a reception center outside the protected sites in order to provide visitors with an introduction to the cultural heritage of Angkor.

b - zone 1:
Organize guided visits and set up descriptive panels on individual sites.

c - zone 2:
Describe the local life-styles and characteristic features such as the Siem Reap river, the view from the top of Phnom Krom, or craft production.

Article 13: Stone Quarries

The following guidelines are provided regarding the exploitation of the stone quarries.

a- All protected cultural sites (zones 1, 2, 3, 4, 5)

- Authorize the exploitation of laterite and sandstone quarries in the protected sites only for the extraction of the stone needed for the restoration of protected remains, and only after an assessment of the impact on the environment has been made.
- The exploitation of the clay and stone quarries, used to provide material for road construction in the protected sites, should be prohibited.

Article 14: Water Management

The following guidelines are provided regarding water management.

a- All protected cultural sites (zones 1, 2, 3, 4, 5)

- Undertake the partial restoration of the old hydraulic structures and water management systems by means of irrigation works accompanied by a new and improved system of management.
- If such restoration is impossible, avoid harm being caused to the archaeological remains by new technologies and structures.

b - zone 1:

- Maintain the old, traditional rice fields.
- Exercise strict control over the replacement of structures.

c - zone 2:
Develop limited and small-scale irrigation in order to increase agricultural productivity and the residents' self-sufficiency, without prejudicing archaeological work.

Article 15: Management of landscapes

The following guidelines are provided regarding the management of landscapes:

a - All protected cultural sites (zones 1, 2, 3, 4, 5)

- Ensure that development protects and improves the cultural values of the landscapes.
- Ensure that policies and detailed guidelines concerning the management of landscapes will be included in site management plans and activities.

b - zone 1:

- Create an authentic way of presenting the archaeology by means of suitable landscapes.

- Maintain the natural forest and forest landscapes, and plant decorative trees.
- Landscape the areas around the monuments. c - zone 2:
- Create a forest buffer zone between the Angkor Conservation Office and the temple of Angkor Wat.
- Enhance the landscape by means of agricultural improvements and by the application of physical planning.

Article 16:

Management of natural resources The following guidelines are provided regarding the management of natural resources:

a - All protected cultural sites (zones 1, 2, 3, 4, 5)

- Manage the forests and wooded areas so as to increase biological diversity.
- Manage the flora and fauna so as to preserve and increase the varieties of wildlife.
- The cutting of wood in the protected sites should be regulated.

b - zone 1:

- Regenerate the native forest and wooded land.
- Care for the trees around the monuments.
- Create a botanical garden and forest paths.
- Maintain traditional land use in the form of rice paddies and pasture.

c - zone 2:

- Undertake a large program for the planting of trees native to the region.
- Encourage the planting of crops of higher value (orchards and vegetable gardens) around villages.

Article 17: Local Residents

The following guidelines are provided regarding the local residents:

a - All protected cultural sites (zones 1, 2, 3, 4, 5)

Give residents of the protected sites priority of employment in the matters of site management and preservation work.

b - zone 1:

- Residential uses should be prohibited.
- Assistance should be given to residents for their relocation, in particular by providing them with land and building materials for their houses and community facilities.
- Residents should be given priority for trading permits/concessions on the sites.

c - zone 2:

- Preserve all the old villages.
- Prohibit the expansion of build-up areas.

資料4 Royal Decree establishing Protected Cultural Zones in the Siem Reap/
Angkor Region and Guidelines for their Management
（シェム・リアップ/アンコール地域の保護文化ゾーンと、管理のガイドラインを設定する王令）

- Ensure that any new development of existing properties conforms to traditional styles.
- Assist the development of essential community facilities and encourage small-scale tourist facilities linked with village life.

Article 18: Pagodas
The following guidelines are provided regarding the pagodas:
a - All protected cultural sites (zones 1, 2, 3, 4, 5)
- Show regard for religious associations and maintain the old pagodas.
- Discourage any activity affecting the surface of the ground.
- Encourage traditional training activities.

b - zone 1:
- Allow no new pagodas or religious facilities in the monuments.
- Prohibit any overnight stays except in the monasteries of Bakong, Angkor Wat and Lolei.

c- zone 2:
Introduce regulations governing the siting and external appearance of new pagodas constructed in the villages.

Article 19: Industry and Commerce
The following guidelines are provided regarding industrial and commercial activities:
a - All protected cultural sites (zones 1, 2, 3, 4, 5)
Prohibit industrial and commercial development within the protected sites, with exception of small scale-activities associated with the maintenance and protection of cultural landscapes and archaeological reserves.

b - zone 2:
- Set up craft workshops in existing villages or in the visitors' reception centers.
- Encourage small craft industries and the production of good quality souvenirs.

Article 20: Electricity cables.
The following guidelines are provided regarding electricity cables:
All protected cultural sites (zones 1, 2, 3, 4, 5)
- No high-tension electric cables are to be allowed to cross the protected sites.
- Low-tension cables for the local supply of electricity should be unobtrusive.

Article 21: Environmental awareness
The following guidelines are provided regarding activities to encourage environmental awareness:
All protected cultural sites (zones 1, 2, 3, 4, 5). Undertake programs to make local people and visitors more aware of the importance of the cultural heritage, and of environmental matters.

Article 22: Training

The following guidelines are provided regarding training:
All protected cultural sites (zones 1, 2, 3, 4, 5)
- Train laborers for work on excavations and restoration activities.
- Train park keepers and maintenance staff.
- Train archaeologists, architects specializing in restoration work and other professionals in the field of the management of the cultural heritage.

Article 23:
All provisions contrary to the present Royal Decree shall be considered null and void.

Article 24:
The First Prime Minister and Second Prime Minister, the Royal Government of Cambodia, the Minister of State for Culture and Fine Arts, Territorial Management, Urban Planning and Construction, Ministers and State Secretaries shall be responsible for the execution of the present Royal Decree.

Article 25:
This Royal Decree shall come into effect from the date of its signature by the King.

Phnom Penh, 28 May 1994
Signed: Norodom Sihanouk

(unofficial translation)

Source: http://www.autoriteapsara.org/eng-1-apsara/4-decree99.htm

序章

カンボジアとの出会い

　本書は、文化遺産と人々の共生をめぐる問題をカンボジアの世界遺産の1つアンコールの事例から考えてゆく。しかし、私にとっての出発点は、文化遺産ではなく、カンボジアへの関心であった。そこで、私がなぜカンボジア、そしてアンコールに関わるようになったかについて、いくつかのエピソードから始めたい。

　1980年4月、私はインドシナ難民救済の仕事に関わることを希望して、友人と共にタイに飛び、様々な難民キャンプを訪問した。合計約4ヵ月余り、日本奉仕センター（現在、日本国際ボランティア・センター：JVC）と国際連合世界食料計画 [World Food Programme] を通してボランティア活動を行なった。その活動を通して、難民たちから内戦やポル・ポト政権下での生活や逃亡に関するすさまじい体験談を聞いた。また、難民救済事業の光と影や、タイ軍隊や何人かの難民救済関係者の間で行なわれた不正、非道徳的行為、弱者の搾取や暴力について知ることとなった。そこで、人間の成し得るあらゆる行為の可能性の広さと自身の無力さなども含めて、きわめて多くを学んだ。この時の経験があまりに強烈だったので、カンボジアは、私自身の半永久的なプロジェクトになったのである。

　ほとんどすべてを失った人々は、それでも微笑むことを忘れていなかった。と言うよりもむしろ、微笑むことが生き延びるために必要だったと言う方が正しいかもしれない。友人の知り合いだったカンボジア難民は、少ない配給の食糧でおいしい料理を作って振る舞ってくれた。彼女は後にフランスに移住することができたが、ポル・ポト政権下で口がきけないふりをしてやっと生き延びたストレスのためか、その後精神的に病み、治療が必要となった。難民キャンプや難民収容センターで医療と食糧の支援を受けても、多くの場合仕事もなく、しかし帰るところもない人々が意欲的に生きるのは難しい。ある時、難民収容

1980年カオイダン難民収容キャンプ。食料配給を待つ人々(写真：Colin Grafton)。

センターで若いクメール人女性たちによる古典舞踊が披露された。余りの美しさに、目が釘付けになった。「泥沼に咲いた蓮の花」を見たと思った(口絵写真)。伝統文化の力に圧倒された瞬間だった。ポル・ポト政権を生き延びた数少ない舞踊学校の教師達が、若い男女たちに古典舞踊を教えていたのである。この経験が、私にとって運命的なものになった。カンボジアと文化について学ぶことが、私のライフワークになったのである。

1991年パリ和平条約が調印され、それまで争っていたクメール・ルージュを含む4政党が、国民総選挙を開催することに同意した。それに引き続いて、UNTAC（カンボジア国連暫定統治機構）は、1992年3月にカンボジアに設立され、SNC（最高国民評議会）と共に、カンボジアの統治を開始した。UNTACの使命は、国民選挙の実施と、国際的に認められる合法的な新政府誕生までのスムーズな転換を見守ることだった。

私がロンドン大学で修士課程を終える頃、思いがけなくユネスコのカンボジア事務所で無形文化財を担当する国連ボランティアとして働く話が舞い込んだ。これは私にとって願ってもない提案だった。それは、1980年に難民として国

を逃れて行った人々や国内で苦難に耐えて生き延びてきた人々が、どのように祖国を再建させていくのかを目撃し、カンボジア復興の一助を担えるまたとないチャンスだったからである。

　1992年11月首都プノン・ペンに到着した。この時、UNTACがカンボジアで顕著な存在感を示していた。UN（国際連合）と書かれた白塗りの飛行機とヘリコプターが空を飛び、同じように白塗りの4輪駆動の車が、市、町、村の至る所で見られ、青い国連の旗がカンボジア中ではためいていた。カンボジアでは、まだこの時期内戦の傷跡を生々しく残しており、崩れかかった銃弾の跡が残っている建物、でこぼこの道路、未整備の公共施設が至る所で見られた。カンボジア人は、国連による救済への希望を持ち、国連関係者の間では、救援の熱意が満ち溢れていた。当時のカンボジアで、白い国連の車と青いベレーを被った国連の平和部隊の兵士たちが、白象に乗った青い救世主（ラーマ王子？）が世紀末に現れ、人々を長い苦しみから救済するという噂（至福千年説）の救世主に見えたのは自然なことだった。

アンコールとアンコール・クラウ村との出会い

　私が最初にアンコールを訪れたのは、1993年1月。ユネスコのクメール伝統絹織物復興プロジェクトでアンコール地域の織物の伝統を調べる調査に参加した時だった。その時、アメリカ人の人類学者と王立プノン・ペン芸術大学の織物コースの女性講師と数人の女学生たちが一緒だった。学生の中には、ポル・ポト政権の幹部の1人、キュー・サンパンの姪もいた。担当教師は、ポル・ポト政権時代に夫と6人の息子全員を亡くしている。「戦争が起こると、社会から美しいものがなくなっていく」と言った彼女のつぶやきは、私の心に深い衝撃を残した。自分の愛する家族の死に間接的だが関わっているキュー・サンパンの親族を教える複雑な思いと、彼女は心の中でどのように向き合っていたのだろうか。この先生との出会いは、様々な疑問を私に投げかけたが、心の痛みを推察して直接的な質問をすることはできなかった。カンボジアで生活するうちに、多くのカンボジア人が抱えている心の痛みを理解できるようになりたいと

思った。国連軍の軍用機でプノン・ペンからアンコールに近いシェム・リアップ市に飛んだ。インドネシア空軍のパイロットが、コック・ピットに入れてくれて、アンコール・トム（「首都」の意。12世紀の終わりから13世紀初頭にかけて建設）やアンコール・ワット（「寺の都」の意。1113年から1150年にかけて建立）を上空から眺めることができた。当時治安が悪かったために、アンコールを訪れる人はきわめて少なかった。

　1995年6月、国連ボランティアをいったん退職し、ユネスコの日本信託基金による日本国政府アンコール遺跡救済チーム (JSA) の考古・文化人類班メンバーとして考古学遺物の整理とアンコール周辺の村々で文化人類学調査を行なった。その時に中心的に調べたのが、アンコール・クラウ村だった。その理由は、JSAの労働者の多くがこの村の出身者だったことと、アンコール・トムに近い村の1つということだった。アンコール・クラウ村には、大変興味深い伝説が残っており、後に、博士課程の研究の中心地として、この村を選択したのである。

アンコールの歴史的概観

　私の研究は、シェム・リアップ州にあるアンコール世界遺産の中央地域（アンコール・グループ）に集中している。「アンコール」は、一般的に、802年から1431年に拡大的に発展したクメール文明時代を指すが、この時代に建造された記念碑やその他の建造物を指して呼ぶこともある。

　アンコールは、東南アジアの大陸部に発達した最大で最も進歩的な文明の1つであり、神格化された王に支配された階級社会、広大な灌漑組織と寺院建造事業が特徴的だった。王国はその絶頂期には、範図が北は現在のラオスのヴィエンチャンから南はマレー半島まで、東はヴェトナムの西側と南部（クメール人が、カンプチア・クロム［下カンプチア］と呼ぶ地域）から西はビルマのパガン王国との境界線まで延びていた (cf. Rooney 1994: 28; Jacques and Freeman 1997: 13)。

　アンコールの中央部には、スリヤヴァルマン2世［Sūryavarman II］（在位1113〜1150年頃）が建立したアンコール・ワットが立ち、カンボジアで最も敬愛されているジャヤヴァルマン7世［Jayavarman VII］（在位1181〜1220年頃）が建立したア

ンコール・トムはそのすぐ北西に位置する。アンコール・ワットは、世界最大の宗教建造物であり、元々はヒンドゥー教のヴィシュヌ神に捧げられて建立された寺院だったが、後に仏教寺院に転用されていった。ジャヤヴァルマン7世は熱心な大乗仏教徒で、数々の寺院を両親や仏陀に捧げて建造した。王の死後、15世紀頃から上座仏教がカンボジア社会で影響力を拡大していった。

衰退の兆候を示していたアンコールは、1431年のシャムの侵略を期に崩壊し、王族は、最初ロベックに、次にウドン、そしてついにプノン・ペンまで遷都した。18世紀のカンボジアは、シャムとヴェトナムの宮廷に政治的圧力をかけられて自立が困難な状態に陥ったが、アンコールの記憶は、王室関係者のみならず、地域に継続して住み続けた人々の心の中で生き続けたのである。

カンボジアは、1863年シャムとフランスの条約により、フランスの保護領になったが、その時にシソポン州、バッタンバン(バッタンボーン)州、シェム・リアップ州はまだシャムの領土として残された。この3州が、1907年にやっとカンボジアに返還され、アンコールもフランスの保護領に組み入れられたのである。アンコールは、1925年にアンコール公園として開園され、1972年までフランス人の保全専門家によって管理された。第2次世界大戦中抗仏ゲリラ集団クメール・イサラク(「自由クメール」の意)がタイ・カンボジア国境に誕生し、1946年8月以降、アンコール地域はクメール・イサラクとフランスの植民地政府との戦場になった。

カンボジアは、1953年に独立を果たし、1955年シアヌーク国王は父親に王位を譲り、王子として15年間国を統治した。1970年シアヌーク王子が外遊中にロン・ノル将軍がクーデターを起こし、権力を掌握した。カンボジアはその後、急速に拡大したヴェトナム戦争に巻き込まれていった。アンコール地域は、1972年[1]から1975年にかけて、ロン・ノル政権とクメール・ルージュとして知られていたカンボジアの共産ゲリラとの間の戦闘地域になり(Chandler 1991a: 28)、その間地元の村人の多くは、アンコール遺跡内に避難しなければならなかった。

毛沢東・レーニン主義派のクメール・ルージュは、ポル・ポト(実名「サロット・サル」)がリーダーで、1975年4月17日から1979年1月7日までカンボジア

---

1 ロルオス地域では、すでに1970年に戦闘状態に入っていた。

を支配し、全く新しい社会を構築するために、それまでの社会基盤を根底から覆した。この3年8ヵ月20日間で170万人以上の人が、病気、飢餓、疲労や処刑などにより死亡したと言われている (cf. Luco 2002: 59)。その後、1979年から1989年までは、カンプチア人民共和国 (PRK)、1989年から1992年までは、カンボジア国 (SOC) という2つの社会主義政権が続いた。この間クメール・ルージュ・ゲリラは、幾度にもわたりアンコール地域に出没した。1993年5月国連の支援の下に国民総選挙が行なわれたが、その間もクメール・ルージュの出没は止まず、1998年に党が完全に崩壊するまで続いた。

1992年アンコールは、世界遺産と「危機にある世界遺産」に同時に指定され、アンコール遺産の急速なグローバル化が始まった。1993年10月東京会議で、アンコール遺跡救済国際調整委員会 (ICC) が設立された。この委員会では、日本とフランスが共同議長、ユネスコが事務局を務め、以降アンコール世界遺産地域で行なわれる活動を調整する国際的な枠組みとして活動を開始した。

指定された地域は、約401平方キロメートルで、バンティアイ・スレイ、アンコール、ロルオスの3グループに分かれている。その中でアンコール・グループが最大である。世界遺産地域のUNTACによる1992年の人口は、約2万2000人、1998年の国勢調査では、約8万4000人、2005年のアプサラ機構による記録では、約10万人で、112村、9コミューン[2]、5郡にわたる (Khuon 2005)。2008年には、人口が約12万人に増加した (APSARA Authority 2008: 4)。1992年には治安がかなり悪く地雷原も多かったので、調査結果が正確とは言い難いが、それでも過去13年間の人口増加は顕著である。それは、平和と社会の安定から生まれた人口増加と、観光収入をねらって不法に移り住んだ人々がもたらした人口増加の2つの要因による。遺産地域には、主に遺跡の保護と開発の度合いによって5つのゾーンが下記のように指定された。

ゾーン1：建造物遺跡区域 (コア・ゾーン)
ゾーン2：考古学的保護区域 (バッファー・ゾーン)
ゾーン3：文化的景観保護区域 (河川流域)
ゾーン4：考古学的、人類学的、歴史学的関心の高い区域

---

2 コミューンは郡より小さく村より大きい行政単位。

ゾーン5：シェム・リアップ/アンコール地域の社会・経済・文化発展区域
　　　　（APSARA 1998: 213-214）（地図5）

　主な遺跡に近い村は、ゾーン1かゾーン2に属し、そのことは、社会、経済および、文化活動の制限を意味する。
　前述のアプサラ機構は、アンコール地域保護整備機構の略で、1995年に新設されたカンボジア政府組織である。ユネスコやICCの主要パートナーとして、アンコール地域の保全整備と開発の重大な責務を担う。
　現在カンボジアは、モン・クメール語族のクメール人が約96％を占める国で、カンボジア人の中には、そのほかに、チャム人（クメール・イスラムとも呼ばれる）、華人、ヴェトナム人、高地に住む少数民族（クメール・ルーとして知られている）などが含まれる（Save Cambodia's Wildlife 2006: 12）。アンコール周辺には、モン・クメール語族のサムレ人、クイ人などが存在したが、現在ほとんどクメール人に同化してしまっている。トンレ・サップ湖周辺には、チャム人やヴェトナム人のコミュニティが存在し、チャム人は、シェム・リアップ市内にも小さなコミュニティを形成している。

文化遺産をめぐる問題と本書の主旨

　日本では、まだ「遺産研究」が、広く認知を得ていないが、遺産に相当する英語「ヘリテージ」を使った「ヘリテージ・スタディーズ [heritage studies]」が、2000年前後から、欧米の大学の学科に登場した。日本語では一般的に、「遺産」を死後に個人が残した財産（『広辞苑』）を指して言うことが多いが、遺産に相当する英語の「ヘリテージ [heritage]」は、公的な遺産を指して使うことの方が多い。個人の相続財産について言及する時には、通常インヘリタンス [inheritance] を使う。遺産学では、主に文化遺産について学ぶが、第1章で述べるように、文化遺産と自然遺産は、必ずしも明確に線引きできるものではない。自然の要素も含んだ文化遺産の価値や、自然と人間の相互作用の結果が今日私たちが享受している「遺産」の中に含まれることが多いからである。

文化遺産をめぐる国際社会の関心事は主に2つあり、遺産言説（ここでは、遺産論争や遺産に関する議論）は、数十年かけて発達した。2つの関心事とは、記念碑的遺産の保全と観光推進による遺産への影響である（Robinson et al. 2000）。

　多くの保存修復専門家［conservator］にとって、有形遺産保護（歴史建造物、動産、不動産）が最重要課題である。それは、少なからぬ建造物遺産が廃墟になっているか、寺院や教会、かつての宮殿など公的遺産のために住民がいない場合が多いためである。このため、遺産学は、主に考古学、建築学、歴史学、地質学、保存科学や美術史の専門家によって研究されてきた。

　ユネスコや関連組織の遺産に対する関心も、同様に、長い間有形遺産保護が中心で、かつ、遺産を、有形、無形、人間に分けて考察するアプローチが主流であった。それは、ユネスコの組織内のヒエラルキーにも遺産保護の考え方にもよく現れている。これは、基本的には西欧的アプローチで、目に見えるもの、堅固なもの、記録の残っているもの、永続するものに価値を置いて保全活動を行ない、見えないものを前近代的と過小評価して、保全や振興にあまり力を入れてこなかった背景がある。また、欧米の自由主義の理念から、無形のものは、個人の思考や信仰（プライヴァシー）との関連から、公に制度化して保護することに対する抵抗があったのかも知れない。

　1989年ユネスコの文化部に無形遺産課はできたが、無形遺産の価値を有形と同等、または、お互いが緊密に関連していることが国際的に認知され、公言されるようになったのは2000年に入ってからである。とりわけ、「無形文化遺産の保護に関する条約」が、2003年に批准されてからは、批准国が急速に伸び、2011年1月26日現在で既に134ヵ国が批准している。このことは、無形文化遺産が多い、西欧以外の地域の遺産の認知度が高まっていることを示すだけでなく、地域社会と遺産の関係が遺産概念に新たな広がりを見せていることを表している。

　1990年代になってから顕著になってきた国際的な世界遺産ブームの中で、多くの世界遺産、とりわけ文化遺産は、その美的価値、普遍的価値、偉大な支

3　主に、文化財（遺産）保護団体や研究者など。
4　ユネスコの無形文化遺産のHP　http://www.unesco.org/culture/ich.index.php?lg=en&pg=00024（アクセス：2011年2月21日）。

配者の残した記念碑的遺跡の壮大さで語られることも多く、観光客や研究者の注目を集めてきた。それは、国家の威信や国民の誇りを刺激し、観光資源として再評価、再利用されることも多い。

　世界遺産リストに載っている遺産は、2011年2月既に911件存在する。世界遺産の件数からもわかるように[5]、ユネスコの遺産保護の理念と保護体制は多くの国家によって取り入れられたが、しばしば遺産地域の住民と管理当局の間で論争が展開されている。このような状況を鑑みて、論争の性質を探り、可能な解決方法を見つけ出すことが緊急に求められている。しかし、世界遺産の件数に比較すると、その中で生活している人々に関する研究事例がまだ少ないことに驚かされる。彼らにとっての遺産の意味とは何なのか。生活空間と場所を遺産管理者、研究者、観光客などの他者と共有することを強いられ、行動規制が敷かれている現実に人々はどのように対処しているのであろうか。

　世界遺産の数の増加と人気のために、政策作成者［policy-maker］たちは、アンコールの事例のように、人々が中で生活している遺産、または、地域社会の生活と密接に関っている遺産を指して「リビング・ヘリテージ（「生きている遺産」の意）」と呼ぶようになった。しかし、その定義は不明瞭である[6]。遺産を活かしたい（リビング）という理想がある一方、地元住民をどう取り扱うかの問題については、現場管理者や当局に任せられており、彼らは、「リビング・ヘリテージ」の意味に関してそれぞれ異なった解釈を持っている可能性が高い。または、その概念を認識していない可能性もあるし、認識していても無視しているかも知れない。一方で、住民参加型の遺産保護が重要であると見なされるが、他方で、地元住民に日常生活を継続させることと遺産保護をどのように調和させるかが重要な課題である。住民の生活実践は、しばしば遺産の管理者や当局と対立関係にあり、時には、遺産保護に対する脅威であると見なされる。

5　ユネスコの世界遺産センターの世界遺産リストのHP　http://whc.unesco.org/en/list（アクセス：2011年2月21日）。
6　インドネシアのタナ・トラジャに関して、ユネスコ会議の出席者の1人が、「祖先の家」という意味のトンコナン［tonkonan］は、リビング・ヘリテージであると述べ、「それは、『家』の意味を超えて、宗教、文化と環境に関する伝統を維持することを主張する地元の家族の生きている象徴とみなされている」と述べている（Adams 2003: 4）。地元住民が排除されたボロブドゥールに関して、高木と下間（Takaki and Shimotsuma 2003: 4）は、「観光」「宗教」と「国立記念碑」でさえ潜在的なリビングの要素であると示唆する。

人類学者は、1970年代に出現してきた世界遺産という名の「『創造の共同体』、一種の前国家的統一体」(Hitchcock and King 2003b: 155)、または、再創出されたグローバルな共同体の性質を1990年代頃から探り始めた。この新しい共同体は、遺産保全に関心を持つ国際社会によって創造され、支持されている。しかし、華やかな世界遺産の舞台裏では、当局と地域社会との間での遺産の価値と資源、その活用、保全と開発をめぐる論争や、観光開発と地域社会の生活維持の間における軋轢が多くなっている。また、地域住民が、文化遺産保護と生活実践の間に起こる問題に関する意思決定や文化資源へのアクセスから排除される状況がしばしば起こるが、観光開発と遺産保護の論争の影で注目されることが少なかった。そのため、より多くの考古学者が、研究に人類学的アプローチを採用するようになり[7]、また、人類学者も多角的に遺産を研究し始めた[8]。人類学者の関心は、社会構築としての遺産、言説、仲介者［agency］(何らかの影響をもたらす人、介入者)、伝統と遺産との関係、景観、観光、グローバリゼーション、政治・社会・文化・経済資源としての遺産をめぐる論争などである。

　私は、1992年から1995年までユネスコのカンボジア事務所の文化部で副文化官として無形文化遺産の復興のプロジェクトを担当し、1996年から1998年まで文化官および文化部の部長として遺跡の保護・修復・人材育成などの有形遺産関係プロジェクトの実行と無形文化遺産プロジェクトの監督を担当した。この間、地域住民が存在する世界遺産地域やほかの著名な遺産地域での住民と遺産との関わり合いや、複数の関係者(行為者、アクター)による遺産概念のくい違い、理想と現実のギャップ、遺産の保全、観光開発と地域住民の生活の問題など、人類学的視点を取り入れた包括的な遺産研究が重要であると考察したが、そのような研究は当時まだあまり例を見なかった。1992年世界遺産に指定されたアンコールも例外ではなかった。このことから、私は、1998年にユネスコを退職し、上記の問題点を博士課程の中心課題として追及しようと考えたのである。

　遺産の人類学研究の先駆者としては、バーバラ・ベンダーが挙げられる。ベンダー (Bender 1993; 1998) は、1990年代から、英国のストーンヘンジの景観形

7　例えば、ベンダー (Bender 1993, 1998, 2001) やアッコなど (Ucko and Layton 1999, Ucko 2000)。
8　例えば、レイトン (Layton 1989a, 1989b) やヒッチコック (Hitchcock 2002a)。

成に関して、世界遺産であるからというよりも、歴史人類学的視点で土地をめぐる言説や様々な人々の記憶、場の形成、実践、論争、交渉などを論じてきた。

　21世紀に入って、従来の考古学や建築学はもとより、それ以外の分野の専門家による遺産研究が、続々と発表されるようになってきた。私の場合、博士課程のフィールドワーク期間中（1999年9月から2001年8月までの2年間）、2000年にアンコール国際調整委員会で、アンコール世界遺産における地域社会にとっての遺産の意義や活用を視野に入れた遺産保護について問題提議をし（Miura 2000b）、以降博士論文を提出する前にも、この問題に関して論文を出版したり、会議発表を行なったりした（Miura 2000a; 2001）。

　人類学、社会学や観光学の研究者を中心に2000年と2002年に英国で開催された2つの国際会議以降、世界遺産やその候補地をめぐる観光開発の視点から地域社会の参加に関する論文も発表されるようになった。それらの中には、カナリー諸島のガラホナイ国立公園（Bianch, et al 2000; Bianchi 2002）、ヨルダンのペトラ（Daher 2000）、オーストラリアのウルル・カタジュタ国立公園（du Cros & McKercher 2000）、インドネシアのボロブドゥールとプランバナン、タイのスコタイとアユタヤ（Black & Wall 2001：田代2001）、インドのエレファンタ島（Chakravarty 2000; Walters 2005）、カナダのケベック（Evans 2002）、タンザニアのザンジバル（Hitchcock 2002a）などの事例研究が挙げられる。アンコールと地域社会については、田代も修士時代の研究テーマとして、政策の観点から論文を書いている（田代2001、2005）。

　国際機関も積極的に遺産とコミュニティの問題を取り上げるようになった。イクロム（ICCROM：国際文化財保存修復センター［ローマ］）は、リビング・ヘリテージ・サイト・プログラムを2002年～2003年の予算に組み入れ、スパファ（SPAFA: SEAMEO Regional Center for Archaeology and Fine Arts：東南アジア教育大臣組織地域美術考古学センター）をアジアのパートナーとして、2003年9月第1回戦略会議をタイのバンコクで開催した。このプログラムは、メコン川地域の遺産地域の管理にコミュニティを基盤としたアプローチを5年間にわたって促進するために企画され、戦略会議の報告が公表された（ICCROM 2003）。

　2004年私の博士論文はロンドン大学によって受理された。翌年、ハリソンとヒッチコック（Harrison & Hitchcock 2005）の編集による*The Politics of World Heritage:*

Negotiating Tourism and Conservation（『世界遺産の政治学：観光と保全の駆け引き』）が出版され、地域社会との関係も含んで、世界遺産をめぐる保全と観光の間の駆け引きについて様々な事例研究が紹介された。ほかにも観光、特に遺産観光（ヘリテージ・ツーリズム）との兼ね合いで世界遺産が研究の対象になって、ホスト側の地域社会との関係に注目する研究者も出てきた（Prideaux, et al. 2008; Hitchcock et.al. 2010）。また、ギリシャの「生きている」メテオラ僧院を保全の観点から論じているポーリオス（Poulios 2008）の博士論文もある。2010年には、ヒッチコック、キングとパーンウェル（Hitchcock, King and Parnwell 2010）によって、*Heritage Tourism in Southeast Asia*（『東南アジアのヘリテージ・ツーリズム』）が出版されて、東南アジアの観光の視点から文化遺産や自然遺産が論じられている。

日本では、文化政策や世界遺産の魅力、内容や歴史、文化遺産保護と国際協力のとの関係については、元ユネスコ職員（河野1995；松浦2008）によって書かれた本をはじめ、数多くの本が出版されている。しかし、地域社会と世界遺産との関係について人類学的な研究はまだあまり行なわれてこなかった。

これまで、ほかの分野の日本人専門家によって文化遺産と地域社会との兼ね合いを含めて研究された世界遺産には、白川郷と五箇山（飛越合掌文化研究会1996; 合田・有本2004; 山下2009）、白神山地（井上1996; 1997）、中国雲南省麗江（山村ほか2007; 山下2009）、アンコール（坪井2001; 田代2001, 2005; 石澤・丸井2010）などがある。東京文化財研究所が出版した *Living with Cultural Heritage — Asia, Perspectives at Changing Period: Theories and Outlines —*（『文化遺産とともに生きる——アジア 変換期における展望：その理論と概観』）（2006）[9]には、アジアにおける文化遺産と地域社会について遺産管理に関わっている専門家による論文が掲載されている。西山（2006）の『文化遺産マネジメントとツーリズムの持続可能な関係構築に関する研究』は、文化遺産管理、観光と地域開発の関係に関する主に海外の事例を含み、藤木（2010）は、日本とアジアの事例を挙げている。関（2007）は、考古学者の立場から、ペルーのアンデスにおける地域住民参加型の文化遺産の保全と活用について興味深い事例を挙げている。また、毛利（2008）は、まちづくりの視点から世界遺産候補地、またはそれに準ずる日本の遺産について論じている。

---

9 本書は、2005年10月24日〜28日に開催された第14回アジア文化保存セミナーの報告書である（2006: 4）。

人類学の分野では、早稲田大学文学学術院のラオス地域人類学研究所（2004、2005、2006、2007）を中心に、ラオス南部の世界遺産ワット・プーとチャンパサック地方の遺産と地域社会の関わりについて複数の研究者による様々な観点からの論文が発表されている。また、早稲田大学の人類学会は、2006年1月に「『遺産』概念の再検討」という研究会を開催し、アンコールの事例（三浦2006）を含む発表内容も『文化人類学研究』第7巻に掲載された。『観光文化学』（山下2007）には、観光開発との関連でアンコールの事例（三浦2007）が掲載されている。昨年、観光人類学や資源人類学が専門の山下は、著書『観光人類学の挑戦：「新しい地球」の生き方』（2009）の第4章で「世界遺産という文化資源——バリ・白川郷・麗江」を論じている。

　事例研究は毎年増加の傾向にあり、研究されている地域は、社会的、文化的、経済的、かつ歴史的な背景が多様である。しかしながら、遺産地域に共通した課題も見えてくる。それらは、世界主義の普遍的価値と地域や国家のローカルな価値との緊張関係、公共の遺産と私有財産の重複性と緊張関係、公的な空間における私的生活の制約、市民権や所有権をめぐる言説、遺産の保全、観光と地域住民の生活の間の緊張関係、遺産に付随した象徴的な意味合いなどである (cf. Bianchi & Boniface 2002: 80)。

　象徴的意味合いには、民族、宗教と階級の横断的、かつ無効にされた境界線を含むこともあるだろう (Scott 2002: 101)。そのほかに、遺産管理の政策と実践も、多くの遺産地域で顕著な問題である。遺産と伝統の概念は、国家形成、観光開発、そして保全とコミュニティ開発の文脈で国家、国際機関と地域社会を含む様々な行為者によって選択、構築、かつ代表される (cf. Hitchcock & King 2003a: 6)。

　これらの問題は、近年ますます論争の的になってきている。バリ島のブサキ寺院 (Putra & Hitchcock 2005) やオランダの部分のワッデン海 (van der Aa et al. 2002) のように、世界遺産リストに載せることを拒否する地域社会の事例も報告されるようになった。しかし、オランダ、ドイツ、デンマークにまたがるワッデン海は、デンマークの部分を除いて、2009年に世界遺産（自然遺産）に登録された。オランダの地域社会による抵抗はどのように解決されたのであろうか。

　権威、真正性（真実性や本物性：オーセンティシティ）と美観は、遺産と伝統の概

念と密接に繋がっている (cf. Hitchcock & King 2003b: 163)。中でも真正性と美観は、遺産の保全推進者たちと観光客が特に関心を持っている点である。真正性や美観は、政治的または専門的な権威たちが構築し決定する場合が多く、地域住民や観光客の考える真正性や美観とは異なるかも知れない。このことは、社会学や人類学的アプローチ、即ち、遺産に関わっている異なる行為者の多様な視点や多声性 [polyphony]（複数の人々の声・見解）に注目する必要性があることを示している。ビアンチとボニファス (Bianchi & Boniface 2002: 80) は、「世界遺産の言説が、しばしば『ローカル』の声を適切に届け、代表することに失敗している」と論じている。

　遺産の意味と解釈をめぐる食い違いは、その地域で生活している地元の人々にとって深刻な問題を提示している。遺産地域の社会が研究される時、しばしば観光開発の結果が地域住民の生活に否定的な影響を現し始めた後に、住民と遺産保護推進者たちの間に論争が沸き起こるのである。アンコールでは、まだ観光を通して地域の村に重大な社会変化を見ていないが、文化的権利や遺産の使用権や意味をめぐって、関係者の間での論争が顕著になってきている。政策形成と遺産管理のマクロの構図の中に社会的行為者 [social actor] 同士の対立に焦点を置いて、遺産が過去の遺物ではなく、人々がその中で生活している遺産、即ち、「リビング・ヘリテージ」の概念が地域住民にとってどのような意味を持つのかをほかの行為者の場合と比較して説明したいと考えている。

　本書は、国際機関が世界遺産を保護するために、そして国家当局が国家遺産と世界遺産の両方を守り、象徴化し、最大限に利用するために線引きした空間の意義と影響力を示しているが、地域住民にとっては、個人や共同体の遺産に関係している特定の場所やローカリティ（地域）がもっと重要なのである。遺産が生きている人々や生活形態をも含むという考え方は、比較的新しい概念であり、開発途上国の遺産管理当局者の思考の中にまで充分に浸透していない。私は地域住民を遺産の価値を支えている人々と見なしているので、過去に固執せず、遺産空間に住む人々や文化の継続性、それに、人々と環境との相互作用をもっと強調した文化的景観や遺産概念を再考することが必要であると考える。

　本書は、遺産を取り巻く様々な人々による、遺産概念、主権者、管理をめぐ

る言説や論争、政策と実践の隔たりや、遺産保護、観光開発と地域社会の調和の問題などを世界遺産アンコールの事例から紐解くことを主旨とする。言い換えると、人類学的アプローチを用いて遺産研究にこれまで欠けていた包括的な視点をアンコールの事例から示し、微力ながら遺産管理政策や実践の改善にも尽くしたいと考えている。また、アンコールの寺院の多くは、今日まで地域住民の守護霊が宿ると考えられ、信仰の対象であると同時に、中心寺院であるアンコール・ワットがそれぞれの時代に権力の象徴と人々の心の癒しの場の両方の要素を持っていたことを示してゆく。カンボジア再建の現代史の中で、ポル・ポト政権下での悲劇の記憶と破壊から民族の誇りと文化や社会を再建する努力の中心にアンコールが位置することと、それゆえに政治的葛藤が生じていることも論じてゆきたい。

　本書の基になっているのは私の博士論文 (Miura 2004) であるが、その中心課題、「遺産をめぐる様々な言説」、「遺産と地域社会」、「保全と開発」が現在でも依然として重要性を持つ課題であることを考慮して、修正を加えた。博士論文を提出した2003年末にアンコールの国際協力の目標が「持続可能な開発」の段階に移行したことを受けて、現地でどのような変化が起こっているのかについて新たに調査し、第8章として書き加えた。

世界遺産アンコールの行為者とそれぞれの関心

　アンコールでは、国際的な遺産保護団体として、ユネスコ、イクロム (ICCROM：国際文化財保存修復センター［ローマ］)、イコモス (ICOMOS：国際記念物遺跡会議)、イコム (ICOM：国際博物館会議) が関わり、国内的には、アプサラ機構がアンコール遺産保護と開発を担う。これらの組織は、程度の差こそあれ、観光開発にも関心を持っているが、基本的には、遺産保護が主体であり、観光開発や地元社会の問題に対しては、組織ごとに認識や関心の度合いが異なる。アプサラ機構内のアンコール観光開発部は、観光省と観光業界と積極的に関わっている。観光産業は、観光施設の開発業者、旅行業者、観光ガイド、みやげ物屋、レストラン、芸能集団、タクシー、オートバイ・タクシー (モトー・ドッ

プ)、スパ・マッサージ・カラオケ業者[10]などを含む。

　国際修復・保全チームは、遺跡の保全に最も強い関心がある。アンコールの世界遺産登録前にインド隊がアンコール・ワットで大規模な修復事業に着手してから、多くの国際修復・保全チームがアンコール地域で活動を始めた。活動を終了したチームも加えると、イタリア、インドネシア、日本(2隊)、ドイツ・ハンガリー、ドイツの単独、フランス、イタリア、アメリカ(NGO)、中国、スイスなど数が多く、アンコール遺産地域は修復オリンピック会場のようである。その中で、遺産管理に地域社会の参加への関心を公的に述べてきたのは、上智大学チーム、世界記念碑基金(WMF)チーム、そして、チーム内のメンバーの数人が熱心であったのは先に述べた日本国政府アンコール遺跡救済チームであった。上智大学チームは、チームとして初めから地元の村で社会文化調査を行なってきた(石澤ほか1989；石澤・丸井2010)。

　遺跡の保存・修復は、莫大な費用がかかることと、短期間で目に見える成果を各国政府や資金提供者が求めていることから、プロジェクトは、予算が活動範囲を限定するように設定されているし、そのための専門家も修復の知識や技術を持った建築家が中心である。どちらにせよ、チームの優先順位や哲学を反映している。

　アンコールの地元住民は、遺跡修復や整備のための労働者、寺院の監視員、森林監視員として、ある程度まで保全事業に組み入れられてきた。プロジェクト・マネージャーはしかし、多くの場合国際的な専門家で、ほかの場合は、都市部で高等専門教育を受けたか海外の大学院に留学したカンボジアの建築家や考古学者である。ここには顕著な権力構造があり、村人たちはその労働力や成果を一般的には高く評価されているが、社会的には最下層に存在する。しかし、2005年頃から国際チームとアプサラ機構が遺跡修復共同パートナーとして活動するようになり、地元の労働者の棟梁や何人かの優れた技能労働者は、徐々にではあるがもっと管理を任されるようになってきている。しかし、皮肉なことに、賃金はカンボジアの賃金形態の中に置かれて、かつてより低下したため、労働者の士気は逆に低くなっている。

10　カンボジアでは、カラオケは、単に歌を歌うだけではなく、性の間接的な売買の場所でもある。

バイヨン寺院。JASAによる遺跡修復と発掘現場(左下)

　JSAは、その第3段階でアプサラ機構との共同チームJASA[11]に移行し、その日本人のメンバーの何人かは、アンコール・クラウ村を中心にしたNGO「アンコール遺跡の保存と周辺地域の持続的開発のための人材養成機構 (JST)」を2005年に発足させた。

　2003年末にアプサラ機構とICCの使命が、アンコール遺跡の「緊急保全」から「持続可能な開発」の段階に移行したのを受けて、地域社会を含む開発の問題にも注意を向けるようになってきた。このようにアンコール地域では、徐々に地元住民の生活を視野に入れた遺産管理を行なうようになってきているが、数々の新しい課題が浮上している。

　同じような問題が、多くの世界遺産、とりわけ開発途上国で見られ、国家や遺産管理組織が地元住民を、遺産保護に関する中心的利害関係者としてよりも、意思決定から排除したり「問題」と見なしたりする傾向にある (cf. Robinson et al 2000; Khouri-Dagher 1999)。アンコール―シェム・リアップの観光産業は、貧困層

---

11 JAPAN-APSARA Safeguarding Angkor。JSAが、2005年APSARAのパートナーとして再編成されたもの。日本語では、JSAと同じ訳(日本国政府アンコール遺跡救済チーム)を使用。

を対象にした開発と合体した技術支援型のものも近年増えてきているが、当初は、そして今でも大多数は、多国籍企業や「影響力の強い」集団や個人が独占的に利益を享受する傾向にある。彼らは、利益を最大化することを狙い、ほんの一握りの地域の人々を低賃金スタッフとして雇っている。例を挙げると、アンコールのほとんどのホテルは、教育レベルがより高い都市部から流れてきた人々をフロアー・スタッフとして雇っている。地元の村人たちの多くは、観光業の周辺で、ホテルや観光施設の建設労働者、庭師、踊り子、みやげ物製作者として、低賃金、低収益の下で働いている。遺跡周辺でみやげ物や飲み物の販売をしている人々は、保安料や場所代を徴収する遺跡警察や資源を持っている都市部からの商人などの仲介者に依存しなければ仕事ができず、少ない収益でかろうじて生計を立てている。[12]

世界遺産の概念は、国家遺産や世界遺産を保護するという美辞麗句の下に、カンボジア当局の一部が地元の村人の遺産を否定し、支配的な言説を強制して管理を容易にするために使われている。当局の職員の中には、地域社会にとっての遺産の重要性を理解している者もいるが、否定的な方が優勢である。

遺跡警察は、1997年10月8日の副条令60番によって設立された (ICC 1998b: 30)。この遺跡警察が、2000年に稲作や樹脂の採取のような地域住民による伝統的な社会経済活動を禁止した。以降、村人のアンコールとの関わりは、宗教実践と遺産産業や観光産業、特に儀礼のために僧院に出向いたり儀礼に参加したりすること、遺跡の修復・保全作業に携わることと、寺院の監視員や神像・仏像の世話人になることにほぼ限定されている。修復や保全事業以外の活動は、遺跡警察の徹底的な監視、制御や、搾取の下にある。2008年以降は、再構成され、法令によって権力が強化されたアプサラ機構の下に、建築規制に関する監視と違法建築に関する取り締まりが強化されている。

マクロ・レベルでは、カンボジア政府はアンコール地域での交通の再組織化を図った。木材などを積んだ大型トラックや地域住民がアンコール・トムへ通じる道路を使用することを避けるために、バイパス道路を造り、夜8時 (外国人は夕方7時) には、特別な場合以外、完全に通行止めになった。2002年には、ア

---

12 文化遺産保護のための特別警察を設置する副条令に関しては、アプサラ (APSARA 1998: 246-249) に詳しい。

ンコール内にある11の僧院を取り壊す計画が浮上し、それを推進しようとした高僧と、問題になっている僧院の僧侶たちとの間に論争が持ち上がった。この論争は、何人かの僧侶が観光客に自己利益のためにお布施を要求したり、女性観光客に触ったりしたという噂や、認可が下りていないのに新しい建物の建設を進めたことを基にしている。もし11の僧院が破壊されていたなら、僧院に通っていた地元の村人を更にアンコール地域から排除することになり、村人たちがこれまでに占めていた場所や空間は、遺跡警察と商売人のような新参者や観光客に取って代わられることになっていただろう。

　歴史的に、アンコール地域を統制していた政府機関は、社会経済または文化活動の規制や追放を実践しようとしたが、村人たちはいつも受動的にそれを受け入れたわけではなかった。カンボジアは過去に農民集団の過激な抵抗運動などはそれ程頻繁には見られなかったが、植民地時代にフランス人に描かれたように、農民たちがいつも受動的でのんびりしていたわけではない。時には政府の政策や方針に不服従や抵抗を示し、時には押し付けられた状態を一時的に受け入れたりした。カンボジアの農民は先祖の経験を踏まえながら、政府当局による支配の「風向き」を感じて、行動をとるべき時が熟すのを待つ必要があることを経験から知っている。しかし、状況が変わったり監視や規制が緩くなったりすると、アンコール・トム内に住んでいた人々のように、いったん生活の場所から排除された場合でも、しばしば古巣や故郷の村になるべく近い所に急いで戻って生活を再開した。彼らは、アンコール公園の設立にあたってフランス人によって遺跡の外に追いやられ、1970年代初期の戦争中は村から遺跡内やもっと遠い地域へ避難し、ポル・ポト政権下ではほかの場所へ移住させられてしまった。1991年には、アンコール・ワット周辺の村人たちはシェム・リアップ市の北側の新しい土地に移住させられた。アンコールの地域住民の周辺化の過程については、第4章に詳しい。

　人々が生活し、様々な形で遺産が活用されている遺産地域（リビング・ヘリテージ）で、遺産をめぐる問題には3つの重要な課題がある。遺産保護、観光開発と統制、そして地域社会のニーズと生活を守ることである。これらの課題は、しばしば直接の関係者同士のみで別々に考察され、それぞれのプロジェクトが調和されずに実施されることが多い。この現象は、アンコールで明らかに認め

られる。国際社会やカンボジア政府による遺跡の保全と観光に関する関心は非常に高いが、地域住民の生活維持や改善への関心はきわめて低い。村人たちは、アンコール遺産地域で生活していることに起因する問題解決を、ほとんど自力で行なうことを強いられている。そのために彼らが取る手段には、政府当局との交渉や、新しい場所での生活への順応の努力や、家族内での分業や新たな収入源を模索するなどの生存手段の戦略化などがある。

研究アプローチと方法論

　カンボジアにおける私のフィールドワークは、主に博士課程期間中（1999年から2004年）の1991年9月から2001年8月までの約2年間、および、2002年と2003年におのおの約3週間から成る。実際には、私がカンボジアでユネスコ関連の仕事に携わった1992年から1998年までの6年間のカンボジアにおける観察と社会経験、および、1995年から1996年にかけて約半年間行なったアンコールの村落調査もその基盤になっている。博士課程終了後、2006年に約10日間、2007年に約1週間、2008年に約2週間、2009年に約5週間、2010年に約6週間、2011年に約1週間、現地で追跡調査を行なった。この調査から得られたデータに基づく内容は、主に第8章に記載した。

　私の研究アプローチは、マークス（Marcus 1995）が提唱している複数サイト・アプローチ［multi-sited approach］である。複数サイトとは、単に複数の地理的な場所だけではなく、社会的地位や存在感が異なる集団や個人を含む。具体的には、ゾーン1・2で生活する複数の村の住民以外に、国際機関職員、カンボジア政府当局の異なる部署やヒエラルキーに位置する職員、国内外の非政府組織（NGO）職員、複数の場所にある寺院の僧侶や寺院の活動に積極的に関わっている信者などを含む。複数サイト・アプローチを使い、様々な文化的仲介者による遺産概念の解釈の違いから生じる問題を明らかにしようと努めた。また、その問題を実際に起こった事件や状況の文脈の中で論じながら、遺産の所有権と主権者に関して、法的かつ倫理的な観点から研究した。比較的短い間に移り変わる行政組織やその個人個人の力関係の相互作用と社会的動態にも注意を払

った。

　複数サイト・アプローチと慎重を要する課題と地域のために、柔軟な方法論を採用することが求められた。用いた方法には、前もって準備した質問事項に従って行なう構造化されたインタビュー［structured interview］、人類学では頻繁に使われるが、必ずしも周到に準備されていない構造化されないインタビュー［unstructured interview］、外部的観察から参与観察（研究対象者の活動に加わりながら観察する）まで様々である。実際に行なった参与観察には、例えば、農耕、通過儀礼や年次儀礼、そのほかの祭礼、祈禱、伝統医療、セミナー、研究会、地元における会合や国際会議がある。

　私の研究には、再帰的人類学も採用した。この人類学では、再帰性［reflexivity］を考慮に入れ、私が事件を解釈するために依拠した過去の経験や、私の存在が関与した人々にどのように解釈されたかなどを考察した。この種の人類学では、フィールドにおける問題、インフォーマント（情報提供者、研究対象者）とのやり取りの際やある状況で悩んだことや、様々な文化的仲介者との関係や相互作用などを考慮に入れることが求められ、また、通常であれば提示されない会合や会議でのインフォーマントや仲介者との議論を示すことも可能になる。この手法を使うことにより、インフォーマントは単に受動的な研究対象者にとどまらず、人類学者との議論（文化間言説［inter-cultural discourse］）に参加する自発的主体になることができる（cf. Layton 1997: 191）。

　この研究は、更に、複数分野のアプローチを使った応用人類学および実践人類学の範疇に属する。近年、人類学は非常に多様になり、多くの人類学研究は、直接意図していなくとも、実践的な意味合いを持っている。理論と実践の橋渡しをいかに行なうかが今日の関心であり、議論の中心は、どのように実践するかである。

制約、ジレンマ、問題点

　1999年9月から2001年8月にかけての2年間の博士課程のフィールドワーク中、村の生活を理解する際に直面した制約の1つは、治安状況が不安定だった

ことと、まだ私の子供が幼かったこともあり、2、3回ほどしか村に宿泊できなかったことである。ほかの制約は、村人たちとのインタビューから受ける返答に含まれる年月や人々の関係の特定が難しかったことである。ある事件が起こった時に、それがいつ（時代、年月、日にち）実際に起こったのかの特定が、しばしばインフォーマントによって異なったり、研究者による記述とずれがあったりした。また、人間関係を語る時に、通常、個人名ではなく親族用語（おじ、おば、いとこ等）を使い、それを血族・親族以外の人にも使用することから、理解に少なからぬ混乱をもたらし時間がかかった。しかし、その過程で学んだことは、村人の生活にあたって厳密な年月の記憶はそれ程重要ではないことと、親族でなくとも親族的な関係がある人々がいることが個人生活のセーフティ・ネット作りに重要であるということである。

最大の制約はもっと複雑である。それは、私が人類学研究者であることと私の研究課題、そして社会的な影響の大きさに関係している。アンコールのように利害関係者間の競合が激しい遺産地域における研究では、研究者が研究対象者の生活形態や見解に影響を与えないことや、心理的に対象者の問題にまったく関わらないことはほぼ不可能である。私がすぐに学んだことは、多くのインフォーマントが、戦争、殺戮、病気や事故によって家族を喪失したり、自身が怪我、病気、その他の悲劇に見舞われたりしたことである。驚いたことに、彼らはしばしば悲劇について、あたかも日常茶飯事に起こることであるかのように、感情的にならずに、静かに語った。外国人が当局や組織と交渉する際に強い立場にあると信じている人々は、私に彼らの問題解決を助けることを期待する「文化的戦略家」(cf. Erb 2000)でもある。権力者は一般的に、賄賂や何らかの利益を提供されない限り、そのような外部者からの介入を忌み嫌う。彼らは外部者を直接批判するよりも、外国人に相談した「弱者」をしばしば陰で威嚇する。ほかの多くの社会同様、カンボジアでも、自身が弱い立場にある時にはとりわけ対立を避けることが得策と見なされる。この傾向は、（特に権力者に対して）人前で恥をかかせないというクメールの伝統的な社会規範にも関係している。生き延びるためだけでなく、最善の結果を獲得するためにも、注意深い戦略と戦術的操作が、すべての社会的行為者に求められている。

人類学者が特定の研究対象者のアドボカシー（擁護）の役割から距離を置くべ

きか、それとも社会の底辺にいる人々の問題解決に尽力すべきかについて、私の中に明確な答えは見つからない。ハストラップやエルサス (Hastrup & Elsass 1990) のように、人類学者が一方の側につくことや擁護者の立場をとることを避けるべきであると論じる者もいるが、我々は、とりわけ対立関係にある人々が存在する地域での研究においては、立場を明確にすることを求められている。私の関心は、研究が、フィリピンのミンダナオ島にある「アポ山における土地の権利の要求のために民族誌的な調査報告書が必要とされたことに活路を見出した」アレホ (Alejo 2000: 253) の民族誌に共鳴する。しかし、対立や競合をどのように解釈し、客体化し、そして表現するのかが問題である (cf. Clifford & Marcus 1986)。それと、私的に貴重な情報を提供してくれたインフォーマントに対して、私は、その情報を公表したり活用したりすることによって危機に陥れないということが倫理的に求められることを強く認識している。

研究地域と対象者

　研究地域は、主にアンコール地域であるが、ロルオス地域でも調査を行なった。私が中心的に調査したアンコール・クラウ村は、ゾーン1に属し、アンコール・トムの北門のすぐ外に位置する。この村を選んだ理由は、前述したように、アンコール・トムに近接していること、村人がアンコール地域で遺跡の修復や保全事業に深く関わっていることと、村を既によく知っていることなどによる。研究対象の村を選ぶ際には、村人の中で不要な猜疑心を起こさないことが重要である。その意味では、この村の選択は私にとって幸運だった。と言うのも、この村はアンコール・トムとの関係性で最も重要な村であることがわかり、また、村人から暖かい歓迎を受けたからである。

　アンコール・クラウ村の住民約200人に聞き取りをした。多くは農民であるが、ほかに、僧侶、仏教の信者、アチャー（上座仏教の儀礼を司る司祭）[13]、遺跡の監視員、仏像や神像の世話人、遺跡修復労働者、アプサラ機構に雇用された遺

13　アチャーには2種類あり、結婚のアチャー（アチャー・カー）と葬式やその他の儀礼を司るアチャー・ヨキがいる。お互いの領域は交換できない。

跡整備の労働者、アンコール内のトイレの管理人、ホテルの従業員、雑貨屋、屋台や食堂経営者、玉突き屋、みやげ物や飲食物の売り子、霊媒、伝統治療師、占い師、産婆、乞食、学校長、教師、小・中・高校生、遺跡警察、郡警察、村長、副村長、VDC（開発ボランティア）メンバー[14]、脱穀屋、旧兵士、身体障害者、孤児など様々である。ほかに、アンコールとロルオス地域の20以上の村も訪ねて、100人以上の人々から聞き取りを行ない、儀礼や農耕の参与観察も行なった。

　地元の村人は、特に注記していない限り、先祖代々この地域で生活している住民と、その住民との姻戚関係で村に住んでいる人々である。彼らは、地元住民としてしばしば集合的に括られているが、個人の見解や話、観察などを示すようにした。害を及ぼす危険性が少ないところでは実名を使っているが、それ以外の場合は、仮名を使ったり、人物を特定できないように表現している。公職や組織に属していた人々や、現在属している人々の場合は、公的な発言や職務の遂行に関しては、特別な配慮が必要な場合以外基本的に実名を使用している。NGO関係者の場合、私的な発言や聞き取りに関しては、了解を得て実名を載せている。

本書の構成

　第1章は、遺産に関する様々な概念と見解、アンコールやほかの遺産に関して、意味、所有権と支配をめぐる論争について検討する。注目すべき点は、専門家、ユネスコ、アンコールの村人とカンボジア当局によって理解されている、または採用されている遺産の定義が変化していることである。関連する概念として、「空間」、「場所」、「ローカリティ」と「ランドスケープ（景観）」が、アンコールの文脈ではどのような意味を持っているかを検討する。

　第2章では、「空間」の地域における意義、とりわけ、アンコールにおける

14　1990年代にプロジェクトの実施を容易にするために、開発組織が村落開発委員会（Village Development Committee）の構造を導入した。アンコールの歴史的地域におけるコミュニティ参加型開発の国連ボランティアのプロジェクトは、ボランティア開発委員会を意味してVDC（Volunteer Development Committee）を創設し、その下部組織として実行委員会（Action Committee）を作った。

「場所」、「ローカリティ」の意義と「場所の感覚」を神話、伝説、民話と精霊信仰における概念的知識から検討する。権威者への批判や大衆の道徳観は、地域の景観に付随した名称、意味と実践と関連した特定の要素から見出すことができる。ここで、地域の知識と集合的記憶は、地元住民が共に生活してきた「非公式の物語」として取り扱い、碑文、王朝年代記、貝葉（棕櫚の葉に刻まれた記録）や学校の教科書に掲載された物語などの「公式の物語」と併記する。

第3章では、実践知、即ち、単に頭の中で構築された知識ではなく、実践を通して体得された知識を扱う。このような知識には、実践の一形態で、とりわけ、精霊信仰や仏教などの信仰や儀礼の実践や稲作や樹脂の採取のような仕事の実践、即ち、パフォーマンスが含まれると考える。これらすべての実践は、様々な共同体と場所の感覚やアイデンティティによって構成されている。

第4章は、アンコール時代からフランス植民地時代までの間に、人々がアンコールの空間と場所から排除されていった過程に焦点が当てられる。具体的には、アンコール・トムからアンコール・クラウの村人たちが周辺化されていった過程と、地域の生産者たちの生存戦略経済が、いかに限界まで追い詰められていったかを示す。

第5章は、各政権によって地域住民に課せられた実践の規制に焦点を当てる。ポル・ポト政権以降の政権が地元住民の生活実践に規制を課したが、住民たちは国家当局の一部の不正行為により先祖から継承された土地や樹木を強制的に剥奪され、1990年代以降アンコールの新しい管理体制は、アンコールから村人たちを更に周辺化させていった。本章では、アンコールの村人が集合的に、または個々の戦略や戦術を組み合わせて、ター・ネイ会議でいかに地域住民の存在や実践を継続するために交渉しようと努めたかを示す。

第6章は、アンコール遺産をめぐる支配的言説ともう1つの言説の対立と力関係を探る。次に、力関係の社会的動態と日常生活の文脈で地元住民を支配したやり方と背景を検討する。最後に、ガバナンス（統治〈のあり方〉）の問題と市民社会の発達を考察する。

第7章は、最初に遺産に関する支配的言説ともう1つの言説がいかに日常生活において村人たちに適用されているか、また、そのいくつかが、いかにミクロ・レベルでスコット（1990）の言う「舞台裏のシナリオ」のように現れるかに

ついて検討する。村人が使用する戦略や戦術を学ぶことによってアイデンティティ形成の文化的動態 (Escobar 1992: 414) を探り出す。次に、地元の村人を除く、マクロで高レベルな場所で広範囲にわたる管理言説を考察する。問題になっている言説は保全主義者と観光推進者の言説であり、それぞれの関心はしばしば対立する。最後に、リビング・ヘリテージのとりわけ複雑な状況における社会的行為者による社会空間と文化・自然資源の共有の問題を検討し、遺産概念、政策作成と遺産管理の実践を再考するための案を提示したい。

　第8章は、アンコールの遺産管理方針が、2003年末に「緊急保全の段階」から「持続可能な開発の段階」に転換されたことを受けて、新しい行為者や状況変化を紹介し、保全と開発の継続する論争と政策と実践の間の隔たりや矛盾を提示する。農業や林業部門で地元住民への生活支援がよい形で現れてきている一方で、建築規制をめぐって管理当局と地元住民の実践のせめぎ合いがますます激化している状況を報告する。持続可能な開発が、新たな闘争の場をもたらし、「伝統的な家屋」の集合としての村を保全しようとして建築規制を強要することが、皮肉にも開発を持続不可能な方向に向かわせようとしている現実を踏まえ、新たな遺産管理のアプローチを模索する。

　21世紀に入ってから、アンコールでの研究者の数も増え、社会学のサブ分野として、観光や文化政策なども研究され成果が公表されるようになってきた。本書は学術書として書かれたものであるが、研究者や学生のみならず、文化遺産やカンボジアに関心がある一般の読者にも、アンコール遺跡の美しさや壮大さだけでなく、アンコールと共に生きてきた人々の様々な思いや遺産との関わりや労苦を知っていただければ幸いである。文化や遺産を守ることと活かすこととのせめぎ合いをいかに乗り越えて、よりよいものとして後世に残していくかは、アンコールのみならず、世界のどの社会でも取り組まなければならない大きな課題である。我々1人1人の人間と社会にとって、文化や遺産はどのような価値があり、社会がその価値をどのように活かしていけるのかを本書を通して考えるきっかけになれば幸いである。理論よりもアンコールの村、人々、伝承、歴史、遺産管理の実践や問題などに興味がおありの方々は、第1章を最後に読むことをお勧めしたい。

なお本書では、アンコール時代の寺院（遺跡）と現在僧侶が修行や儀礼を行ない訪問客が訪れる寺院を区別するために、後者を僧院（僧房ではない）とした。
　翻訳に関しては、日本語の翻訳が既に存在する場合以外はすべて私の翻訳である。
　カンボジア人の名前の表記は、日本同様苗字が先であり、本書内でもそのように扱った。クメール語のローマ字化や日本語表記に定型はなく、クメール語の発音に近い日本語表記を採用したので、必ずしも一貫性のあるものではないことを承知していただきたい。

第1章　遺産概念とアンコール

　毎日アンコール・ワットを見ながら生きてきた。私には、アンコール・ワットなしの生活は考えられない。
　［アンコール・ワット南寺の僧侶オー・ローク。アンコール・ワット正面のトロペアン・セッ村出身。1995年12月9日聞き取り当時77歳］

1. リビング・ヘリテージ概念の再考

　振り返ってみると、私のカンボジアにおけるフィールドワークは、カンボジアに最初に到着した1992年11月に既に始まっていたのだと思う。その時から、アンコール遺産地域の開発と変化を興味深く観察してきた。
　私が最初にアンコールを訪れた1993年1月当時、アンコールには、規制がほとんど施されていなかった。アンコール・トムの門を通り抜ける車は少なく、アンコール・ワットの環濠を東側に沿って走る道は、雨季に流れた土砂と材木を積んだトラックの重みとで、月面のように深くえぐれていた。地元の村人たちが、牛車や、薪や炭を満載した自転車で通り過ぎた。アンコール・ワットの濠では、水牛が気持ちよさそうに水浴し、濠の土手や遺跡の中では、牛がのんびりと草を食んでいた。アンコール・ワットではインド隊の修復が忙しく進んでおり、多くの村人たちが作業に携わっていた。時折、魚取りの網や筌を持った人や、樹脂を集めに来た人々に遭遇することがあり、年配の人々は寺院で神像や仏像の世話をし、子供たちは遺跡のまわりで遊んでいた。一握りの村人たちが、遺跡の周辺で楽器や手工芸品を売っていた。カンボジア人観光客はほとんど見られなかった。その後、私は何度かアンコールに行くことがあったが、遺跡にいる観光客が私1人だけのことも少なくなかった。
　今日、アンコールは騒々しく、車や人で込み、規制が多い。幹線道路は舗装され、アンコール公園の入場券販売所は新築され、公衆トイレも公園内に数多く設置された。遺跡の修復や保全事業は増加し、観光客の数も今日1年間に

雨季のアンコール・ワット

200万人を超える。ゴミ箱と看板が増え、寺院の浮き彫りの前には、アクセスを阻む障害物が置かれ、みやげ物屋や食堂の数も増えた。アンコール・ワットの濠で水牛の泳ぐ姿は見られず、牛も土手で草を食むことを禁止された。樹脂採取や魚取りも同様に禁止されている。軍事警察の代わりにスマートな制服を着た遺跡警察が至る所に配置されている。村人たちは、朝から午後8時までは自転車やオートバイでアンコール・トムを通過することは許されているが、8時以降明け方までは、門が閉鎖されるようになった。アンコール・ワットやほかの寺院でも観光客は午後6時までに退去するように促されている。年配の地元住民は、アンコール時代の寺院では、まだ神像や仏像の世話を許されているが、アンコール・トムのバイヨン寺院では、2008年に長い間世話をしていた人々が辞めさせられ、しばらくしてもっと若い世代の人々に換えさせられた。この経緯に関しては、第8章で詳しく述べる。アンコール・トム周辺には、観光用の象が10頭以上配置され、電気自動車も南大門付近で客を待つ。各寺院のある時間帯は、圧倒的な数の観光客で溢れる。特に、乾季のプノム・バケン（バケン山）［Phnom Bakheng］で夕日を眺めるために訪れる観光客の列や車の数は、

アンコール・ワットの訪問ルートと　　　　　訪問客で混雑するアンコール・ワット
観光客への注意を促す看板

駐車場が足りないほどである。必然的に、交通渋滞と大気汚染も起こる。

　世界遺産指定後18年間にアンコールの景観は劇的に変わってしまった。変化は、1990年代初期には緩慢だったが、1997年以降エスカレートしている。多くの変化は、カンボジアのほかの地域でも起こっている。変化の大きな要因は、平和の訪れと海外からの経済援助や投資活動、それに開発の振興による。しかし、アンコールに特有な事情もある。それは、1992年に世界遺産リストに登録されてから遺産地域の保護と開発が進んだことによる。そこで起こっていたことで、広く世間に知られていなかったことは、フィールドワークを通して徐々に明らかになっていった。[1]

　フィールドワーク中に私は、アンコール空間で村人たちが実践してきた伝統的な社会経済活動のほとんどに遺跡警察が規制を加える過程を目撃した。2000年4月、ゾーン1（コア・ゾーン）とゾーン2（バッファー・ゾーン）内（地図5）の村人

1　例えば、地元住民は、アンコール・トムやほかの大遺跡の敷地に樹脂や果物のなる木を所有し、アンコール・トムの湖沼や環濠は、ター・プロム、バンティアイ・クデイ寺院の敷地内同様、水田耕作がなされていた。これらの事実は、地元住民、遺跡警察、地方行政の知るところではあったが、国際社会には知られていなかった。

は、伐木、樹脂、蔓、薪などの森林産物の収集、牛の放牧、水牛のアンコール・ワットの環濠での水浴、違法発掘や遺跡の破壊のほかに、アンコール・トムやほかの遺跡の森に銃器、斧、鉈などを持ち込むことなどが禁止された（資料4）。1994年のゾーニング令で、耕作地を拡大することは既に禁止されていたが、それまで継続してきたアンコール・トムの湖沼やほかの大規模な遺跡の敷地内での伝統的な稲作も禁止された。

薪を集めることだけは後に許されたが、多くの村人は遺跡警察を恐れてアンコールの森に入らなくなった。アンコール・トムの湖沼や環濠での漁獲も2001年4月に禁止された。継続することが許されたほぼ唯一の活動は、僧院を訪ねることと儀礼に参加することだけである。しかし、これらの活動も2001年には禁止されかかった。政府機関であるアプサラ機構が公的にはアンコール－シェム・リアップ地域の保全や開発事業を受け持っているが、現実では、地元住民、神像・仏像の世話人、みやげ物屋や売り子などは遺跡警察の規則的な監視下にある。事実、国際的な遺跡修復チームやアプサラ機構の労働者を除いて、アンコール遺産地域で働くほとんどのカンボジア人は、「非公式な」月毎の徴収金を賦課されている。また、2008年以降、アプサラ機構の再編成と拡大によって村での建築規制が厳しくなってきており、住民たちは世界遺産地域に住むことによる様々な規制に喘いでいる。

このことに関連して指摘したいのは、世界遺産条約の第5条に、コミュニティの生活に関して次のように書かれていることである。

> …この条約のすべての批准国は、できる限り、かつ、おのおのの国に適切なように（次のことに）努めるものである。
> (a) 文化遺産と自然遺産がコミュニティの生活に活かされることを狙った一般的な政策を採択し、遺産保護を包括的な計画に統合すること（UNESCO 1983: 81）。

リビング・ヘリテージの概念は、住民を含むほかの世界遺産地域同様、ユネスコによってアンコールに紹介された。この概念は、制度化されてはいないが、

しばしばユネスコ、アプサラ機構やイクロムによって語られてきた。しかし、明確な定義は存在せず、「リビング」部分の強調は、「継続している宗教実践」としてしばしば語られる一方で、「生きている」ほかの要素や可能性については、2000年代まであまり議論がなされてこなかった。ある遺産を世界遺産と認定することは、遺産地域が公的な地域になったことを表し、個人が先祖から継承された土地や、過去のある時点で買い求めた土地は、公的な土地に変わってしまったことを意味する。それでも、昨今多くの世界遺産地域で、もともとの住民は継続して居住が許されるようになった。しかし、住民の生活実践空間は、ほかの多くの利害関係者との交渉や公的な規制によって制御されるようになった。認定は、結果的に利害関係者間の論争を激化させている。

　では、遺産に関する主な利害関係者、即ち、政策作成者、管理当局、地域住民は、矛盾する現実にどのように対処し、どのように社会空間や社会経済資源を獲得したり、交渉したりするのであろうか。私見では、人々がそこで「生活している [living]」ことが、遺産地域を「活かし [living]」、遺産の価値を支えているのである。ハイデガー風に言えば、人々は、「世界に存在する ['being-in-the-world']」。「生きる」ことは、「暮らす」ことであり、「存在」することである。ハイデガーにとって、人は、「地球上」、かつ「空の下」で動き回って暮らす。人間であることは、地球上に存在し、命に限りがあることを意味する。ハイデガーは、ドイツの古い言葉バウエン [bauen] を指して、「暮らすことは、『世話をして、守る、保存し、気遣うこと。特に、大地を耕し、ブドウを栽培すること』である」と指摘する (Heidegger 1997: 101, 115)。カンボジアの文脈に置き換えると「ブドウ」は「米」に相当する。宗教は、人々の日常生活から切り離して考えることはできない。人類学的な見解が、ここではことさら重要である。我々は、「リビング」の概念を再考し、名だたる遺産地域で日常生活をおくることは何を意味するのか考える必要がある。

　今日アンコールは、遺跡の保存修復専門家、観光推進者、遺産管理者、地元住民と宗教的権威や世俗的権威の間で複雑な闘争が展開されている遺産でもある。アンコールは、美術品の闇取引業者にとっては、国際美術品市場で高価な値段がつけられる美術考古品を破壊、略奪、密輸出するための「宝の山」でもある。それぞれの集団の間では、内部闘争や外部との政治闘争が存在する。闘

争は、知識、意味づけ、支配と遺産地域内に存在する文化や経済資源の活用に関するものである。別の角度から見ると、訪ねて、一時的な「視覚消費」のために眺めること (Urry 1990: 1995)、盗むこと、保存すること、生活することのどれを遺産を活用する際に優先させるかの闘争でもある。

では、次のことについて考えてみよう。

- ユネスコの世界遺産の登録基準は妥当か。基準は、鍵となる利害関係者、特に地域住民にとっての場の意識や思いを反映しているのか。
- だれが遺産の正当な所有者で使用者なのか。
- 誰のために、そして何の目的で、遺産は活用され、保護されるべきなのか。
- 遺産は、いかに活用されて保護されるべきなのか。
- 誰が、遺産の活用と保全の責任を取るべきなのか。

近年になってやっと、遺産は、「生きている」コミュニティによってのみ維持されうるという考えが受け入れられるようになってきた (Lowenthal 1998: 21)[2]。ローウェンタールは、そこで暮らしている人々を指して、生きているコミュニティと言っている。しかし現実では、生きているコミュニティによる遺産管理はめったに実践されない。例えば、アメリカのジョージア州の海島 [Sea Island] の黒人原住民は、観光開発に悩まされて、自分たちは、「新しい絶滅危惧種になった」と嘆いている (ibid.: 21)。

「コミュニティ」の概念にも問題がある (cf. Cohen 1985)。この言葉には、固定した境界線がない。構成員の範囲は、人々の小集団から全世界人口をカバーした集団まで範囲が広い。開発途上国の国家遺産や世界遺産などの著名な遺産は、ほとんどの場合「地元 (ローカル)」住民を排除したり、社会的に周辺化した後、国家当局によって管理されている。「ローカル」の概念も不明瞭である。この概念はどれくらい引き伸ばすことができるだろうか。アンコールの場合、「ローカル」な人々とは、遺産地域の住民、シェム・リアップ州の住民、または、インターナショナル・コミュニティ (国際社会) に対する全カンボジア国民やカンボジア社会を指すことも可能である。私の関心は、様々な関連集団によって異

---

2 ICCROM (2002, 2003a, 2003b) ; Takaki and Shimotsuma (2003) ; Engelhardt (2003) を参照。

なって認識され、言及されるコミュニティの感覚と、この言葉の意味する範囲や境界線の曖昧さにある。この曖昧さは、他者に自身の定義を押し付けたがる支配的な集団によってしばしば操作される。第6章で見られるように、支配的な集団は、彼ら自身の定義を、ほかの人々が自身のものと見なしている領域にまで境界線を引き伸ばすのである。

2. 過去と遺産

　遺産への近年の関心の高まりは、文化のグローバリゼーションの傾向であり、人々にアイデンティティの危機と不確実感を引き起こしている。我々は、過去のある部分を、あたかも固定し、正当で、良いものであるかのように、頭（脳）をノスタルジーと記憶で一杯にしようとする。記憶は、時には悲しみや苦痛で一杯で、その感覚や記憶は、モノを通して呼び覚まされるかも知れない（Rowlands 1993）。記憶は、とりわけ個人のアイデンティティを確立し、集合的（集団の）記憶は、個人から広いコミュニティに繋がる（Lowenthal 1985: xxii）。アンコールは、過去の出来事を力強く思い起こさせるモノであり、場でもある。ユネスコのアンコールへの元科学顧問だったベシャウチ［Beschouch］は、2002年にこのことについて次のように語っている。

> 　過去25年間は、カンボジア人にとって真剣な哲学的熟考の期間だった。彼らが自分たちに投げかけた問いは、「アンコール帝国の衰退が、平和で、高度な文化を享受したカンボジアの終焉の兆しだったのか」と「我々は、破壊的で野蛮な別のカンボジアに属するのか」ということだった。アンコールはとりわけ、彼らの歴史を伝える。この偉大な文明と繋がることによって、野蛮な時期と決別するのである（UNESCO/Boukhari 2002）。

　集合的アイデンティティを模索する必要性は、戦争、侵略、植民地化、ディアスポラ（離散や移住）、社会や国家の境界線を越えて人々が難民として流出または集団移住することによって、民族、国家や地域のアイデンティティの危機

が起こった時に高まる。そのことによって、遺産は、「異なる行為者によって異なるやり方で収用、創造、提示される」(Hitchcock and King 2003a: 6)。

　国民、国民性、ナショナリズムの概念の定義は、アンダーソン(Anderson 1991: 3)が指摘するように、真に困難である。それゆえに、定義は創り出さなければならず(Gellner 1964: 169)、当局によって定義され、象徴や象徴的行為で強化される。カンボジアでは、民族や国家領土の境界線や完全性が危機に陥る時に、いつもアンコールが引き合いに出され、勇気、威信や正当性の感覚を植えつけられる。

　クメールの女王とその叔父が19世紀中旬にアンコールのイメージを使用したことが、2つの記録からわかっている。その当時、カンボジアは、ヴェトナムとシャムに挟まれて両側から政治的圧力を受け、フランスが周辺で様子を窺っていたために、きわめて危機的な状況であった。このような状況の中で、アンコール・ワットの宮廷の印璽が、女王アン・メイ[Ang Mei]から叔父アン・ドゥオン[Ang Duong]に向けてしたためられた手紙の上に押印された。それは、アン・ドゥオンが戴冠する前の1845年だった(cf. Sok 1985: 417)。アンコール・ワットの姿は、1840年代のアン・ドゥオン王の統治時代に鋳造された硬貨にも刻まれている(cf. Népote 2000: 127-130)。

　アンコールのイメージは、シャムが18世紀から19世紀にかけてアンコールを侵略して支配し、アンコールの継承を主張した時にも使われた。近代タイ・ナショナリズムの創設者として知られているモンクット王は、アンコールの重要性を「発見」し、アンコール・ワットの模型を造らせ、バンコクの宮廷にあるエメラルドの仏像の祭壇の近くに設置させた(Keyes 1991: 266)。

　カンボジア人は政治的に闘争化する傾向にあり、クメール人は個人主義で知られている。カンボジア社会には、バリ島などで知られている慣習村組織や水利組合などのような永続的な社会組織が存在しない。アンコールへの言及は、クメール人とそれ以外の民族をカンボジア国民として統合したり、政治的な行為に正当性を求めたり、寛大さ、慈悲深さや清廉さなど人間のポジティブな特質や崇高な精神を呼び覚ましたりするための最も高尚な手段として歴史的に多用されてきた。

　1970年代以降のカンボジアの政権は、過去の「想像上」の国家統合を人々に

強く認識させる国家の象徴が必要であると感じてきた。独立後の政権は、アンコール・ワットの画像に正当性を探し求めた（Edwards 1999:1）。それは、今日までの全政権によって国家の象徴として国旗上のイメージに使われ、アンコールの精神は頻繁に引き合いに出された。過去と関連したものをほとんどすべて否定したポル・ポトによる民主カンプチア政権も、その例外ではない。[3]

カンボジア人たちは強制移住させられて数十年間、文化の基盤から引き離された。アンコールは今日のカンボジアでは、過去にクメール民族が協働して成し遂げた結果が巨大な文明であることと、高レベルの、技術的、かつ美的業績を残したことで、人間の成し得る高い能力の優れた証明にもなっている。この空間の断絶や非連続性は、不思議にも、時間的継続性を表している（Augé 1995: 60）。そして、継続は「アンコールの黄金時代へのプライドの途切れない鎖なのである」（Um 1990: 361, Edwards 1999:1内の引用）。この見解は、今日カンボジアが国民を統一させ、国家を強固にするために使われる。1998年7月の国民総選挙で勝利して誕生したフン・セン政権は、通常プノン・ペンで行なわれる国会の開会式をシェム・リアップで行ない、国会議員はアンコール・ワット前に集合して宣誓式を行なったのである（cf. PPP, Oct. 2-15, 1998: 3, 6）。

カンボジアのイメージは内戦とポル・ポトのためにひどく傷つけられたので、戦後、国のイメージを改善するためにアンコールが必要であった。アンコールは、カンボジア人にとって、ほかの民族や国家に誇示できる秀れた遺産なのである。「ポル・ポト」は死去したが、アンコールは不死である。国家のアイデンティティはアンコールに強く依存し、長い孤立から世界に再登場した今、アンコールはまた外部者の新たなまなざしに晒されている。カンボジアは今日アンコールを国のイメージ・アップのためだけでなく、企業家や観光客をひきつける高いステータス・シンボルや文化商品として世界に披露できるのである。

2001年7月に開催された文化観光の国内セミナーの開催式で、閣僚評議会

---

3 クメール・ルージュの殺し屋［Butcher］といわれたリーダーの1人、ター・モック［Ta Mok］は、アンコールへの個人的な賞賛を捨てなかった。クメール・ルージュが政府軍に降伏した最後の砦であったアンロン・ヴェン［Anglong Veng］にあった彼の家（2001年と2010年に訪問）には、アンコール・ワットの絵と聖地プノム・クーレンの滝の絵、それにタイ・カンボジア国境にあるプレア・ヴィヒア［Preah Vihear］寺院の絵と共に壁に描かれていた。ター・モックはまたアンコールの彫像や骨董品を保存していた。ナガシマ（Nagashima 2002: 52）は、ター・モックの家に彫刻を含む全部で61個の文化財が発見されたと述べている。

長であり、カンボジアの国内観光機構の議長でもあったソク・アン大臣（現在副首相）は、次のように述べている。

> 空港、顧客施設、観光現場とカンボジアからの出国場所での全サービスにおいて、あらゆる層の役人、労働者、一般人は、アンコール時代の輝かしい遺産を継承したクメール国民（民族）としてのアイデンティティに沿った適切な言動をし、礼節をわきまえるべきである（Sok 2001: 3）。

近代化と歩調を合わせながら、アンコールは、「進歩という考えに確固とした基盤を置く最初の政治的・道徳的な形態としての国民」の新しいイメージに今組み立て直されている（cf. Anderson 2001: 38）。アンダーソンが論じているように、「我々のまわりには数え切れないほどの過去の痕跡がある。それらは、記念碑、寺院、記録、墳墓、人工物などであるが、これらの過去は、ますますアクセスが難しくなり、我々に無関係になってきている」。このことから、過去はたやすく操作される。「我々の過去との関係は、過ぎ去った時代よりますます政治的、イデオロギー的、論争的、断片的で、ご都合主義的である」（ibid.: 38）。グローヴァー（Glover 2003: 3）は、「すべての近代国家は、国家や支配的な政治コミュニティの地位を正当化したり、強化したりするために、過去に関する言説を創造しようとする」と論じている。植民地時代以後と闘争後の国家において、「国家を創造して『想像する』必要性が特別な共鳴を持ち、しばしば考古学が、植民地主義によって覆い隠された現地の過去の『黄金時代』のイメージの文脈で、国家の活力や新機軸を選択的に発表するように動員させられる」（Hitchcock and King 2003a: 6）。しかし、アンコールがほかの国民によって自分たちの遺産として要求された時、洗練された高級なイメージを持つその遺産が、今度は、カンボジアが国のイメージから躍起になって払拭しようとした暴力的なイメージに繋がる一大事件の引き金になったのである。それは、2003年1月、カンボジアの暴徒が、首都プノン・ペンに新築したばかりのタイ大使館の焼き討ちと破壊を行なった事件である。この事件は、タイの女優が、「アンコール・ワットをタイに返さなければ、もうカンボジアで演技をしない」と侮蔑的なコメントをしたというカンボジア側の報道が導火線となったと言われている

(cf. Guardian 31 January, 2003)。

　ほかの角度から言えば、世界遺産を持つことが、開発途上国の支配的エリートの地位と威信を強化する。クメール人にとって、新しいイメージのアンコールを見せることは、一方で非常に有益なのであるが、他方でそれは、「世界的な消費の場」に転換してもいるのである (Augé 1995: 107)。アンコールの名前自体が最も影響力のある「政治用語」なので、多くの人々が空間と遺産を自分のモノであると主張する。これは、彼らが必ずしも遺産を守りたいのではなく、自分たちが関心を持っていることを守りたいのである。そうすることによって、人々は地域で最高値の文化商品を含む空間の支配を望むのである。このような人々の論争は、この中の誰が、この空間に対する最も正当な権利を有しているのかということに基礎を置く。

　歴史的に、アンコールは様々な要望に応えてきた。それは、政治的、経済的、社会的、文化的な要望を含み、その領域が重複し闘争に及んだこともある。社会的行為者は、アンコールの壮大な舞台を使ってそれぞれの役割を演じてきた。神がかった王は、土地の最終的な所有者であるが、実際、アンコール・ワットの僧侶たちがアンコール周辺の王土を耕作したと言われている。シャムの侵略者やフランスの植民地主義者たちにとって、アンコールを支配することは、支配の仕方がかなり異なっていたとはいえ、クメール王国支配の象徴として必要不可欠だったのである。アンコールは地域の強力な信仰の中心地として、長い間、近隣地域からも遠方からも多くの巡礼を惹き付けてきた。13世紀からフランスがカンボジア支配を開始した1863年まで（アンコールは、正式には1906年から）の間に、外国の外交官、カトリック教の宣教師や探検家たちが、カンボジアの富やアンコールの壮大でロマンチックなイメージを誇張してきた。

　地域住民にとっては、寺院が壮大であればあるほど、そして古ければ古いほど霊力が強く、ご利益が高いのである。アンコール・ワットは、アンコール最大の寺院なので、最も霊力が強く神聖であると見なされている。その霊力は、複数の霊、神、仏陀の共存と複合的加護力とでも言ったものに起因する。具体的には、地霊で守護霊のネアック・ター [neak ta]、ボン・ボット [bâng bât][4]（古代

4　Neakは、「人」、taは、「祖父」の意。ネアック・ターについては、Ang (1986), Forest (1991, 1992), Thierry (1985), Porée-Maspero (1962), Dumarçay and Groslier (1973: 133) を参照。

寺院を所有する霊）やヒンドゥー教の神像、仏像の存在が挙げられる。アンコール・ワットのネアック・ターのうちター・リエイ［Ta Reach］（「王室のお爺さん」の意）は、ヒンドゥー教のヴィシュヌ神を依代（よりしろ）とし、アンコール地域では最強のネアック・ターとして霊力を周辺地域に発信している。歴史的なある時点で、人々は大規模な遺跡の敷地内や側に住み、水田を所有し、果物や樹脂が採取できる樹木を所有していた。身体化され、知覚された過去は様々である。アンコールは、明らかに人によって異なった意味を持つ。

　過去は、我々の存在、モノ、方法、現在の有様の理由を説明したり証明したりすることに使われる。我々は過去を使って現在の存在、振る舞い、行為や考え方を合理化する。過去は現在の問題を修正するために呼び出される。例えば、多くのカンボジア人は、先祖との関係で霊界と接触し、これを達成する。過去へのアクセスの道筋は様々で、焦点は重複し変化する（Lowenthal 1998: 3）。過去は、加工、遺棄、再生、再利用、再構成、再評価、または再文脈化される。これらの作業には、次世代に何を継承し、何を捨てるべきかの選択の過程も含まれる。価値の高いモノ、財産と、歴史的かつ建築的な重要性を持つ建造物環境は、一般的に遺産と呼ばれている。過去から現在まで継承され、価値を有すると見なされる生き方、専門知識、技能は、伝統と呼ばれているが、近年、無形遺産または有形遺産の重要な構成要素として見なされるようになってきた。それは、「記憶と歴史は、ともに遺物から派生し強調される」（ibid.: xxiii）ということである。

3. 遺産の定義：変わる概念

❖ 定義

　遺産の定義に一致した見解はないし、遺産の範疇に入るモノ、場所や人に関してさえ統一されたものはない（cf. Meethan 2001: 106）。遺産と関わっているほとんどすべての文化機関や専門家は独自の定義を作り出している。遺産の種類や重要な点に関する見解が異なっているので、定義も様々である。言葉がどのように定義されているかが、遺産に関するアプローチや政策に当然のこと

ながら反映されている。しかし、あらゆる定義は、遺産が先祖から子孫へと伝達されたモノであることを強調する。有形文化遺産が注目される傾向がある一方、無形遺産も近年注目を集めている。定義は徐々に拡大してきていると言える。

ユネスコの定義

ユネスコの遺産の定義は、「継承され、文化のアイデンティティや継続性を提供し、過去との繋がりを表すフランス語の遺産に当たる言葉——パトリモアン[patrimoine]——と一致する」(Brisbane & Wood 1996: 15 in Parsons 2000: 351)。1972年に採択された世界遺産条約に基づいて、ユネスコは、文化遺産を「歴史的、美的、考古学的、科学的、民族学的、人類学的価値を持った記念碑、建造物群や場所」と定義している。自然遺産は、「顕著な物理的、生物学的、地質学的形状や動植物の絶滅危惧種の生息地や科学的価値、保全のための価値、または美的価値を持つ地域」を指して言う (UNESCO 1983; 2000d)。

自然遺産のある地域を世界遺産と指定することは、保全を単に遺産が属する締約国の当局だけに任せるのではなく、「国際社会全体が協力して取り組む義務」となることを意図している。これは、「認識可能な文化や自然の価値を持った遺産地域の質が低下したり、もっと悪いことに、しばしば資金不足によって消滅したりするからである」(UNESCO/WHC 2000b)。

ユネスコの世界遺産の基本的な登録基準は、「顕著で普遍的な価値」と理解されているが、この言葉には問題がある。これは、競争、比較、等級化、ブランド化と、とりわけ価値の普遍化を意味する。ユネスコの意図に反して、多くの人々は、「普遍的」なモノを「ローカル」または「個人的」なモノよりも価値が高いと見なす傾向にある。普遍化は、ユネスコがこれも熱心に推進しようとしている地域の特異性や文化の多様性の保全に対する深刻な挑戦になっている価値のグローバル化を意味する。また、「顕著で普遍的な価値」があると見なされた遺産のユネスコによるブランド化によって、遺産は、保全や科学調査を超えて、人気のある観光地に急速に変わってきている (cf. du Cros and McKercher 2000: 148; Cleere 1996: 227-233)。

アンコールの世界遺産登録基準

 1992年11月に開催された世界遺産委員会で、アンコールが世界遺産（文化）登録を検討された時、いくつかの登録条件を満たしていなかった。最も重要なことは、法的枠組み、管理計画や遺産を効果的に管理するための（人的、技術的、物的、経済的、制度的）資源を持った組織が存在しなかったことである（UNESCO 1993b: 22）。しかし、崩壊や盗掘から遺跡や遺産地域を緊急に守る必要があり、世界遺産委員会は、例外的にアンコールに世界遺産のステータスを付与することを決定した。カンボジアはまだ政治環境が不安定で、治安も悪かったので、「危機にある世界遺産」リストにも載せられた。世界文化遺産の6つの登録基準のうち、アンコールは、次の4基準を満たしていると見なされた。

(1) 唯一の芸術的偉業、人類の創造的才能を表す傑作（マスターピース）を代表する。
(2) ある期間を通じて、または世界のある文化圏において、建築、記念碑的芸術、景観デザインの発展に関し、偉大な影響をもたらした。
(3) 消滅した文明の、唯一の特別な証拠を残している。
(4) 歴史上重要な時代を例証する建築の全体的調和の顕著な例。

(UNESCO 1993b: 22)[5]

 6つの登録基準のうち2つは生きている伝統を含むが、アンコールでは採用されなかった。このことは、アンコールでは、生きている伝統が、世界的に見て顕著でもなく、充分に普遍的な価値を持たないと見なされているということである。全体としてユネスコの世界遺産の登録基準は、過去の偉業、即ち、「普遍的な」「唯一の」「例外的な」「偉大な影響力を持った」価値——傑作——とりわけ、有形遺産に見られる高い芸術性や技術性、希少性や影響力が強調されている。これらの登録基準は、質的な基準で、比較される特質や遺産の本質的な価値を指す。

5　現在登録基準の文言は、下記のように多少変化しているが、本文に載せた登録基準は拙訳による当時の基準。(1)人類の創造的才能を表現する傑作。(2)ある期間を通じて、またはある文化圏において、建築、技術、記念碑的芸術、都市計画、景観デザインの発展に関し、人類の価値の重要な交流を示すもの。(3)現存する、または消滅した文化的伝統、または、文明の唯一のまたは少なくとも稀な証拠。(4)人類の歴史上重要な時代を例証する建築様式、建築物群、技術の集積、または景観の優れた例。

クメールの概念

　クメール人にとって、遺産に当たる言葉、ケー・モロドック［ker morodâk］とケー・ドムナエル［ker dâmnael］は、私的な財産や集合財産・遺産を意味する。どちらの言葉も、国、コミュニティ、家族、または個人の財産や遺産を区別しない。この言葉は、ルオン［ruoeng］と呼ばれる民話や伝説のような無形遺産を指すことはない。2つの言葉が示すものは、有形のモノのみで、家屋、土地、樹木、家具、金銀製品、宝石、漆器、衣服、機器、道具、工具やその他の家庭における必需品とアンコール寺院や公的な建造物などを含む。現代の文脈では、オートバイ、自転車、電化製品や視聴覚機器なども含まれるだろう。しかし、農民は、車は言うまでもなく、概して金や宝石はあまり持たない。その代わりに、家族の相続財産は、多くの場合、牛、牛車や農具などを含む。

　クメール人にとって所有概念は大変重要である。僧院でさえ僧侶が最終的な「所有者」ではなく、それは僧院の建設資金提供者である人間と地霊のネアック・ターである。財産は、完全に個人所有で、最小の物にさえ所有者がいるのがわかる (cf. Ebihara 1968: 343-344)。水田も、もともとの所有者か現在の所有者の名前をつけて、「誰それの田」と呼ばれる。地方の農民にとって土地は価値が最も高い家族の財産であり、厳密に言うと、その家族の成員の誰か1人が所有者である。王が、事実上、土地を含む王国のほとんどすべての最終的な所有者だったが、土地の私有財産制度が、1884年フランスの植民地行政によってカンボジアに導入された (cf. ibid.: 346)。

　アンコール・クラウ村のケー・モロドックは、伝統的にはアンコールの中央地域周辺のほかの村同様に、村の空間にのみ限定されているわけではなく、アンコール遺跡の敷地内にも存在していた。アンコールの村人たちの間には、コミュニティの財産と呼べるものがあり、それには、精霊、休憩所、村内の寺院や僧院などがある。アンコール・クラウ村は、アンコール・トムとプレア・カン寺院の森の樹木に家族ごとの所有者がいるが、総体的には、「コミュニティ」の森として所有してきた。アンコールの中のケー・モロドックは、果物やイアン［Yeang］やトラーイ［Trach］という樹脂を産する木、水田として使われてきた

6　ラテン名は、Dipterocarpus alatus。ほかの地域では、チュー・ティアル［Chheu Teal］として知られている。ディ・ポン (Dy Phon 2000: 243) によると、「樹脂を取らない場合、建築や家具製作に使わ

湖沼や濠も含まれる。

ロハール村と南北スラッ・スラン村の住民は、イアンの木をター・ケオ寺院、ター・プロム寺院やバンティアイ・クデイ寺院の中や周辺に所有し、バンティアイ・クデイ寺院とター・プロム寺院の中では、かつて水田耕作も行なっていたという。アンコール・トムの南にある村は、アンコール・トムの南半分とアンコール・ワット周辺地域の樹木を所有していた（地図3）。

経済学者の定義

1998年ロス・アンジェルスにあるゲッテイ・コンサベーション研究所［Getty Conservation Institute］で開催された遺産の保全に関する経済問題を議論する会議で、経済学者のパネルは、文化遺産の言葉の定義を次のように述べている。「前世代から現在へ継承された物、構造物、文化作品と個人を含み、ある特定の文化を代表することによって価値があり、その年代の古さにより、少なくとも部分的に価値がある」(GCI 1998: 25)。また、「文化遺産は、公共のモノで、何人もそれを享受することから排除されるべきではなく、誰でも同時に享受できるモノである」ことが強調されている (ibid.: 24)。文化経済学者が理解する文化遺産は、分類された項目と人を含む。しかし、現実では、あらゆる人のためという遺産概念が、すべての人に受け入れられることはまれである。ほとんどの有名な遺産地域で、高い文化的、経済的価値を持った遺産は論争の対象になっている。

文化の分野における経済学者の近年の関わりは興味深い。それは、文化的、社会的に重要な価値をその統合性と潜在的かつ豊かな意味合いを持続させながら判別できない限り、経済学的考察に限界があると考えられているからである (ibid.: 10)。クレーマー (Klamer 1997: 76) は、多くの突出した経済学者が経済の道徳的局面を再生しようと務めていることに注目している。経済学者はまた、遺産の無形の価値にも注意を払っている (Hutter 1997)。一方に考古学者、人類学

れる価値の高い木。樹脂は、木に塗るラッカー、船の隙間止めと伝統的な薬など、様々な使用目的のために集められる。蜜蝋と混ぜて、潰瘍を生じている傷の包帯として使われることもある。若い木の樹皮は、2枚から4枚の葉を合わせると、リューマチや肝臓病などに薬効があるとされる。牛の食欲も刺激すると言われている」。アンコール・ワットとアンコール・トムに最もよく見られる樹脂を産する木である。トラーイは、ラテン名が Dipterocarpus intricatus (cf. Dy Phon ibid.: 245) で、アンコールの北側にあるプノム・クーレン周辺にもっと多く見られる。日本語の参照は、横山 (2001)。

者、芸術史家や保存修復専門家などの文化の専門家がいて、他方に経済学者がいる。双方がお互いの遺産の定義の有用性を認めているので、社会に遺産を提供するために、集合的かつ制度的な解決法が求められなければならないということがわかる (GCI ibid.: 12)。

遺産学と遺産管理における新しい傾向は、学際的協力であり、それは遺産問題の議論を豊かにし、論戦に新しい局面をもたらしている。遺産の定義は、経験を通して、焦点や意味を変えてきている。それは政策作成に影響を与え、文化機関の中で政策の方向転換や修正を施すことに繋がっている。

❖ 変化する焦点と意味

ローエンタール (Lowenthal 1998: 3-4) によると、50年前 (現在では、60年以上前)、遺産は主に遺伝形質、遺言に関する法律と徴税に関わっていた。今日遺産は、古代の遺物、起源、アイデンティティ、帰属に関係して語られる。フランスのパトリモアン (「遺産」の意) も過去40年間 (現在では50年以上の間) で徐々に意味の範囲が拡大してきた (cf. Samuel 1994 : 210-211)。フランスのジスカール・デスタン政権時代にワイヨ [Hoyau] に議論されたように、「国民の過去に関する現代の関心は、『記念碑的』そして学術的な過去を保全し価値を見出だすことよりも、遺産や伝統の、主に変化してきた概念を明確に表した新しい価値の推進にある」(Wight 1985: 251)。今日、遺産は、自然、人工物、場所、景観、樹木、農地、家屋、寺院、物理的特徴や制度などを含む。ほかの遺産、即ち無形遺産は、知識、技術、技能、遺伝子、言語、文学、歴史、音楽、歌、舞踊、儀礼、呪文、信仰、スポーツや芸術なども含むだろう。

当初、顕著な遺産を創造し、後世に残す能力は、遺産の創造者に威信、社会的地位や富を付与し、遺産管理はその管理者に引き継がれる。遺産は時折放棄され、後に同じ集団に再度必要とされたり、ほかの集団に求められることもあるだろう。過去に遺産と見なされなかったものが、今日遺産と見なされることもある。このような事例は、戦争や奴隷に関する負の遺産に多く見られる。世界遺産プログラムの外では、ユネスコは日本の人間国宝の概念を採用し、無形文化遺産に取り入れた。生きている、または、既に亡くなった俳優、歌手、革命家、宗教家、作家、小説の主人公でさえ遺産化しつつある。遺産概念の拡大

化と遺産の多様性は、遺産の大衆化と遺産観光への公衆の関心と経済的消費能力の増大を反映している（Harrison 2001a, 2001b）。

　今日遺産は包括的であり、「生きている」無形文化遺産と人間さえも組み入れられている（cf. Prentice 1993: 21-35; 愛川－フォール 2010）。これは、師匠格の芸術家や職人が、専門的な知識や技術を持った製作者であることを考慮に入れると納得がいく。

　遺産への関心が高くなればなる程、より多くの問題が浮上し、遺産をめぐる論争が激化する。ワトソン（Watson 2000: 456）は、テーマ・パークや博物館、荘厳な邸宅と先史時代の巨石群遺跡がすべて遺産として同等であるかどうかに疑問を呈している。歴史家たちは、「（テーマパークなど：筆者注）過去を単純化した遺産の代用品や駄作を、研究界で追求された、より高尚な『客観的な』研究対象の遺産と同等に扱っている」と非難した（Samuel 1994: 261）。多くの進歩的な批評家は、「『遺産』は、国家にとっての弱所であり、過去に対する国民の反動的な解釈を強化したり、国民を威圧したりする。また、消滅した最高の物に対するファンタジーを抱かせたり、存在しなかったノスタルジーを一時的に供給したりする（ibid.: 262）」とコメントする。遺産は広範な分野から批評を受けてきたが、批判は、遺産概念と遺産自体をしばしば自己利益のために操作して、遺産を食い物としてきた人々に向けられるべきだろう。

　批評家たちは、遺産産業をいつもエリート主義的であると見なしてきた（Watson 2000: 451）。世界遺産に登録された文化遺産へのアプローチは、確かにこの観点から見ることができる（Smith 2000: 404）。同時に、ライト（Wright 1985: 48）は、「景観と建物を保存しようとする衝動は、西洋の近代化における強烈な文化的傾向である」と述べている。しかし、文化遺産を保存しようとする衝動は、西洋の近代化に限ったことではない。遺産を抱えているほとんどすべての社会は、先祖の業績に敬意を払い、ある時、または、ほかの時点でも、それを保存して子孫に遺産を残し、遺産と関連した象徴的意味合いを永続させようと努めてきた。

　例えばアンコール・ワットの2つの碑文によると、寺院は1577年から1578年までの間に王室の保護の下に修復された（Chandler 1992: 84）。王子がプレア・ピスヌローク［Preah Pisnulok］（アンコール・ワット）を過去の真正な形に修復しようと専念したことを賞賛して、母である王妃が碑文を残している（APSARA

1998: xvi)。西洋が着手して世界に広めたのは、遺産保護の国際的な制度化である。文化遺産保護のイデオロギーや国際法の枠組みは、ユネスコやほかの関連文化機関を通して、西洋が長い間主導権を握ってきた。

1972年の世界遺産条約採択から既に30年以上世界遺産の保全活動が行なわれているが、ユネスコは、条約採択の法的かつ政治的局面と登録基準の限界を認めている。World Heritage Convention: Twenty years later（「世界遺産条約：20年後」）(Pressouyre/UNESCO 1996) でユネスコは、主にヨーロッパの経験と見解を基に作り上げられた条約によって問題が引き起こされたことを認識している。世界遺産プログラムは、数々の課題と限界に直面してきた。条約によってもたらされた主な制約は、主権と文化遺産の真正性 [authenticity] の概念、および、自然遺産における完全性 [integrity] の登録基準に関係している (cf. ibid.: 9-16)。

主権と真正性の概念は、国民国家と遺産の静的かつ固定した性質を前提とする。しかし、文化遺産の真正性の維持はそれ程容易ではない。国民国家は分離したり新しい国家を建設したりするからである (ibid.: 9-16)。また、文化財や建造物は、歴史の過程で、材料、生産技術、使用の仕方が変化するかもしれない。例えば、「日本最古の寺院は、定期的に寸分たがわず修復され、真正性は、本質的には材料ではなく、形状に付随した機能に属する」(ibid.: 12)。我々は、どの程度まで変化を受け入れ、どこに境界線を引けばいいのだろうか。

自然遺産の完全性の登録基準も、同様に問題がある。どこに線引きができるのか。地域住民は、文化遺産よりも主に自然遺産の完全性に対する脅威と見なされているが、どの遺産地域にも自然と文化の要素が含まれている。環境変化に伴って、人々は生活実践を修正しながら生きている。ユネスコは、この登録基準が自然のあらゆる「人間化」を拒否し、アメリカ合衆国やカナダのように、広い自然公園が大規模な専門家チームによって厳しく科学的に管理されていることを認めている (ibid.: 14)。

1992年10月専門家集団によって開かれた2つの会議では、条約を変更する必要はないが、オペレーショナル・ガイドライン（世界遺産条約履行のための作業指針）は、1980年以降見られた機能障害を考慮に入れて、非常に実用的な見地から実施されるべきであるとの結論を引き出した。この集団は、また、条約は地域のワークショップを通して地域レベルで広報し、実践されるよう推薦した

(ibid.: 59)。この登録基準は、世界遺産条約ではなく、オペレーショナル・ガイドラインにだけ掲載されているので、1977年10月に最初のバージョンができてから大幅に修正が施され、拡大された (Tichen 1996: 237)。2003年に世界遺産の登録基準を、それまであった文化遺産の6つの登録基準と自然遺産の4つの登録基準を統合して10にしたことは、遺産の文化と自然の線引きが難しくなってきたことの現れである。

遺産地域の公園化や観光消費への順応の否定的な影響を受けるようになってきた住民と地域社会のあり方の問題についても、ユネスコは近年、頻繁に発言するようになってきた。

> 文化的記念碑、歴史的な中心地と文化的景観を保護・保全する意図を持った規制が、しばしば、軽率にも、祖先の家の所有権を地域住民から剥奪した。伝説と過去の遺産で満ちている彼らの家、地域と土地は、公園や観光客の呼び物に変わってしまった (Khouri-Dagher 1999: 19)。

ユネスコの世界遺産センターは、2000年に遺産を「過去からの我々の遺産、我々が今日共生しているモノ、未来の世代へ継承していくモノ」と述べている。ユネスコにとって「文化遺産と自然遺産は、共に代えがたい命の源であり、インスピレーションである。遺産は、我々の試金石、参照点、アイデンティティである」(UNESCO 2000b)。2002年当時ユネスコの事務局長だった松浦晃一は、文化遺産の新しい役割を「平和と和解の手段であるだけでなく、開発の要素でもある」と強調した。[7]

国の遺産を表す新しいクメール語——ペテカポアン [petekaphoan]

ユネスコの定義と専門家や一般の人々が使う定義は、社会的な価値観、人生の捉え方、そして遺産が人間の共通目的のために奉仕できる基準の変化を反映して拡大化する一方で、カンボジアの遺産を表す言葉の公的な使い方は逆に狭まってきて、個人や家族に属する私的な遺産と公的な遺産が識別されるように

---

7 http://portal.unesco.org/culture/ev.php?URL_ID=1549&URL_DO=DO_TOPIC&URL_SECTION=201&reload=1023453010.

なった。今日、カンボジア政府は、公的なスピーチや文書において、アンコール遺産を表すために、ペテカポアンという新しい言葉を使う。パリ大学で博士号を取得したカンボジア人の人類学者で、かつてアプサラ機構の文化遺産部の部長であったアン・チューリアン［Ang Chouléan］によると、この言葉は、フランス語のパトリモアンを翻訳したものである。ペテカポアンは、集合的な遺産、しばしば国家遺産を指し、家族の遺産を含まない。アンは、「ケー・モロドック［ker morodâk］やケー・ドムナエル［ker dâmnael］を今でも使うが、アプサラ機構の部長の時代には、公的なスピーチや文書では、ペテカポアンを使わざるを得なかった」と語っている。この言葉の使用は、ロン・ノル時代（1970～75年）に始まったということである。

　ヘッドリーほか（Headley et al 1977: 547）によると、ペテカポアンという言葉は、パーリ語で「父系」を意味する「ペティカ」［pettika］と「財産」を意味する「バンダ」［bhaṇda］から派生している。フランス人でクメール語の専門家であるミシェル・アンテルム［Michel Antelm］によると、ペテカポアンはフランス語の直訳で、しかも、「ペテック［petek］」は、フランス語で「父親」を表すパトリ［patri］にも関連している。パトリモアンは、父または母から継承した財産の意味で、集合財産、または遺産のことである。[8]

　当局は、言語のみならず、その意味や使い方をフランスの概念に変更したが、アンコール地域の住民はペテカポアンという言葉をほとんど使用しない。国家と地域の人々に理解されている遺産概念を理解するにあたって、この食い違いは、2000年代に国家がアンコール遺産管理のためにとった行動によって鮮明になった。ペテカポアン、もっと特定すれば、土地や周辺の森林を含むアンコール遺跡群は、国家遺産、世界遺産として、現在、地元住民のアクセスや関わりが制限されているため、法律上もう家族の私的相続財産としては存在しない。別の言い方をすれば、アンコール遺産群は、集合的な国家遺産としてのみ存在するのである。遺産の概念化とカンボジア当局による、以前と異なった概念の適用は、平和と和解のために遺産を「活用する」ことを望むユネスコの哲学から遥か遠くにある。

　西洋と国際文化機関において変わりつつある遺産概念とその拡大化は、より

8　インターネット上のコミュニケーションによる。

広い分野の専門家を引き寄せている。研究における複数分野のアプローチは、空間［space］、場所［place］、ローカリティ［locality］、景観［landscape］など、関連した言葉や概念の再考察を促した。これらの言葉は不可分で、また、権力関係の産物であると考えられる。次のセクションでは、遺産がいかに概念化されて、アンコールに適用される学術言説として再生産されているかを示す。

4. 空間

歴史は、空間について書かれる。それは、同時に政治経済組織を介した地政学の大戦略から居住地の小戦術の（複数の）権力の歴史でもある（Foucault and Gordon 1980: 149）。

空間概念の理解は、場所、ローカリティと景観など、相互に関連した概念との関係で重要である。伝統的に、空間は、中立的、静的、または「空から」と見なされてきたが、ポストモダンとポスト構造主義者の理論化が空間の解釈に新しい局面をもたらした。

ルフェーブル（Lefebvre 1991）とフーコー（Foucault and Gordon 1980）は、空間を既存のものというよりも社会構築として捉え、空間の中で権力関係が演じられると考える。フーコーの大局観は、知識の点で支配的な集団による空間の操作を強調するが、その空間の種類を特定しないし、理論（認識論）の領域と実践、精神的領域と社会的領域、哲学者の空間と物質を扱う人々の空間のギャップをいかに埋めるかについて言及しない（Lefebvre ibid.: 4）。ルフェーブルは、フーコーが空間の種類を特定しないことを批判し、どのような空間を、誰が、何の目的で創造し、それぞれの空間がいかに相互に関連しているかを示すような空間の分析を我々に提示する。更に、空間形成の社会的動態と闘争に注目している。遺産地域は、このような空間の社会的生産の理解のための模範的モデルを提供する。

ルフェーブル（ibid.: 77）にとって、「空間は、中立でも受身に配置されているわけでもない。それは、闘争の場を再生産し、代表する」。空間は、3つの分野、

即ち、物理的（自然）、精神的（抽象概念）、社会的（日常生活）分野に識別される。これらすべての分野は、相互に関連している。物理的空間は、しばしばそこに住んだり利用したりする人間によって社会的空間と精神的空間になり、活性化される。人々の信仰が、宗教的空間（精神的空間）を造り、儀礼を行ない（社会的空間）、寺院、祭壇、像や境界線（物理的空間）を造る。これら3分野は、空間の不可分の要素なのである。

❖ 社会的空間の生産：闘争の場

社会的空間は、ルフェーブル (ibid.: 77) によると、自然と社会のかなり多様性のある物体を含み、それには、物や情報の交換を容易にするネットワークなどがある。空間の構築には、物的または象徴的な商品の生産と循環を含む[9]。ただし、自然と社会の違いは、それ程明瞭ではない (cf. ibid.; 83-84)。自然の物体は、社会的物体として操作される可能性がある。例えば、巨石文化の栄えた地域では、自然物である巨石が、信仰の対象や貨幣（社会的なモノ）、または文化商品として取り扱われるかもしれない。文化遺産の中で生産されて流通される文化財は、しばしば経済的、文化的価値が高いと見なされるため、空間の物質的、象徴的価値の流用に関する闘争がほかの空間よりも激しくなる傾向がある。

アンコールの特定の象徴的寺院や遺跡は、信仰によるだけでなく、支配者の正当性や偉大な業績の誇示のためにも造られた。アン (Ang 1996) は、アンコールの創始者として知られているジャヤヴァルマン2世 (802～850年) が、王位継承の正当性の象徴になり、アンコールの後の王たちは、直接の先祖たちよりも、この王に寺院を捧げたことを強調する (ibid.: 1-2)。後続の王たちは、しばしば前王たちに挑戦し、自分独自の宗教・政治的空間を造った。それは、首都を異なった場所に造ったり、異なるヒンドゥー教の神や仏陀を崇拝したりすることで達成した。ジャヤヴァルマン7世は、前王の時代からの別離を選び、大乗仏教と仏教の王権を推進し、アンコール時代の最盛期を築いた。この王の統治が既に終わっていた13世紀末にアンコールに滞在した中国の外交官、周達観 [Chou Ta-Kuan] は、バラモン神崇拝、シヴァ神崇拝、および上座仏教がアンコ

9　Bourdieu (1984); Baudrillard (1988); Meethan (2001).

ールで承認された宗教の立場を享受していたと記述している。ジャヤヴァルマン7世の建立したバイヨン、プレア・カン、ター・プロムやバンティアイ・クデイ寺院に彫刻された仏像は、後に起こった暴力的なヒンドゥー教のリバイバル運動や連続した激変を示唆するように、顔が削られて、ヒンドゥー教の像に変えられ、仏像は遺棄された (Chandler 1992: 55-76; 丸井 2001b)。

　アンコール時代の庶民については、多くの者が「寺の奴隷」と呼ばれて、寺が所有する水田を耕し、寺院を守り、舞踊や音楽を神に捧げたり、物を作ったりしていたこと以外あまり知られていない。周達観は、宮廷の女性よりも低位の女性は、

　　宮殿への使い走りをする。その中で、チェン・チア・ラン [ch'en-chia-lan] と呼ばれる者たちは、少なくとも2000人いて、全員既婚者で、市中に家を持っている…これらの女性のみが、宮殿への入殿を許されている。これより身分の低い女性には、入殿が許されていない。宮殿の正面と背後の通りには、彼女たちの往来が絶えることがない (Chou 1992: 13)。

　周は、様々なカテゴリーの人々、即ち、王、貴族、側室、宮殿で働く女性、ほかの種類の女性、奴隷、少女などは、外見や髪形が異なっているので、識別可能であると述べている。周によるクメール社会、文化と人々の記述は、かなり偏見に満ちているが、アンコール社会の印象を生き生きと伝えてくれる。

　今日地元の村人にとって、アンコールの意味は、第1に精神的である。アンコールの寺院や村に住んでいる守護霊を敬い、仏教も信奉する。神仏を同時に崇拝する多くの日本人にとって、その関係は理解しやすい。村人の中から僧侶になった者もいる。第2に、経済資源の宝庫である。薪や森林生産物を集める一方で、森の管理も行なってきた。アンコール・トムの環濠で稲作を行ない、2000年の禁止令までは、大寺院の敷地内にある湖沼で稲作をし、魚を獲り、牛を放牧し、樹脂やほかの森林生産物を集めた。

　巡礼たちは、精神的充実感を得るためや死者の供養のために、何世紀にもわたって寺院を訪れてきた。カンボジア発の情報によると、カンボジア、タイや日本からも巡礼が来たことがわかっている (Dagens 1989: 27)。よく知られている

例は、1632年日本の侍、森本右近太夫一房[10]がアンコール・ワットを訪れ、亡き両親の菩提を弔うために2体の仏像を寄付したことである（藤岡・恒成1970: 195-198）。巡礼に加えて、フランス人が1860年にアンコールを「発見」する前にアンコールを訪れたほかの人々がいた。その中に、前述の周達観や17世紀の日本の特使、島野兼了（偽名）がいる（APSARA 1998: 90-91；石澤2000: 87）。16世紀には、スペイン人とポルトガル人によるアンコールの報告がある。アンコールについての記述がかなり正確であったことから、ポルトガルの年代記編者、ディオゴ・ド・コート［Diogo do Couto］がアンコールを訪れた可能性がある（cf. Dagens 1989: 25-27; グロリエ1997: 4-16, 58-62）。

シャムは、15世紀のアンコール侵略と支配の時代に、クメールの王権、宮廷の言語と伝統を取り入れ、王位の象徴、宮廷の踊り子たちやアンコールの物品の多くを奪っていった（cf. Dagens 1989: 21-22）。

概説すると、アンコールは、歴史を通して宗教的空間であると同時に、特定の集団の支配の象徴や闘争の場をも表象している。アンコール時代には、王座への挑戦者、チャムとクメールの戦争、シャムとクメールの戦争、19世紀後半には、フランスとナショナリストたちそれぞれによる象徴的活用、それ程露骨ではないが、1990年以降は、カンボジアを支援するにあたって威信や影響力を競い合う国際社会の成員間の競争などがあった。近年、競争は、関係当局、宗教の権威と地域住民の間でも起こっている。

各種空間の違い

空間の社会的生産の文脈の中で、ルフェーブル（Lefebvre 1991: 33-46）は、「空間実践［spatial practice］」、「空間の演出［representations of space］」と「代表的空間［representational spaces］」の3つの概念で空間を識別する。これらの概念は、新資本主義の下で、それぞれ「視覚化された（目に見える）空間」、「概念化された（頭で考えた）空間」と「生活空間」と呼ばれる。

「空間実践」とは、空間で実践される社会経済活動である（ibid.: 33）。
「空間の演出」は、端的に言えば、官僚が構築する概念化された空間である

10　石澤（2000: 85）によると、父は森本儀太夫一久（1651年没）で、かつて熊本の加藤清正の重臣であった。

(ibid.: 38-39)。

「代表的空間」は、住民と使用者に関する空間であり、アイデンティティの焦点を提供することができる空間である (Meethan 2001: 37)。

マクロとミクロ・レベルで、お互いにどちらにも縮小されずに、空間の生産と消費の関係の相互作用や変化の継続的かつ動態的な過程を示しながら、ルフェーブルの3つの識別された空間は、遺産地域における論争の理解に特に有効である。競争が遺産地域に起こる時、象徴や代表物が競争の対象になる。どちらの関心も、代表物の名目上の所有権に向けられる (cf. ibid.: 38, 134)。

地球規模の資本主義の文脈において、遺産地域は、ほとんどの場合、観光客の消費の空間に転換されている。この過程において、地域住民が生活し、働いてきた「代表空間」は、観光客の空間を生産するための原材料として商品化される (cf. ibid.: 37)。これが、アンコールでまさに起こっていることなのである。端的に言えば、これは、想像上の「静的」なアンコールと何世紀にもおよぶ空間の構築、破壊と内部における移動と空間の外への移動の産物なのである。「空間代表」、即ち、政策作成者と遺産管理者は、象徴的、美的価値を遺産空間の物質的特徴に課す戦略を発達させた (「空間実践」)。遺産管理当局のいくつかの部署は、アンコールの知覚された象徴的かつ美的価値を高めるように、そして更に自己利益のために、地域住民を無視して「空間の演出」を行なったり、前述の伝統的な社会経済活動を制限したりした。地域住民は、遺跡警察の(再)生産と消費のために剥奪された空間実践に対して代替の土地や現金による補償のような交換価値を期待した。禁止令が発令される前、遺跡警察は、村人から取り上げた水田を自分の利益のために耕した。補償が提供されなかった時に、論争が沸きあがったのである。

❖ 相互監視

論争は、政策作成者、遺産管理当局とネアック・ターのような精霊の力などで構成される「空間の演出」の体系の内で維持される。ある空間が、国家や遺産として境界が設定されると、管理政策、法律と構造が確立される。そこでは、フーコー (Foucault 1997a: 356-367) がベンサムの建築の構想であるパノプティコン (扇型に設計された、すべてが一目で見渡せる塔) を発展させたパノプティシズムの概念

が操作し始める。それは、フーコーが述べているような牢獄の監視塔を使った監視員と囚人の間に交わされる監視のメカニズムほどあからさまではないが、至る所に存在する。この概念は、空間代表による空間管理を可視化する手助けをする。

世界遺産としてのアンコールは、保護や開発のためのゾーニングが施され、入園ゲートでは通行許可証の検査がある。アンコール・トムの森へ入ることや、アンコール・ワットの敷地内に車やオートバイで乗り入れることや、人々の活動は規制されている。更に、交通規制と監視員の配備があり、戦略的に配置された遺跡警察が空間の中にいる人々の行動を常に監視し、その監視は、人々から遺跡警察に向けられる。フーコーの言葉（ibid.: 357）で、「監視は終わることなく機能し、どこでも用心深い」（cf. Meethan 2001: 36-37）。遺跡警察は門その他の場所に配置され、人々が迅速に命令に従うことを確かめる。彼らは、秩序の乱れ、盗難や遺産の破壊を監視し、服従しない者や恐怖心を持つ者から金銭を巻き上げるために、人々、物品や車に関して絶対的な権力を持つ。遺産地域で生活する人々も、働く人々も、他者の行為を観察する。監視は知識を生産し、知識は権力から切り離せない。遺跡警察と人々は、監視され、監視する。監視は、相互に交わされるが、違いは、一方が権力を持ち、他方が持たないことである。

2008年以降アプサラ機構の再組織化が実施され、建築規制が厳しく地元住民に課せられた。アプサラ機構は何が違法行為かを設定し、その監視の目は新たな課題で住民の「違法行為」を監視し、「違法者」を厳しく罰する。

ネアック・ターも監視する[11]。ネアック・ターは「先祖」または「祖父」を意味し、守護霊である。ネアック・ターは、管轄下にある人々の行動を常に観察している。彼らは、寺院への入り口、中央祠堂、村や古木の中、道路脇など、戦略的に重要な地点に棲む。霊は、支配空間内にいる人々を守るだけでなく、違反者を罰する任務も持っている。言い換えると、ネアック・ターは、古い像、白蟻の巣、または石や木などほかの可視化できるモノを依代として利用し、人々の心や行為を不可視の監視力で支配する。

11　Cf. Leclère（1899: 151）; Porée-Maspero（1962: 6）; Ebihara（1968: 425）; Ang（1986: 201）. 詳細は、Forest（1992）を参照。

❖ 空間、知識と力

　アンコールの「領域」は、クメール社会階層の中で、知識や支配空間の集積を披瀝する空間、そして知識の操作空間として認識される。言い換えると、支配は、空間同様、知識にも及ぶ。アンコールの寺院は、権力を誇った王たちが人間集団と明確な領域に対して権力と優越性を誇る象徴として創造された。寺院は、神と合体した神格化された王と神々の居所として建立され、寺院へのアクセスは、寺院への奉仕のための「奴隷」を除いては、制限が課されていた。王、貴族とバラモン教の司祭の知識は、これらの階層の範囲内で注意深く維持された。占星術、数学、サンスクリット語、パーリ語、インド哲学、文学などの先進的な知識が、社会のほかの階層からバラモン教徒たちを識別し、社会的地位や権力を維持することを可能にした。今日、庶民の中の伝統的な専門家や著名な職人は、自分たちが受け継いだ知識を他者と共有したがらない。それは、彼らの知識が希少であればあるほど、その価値、力と利益が高まるからである。最も注目に値する事例は、伝統治療師の間の知識の伝達範囲である。彼らの知識は、通常家族内に継承されるが、霊媒の場合、特定の指導霊クルー [kru] は、霊媒の死後、若い世代の近親、即ち、親子、年齢の離れた兄弟・姉妹、おじ・おばと甥・姪の間にだけ継承される。言い換えると、この知識を持つためには、このような知識を持つ特定の家庭に生まれるか、または、霊媒以外の伝統治療師の場合、熟練した師について長い間修行を重ねることによってのみ可能である。空間の価値が貴重になればなる程、知識を得られる範囲は狭まってくる。その結果、力関係はより緊密になる。知識の宝庫としての遺産地域は、当然のことながら、支配の象徴になる。

❖ 実在、想像、象徴空間

　アンコールは、実在し、想像され、象徴的であるが、これらの区別はいつも明らかなわけではない。物理的遺産が存在し、それは、政治や社会経済的目的のために、想像上のアンコールや象徴的アンコールとして構築され、操作される。例えば、碑文によると、アンコール・ワットの建立は、スリヤヴァルマン2世による。しかし、地域の伝説は、超自然力を持った神聖な建築家ピスヌカー [Pisnukar] が

12　ムラ [Moura] とポレ・マスペロ [Porée-Maspero] (Gaudes 1993: 335) によるフランス語の翻訳

アンコール・ワットを建立したと伝えている。想像上のアンコールは、異なる時期に異なる理由で様々な集団の人々によって構築されてきた。外国人たちは、アンコール遺跡の周辺に居住しているクメール人の貧しい生活ぶりを見て、遺跡がクメール人によって造られたとは考えられず、アレクサンダー大王、ユダヤ人、インド人や中国人によって造られたと信じた。16世紀末、スペインの宣教師サン・アントニオは、アンコールで寺院を造ったのはユダヤ人と見なした。初期の探検家や1860年代の多くのフランス人たちのように、サン・アントニオは、カンボジアがヨーロッパでほとんど知られていない時に、カンボジアの資源の価値を誇張した。それは、宗教と商業的理由からスペインがカンボジアを植民地化すべきであると確信していたためであった。サン・アントニオは、カンボジアが繁栄し、ある種のエル・ドラド（黄金境）であるかのような印象を創り出そうとした（cf. Chandler 1992: 87）。

　これまで見てきたように、アンコール・ワットは、長い間霊力と権力の象徴と見なされてきた。アンコールは、独立前のイサラク時代から、最も重要な政治的引用の対象であり、舞台となった。アンコールの象徴的空間は、時間をかけて様々な集団の人々によって生産、再生産されてきたのである。

❖ 時間と空間

　前近代文化と比較すると、時間と空間は、近代化とグローバリゼーションの過程で、互いから切り離され、ますます客体化されている。ハーヴィー（Harvey 1990）は、この状態を「時間と空間の圧縮」[time-space compression] と呼び、ギドン（Giddens 1990）は、「時間と空間の分離」[time-space separation] と呼ぶ。ギドン（ibid.: 17）は、前近代文化において大多数の人々は、いつも時間と場を繋いでいたが、機械仕掛けの時計の発明とその世界中への普及が、場から時を引き離している重要な要因であると主張する。とはいえ、私がアンコールの村人の間で行なった調査では、前近代文化と近代文化の間の区分も時間と場の分離も明確

に基づいて短縮化された王宮年代記に記載されている神話によると、ピスヌカーは、ヴィスヴァカルマン [Viśvakarman] と呼ばれ、インドラ神に命じられて、プレア・タオン [Preah Thaong] とナーガ [Nāga] の王女の娘とインドラ神との間にできた息子のケット・メリア [Ket Mealea] のためにアンコール・ワットを建設した。

13　Cf. Chandler (1992: 87); Mouhot (1868: 186); MacDonald (1987: 78).

に確認できるものではなかった。

　カンボジア社会は、前近代文化から近代文化への転換期にある。都市部で人々は、時計と西洋暦を使うが、太陰暦と太陽暦による休日が両方とも記録してある。アンコールの村人の中で外国の修復チームの労働者と何人かの若者は時計を持ち、雇用者によって決められた日時に従って、労働の場と時間が固定されている。しかし、多くのアンコールの村人は、置き時計、柱時計、腕時計も持たず、太陰暦のみに従っている。彼らは、ある出来事と生まれた年の干支によって誕生年を記憶し、活動は、ある場・空間で行なわれた活動の周期や年次行事などで覚え、記憶している。例えば、雨季に稲作をし、その間に行なわれる儀礼は数が少ない。ほとんどの通過儀礼と大きな儀礼は乾季に行なわれる。重要な先祖は、太陰暦よりもむしろ、生活した場所やある出来事を体験した時で記憶されている。

　おそらくもっと重要なことは、資本主義社会では、時間と空間の繋がりは、時間、空間、金銭と社会的な力の関連性を意味する。「金銭は、(我々の、または、他者の) 時を支配するように使われるかも知れない」。反対に、時間と空間の支配は、金銭の支配に変換することができる (Harvey 1990: 226)。これは、近代資本主義社会では、ほぼどこでもそうであるが、アンコール空間で働く人々の時間は、雇用者によって金銭で支配される。

　アパデュライは、人間の介入による空間と時間の相互作用の観点から、「空間と時間は、(義務などの) 遂行 [performance]、表現 [representation]、行動 [action] の複雑で故意の実践を通して社会化され、特定の場所に限定される」と考える (Appadurai 1995: 206)。

　しかし、アンコールの事例は、人間の介入によって空間と時間がいかに分断されるかを明らかにしている。アンコール内の寺院は、長い間村落を越えた文化活動と交流の場所と時間を提供してきた。アンコール・トムと周辺に僧院を建築する前に、アンコール・ワットの2つの寺院は、地元の男性が入門し、仏教について学ぶことができる唯一の場所であった。地域の人々は、日本のお盆にあたるプチュン・ベン [phchum ben] に僧院を訪れ、僧侶を介して先祖に供物を納める。クメール正月に人々はアンコール・ワットを訪れ、男女や村対抗による歌合戦や綱引きなどの伝統的なゲームを楽しんだ。これらのゲームは、ア

ピクニックを楽しむカンボジア人でいっぱいのアンコール・ワットの濠

ンコールが世界遺産になってから禁止されてしまった。また、アンコール・ワットへのオートバイなどでのアクセスが制限され、状況は複雑になってしまったので、一時地域住民が儀礼を行なうことを控えた時期があった。かつて村人たちの時期的な社会活動や交流の場であった空間は、1年中観光客の継続した流入に取って代わられている。言い換えると、アンコールの空間と時間は、他者の空間と時間に適するように変化しているのである。それは、過去を「凍結した」理想的な時間と空間であり、圧縮された時間と空間が公開され、他者が経験する。地元の村人は、時間と空間が混合された世界と、時間と空間が圧縮された2つの世界に生きている。

5. 場所とローカリティ

　空間の概念が、一般性や時に曖昧性を意味する一方、場所とローカリティは特殊性を示唆する。ピート (Peet 1998: 3) によると、空間の一般性と場所の特殊

性は、「お互いのもう1つの面か、人間化された地球の表面全体の側面である」。別の観点から、空間は、管理者がより関心を引かれるもので、場所とローカリティは、日常生活を送る人々の関心である。

多くの人々は、場所がアイデンティティの基盤であり、社会関係や国やほかの（民族、宗教、地域などの）アイデンティティが形成され、発展される所であると理解している。この過程で、特別な景観や町の景観が、人々のアイデンティティと記憶から引き離すことができない程強く繋がっている。[14]

歴史と記憶の観点から、ローエンタール (Lowenthal 1985: 213) は、「記憶が個人のアイデンティティを確認するように、歴史は集合的自覚を永続させる」と言う。言い換えると、「集団は、永続的、地域的なアイデンティティを維持するために集合的な記憶を動員する (ibid.: 198)」。この文脈において、記憶が創られた時、時間は無限になるか、あまり重要ではなくなる。あるいは、ある時期のある場所が重要な参照点になる。

現象学的なアプローチは、空間と場所の両方で身体が中心的存在であることと、生活体験の場所が重要であることを表すために、場所の見方に影響力のあるもう1つの見方を提供する。場所は、感覚と文化の身体化 (Merleau-Ponty: 1962)、居住することと世界に存在すること (Heidegger 1997)、生活体験から得た場所の知識 (Bachelard 1997)、定着、強制退去や別の場所への移住経験 (Feld and Basso 1996: 3)[15] などに関連している。[16] 場所の名前が、いかに重要であるかを強調する者もいる (ibid.: 9)。地名は、道徳、宇宙観、伝記的性質が豊かな場所の感覚を作り上げることに貢献するからである。[17] これらのテーマについては、後で詳しく述べることにする。

ハイデガー (Heidegger, ibid.: 102) は、「居住すること、平穏な状態に置かれることが、自然の中でそれぞれのものを守る自由な領域、保護区、自由の中で平和でいることを意味する」と論じている。居住することは、また、人々が場所で維持する複数の『生活を通した関係』から構成され、このような関係により、

14　Cf. Carter, et al (1993: xii); Urry (1995: 27); Entrikin (1991: 1).
15　バシェラー (Bachelard 1997)、ローエンタール (Lowenthal 1985)、トゥアン (Tuan 1977) も参照。
16　ケーシー (Casey 1996) も参照。地域の感覚に関する論文集は、フェルドとバッソ (Feld and Basso 1996) を参照。
17　フレーク (Frake 1996) も参照。

空間は意味のあるものになる (Feld and Basso 1996: 54)。故郷の心象や記憶は、しばしば複数の感覚と激しい感情を伴い、これらの感情は、出来事、言葉、行動を伴った場所の音、光、色としばしば関係している。

　場所は、個人と集団の両方に関係する。しかし、ローカリティは、複数の関心を意味する。スミスとカッツ (Smith and Katz 1993: 69-70) は、ローカリティが、「2つ（または、それ以上）の次元の場所、複数の多様な社会的、かつ、自然の出来事と変化が起こった地域」であると指摘する。

　別の観点から、アパデュライ (Appadurai 1995: 204-205) は、「ローカリティは、本来社会的達成がもろい局面や価値のことなので、様々な種類の可能性に対して注意深く維持されなければならない」と論じている。更に、「これらの可能性は、様々な時と場所で異なって概念化された」と述べている。

　　多くの社会では、境界線は危険地域なので、特別な儀礼の維持を必要とする。別の種類の社会では、社会関係は本来分裂しがちなので、いくつかの区域が継続的に消えるような傾向を作る。しかし、またほかの状況では、自然環境や技術が、家や居住空間を永久に変え続けるように求め、その結果、社会生活にその地方特有の心配事や不安定感を残す (ibid.: 205)。

　ケーシー (Casey 1996: 18) は、「場所」という言葉をローカリティとほぼ同義語として使い、場所に地域の知識、生活体験、ローカリティと知覚を結びつける。「生きることは、地域で生きること、知ることは、まず、己がいる場所を知ることである」。「慣習的身体」の中心的重要性を主張するメルロ・ポンティとブルデュの共通した教訓を発展させて、ケーシー (ibid.: 34) は、「ある場所に住み着くためには、文化が身体化されなければならない」と論ずる。ケーシーにとって「文化は、身体によって場所に運ばれる」ので、「文化の影響を受けるためには、初めに身体化されなければならない」。

　場所とローカリティの多様な概念で、それぞれの概念の「境界」は不明瞭であるが、ここで私は、場所とローカリティは、帰属の概念、文化の身体化、アイデンティティ、記憶、知識と関係しているという事実に注目する。しかし、場所は、感覚とより密接に繋がっている一方、ローカリティは、社会関係が発

達し、社会的・文化的価値が共有され、社会と自然の経過が進展する近所[neighbourhood]に似ている。

アンコールでは、集合的かつ個人的なアイデンティティと記憶が、歴史や伝説にちなんだ寺院やネアック・ターと地名のついた特定の場所や、場所より広い社会経済的な空間のローカリティに深く留まっている。例えば、すべての村とアンコール遺跡は、特定の場所に個人名のついたネアック・ターを持ち、人々を守り、幸福を見守る。ネアック・ターの近所に住む人々は、その霊力を共に信じている。儀礼は、規則的に1年に1回と、必要に応じて付加的に、ネアック・ターが住む場所で執り行なわれるが、その周辺のローカリティでもネアック・ターは敬われている。

近くの村の多くの住民は、水田として耕されているアンコール・トムの環濠や湖沼、古都内部やアンコール・ワット周辺の樹木の所有権や伝説の知識を共有している。1970年代の内戦時代に、村人たちは、シェム・リアップ市内に駐留していたロン・ノル政府軍とアンコール・トムの北側に潜んでいたクメール・ルージュ・ゲリラの間で起こった戦闘を避けるために、アンコール・トムやアンコール・ワットに避難した。彼らは、恐怖、不安、戦争や強制移住の痛手を同時体験した。アンコール・トムとアンコール・ワットは、社会経済生活、文化的活動、付近の村社会の知識の中心的なローカリティである。

アンコール全体が、ある意味では、先祖崇拝、神聖性と地元の村人の日常生活の空間である。王、特定の神、仏陀、ネアック・ターへの畏敬の念は、アンコールの人々の集合的アイデンティティと記憶を鍛造する最も注目すべき要素である。その中で、特定の場所は、儀礼と共に記憶されて、賛美される。その意味は永続し、その重要性は、身近なローカリティから、より広い地域へ、そして国全体に至る広域のコミュニティで共有される。

前述したように、アン (Ang 1996) は、古代カンボジアにおける集合的記憶が、アンコールの創始者であるジャヤヴァルマン2世に集中していることを次のように述べている。1つには、王権の正当性のために、後の王たちがジャヤヴァルマン2世と関連付けることがいかに法的に有効だったかが挙げている。次に、ジャヤヴァルマン2世が、デヴァ・ラジャ [devarāja] (王即神) 信仰を祝福して儀礼を行なったと言われているプノム・クーレンが、後の王たちと巡礼 (cf. Chandler

1992: 34)、そして平民にとっても、最も神聖な場所になったことを強調する。言い換えると、アンコール遺跡は、ヒンドゥー教の神々、仏陀、守護霊が崇拝され、儀礼が執り行なわれる場所である。儀礼は、正当化のためのみではなく、人々が抱いている価値観と特定の知識を伝達する媒体としても必要とされる。

　アンコール・トムには、寺院の僧侶、熱心な信者、修行者と一時的な居住者以外に住民はもういないが、地域住民は、社会経済生活、即ち、稲作、樹脂などの森林資源の採集、放牧、信仰生活と儀礼の実践を維持し、古代の記憶を永続化させてきた。端的に言えば、霊力や神聖性に関する信仰と、幸福、悲哀、苦悩と恐怖の記憶は、アンコール空間の特定の場所に深く刻まれている。言い換えると、地域住民は、「アンコールの世界」の中に生きている。彼らの所属意識は、ある程度、地域と国家などより広い社会と共有されている。しかし、故郷がほかの場所にある人々と比較すると、違いは、所属意識とそこで生活した体験の密度にある。

　物理的境界と空間の所有者は歴史を通して変わったとしても、アンコールの文化的価値は維持される。それは、人々が、先祖の体験や信仰の記憶を継承しただけでなく、特定の場所やローカリティと密接に結びついた自身の体験や記憶を持つ空間に生き続けてきたからである。先祖の体験と彼ら自身の継続した生活が、アンコールの景観に深く浸み込んでいる。その中には、可視化できるものと不可視のものがあるが、文化の知識は、地域住民の中で身体化される。開発途上国においては、特に、場所に社会的行為者がいる遺産に対する地元の見解は、政策作成者と現場管理者によって保持されている有形遺産主体の空間の概念としばしば対立する。景観の概念の研究は、この２つのグループの間で最重要事項に関して根本的な食い違いがあることを明確に表している。このことは、ローマやケベックのような先進国の都市遺産には当てはまらないだろう。

6. ランドスケープ

　英語のランドスケープ［landscape］の日本語訳である「景観」という言葉は、近年遺産地域に関係して頻繁に使われ、注目を集めるようになってきた。しか

し、この文脈で「景観」という言葉を使用することに違和感がある。それと言うのも、我々は、遺産との間に距離を置き、遺産を「関わる」モノでなく、「鑑賞する」モノとして引き合いに出すからである。[18] この言葉の語源を調べる過程で、違和感の理由が明らかになってきた。

❖概念

　景観の概念は、ヨーロッパに起源を持つ。ガウ (Gow 1995: 43) は、「温帯地域の人々にとって、アマゾン地域を景観として捉えることは難しい」と論じている。「景観」という言葉は、16世紀に画家たちが技術語として使ったオランダ語のランドシャップ landschap から英語に初めて導入された。この言葉は、「田舎の風景とその改良（庭園術や地所の管理を通して）に関する認識に結びついていた。その目標は、絵画的理想と田舎そのものが一致するようにすることであった」(Hirsch 1995: 2)。この傾向は、景観の概念が、社会や文化の広範な領域に応用される様子に映し出されている (cf. ibid.: 2)。ヨーロッパの絵画における語源と領主である紳士階級や初期財界の資本家階級の庭園との関係を考慮に入れると、景観は特殊な型の「高度な」、または、エリートの西洋文化を意味する (cf. Green 1995: 38)。おまけに、景観は、枠にはめられ、固定された絵として客体化される (cf. Pinny 1995)。それは、見つめられる対象で、しばしば人の姿が皆無である。政策作成者は、この枠組みの中の景観を、主に観賞・鑑賞の対象として管理することを考察していると言えるだろう。

❖応用

　「景観」という言葉が、眺められる対象である風光明媚（「顕著」）な景観の中に住む、非絵画的な「貧しい」人々が存在する「非西洋」の「非温帯」地域に応用される時、確かに違和感がある。文化観光、ヘリテージ・ツーリズム（遺産観光）やエコ・ツーリズムのきわめて人気の高い旅行先になってきた世界遺産に多く見られる。このような遺産地域の管理組織や管理者は、地域住民が遺産をどのように捉え、どのような相互作用を起こしているかよりも、自分たちが想像する観光客が見たいモノにもっと注目する傾向にある。その結果、住民が

18　ヨーロッパの景観の概念の一般的な批判については、ベンダー (Bender 1993: 1-17) を参照。

遺産内から強制移住させられ、そのために、地域が主に観光客の視覚消費のために変容させられた。このことが、多くの聖地の精神性の劣化など、当初推進しようと意図したモノの価値を低下させるまでに至った。このような事例は、東南アジアだけでも、インドネシアのボロブドゥールやプランバナン、タイのスコタイやアユタヤなどで見られる。これらの遺産地域は、観光消費の地域センターで、村人たちは主にみやげ物生産者や販売者になってしまった（cf. Black and Wall 2001; 田代2001）。

　アンコールは1992年に世界遺産に登録され、翌年5月に国民総選挙が開かれた。このことがアンコールの景観を大きく変える要因になった。まず、遺産保護のために国際協力の枠組みが設定され、次に保護と開発に関した5つのゾーンが設定され、後に国家組織による管理体制が設立された。じきに、アンコールは、この地域だけでなく、国内でも最大の観光地に急速に発展していった。アンコールは、保存修復専門家が構想、仮説、知識や技術を公開し、試すための優れた場所を提供する。現在カンボジア政府は、アンコールの経済的潜在能力を開発するために、アンコールにおける観光推進に熱心であるが、先の専門家たちと緊張関係を引き起こしている。生活景観として地域住民に享受されてきたアンコールは、急速に他者のための景観に変わり、野外博物館化してきている。[19]

　アンコール景観の認識は、外国人の「発見」、神話とロマンチックな想像に影響された。というのも、住民の生活様式の慎ましやかさに比較すると、遺産の「顕著な」質と遺産のスケールには目を見張るものがあるからである。想像上のアンコールは、異なる時期に様々な理由のために多様な集団によって構築されてきた。

　19世紀フランスのカンボジアにおける関心は主に経済であった。アンコールは、地元住民にはよく知られていたが、1860年にフランスの博物学者アンリ・ムオーがアンコール遺跡を「発見」したニュースは、クメール王国の莫大な富を想像させ、中国南西部への通路としてのメコン川の価値とも相まって、フランスの植民地主義的関心を刺激した。[20] アンコールの「神聖な景観」は、黄

19　オランダのオリエンタリストがバリを「生きている博物館」と見なした。インドネシア政府によるその表現に関しては、ヒッチコック（Hitchcock 1998: 125；2001: 105）を参照。
20　Cf. Mabbett and Chandler (1995: 219); Ross (1987: 16); MacDonald (1987: 78-79); Thompson (1937: 351).

金境とエキゾチックな東洋のイメージが重複し、植民地の図解書に組み入れられた (Evans 1998: 124)。

　社会構築された物としての遺産と景観は、考古学者たちの間でさえ確立された規範になっている。考古学における変化は、人類学者を遺産学に引き寄せ、逆に考古学者は、遺産言説の理解に人類学的アプローチを併合させる。景観に取って代わる言葉がないため、景観の死体に新しい命を吹き込もうとしているか、もしくは、スチール写真を動画に転換しようとしているとも言える。この分野における先駆的研究者の1人であるベンダーは、次のように論じている。

　　過去を保存し、商品化することに対する現代的な執念の文脈において、景観を、理論的かつ実践的に評価することがとりわけ急務である。多くの場合、景観の保全、保存やミイラ化に関わっている人々は、あたかも説明や経験の仕方がたった1つしかないかのように、規範に従う景観を造り出す。彼らは、景観を過去の活動のパリンプセスト[palimpsest]（上書き）として「凍結」しようとする。しかし、もちろん凍結の行為は、土地の再収用の1つのやり方である。時間と空間を凍結している人々は、その中にある景観や記念碑を包装し、進呈し、博物館の展示品に転換する。我々は、これが過去の扱い方のほんの1つに過ぎないことを認識する必要がある。そして、この受動的で、郷愁に駆られた、歴史で重くなった景観の概念の性質に対して行動を起こさなければならない (Bender 1998: 26)。

　ヒルシ (Hirsch 1995) も、景観が文化的プロセスから生み出されると主張する。ヒルシにとって、景観には2種類ある。まず、見る景観がある。次に地域の実践を通して生み出され、我々が、フィールドワーク、民族誌学の記述と解釈を通して認識し理解する景観がある。別の言い方をすれば、「景観」は、想像の世界と理想の世界の「前景」と日常生活や社会生活の「背景」の間の関係を含む。前景は外部者や訪問者に眺められるが、背景は議論を呼び起こし、時には、「背景」を隠して、外部者に「前景」のみを見せたがる人々との間に闘争が発生する。しかし、ヒルシは、景観の中で生活する「内部者」と、その客体化された概念

21　書いたものを消してまた書けるようにした古代の羊皮紙（広辞苑）。

を楽しむ「外部者」の間に明確な線引きをすることに警告を発する。更に、「内部者」と「外部者」の概念が相互に排他的ではなく、文化的かつ歴史的文脈に依存すると論じている (ibid.: 1-30)。まとめると、ヒルシの景観に関する「前景」と「背景」の概念は、景観が力関係と闘争を引き出す政治的空間として考察されることを示唆している。

　世界遺産指定後、地域住民が強制移住させられていない遺産地域で、管理当局は前景を選ぶ傾向にある。その前景は、観光市場のニーズに応ずるために、美的に受容可能なものでなければならず、遺跡、森林、芸能や手工芸品は、ある程度の修正、または変更を施される。1990年代初頭から2000年代初頭までの約10年間、ほかの「真正な」、しかし「美的でない」、または「人前に出せない」文化は、地元の村人の生活様式、貧しい家屋、伝統的な経済活動を含む「背景」と見なされ、恥や規制の対象になってきた。アンコールの管理が、2003年末に「持続可能な開発」のフェーズに移行すると、今度、伝統的な家屋は「前景」に置かれ、近代的な完全にコンクリートでできた家屋や非伝統的な家屋は、「背景」というよりも、建設禁止の対象になった。今度は、時間を凍結した「伝統的な村落」景観を「前景」として維持しようと躍起になっているのである。

　アンコールにおける人々の宗教活動は、後述するように様々な規制を受けながらも、アンコールは聖地として維持されてきている。守護霊であるネアック・ターや仏陀への帰依、寺院や神像や仏像の世話と儀礼への参加は、アンコールの聖地としての「前景」の景観を維持し、観光開発が進んでも怠ることができない。信仰は、ほとんどのカンボジア人が最大の美徳として共に実践し、信仰の場としてのアンコールの「前景」のイメージを強化する。ほかの活動、即ち「生活」実践の多くは否定や規制を施されているが、宗教だけがある意味「前景」と「背景」の間の境界線を超越し、当局が地域住民を生活実践から完全に排除していないことを示すための正当化にも使われている。「前景」にあるべきものと、「背景」にあるべきものの指定は、地域住民によってではなく、権力者によって決定される。それは、支配と従属の力関係を明らかにする。

　遺産地域への言及がなされる時、景観は単に自然でも静的でもない。それは、文化の過程から産出され、過去と現在生きている人々を繋ぎ、未来へ永続する

関係を強めながら、人々の生活と闘争の痕跡、深く留まっている記憶、これまで発展してきた親族関係とアイデンティティ、実践された儀礼を記すモノである。必ずしも景観という言葉を使わずに、様々な人類学者が議論してきたこの種のパリンプセストの景観は、ユネスコによって「文化的景観」と呼ばれるようになった (cf. Gow 1995: 133)。

❖ 文化的景観

　世界遺産の文脈において、「文化的景観」という言葉は、新しい登録基準の1つとして1992年に採択され、広く使用されるようになった。[22] 1998年のオペレーショナル・ガイドライン (作業指針) は、「文化的景観」を、人間と自然環境の相互作用の多様な現れを含む言葉として使用する (UNESCO/WHC 1999；Adams 2003: 91-92)。文化的景観は、「自然環境によって提供された物理的制約や機会、そして、継続する社会的、経済的、文化的な力の影響下で、時間を超えた人間社会と居留地の進化の例証である」。「文化的景観は、それが設立された自然環境の特徴や限界と自然との精神的な関係を考慮して、しばしば、持続可能な土地利用の特定の技術を反映する」(UNESCO/WHC, ibid.: 10-11)。ユネスコは、文化的景観を3つに分けている。それは、(1) 庭園と公園の景観を含む、人間によって意図的に設計されて、創造された明確に定義された景観、(2) 残存 (または、化石) 景観と継続する景観を含む、有機的に進化した景観、(3) 物質的文化の証拠が、わずかか皆無で、むしろ自然的要素が強い宗教、芸術文化の結合に関連した文化的景観 (ibid.: 10-11) である。[23]

　文化的景観の意味は不明瞭であるとして、ユネスコは批判に晒されている (Leask and Fyall 2000: 296)。世界遺産プログラムも同様である (Bianchi, et al 2000: 58)。もともと有機的に進化した景観については、明確化する必要がある。この言葉は、相互作用的に進化した景観と表現する方が良いかも知れない。環境変化やそれに対する人間の対応を通して変化しなかった景観はほとんどないとさえ言えるからである。次に、これはもっと重要であるが、文化的景観に対するユネスコの登録基準は問題がある。というのも、文化の定義が生活様式までも含む

22　文化的景観の歴史と語彙については、http://whc.unesco.orga/exhibits/cultland/histerm.htm を参照。
23　http://whc,unesco.org/nwhc/pages/doc/mainf3.htm からもアクセス可能である。

と、人間社会を含んだ遺産地域は、広義ではすべて文化的景観と見なされるからである。特定の景観のみが文化的景観と考察されるのはおかしい。

　ここでの問題は、文化遺産が、世界遺産リストに登録された時に「文化的景観」として指定されないと、保護の対象は遺跡とその地域だけであり、人々の生活ではない。アンコールは、全体が文化的景観と見なされなかったので、その登録基準で登録されなかった。[24] その結果、国家当局の各部門は、遺跡や森林は守られなければならないが、地域住民が遺産地域に居住することを許容しても、住民の社会経済生活は、規制し、監視下に置かなければならないと考える傾向にある。アンコールの保護地域は、世界遺産リスト登録後に指定された。5つのゾーンのうち、環境を守るために、シェム・リアップ川、プオック川を初めとする河川と運河沿いのみが、文化的景観地域に指定されるに留まった。

　遺跡と周辺地域の保全と、地域住民に伝統的な社会経済実践を継続させることの間にバランスを維持することが困難であることは、よく理解できる。地域住民のみならず、新参者（違法居住者や商売人）や訪問者の流入により、人口増加が著しいからである。今日カンボジア人にとって、アンコールは、シアヌーク時代の幸せな記憶を呼び起こす場所なのである。その時代は、比較的平和で、人口が少なく、遺跡がよく保全され、アンコール・トム内に陽がほとんど差さないほど森林は大木が密集していたのである。第6章で述べるように、多くの政府の役人にとって、アンコールは、幼少時代の幸せな記憶に残る景観に修復したいという願望の対象になったのである。

　アンコールの景観は、拡大的伐木により、その時からかなり変化してきた。ヴェトナム軍がカンボジアに駐留していた1979年から1989年までの10年間の間に、軍隊が、アンコールのみならず、村の中でも大規模な伐木を行なった。同様に、文化財の破壊と流出が起こり、1990年代に入っても続いた。警察も、伐木、文化財の破壊や流出に加担したと言われている。これらの犯罪は地元の村人が目撃しているが、彼らはそのスケープ・ゴートにされただけでなく、自らの財産（ケー・モロドック［ker morodâk］）へのアクセスも厳しく制限された。

　世界遺産の「文化的景観」は、一層激しい闘争の場を提供する。当局は、文化集団や地域住民によって生み出され、人生のあらゆる側面が演じられる後景

24　世界遺産センターのメヒティルド・ロスラー［Mechtild Rössler］とのコミュニケーションによる。

(Scot 1990)[25]、即ち「背景」を犠牲にして、正面舞台、即ち、絵画的に美しい「前景」の景観に転換させる傾向にある。我々は、文化的景観の概念を緊急に吟味し直し、「リビング・ヘリテージ」の概念を明確化する必要があるだろう。

　アンコールは、地域の生活者が、「自然」を活用して聖域化したことにより、特徴的な複雑な歴史的景観を呈している。それは、前アンコール時代にまで歴史を遡る各種の文化集団の文化、経済、および社会活動を通して進化してきた。カナリー諸島のガラホナイ世界遺産（Bianch, et al 2000: 49）のように、アンコールは、地域の農民社会と当局の各層の間でアンコールの様々な活用と文化・経済資源へのアクセスを競いあって巻き起こった歴史的な闘争から形成された。闘争は、地域住民の人生の継続的実践対当局の凍結した時空間上にある。カンボジアの当局は、想像できる限り近い状態で、偉大な王の過去の栄光を保全しようと努めてきた。地域住民は、王がアンコールを放棄した時から、または、アンコール時代以来継続して生活し、土地を耕し、森を維持し、森林産物を採集した。また、水牛を濠、川、湖沼で泳がせ、牛を放牧し、寺院を訪れ、仏やネアック・ターに祈り、儀礼を行なってきた。更に、遺跡を保全し、戦争から避難し、伝説や民話を語り、正月ゲームに興じ、芸能や音楽の公演を楽しんだ。アンコール自体が物言わぬ目撃者なのである。

　意味上の闘いも起こる。例えば、アンコールの全空間は多くの人々にとって神聖であるが、神聖な景観を巡って、外国人と地元住民の間やカンボジア人の間でさえ解釈上の相違がある。外国人とカンボジア人は、一般的に古い寺院が建っている所を神聖と見なすが、地元の村人は、ネアック・ター、伝説や先祖が生活した所がほかの場所よりも神聖であると見なす。適切な説明がなければ、外国人訪問客は、地域の神々が住む空間に神聖性を「見る」ことができない。一般的に、カンボジア人は、（しばしば古代の基盤の上に建てられた）寺院の建っている場所が神聖であると見なす。地元の村人にとって、先祖から継承されてきた樹木も半ば神聖であり、その保護や活用は自分たちの責任だった。カンボジア人の中には、樹木や文化財は、売るための高価な文化商品と見なす者がいるのも事実だ。彼らにとっての神聖な景観は、盗みを働くための財宝の景観であ

---

[25] 観光人類学の文脈における「正面舞台」と「舞台裏」の使用については、ヒッチコック（Hitchcock 1999: 20）を参照。

る。商売に関心がある人々にとっては、世界遺産としてのアンコールが、そのイメージの経済的利用のために素晴らしい機会を提供する。製作費が100万ドルのパラマウント映画作品、トゥーム・レイダー［Tomb Raider］は、このいい例である（Winter 2002、2003a）[26]。

　文化的景観の意味は、このように、人それぞれの場に対する感覚や認識によって様々である。文化的価値の多様な解釈と景観の活用の意図性は、文化集団間、とりわけ、当局と地域住民の間での闘争で重要な論点になってきた。

　この章で議論した遺産と関連した概念を念頭に入れて、第2章では、地域住民にとっての空間と場所の知識について検討したい。

26　プノン・ペン・ポスト（PPP Sep. 1-14, 2000: 8; Dec. 8-21, 2000: 16）を参照。

第2章　空間と場の知識

　この章では、アンコールの空間と場が地域社会にとってどのような意義を持っているかについて考察したい。アンコールの空間は、現実的な空間と比喩的または想像的な空間の両方の側面を持つ。この2種類の空間は、時には重複し、時には矛盾しながらもそれぞれの人々の思考の中に存在する。空間の知識は、様々な起源を持ち、古いものもあれば新しいものもあり、公的な知識もあれば私的な知識もある。また、記録や伝承によるものもある。地域住民が生きて語り継いできた口承や集合的記憶は、非公式な知識であり、それは、碑文、王朝年代記、椰子の葉に刻まれた記録（「貝葉」）や学校の教科書に記述された公式な知識と並列に存在する。しかし、公式な知識と非公式な知識は、重複したり、お互いの中に組み入れられたりするので、境界線は必ずしも明確ではない。非公式な知識は継続的であるが、不規則で非体系的な場合が多く（Turton 1991: 157）、公式な知識の前で信頼性や重要性の低い知識とみなされる傾向にある。アンコールの空間概念や特定の場の意義を地域住民の生活空間として捉えることによって、アンコールの理解に新たな知識や局面を提供すると同時に、学術的な知識の空白を埋め、偏見に基づいた資料の階層化に警鐘を打つ作業になることを願っている。

1. 地域社会の知識

　アンコールは、遺跡、水田、森林、灌漑水利組織、僧院、村落社会から形成されている。世界遺産地域内の人口は現在12万人を超え、112の村落が存在する。しかし、アンコールに関する学術的な知識は、これまで主に、碑文研究、言語学、芸術、建築学、考古学、歴史学、地理学、地質学、農業と灌漑水利組織、保存技術の研究などに限定されてきた。多くの研究は、アンコール文明の遺構、碑文、彫刻・彫像、および公的な記録に依拠している。有形遺産の圧倒

的な魅力に押されて、住民の居住地としてのアンコール、即ち地域社会に対する関心は、近年まで影の薄いものであった。それは、地域住民の生活に関する公的な記録や物的証拠が少ないことにも起因していた。また、社会科学者による物質主義的偏見や、記録された知識が伝承による知識より正当で信頼性が高いという知識の階層化による影響を受けてきた。

　同様に、宗教実践に関しても、社会科学者は階層的な見解で対処してきた。精霊信仰は、そのために、長い間非識字者の集団によって信じられている原始的な信仰として見なされる傾向にあった。一方で、「高度な宗教 [high religion]」は、科学的知識や「文明」に価値を置く社会との関連で、精緻な教典や洗練された儀礼を持っている。

　カンボジアでは精霊信仰と仏教は一般的に階層的には扱われず、比較的平和裡に共存してきた (Gellner 1964; Ishizawa: 1991; Ang: 1986)。同様に、霊媒もカンボジアでは尊敬の対象であり、政治的に抑圧されたり、他宗教によって規制されたりすることはあまりなかった。実際、先祖と現在社会に生きている人々を繋ぎ守ることが、アンコール時代の王の重要な役割の1つであった。ヒンドゥー教は、アンコール時代には主に王家の人々や聖職者によって信奉されてきたが、それ以前に精霊信仰に取り込まれ、シヴァ神の象徴である男根を表すリンガと先祖を意味する守護霊ネアック・ター (ポレ・マスペロ 2008: 101-102; ダジャンス 2008: 17) とが融合したのである。ヒンドゥー教の神像のいくつかは、地元のクメール人によって守護霊に転用されて、今日まで信仰の対象になっている。

　初期の保守的な学問のアプローチが我々の知識の範囲を限定してきたが、過去30年余りの間に多分野の学術協力や交流が活発化し、我々の研究や知識の幅が広がり、理論的成熟度も増してきた。ポストモダンやポスト構造主義のアプローチが、我々の関心を「指導的言説 [hegemonic discourses]」や「壮大な物語 [meta-narratives]」から引き離し、周辺化、または抑圧された人々や少数派の人々の声や知識に目を向けることを促してきた。フーコー (Foucault and Gordon 1980) が強調しているように、知識は力の源である。ここで私は、アンコールの地域住民の正当に評価されてこなかった知識が、彼らにとって活力の源であることを明らかにしていきたい。信仰や集合的記憶で構成されている知識は、知覚を転換する手段と見なすことが可能で (Strathern 1995)、それは、自己と共同体へ

の帰属意識を強化し、生存戦略の源となるだろう（Samuel and Thompson 1990: 19）。知識の構築の仕方は、個人によって異なる。それは、語られた物語や経験、想像も興味も当然のことながら異なるからである。しかし、集合的な知識や意識には、歴史の記憶、神話、伝説、民話や信仰に由来する共通要素がしばしば見受けられる。

❖ 歴史、神話、伝説、民話、信仰

　歴史と神話の区別は曖昧である。リーチ（Leach 1990: 229）がこれに有益な見識を示している。要約すると、「あらゆる歴史は神話であるが、逆はありえない。この2者の違いは、歴史は過去に錨を降ろし、時間の制限があり、非可逆的であるが、神話に時間の制限はなく、儀礼を通して繰り返し再現できる」。エリアーデ（Eliade 1963: 2）は、「神話は、人間の行為のモデルや人生に意味や価値を与えることによって生きている」と言う。神話や伝説の舞台になった場所や空間は、往々にして現実にあり、かつ象徴的である。人々は、そこで生活し、働き、その空間や場を行き来する。社会的な関係性は繰り返され、知覚は身体に刻み込まれる。教訓は学ばれ、慣習は継承される。文化の知識は、このように人々に身体化される。

　トンキン（Tonkin 1990: 25）が述べているように、過去のあらゆる理解は現在に影響を与え、過去、現在、未来との繋がりは、ほかの何よりも神話によって容易に理解される。神話以外に、伝説、民話、信仰は、過去を理解する有効な手段である。それらは、集合的記憶や、過去に起こった事件、経験、感情、願望などから成る意識と複雑に絡み合っている。神話の創造も神話やほかの口頭伝承の永続性も、文化の境界線や集合的なアイデンティティを守ろうとするために人間がとる、重要な、主に無意識な行動の所産である。ここで注意しなければならないのは、精神分析に過剰に依存し、普遍的な精神過程を推察してしまうことである。サミュエルとトンプソン（Samuel and Thompson 1990: 6）が主張しているように、神話やほかの伝承に内容や文脈の変化を見つけることが重要である。神話、伝承や民話の内容や登場人物は、時間と人間を仲介して本質化され、理想化される。時には、悪魔のように表現されたり、誇張されたり、簡素化されたりする。このような過程は、神話が社会文化的環境や価値観の変化の中で、

ある集団の集合的なアイデンティティと関わりを持つために必要なのである[1]。言い換えると、過去は、歴史的事件や経験の断片が、選択された記憶や忘却に基づいて我々の心の中で構築される。

2. 聖域としてのアンコール

　地元住民にとっても、アンコールは聖域である。それは、ナーガ [nāga]（サンスクリット語で複数の頭を持つ蛇・コブラの意）、王、仏陀、ヒンドゥー教の神々、ネアック・ターやボン・ボット（森の中の洞窟や水際に住む精霊）などの精霊が棲む、霊力溢れる聖域である。ここでは、王が神格化され、ナーガが地主であり、夜叉（クメール語でイヤック [yeak]）が人間、即ち仏教徒に転向し、精霊のネットワークが、人々、寺院や聖域を共に守り、ヒンドゥー教や仏教の彫像が霊力を持っている。人々、特に過去の国民たちの心の中では、王と神の境界線は曖昧である。これは、王が「本当の」神であると人々が実際に信じていたというよりもむしろ、人々の前で王は神と同じくらいに偉大な能力を発揮し、人々のために神と仲介したからである。

❖ 王の神格化

　アンコール時代の王の主な役割は、ネアック・ターの霊力を人々に伝達することであった。ジャヤヴァルマン2世 [Jayavarman II]（在位802～835年頃）は、802年にプノム・クーレン [Phnom Kulen] で王が神と一体であるという「王即神」の概念を意味するデヴァ・ラージャの儀礼を創始し[2]、カムラテーン・ジャガット・ター・ラージャ [kamrateṅ jagat ta rājya] と名付けられた石のリンガを安置した[3]。この時、王はヒンドゥー教のシヴァ神と王を合体させて「宇宙を支配する王」とな

---

[1] マルティネス（Martinez 1992: 153-170）は、「今日の日本においても、伝統文化の継承者たちが、自らのアイデンティティを確立する必要性を感じて、伝統的な過去の有様を信じたいと思っているので、『伝統的な日本』の概念を広めようとするテレビ放送の構想に協力して神話形成が行なわれている」と述べている。
[2] この儀礼に関する一般参考文献は、クルケ（Kulke 1978）とセデス（Cœdès 1968）。
[3] この碑文は、1052年スドック・コーク・トム [Sdok Kôk Thom] の石碑に刻まれていたもの。笹川（2006: 175-186）、ブリッグス（Briggs 1999: 82）とチャンドラー（Chandler 1992: 34）に詳しい。

り、後にアンコール王朝の創始者と見なされるようになった（Chandler 1992: 34；Cravath 1985: 34-35）。

　多くの研究者は、東南アジア一帯でリンガがシヴァ神と霊力の強い地元の祖霊の両方を指すという解釈を受け入れている。巨石建造物は精霊を象徴し、バラモン教の慣行が実施されるようになった時、儀礼を通してリンガに移譲された。王は、山を祖霊の神聖な居所と見なす古くからの概念と肥沃と関連しているシヴァ神を合体・合祀させることで、自身の地位の強化を図ったのである。王の神格化は、このように、シヴァ神の法力の象徴であるリンガによって表され、このデヴァ・ラージャ崇拝の信仰と象徴は、主にバラモン教の司祭による儀礼を通してアンコール王朝の伝統として継承され、権力の中心地が変わるたびにそこに移されていった（フーオッ 1995: 28；ダジャンス 2008: 17-19）。

　クラヴァスは、クメールの王がデヴァ・ラージャ信仰を通して霊とコミュニケーションをとったと考察している。その具体的な手段として、王室のリンガ、山型寺院、系譜、性交、夢、舞踊の奉納、聖地への巡礼などを使ったと述べている（Cravath 1985: 36）。大乗仏教徒であった後の王ジャヤヴァルマン7世［Jayavarman VII］でさえ、この王即神の概念を取り入れて、自身を「仏陀王」を意味するブッダラージャ［Buddharāja］と称した[4]。このような王の神格化は、王自身の信仰心と幻想のみならず、政治的な意図をもって、王室による階層的な社会統治の伝統と王の権威の絶対性を揺ぎないものにしていった。

　王と神の違いの曖昧さは、「神聖な」を意味するプレア［preah］という言葉にも見られる。ヘッドリーほか（Headley et al 1977: 683-684）によると、プレアは、(1)「優れた、顕著な、上位の、神聖な」という意味の語で、とりわけ王家の人々、司祭、仏陀、神や神格化されたモノを表す言葉の前に付けられる敬称、(2) 神（サンスクリット・パーリ語の'vara'、「優れた」の意）とある。例えば、シアヌーク前国王は、短くはプレア・バット・シアヌーク［Preah Bat Sihanouk］、仏陀はプレア・プット［Preah Puth］、インドラ神はプレア・エン［Preah En］と呼ばれる。これは、王は神と同様に神聖であるという考えが庶民の間にも浸透していることを示している。同様にして、プレア・アン［preah ang］は、最高位の敬語とし

4　このことは、1191年にプレア・カン［Preah Khan］の碑文に刻まれている（Briggs 1999: 229）。クメール語で、ブッダリエイ。

て、神、仏陀、王、女王、王子、王女、高僧を指して使われる。このような理由から、プレアの厳密なアイデンティティが話し手によってときおり不明瞭であるが、重要な点は、表現された人が、神聖、高貴、または能力が高いと見なされていることである。

　公的な言語は、王室や司祭階級に対する庶民の敬意を示している。碑文などに見られる公的な知識も、王、貴族や司祭の賛辞に偏りがちである。他方で、伝説や民話に明らかなように、非公式な知識では、王、貴族や司祭のイメージは否定的なことが多い。王は、頻繁に批評されたり嘲笑されたりしている。これは、庶民が王の行動に一般的に不満を持っていることの現れである。王は、神の外見や、社会の調和や福祉を維持する使命を持ち、儀礼を行なうにもかかわらず、残忍で、愚鈍、それに誘惑に弱く、多妻で、少なくとも仏教の理想から程遠い存在として描かれていることが多い。私が収集した伝説の中で王や王子を賛辞したものは、自身を食することを望んだ夜叉を自身の高徳ゆえに敬虔な仏教徒に変えたプレア・ピトゥ［Preah Pithu］王・王子の伝説のみである。

❖ヒンドゥー教の神々、仏陀、ネアック・ター、ボン・ボット

　神や王の場合のように、ヒンドゥー教の神々、仏陀と精霊の区分は明確ではない。前アンコール期より、ヒンドゥー教と仏教はインドからカンボジアへもたらされ、土着の精霊信仰と並行に存在し、部分的に融合してきた。ジャヤヴァルマン7世の統治中に大乗仏教が繁栄した。王の死後、短期間の過激なヒンドゥー教復興運動が起こったが、上座仏教は13世紀の終わりにビルマやシャムの伝道師の影響を受けてスリランカからもたらされ、以後カンボジアで繁栄した（Chandler 1991b: 46-47）。しかしながら、外来宗教は土着信仰に取って代わることなく、後者は、ヒンドゥー教と仏教の中に異なった形で存在することを強く求め続けてきた。

　自然石やヒンドゥー教の彫像のいくつかはネアック・ターの住処として借用され、仏教寺院の敷地にはネアック・ターの社が収容されてきた。精霊は、どんな形状を現していても、地主、守護霊、裁判官や道徳に反する者の刑罰の執行者としての役割を果たしてきた。アンコール時代の寺院の敷地内で果たす最も重要な役割は、寺院や敷地を所有し、社会の秩序や福利を確実にするために

有利な場所で人々の行為を見守ることである。精霊は、仏教寺院の道徳機能を強化し、その信仰は、仏教と平和裡に共存している。ヒンドゥー教の信仰そのものは、主に宮廷やバラモン司祭に限定され、庶民の間にはあまり深く浸透しなかった。しかし、秘儀的な知識の強力な残滓は、土着の概念と混淆して、占い師、隠者、伝統治療師、霊媒、妖術師や仏僧が行なう占い、治療、厄払いや魔術を行なう儀礼空間、および神話や伝説などの中に存在している。言い換えると、クメールの宮廷でヒンドゥー教と土着信仰が混淆したので、ネアック・ターの霊力を持つと見なされるヒンドゥー教の彫像を受け入れることに庶民はあまり抵抗を示さなかったのであろう。

例えば、アンコール・クラウ村出身のアチャー[achar]（司祭）によると、山中の森にある洞窟や崖付近の池や川の周辺には、通常ボン・ボットが棲んでいる。アンコールの都市は森を切り開いて造られたので、地元の人々は、ネアック・ターやボン・ボットがアンコールにある寺院の所有者であると信じている。ボン・ボットは穏やかな精霊なので、人々をけっして傷つけることはなく、人、動物や森林を守り、善良な人を助け、悪人を改善させると考えられている。1940年代に地元の村人が、大男がケット・メリア[Ket Mealea][5]の像を持ってアンコール・ワットの第3回廊の屋根に上り、屋根が崩れるのを目撃した。それを見た村人は、ボン・ボットがこの泥棒に怒ったと思った。地元住民の中には、純粋で、正直な人間の魂がボン・ボットになったり、瞑想によって造られたりするという信仰がある。

ネアック・ターは、いたる所に存在し、霊力が強いことで知られている。石、巨木・古木（チョンボック[châmbâk][6]、絞め殺し植物[7]、菩提樹など）、奇妙な形の樹根、ヒンドゥー教の彫像、石や木の人形、白蟻の巣など様々な形で表わされる。[8]ピラミッド型の寺院は、基本的にはネアック・ターに捧げられている。アンコー

5　ケット・メリアは、伝説上の人物で、この世で人間の子であるが、前世でインドラ神の子であったとされ、インドラ神が天界に連れていったところ、人間の子がいることで天界が荒れたため、地上に降ろされた。その折に、希望してインドラ神から贈られたのがアンコール・ワットであると言われている。詳しくは、石澤（2000: 92）を参照。

6　ディ・ポン（Dy Phon 2000: 372）によると、チョンボックは、ラテン語でIrvingia malayana。

7　これは、イチジク属の植物でラテン語でFicus artissima。横山（2001: 152-153）を参照。

8　Cf. Ang (1986: 147, 204), Dumarçay & Groslier (1973: 133), Forest (1992: 45-47), Porée-Maspero (1962: 7).

ル時代の寺院は、その種類によってネアック・ターの空間配置が異なる。ピラミッド型や小規模の寺院は中央塔堂にネアック・ターが存在する場合が多く、展開型の寺院では、各門に存在する。その役割は同様で、寺院と聖域を守り、社会道徳や「霊の掟」の違反者を罰することである。ネアック・ターは、この場合、「精霊の遺跡警察」であると見なすことができる。

　人々は、寺院が大きければ大きいほど、ネアック・ターの霊力が強いと信じている。地元の人々がヒンドゥー教の神像の前で祈っているのを見ても、それは、彼らがヒンドゥー教を信じているからではない。しかし、美術史や観光案内本は、地域社会にとっての精霊信仰の重要性には言及しても、住民の宗教実践にあまり考慮を払わず、碑文などによる公的な（支配者が作り上げた）知識のみを永続させる傾向にある。これは、我々が見えるものや記録されたものに全幅の信頼を置き、「それのみが重要である」と誤った考え方をするために陥る罠のよい例である。地元の人々は、すべてのネアック・ターに名前をつけている。ネアック・ターを表象する像がたとえ失われていたとしても、その名前や特徴は人々の間で語り継がれ、像があった場所の力が少し衰えたとしても、継続して霊力を持っていると信じている。その証拠に、何もない空間や、ただの壊れた像の破片がある所に線香や供物が捧げられている。

　クメール社会全体におけるネアック・ター信仰の重要性は、いたるところで確認されている。古い村は、必ず村内、地区、寺院、個人の屋敷の敷地内にネアック・ターの社を持ち、最高裁判所にも社がある。王室も王国が災害、旱、不幸に襲われた時に、インドの神々のみならず、周辺のネアック・ターに敬意を払ってきた（Chandler 1996: 25-42）。ネアック・ター信仰は、日本における神道の役割や仏教と共存している部分が似ているが、今日の神道に不適切な行為を行なった者への懲罰機能はほとんど残っていないのに対して、アンコールの村では、人々の病気や異変にネアック・ターの懲罰が引き合いに出されることが少なくない。

❖アンコールの神話と伝説

　アンコール地域には、遺跡の特徴の理由や、環境、歴史、儀礼の伝統、精神力、慣習、敵対しているものの力関係を説明するような神話や伝説が残されて

いる。これらの物語は、私がアンコールの村で行なったフィールドワークで、調査の中心となったアンコール・クラウ村で聞いたもの、ほかの研究者が集めたものや、学術論文に掲載されたものなどから構成されている。シェム・リアップでは、同じ物語の様々なバリエーションを聞き、ロンドンやほかの場所では、学術論文の中に、地域的な、または、ほかの種類のバリエーションを見つけ出すことができた。いくつかのよく知られている物語が、口承や記述の中で、組み合わされたり、別の物語に構築されたりしている。それでも、同じ物語が何度も繰り返し語られたり、過去の事件、遺産や個人について説明したりすることが多く、今日生きている人々に重要なメッセージや教えを説いていることがわかる。

アンコールをめぐる神話、伝説や物語は、現在のカンボジアでテレビドラマとして人気の高いテーマであったりするので、地元の村人たちは、テレビを見ながら、自分が子供の頃に年寄りに聞いた物語と比較したりする。伝承を集めだしてから、私のインフォーマントは、私が収集したほかの村人の物語についても興味を示し始めた。外国の記録や映像メディアも、アンコール遺産を神話化したり、誇張したりする。人々の心の中では、通常、歴史的事実、イデオロギーと神話に大きなギャップは存在しないし (Martinez 1992)、違いにそれ程の関心も持たないのであろう。物語は、歴史の変遷を生き延びて、超越的な質や意味を持つようになったのである。これは、ピール (Peel 1984: 111-132) が述べているように、「社会の過去の感覚は、時間の経過と共に必ず社会自体が作り上げる」ものと言える。

広いアンコール地域の中で、私の研究対象は、主にアンコール・トムとアンコール・ワット周辺地域である。この地域は、まさに研究者の、そして観光客が最も注目する遺産の中心地である。物語の語り手の多くはアンコール・クラウ村の住民で、19世紀から20世紀始めにかけてアンコール・トムに住んでいたと言われているター・スム [Ta Sum] (スム爺さん) とイエイ・ティエム [Yiey Thiem] (ティエム婆さん) の子孫である。伝説や民話は、通常、両親、祖父母、その他村の年寄りから若い世代に語り継がれてきた。語り手の名前 (通称)、2003年4月時の年齢、役職などは次の通りである。

9　カンボジアでは、昔の日本のように正月 (クメール正月の4月) に1歳ずつ年をとる。

アンコール・クラウ村の住民：ター・スムとイエイ・ティエムの子孫
- ター・チャイ［Ta Chhay］：ター・スムとイエイ・ティエムの孫。1999年10月に83歳で病死。当時村の最高齢者。
- イエイ・ユーン［Yiey Yeung］：ター・スムとイエイ・ティエムの孫。ター・チャイの妹。霊媒、占い師、仏教の熱心な信者。2003年1月に76歳で病死。
- ター・チュオップ［Ta Chuop］：73歳。ター・スムとイエイ・ティエムの曾孫、アチャー（司祭）。
- イエイ・ラープ［Yiey Lap］：72歳。ター・スムとイエイ・ティエムの曾孫。産婆、占い師、仏教の熱心な信者。
- スン・サオン［Sun Saon］：34歳。ター・スムとイエイ・ティエムの玄孫。遺跡修復の労働者。5年間仏僧の修行をした経験がある。

アンコール・クラウ村のほかの住民
- ター・チャム［Ta Chham］：75歳。副アチャー。2010年10月死亡。
- ター・サーン［Ta San］：68歳。霊媒。
- サエム師［Lôk Ta Saem］：78歳。アンコール・トム内の僧院の僧正の1人。現在故人。
- ター・ソーン［Ta Sâng］：64歳。仏教の熱心な信者。

トロペアン・セッ村[10]の住民
- ター・ロアム［Ta Loam］：72歳。アチャー。現在故人。

3. アンコール・トムと城門

　アンコール・クラウの村人は、アンコール・トムをバイヨンと呼ぶ。バイヨンは、アンコール・トムの中央に位置する仏教寺院である。実際、村人たちは、アンコール・トムの名称をめったに使わない。このことは、外部者を混

10　トロペアンは、「池」の意。セッは、「馬」の意。この村名の由来は、後述するドンボーン・クロニューン王とプロム・ケルの伝説に関係していると推測される。村には同名の池がある。

乱させるが、バイヨン寺院が地元住民の心の中でいかに重要な存在であるかを示している。また、アンコール内の場所、寺院や彫像の名称、意味と重要性が、公式なものと地域住民側とで異なる場合が多く、これはほんの1例に過ぎない。

　アンコール・トムは正方形で、各辺の長さが約3キロメートルあり、ラテライトの石壁は、8メートルの高さである。環濠は、100メートルの幅があり、地元住民は長い間ここで稲作を行なってきた。環濠の水田は、区分と名称があり、所有者がいた。アンコール・トムは、公式にはインド伝来の宇宙観を表している。バイヨン寺院は、神々の住む須弥山（メール山 [Mt. Meru]）と見なされ、アンコール・トムは、この寺院を軸の中心として、4区分に分かれている。外壁は、須弥山の山脈、環濠は宇宙の海を象徴している（地図5）。

　アンコール・トムは、ジャヤヴァルマン7世の都城であったが、その都城は、アンコール王朝の第1王都、ヤショダラプラ [Yaśodarapura] の南西の角と重複する。これは、クメール人が、古い聖地に新しい建造物を建てることで建物の神聖性が強化されると信じている所以である。アンコール・トムは、12世紀後半から13世紀初頭にかけて建造されたが、そこには既に、11世紀に建立されたピメナカス（王宮）やバー・プオン寺院などが存在していた。この都城内のいくつかの寺院と場所に関する神話と伝説のみが今日まで継承されている。このことは、それぞれの場所が、地元住民にとって重要な意味を持っていることを表している。神話や伝説に出てくる寺院や場所は、アンコール・トムの城門、宮廷と宮廷内の女池、バイヨン寺院、プレア・ピトゥ寺院、バー・プオン寺院、セントミア湖などである。

　アンコール・トムの5つの城門は、公式な名称と地元の呼び名が異なるものがある。北門は、地元では、トヴィア・ダイ・チュナン [Tvear Dei Chhnang] で、「土鍋の門」。西門は、トヴィア・ター・カウ [Tvear Ta Kau] で、「カウ爺さんの門」。カウ爺さんは、門番の名前であると信じられている。南門は、トヴィア・トンレ・オム [Tvear Tonle Om]「こぐ川の門」または「伯父／母さんの川の門」の意味である。東にある2つの門の名前は、地元の名称が翻訳されて公式なものになった。まず、トヴィア・チェイ [Tvear Chey] は「勝利の門」。その南側に位置するのはトヴィア・クマオィ [Tvear Kmaoch] で、「死者の門」。スン・サオン

土鍋の門(北門)。

によると、アンコール時代に王は、通常北門か南門を使い戦いに出かけたが、西門を使った時は、敵を負かすためであるという。この場合は、敵が明確な時という意味だろう。戦いに勝利した時、「勝利の門」から凱旋し、負けた時に「死者の門」を使ったという。しかし、ある者によると、死刑執行時にも「死者の門」を使ったということである。13世紀末にアンコールに1年ほど滞在した中国の外交官、周達観(1989: 47)によると、死刑は西門の外で行なわれ、地面を掘った穴に罪人を入れ、土石で埋め、堅くつき固めて終わったという。クメール人の間では、通常西は死に関連した方角である。「死者の門」の名称が、死刑に使われたと人々が後で誤って信じるようになったのかも知れない。

　「土鍋の門」の名称は、この門のすぐ北側に窯跡があることによるものと推測される。近くにアンコール・クラウ村があり、この門にちなんだ面白い事件が起こったことをある村人が教えてくれた。1995年に「土鍋の門」に棲むネアック・ター、ター・プロム [Ta Prohm] が、門番をしていた軍事警察を攻撃し、警察は激しい腹痛を起こして苦しんだ。その時、村の伝統治療師が呼ばれたが、この治療師の力の方がネアック・ターの力より強かったので、霊を警察の身体から追い出すことに成功したというのである。

4. バイヨン寺院

　アンコール・トムの中央に建立されたバイヨン寺院は、アンコール・ワット

に並ぶ壮大な建造物で、その意味合いについて議論がかまびすしい。建築中の数度におよぶ設計変更とヒンドゥー教のモチーフや彫像が仏教のものと混在し、諸教混淆的な傾向が見られる（グロリエ1997: 16）ことも要因の1つだろう。最初、須弥山を表すピラミッド型寺院として建造され、周達観によると、中央塔は金色の塔であったが（周1989: 15）、クラヴァスによるとリンガの山（Cravath 1985: 28）ということになる。この寺院は、後に観世音菩薩に捧げて改造され、中央にブッダラージャの像が安置されたと言われている（Briggs 1999: 223-229）。

　歴史的な記録は、バイヨン寺院の建立者をジャヤヴァルマン7世と見なしている。しかし、地元住民はプレア・タオン［Preah Thaong］[11]という王が造ったと信じている。プレア・タオンの伝説は後に詳しく述べるが、バイヨン寺院の塔の数は、これまでの説ではもともと49塔あったが、現在37塔のみ残存していると言われている（Freeman & Jacques 1999: 78）。49塔起源説に対して、最近寺院内に残っている塔の石の数や同時期のほかの寺院との比較から、新たに59塔説が浮上している（Cunin 2008: 9-24）。それぞれの塔には、4面顔が4方角に彫刻されており、塔が山頂を表していると見ることもできる。この4面顔は、寺院を建造したジャヤヴァルマン7世が敬虔な大乗仏教徒であったことから、観世音菩薩という説に定着しているが、以前はバラモン神と信じられていた。それは、地域住民がクメール語で「バラモンの4つの顔」を意味するプロム・モク・ブオン［Prohm Muk Buon］と呼んでいたからである。4面顔のアイデンティティについては、まだ議論が継続している（Dagens 1988）。

　カンボジア人の心の中では、アンコール・トム内のほかの寺院に比較するとバイヨン寺院の存在は傑出している。クメール正月には、地元の村人もほかのカンボジア人もアンコール・ワットやバイヨン寺院を訪れる。雨季の終わりを象徴する雨安居明けに開かれるカティン［kathen］という儀礼で、信者の集団がアンコール・トム内の寺院に僧衣や僧侶の生活に必要なものを寄進する際に、通常バイヨン寺院を時計回りに3回まわってから寄進する寺に向かう。満月の夜は、バイヨン寺院付近の寺院から僧侶が訪れて読経する。バイヨン寺院の南側に位置するプレア・セア・メトレイ［Preah Se-ar Metrei］寺院の元僧正は、プレア・タオンがバイヨン寺院を建ててからこの寺院が国家宗教の象徴となったと

11　通常Preah Thongと記述されるが、ここではシェム・リアップの発音をもとにPreah Thaongとした。

述べ、この寺院の近くで仏に仕えることができて大変幸福であると語った。

　地元住民によると、バイヨン寺院のネアック・ターは、その依代である彫像が喪失してしまったにもかかわらず、住民の生活に影響力を持っている。イエイ・コウム [Yiey Koum] というネアック・ターは、寺院の北側にかつて安置してあったヒンドゥー教の神で、像の頭を持つガネシャ [Gaṇeśa] が依代であった。アンコール・クラウ村のある年長の女性が、寺院にある1体の仏像の世話をしていたが、ある日お布施などで合わせて3米ドル（村人にとってはよい収入）を稼いだ。その後、数日間この女性は腹痛に苛まれ、村の霊媒に相談に行った。イエイ・コウムの霊は、霊媒を通して、この女性がいい収入を得たにもかかわらず、自分に何も供物を捧げなかったことを指摘した。女性は、霊のいる場所で笑ってしまったことも私に打ち明けてくれた。霊に要求された果物を供えると、すぐに腹痛が治まったという。

　バイヨン寺院の碑文には、王国のネアック・ターのインベントリーの地図が書いてある。これは、ネアック・ターを通常の依代から呼んで敬うためであるという（Dumarçay & Groslier 1973: 113-134; Chandler 1996: 27-28）。バイヨン寺院のネアック・ター、リンガ、山型寺院の概念の重要性は、社会の豊穣、繁栄、平和と秩序と関係し、またこれらの概念が神聖性の考え方と密接に結びついている。様々な神話や伝説は、地域社会の抱く「場の神聖性」の概念を明確に表している。

❖ ニアン・ニアック [Neang Neak] とプレア・タオンの神話（ター・チャムの語り）

　バイヨン寺院には、ナーガの王（蛇王）、ナーガの王女と人間の王プレア・タオンの結婚に因んだ神話がある。伝承では、このあたり一帯の土地はナーガが所有していた。プレア・タオンはナーガの王女と結婚した後に、義父であるナーガ王の意思に背いてここにバイヨン寺院を建立した。

> 　バイヨン寺院が現在ある場所は昔海で、コーク・トゥローク [Kôk Thlok] という島があった。海にはナーガが住んでいた。ナーガの王女ニアン・ニア

12　遺跡の保存修復の労働者である1人のインフォーマントによると、この像は、彼が幼少の頃には寺院で見かけたが、アンコール保存事務所の倉庫で保存しているのかも知れないと述べている。
13　現在バイヨン寺院の西側に同名の寺院がある。コークは、「丘」の意で、トゥロークは、木の1種。

バイヨン寺院。ナーガが恐れた4面顔が林立する。

ック（「若い女蛇」の意）は島に遊び来ていた。そのとき、プレア・タオンという人間の王が船でやって来て、人間の姿をしたナーガの王女に出会った。話をするうちに王は王女を愛するようになり、王女も王を愛することを受け入れた。王を父親のいる海底の宮殿に連れていった時、王女は自分の服の端をプレア・タオンに摑ませた。この部分は、今日結婚式で新婦が新郎を部屋に連れていく場面に組み込まれている。ナーガの王は、見目麗しい人間の王を見て、娘との結婚に同意した。今でも結婚式の音楽は、ニアン・ニアックとプレア・タオンの結婚式の音楽の様式に沿っている。ナーガの王はプレア・タオンにこの地に留まるように頼んだが、プレア・タオンがすさまじい力を持っていたので、ナーガの家臣が次々に死んでしまった。そこでナーガの王は会議を開き、プレア・タオンがナーガの領土に留まることはできないから、彼の国に妻と一緒に送り返すことを決めた。プレア・タオンはアンコール・トムに戻され、ナーガの王は家臣に水を全部吸い込むように命じた。これが、アンコール・トムが現在乾いた土地にある理由である。

プレア・タオンは、実は動物である義父に嫌悪感を抱いており、家臣の前で不名誉なことだと思った。ナーガの王は、プレア・タオンに寺院を建てる時、自分が恐れているバラモン神の４面顔を付けないようにと頼んだが、プレア・タオンはこの義父の願いを無視してバイヨン寺院にバラモン神の４面顔を付けた。ナーガの王は大変怒ってその場を離れたが、寺院の中の井戸[14]（ナーガの王の穴、「幸福の井戸」の名称がつけられている）に戻ってきた。
　その後２人の間に戦争が起こり、プレア・タオンがナーガの王を刀で刺し、王の血がプレア・タオンの体に飛び散った[15]。それからプレア・タオンは癩病[16]になり、病気治療のために現在癩王のテラスがある所に送られた。癩病にかかったことでプレア・タオンは王座から退かなければならなかった。プレア・タオンは病気治療のためにエイサイ［eisei］（隠者）を呼んだ。エイサイは、大鍋（椰子砂糖を作る時に使うような鍋）に水を沸かし、プレア・タオンにこの中に飛び込むように言った。しかし、プレア・タオンはこの治療法の効果を信じなかったので、犬を実験台にした。犬は最初煮られたが、薬を投げ入れたらすぐに元に戻った。エイサイの助手である僧侶がこの治療をプレア・タオンに施そうとしたが、彼はまだ恐怖心を持っていたので、僧侶は自分が飛び込んで見せるから後で薬を投げ入れるようにとプレア・タオンに頼んだ。しかし、プレア・タオンは薬を入れる順序を忘れたので、残りの薬全部を一度に鍋に投げ入れ、自身の治療のために使う薬がなくなった。プレア・タオンは、エイサイの怒りから逃れるためにプノム・クーレンに行き、そこで隠れて治療したが効果はなかった。昼食時に戻ったエイサイは、大鍋に残っている液体を見ただけで何が起こったかすぐに察知した。エイサイは、プレア・タオンに激怒し、癩病が絶対に治らないようにと呪った。エイサイは、隠者としての規則を破って呪ったために、それ以後超能力を失った。この時から、プレア・タオンの怒りにより

14　この井戸から寺院建立者のジャヤヴァルマン７世の姿を模したブッダラージャの仏像が発見されたと言われている。現在バイヨン寺院の北東にある寺院ワット・プレア・ヴィヒア・プラムパル・ルヴェーンの本堂に安置されている。
15　バイヨン寺院の内側の回廊の北東の角に、このモチーフの浮き彫りが見られる。このことは、トンプソン（Thompson 2004: 102-103）に詳しい。
16　現在日本では、癩病をハンセン氏病と改称しているが、「癩王のテラス」は日本語名として定着しており、これに合致させるために、本書ではハンセン氏病とはせず、癩病の名称を使用する。

王は存在しなくなった[17]。

　この物語には、有形・無形両方のモノに関する知識が詰まっている。バイヨン寺院がどのような状況で論争の的である4面塔をつけて建てられたか、様々な名前の意味、結婚の伝統、歴史、地理、建築、物事の因果関係、そして最も重要な社会の規律が説明されている。例えば、この地域になぜ砂が多いのか。バイヨン寺院の西側にある寺院の名前がなぜコーク・トゥローク寺院なのか。ナーガがなぜカンボジアで敬われているのか。王がなぜナーガに敬意を表さなければならないのか。王がなぜ癩病になったのか。バイヨン寺院の壁の浮き彫りがなぜナーガを首に巻いている王を表しているのか。塔の1つに井戸があるのはなぜか。エイサイがなぜ超能力を失ったのか。どうして王がいなくなったのか。なぜバイヨン寺院建立後にアンコール王朝が崩壊したかなど。

　この神話は、王が癩病を患い治療を受けたこと、アンコール・トムの癩王のテラスが癩病の治療院であったこと（歴史的事実はさておき）、プノム・クーレンの癩王が病気治療をしたと伝えられている川床に小さなリンガが多数彫刻されている場所がある理由などを説明している。

　通常、ナーガ、プレア・タオン、ニアン・ニアックの伝説と癩王伝説は、2つの別々の物語である。しかし、ター・チャムの語りでは、2つの伝説が一緒になっている。地元住民の心の中では、伝承を全部覚えていない場合でも、プレア・タオンと癩王は同一人物である。丸井（2001a: 240-242）がアンコール・クラウ村で聞き取った64歳の男性による同じ伝承も、私が聞き取ったスン・サオンの伝承も、大筋は同じストーリー展開だった。このことから、ニアン・ニアックと癩王プレア・タオンの神話は、少なくともこの村に住む人々の間で共有されている知識と考えていいだろう。ター・チャムは、「エイサイが呪ったために超能力を失ったのでアンコール・トムから離れることができず、飛ぶ能力も失い、人々はエイサイの忠告に耳を傾けなくなった」と付け加えた。

　端的に言えば、伝説は地元住民がアンコール文明の栄枯盛衰をバイヨン寺院の建造に関連して考えていることを示唆している。更に、アンコール文明の衰

17　アンコール王朝崩壊を示唆している。類似の伝承がポレ-マスペロ（2008: 81）とThompson（2004: 102）にも掲載されている。

退は、外国から来た王が神聖な土地の所有者である義父の道徳律に背いたことによると人々に信じられていると解釈することができる。これは、義父殺しと神聖性の冒瀆の二重の罪、即ち、土着の道徳と慣習に対する犯罪行為と見ていいだろう。また、ヒンドゥー教の隠者であるエイサイが超能力を失ったことは、アンコール文明の崩壊と、それに伴ったヒンドゥー教の影響力の弱体化の比喩と解釈することもできる。

プレア・タオンとニアン・ニアックの神話は、クメールの第1王朝に関する神話と重複するのみならず、アンコール王国で前述の周達観が聞き及んだナーガの女王に対する王の義務にも関連している。神話は、登場人物が超自然的な存在である場合が多く、世界の創造と始まりについての物語である。エリアード（Eliade 1963: 6）は、神話の超自然的な存在の役割について、次のように明瞭に述べている。

> 神話は、様々な、かつ、時折劇的な形で神聖性を突き破って『世界』が<u>設立され</u>、今日あるように<u>創造された</u>ことを語る。超自然的な存在の仲介を経た結果、人間が今日あるように、死ぬ運命で、性的で、文化的な生き物として存在するのである。（下線部はエリアードの強調箇所）

上記の観点から、クメール人の間で建国神話に関する多くのバリエーションが存在することは、驚くにあたらない。この神話が後世の支配者たちに刺激を与え、ほかの神秘的な男女を創造させてきたのである。それらは、『王朝年代記』、中国人の訪問者による記録、チャム語の碑文などから多くの研究者によって研究されてきた。フィノ［Finot］（Gaudes 1993: 335-336）に引用されている『王朝年代記』の1つのバージョンは、ター・チャムの語った物語に似通っている。それは、次のような物語である。

❖ プラ・タオン［Praḥ Thaong］とナギ［Nāgī］[18]の神話（『王朝年代記』）

インドラプラスタ［Indraprastha］[19]の王アディティヤヴァムシャ［Ādityavaṃśa］

18　ナーガの女性を表す。
19　アンテルムによると、インドラプラスタは、古代インドの1都市で、またアンコールの呼び

は、息子の1人プラ・タオン（プレア・タオン）に不満があり、王国から追放する。王子は、チャム人の王が支配しているコーク・トゥロークに到着する。王子は、王座を奪う。ある日、潮が予想以上に早く満ちたので、王子は砂岸で一夜を明かす。美しいナギが砂浜に遊びに来て、王子は恋に落ち、結婚への同意を得る。ナギの父であるナーガの王が土地を覆っている水を飲んで土地の面積を拡大し、首都を建設して、土地の名前をカンブジャ[Kambujā]と名付ける。[20]

この王朝年代記版で面白いのは、プレア・タオンのアイデンティティの説明と、即位する前のジャヤヴァルマン7世の謎につつまれた人生とに共通点があるところである。ジャヤヴァルマン7世は、人質か国外追放のためか不明であるが、チャンパ王国で何年かを過ごし、前王のヤショヴァルマン[Yaśovarman]が崩御してからアンコールに帰国したと言われている。帰国してから、チャム人を追放し、アンコール王国を復活させ、1181年に即位した。しかしながら、この王は、必ずしも正当な王位継承者とは見なされていなかった（Chandler 1992: 52-59）。

この神話は、記録に残っているクメール人による最初の王朝（1世紀～550年頃）扶南[Funan][21]の神話と重複する。これは、3世紀中旬に扶南を訪れた中国人の役人が記録したもので、中国の王朝年代記『梁書』に含まれていた[22]。この資料をクメール史の研究者たちが通常一次資料として使用してきた（Cravath 1985: 262）[23]。

名でもある。パーリ語ではインダパッタ[Indapatta]で、カンボジアではエンテパット[Entepat]と発音される。アンコール・ワットにある2つの寺院の名前は、ワット・エンテパット・ボレイ[Wat Entepat Borei]（古代インドラプラスタ／アンコール寺院）である。私が参与観察を行なったアンコール・クラウ村の結婚式で、式の進行係と婿側の代表を務めるモハー[moha]が、婿の一行がノコール・エンテパット・ボレイ[Nokor Entepat Borei]（ノコールは、「アンコール」の意）から来たと花嫁側に告げた。
20　カンボジアの国名の起源とされている。
21　セデス（Coedès 1968: 36）によると、Funanは、山を意味する現代クメール語phnomの古語bnaṃの転写である。
22　石澤（2005: 31）によると、『梁書』は、中国南朝梁の歴史書で636年に完成した。
23　ガウデス（Gaudes 1993: 333-358）に、この伝説の様々なバリエーションと分析が掲載されている。

❖ 混塡[Hun-t'ian]と柳葉[Liu-ye]の神話（中国の王朝年代記『梁書』）

扶南国は…婦人をもって王となし、その名を柳葉といい、年は若く壮健で男性的であった。その南方徼口に神鬼を使う者で字を混塡という者があって、神に弓を賜ったことを夢に見て、船に乗って海に出よとのお告げがあったので、混塡は朝早く起きて神廟に詣でたところ、神木の下に弓を得た。すなわち神告によって遂に扶南の近郊に行った。柳葉の人衆はその船が着こうとするのを見て、それを取ろうとした。混塡は弓を引いてその船を射たところ、矢は船の一角を通して侍臣に当たった。それを見た柳葉は大いに恐れて人衆とともに混塡に降った。混塡は、すなわち柳葉に布を首から掛け身体を露出しないことを教えた。遂にその国を治め、柳葉を妻となした (cf. 石澤 2005: 31)。

この中国版の神話では、柳葉がナギであると言及していないが、記録されたクメール最初の王朝の起源が、前述のほかのバージョンの神話と重なる。土着の女王ともっと文明の進んだ外国から来た王との結婚によって始まり、それがクメール王朝の象徴的規範設定となったことを示唆している。言い換えると、神話は、クメールの王室が外国の文化を受け入れ、自国の文化に取り入れることを王室の伝統としたということである。セデス (Cœdès 1968: 37) は、「中国の記録による扶南の起源は、インドの伝統を歪曲したものであり、チャンパのサンスクリット語の碑文にもっと忠実に記録されている」と論じている。

❖ バラモンーカウンディニャ[Kauṇḍinya]とソマ[Somā]の神話（チャンパの碑文）

バラモンであるカウンディニャは、ドロナ[Droṇa]の息子であるバラモンのアシュヴァッターマン[Aśvatthāman]から槍を受け取り、それを投げて自身の将来の首都になる場所を印した。次に、ナーガの王の娘ソマ[Somā]と結婚し、王室の家系に継承者が誕生した (ibid.: 37)。

何人かの研究者は[24]、カウンディニャとナギの伝説は、外国人が王になること

---

24 クラヴァス (Cravath 1985: 265-266) によると、プリズィラスキー[Pryzyluski]とマベット[Mabbet]などが挙げられる。

の正当化に使われたと主張している。扶南には、2つの別々の時期に2人のカウンディニャが存在した。中国筋によると、第1王朝のカウンディニャ（混塡と呼ばれた）は1世紀後半に扶南を支配し、王朝は150年以上存続した。第2王朝のカウンディニャは中国人には憍陳如と呼ばれたインド人のバラモンだった。憍陳如は、5世紀かそのすぐ後にカウンディニャと呼ばれたか、自身で呼ばせたか、どちらにしろ、扶南の属国であった盤盤でしばらく過ごしたと信じられている。この王は、扶南の制度を改革し、インドの法規を用いたと言われている（石澤2005: 31；Briggs 1999: 17-18, 24；Cœdès 1968: 56）。扶南の後の王たちや、その後に興った真臘（550～802年頃）やカンブジャ（アンコール）時代のすべての王たちが、扶南の第1王朝（「月の王朝」と呼ばれている）のカウンディニャとソマの子孫であると主張したのである。この伝説が第2の王朝の支配者、カンブ [Kambu] とメラと [Merā] を作り上げるインスピレーションとなり、この2人は、「太陽の王朝」を確立したと考えられている（Gaudes 1993: 344-345）。プレア・タオンとニアン・ニアックの神話は、20世紀の古典舞踊劇のレパートリーにも加えられていることから、カンボジアの人々に現在でも人気があることがわかる（Cravath 1985: 270）。

❖ 混塡──カウンディニャ──プレア・タオンと柳葉──ソマ──ニアン・ニアック
（1960年代の学校の教科書）

　ガウデス（Gaudes 1993: 338）は、中国人による記録とフランス人によって記録されたカンボジアの建国神話が融合されて、1960年代の中学校の教科書として使われたと論じている。教科書に書かれた物語は、バラモンの混塡（中国名）、カウンディニャ（インド名）とプレア・タオン（クメール名）は同一人物で、同様に、柳葉（中国名）、ソマ（インド名）とニアン・ニアック（クメール名）も同一人物として描かれている。征服した土地は、コーク・トゥローク（クメール名）であるが、タッカシラー [Takkasilā]、インダパッタヤショダラ [Indapattayaśodhara]（インド・パーリ語名）などと改名された。マランダ（Maranda 1972: 8）は、「神話の醍醐味」と、大まかに言えば伝説や民話の醍醐味も、「新しい状況に応じて伝統的な構成要素を再編成したり、ほかから新たに取り入れた要素を伝統に照らし合わせて相関的に再編成したりして構成されているところにある」と論じている。

あらゆるバージョンの神話は、人間－動物、男－女、精神性－豊穣、文化－自然、死ぬ運命－不死、神聖－世俗、外国－土着、大地－水など、2つの異なる要素の調和的融合が社会の豊穣と繁栄への鍵となるということを示唆している。神話の2組の男女は月と太陽の王朝をそれぞれ代表している。外国と土着の男女の結婚は、象徴的で、従うべきものや避けるべきものの範例を示し、道徳や社会の規律を設定している。神話は、また、結婚の慣習、特に式の進行や衣装や音楽の伝統の基盤を築いたと信じられている。最初の2人の男女が築いた社会の規律は、クメールの慣習に深く浸透し、今日まで健在である。チャンドラー（Chandler 1992: 13）は、クメールの王室の規範では、「正当な王であるためには、同時にカンボジア人とインド人でなければならないようだ」と示唆している。

　豊穣信仰と蛇の象徴化は、モンスーン気候の東南アジアからインドの東部にかけて広く見られる。この気候帯に共通した生産形態は水稲耕作で、環境の不安定さに晒され、ともすると雨季には洪水の危険があり、乾季には日照りの恐れがある（Demaine 1978: 50）。それ故に、水利管理は社会の繁栄維持には欠かせない。そこで、水陸両性の生き物で、多産である蛇は神格化され、蛇信仰は人々の儀礼生活に重要なものとなった。アンコール文明の繁栄は、秀でた水利管理によるものが大きい。そこで、土着の蛇信仰は高度に発達していった（Stott 1992）。

　アンコール時代の王とナーガの王女（女王）との神話的合体は、国家と王自身の存続と繁栄に欠かせないものとして強調されたことが、13世紀末に周達観（1989: 18-20）によって報告されている。

❖ 王とナーガの女王の合体伝説（周達観の記録）

　宮殿には、金塔（ピメナカス）があり、国王は毎晩そこで寝る。地元の人が言うには、この塔には、全国土の領主である9頭の蛇の精霊が住んでいる。毎晩この蛇は人間の女性の姿で現れ、王は彼女と共寝して交わらなければならない。王の妻たちはだれもけっしてこの中に入らない。2回の時報（2鼓）で、王は初めてここから出て、妻や側室と共寝することができる。たった一夜でもこの蛇が現れないと、王の死期が来たことを意味する。もし、

結婚式におけるクロン・ペアリーの儀礼。

一夜でも王が現れないと、国に大災難が起こる。[25]

　王のナーガに対する義務と忠誠は、王国の平和と安定を意味し、それを怠った時災難が降りかかる。かつて王がナーガに対して遂行したと言われている義務と忠誠は、現在あらゆるクメール人が土地に建物を建てる時や、建築を必要とする儀礼（通過儀礼など）や仏僧が在席して行なう儀礼で遂行される。儀礼は、地域の人々が地主であると考えているナーガの王クロン・ペアリー［Krong Pealy］に、アチャーが供物を捧げ、土地を使用する許可を請うことから始まる。クメール人の建築家は、「カンボジアでは、ナーガの休息を邪魔しないように、夜の建築は避ける習慣がある」と語っている。

　バイヨン寺院は仏教の信仰を表しているのみならず、ネアック・ターの重要性をも表している。寺院は公的な記録によると13世紀に建造されたが、これは最初のクメール王国であった扶南の記録された時代のずっと後である。それに

25　記載されていた伝承をわかりやすい日本語に書き換えた。ポレとマスペロ（2008: 94-95）は、東インドに似たような儀礼の伝承があり、農作物に慈雨をもたらすための儀礼であったと報告している。

もかかわらず、バイヨン寺院とその建造された時代は、クメール文明創始の場所として人々の心に刻まれている。これは、扶南が起こった土地がアンコールから遠距離にあり、地元の人々にとって先祖の記憶はアンコール・トム-バイヨンの建造後までしか遡られないからであろう。また、この時代に、それ以前からの伝統と儀礼が精緻化され、成文化されていったのである。同時に、癩王とバイヨン寺院の関係は、アンコール衰退の始まりを我々に想起させる。

❖ 癩王伝説

ター・チャムの語りの興味深い点は、プレア・タオンが癩王になったことである。癩王の伝説は、多くの研究者によって議論され、その歴史性が様々に論議されてきた (Chandler 1996: 5)。チャンドラーは、カンボジアの年代記から伝説の別のバージョンを引用している。それによると、王の前に平伏することを拒否したニアック (「ナーガ」の意) という名の大臣を王が剣で刺し殺した。その時、有毒な唾液が王の上に落ちて、王は癩病にかかり、人々は王を癩王と呼ぶようになった。癩王は59年間王座にあったが、人々が顔を認識できないほど病気が進んで、69歳で亡くなった。

チャンドラーは、癩王の像との関連から判断すると、癩王は、碑文を残さなかった忘れ去られた王インドラヴァルマン2世 [Indravarman II] (在位1220年～43年頃) ではないかと推測している (ibid.: 3)。チャンドラーはまた、「癩王の神話が示唆しているように、民間人によるアンコール時代の民族の記憶は、19世紀から20世紀にかけて多くのフランス人の大家が認める以上に正確で持続性がある」と論じている (ibid.: 14)。

チャンドラーによるこの批判にもかかわらず、2人のフランス人の専門家は、癩王の歴史性、即ち、実在を信じていた。その内の1人は、フランスの植民地学校の学校長エイモニエ [Aymonier] (1901: 416-417) だった。癩王のテラス以外に2ヵ所癩王の名前に由来する地名があり、エイモニエは、その場所を訪ねて調べ、癩王は歴史上の人物だったと信じるに至った。その2ヵ所は、チクレン郡にある「癩王の砦」とプノム・クーレンにある「癩王の火葬の寺」と呼ばれている所である。

癩王が歴史上の人物だと信じた第2のフランス人 (実はパリに移住したロシア人)

は、フランス極東学院［École Française d'Extrême-Orient/EFEO］の考古学者の1人、ヴィクトル・ゴルベフ［Victor Goloubew］だった（Dagens 1989: 94）。ゴルベフは、インドラヴァルマン2世の残した唯一の碑文、前述した周達観の記録、病気治療を受けている男性を表しているバイヨン寺院の中庭の壁の浮彫、観世音菩薩と癩病患者が楣石に刻まれている病院の寺院などから、癩王が前王のジャヤヴァルマン7世だったと結論づけた（Chandler 1996: 3-9）。

　アメリカ人歴史家のトンプソン（Thompson 2004）も、ジャヤヴァルマン7世が実際に癩病であったかはさておき、癩王伝説で語られた王であったと信じている。トンプソンは、癩王伝説がインド起源、特にラーマ王子の物語の1バージョンである可能性を示唆しつつ、伝説もバイヨン寺院の中庭の浮彫も、閻魔王と見なされている癩王の像や仏陀王という言葉の矛盾も、隠喩的で概念的な王のあるべき姿の表象と見ている。トンプソンは、王の身体と政治的統一体とを関連させて、2人の王の身体と継続した王位・王権の矛盾と必然性を指摘している。王の身体が王国自体を現し、道徳への違反行為は、国外追放に値する。王は、前王を殺すことで王になり、王位は継承される。癩王の像に代表される道徳のチャンピオンである仏陀王と、死と正義を司る神は統合される。王は、健康な身体と社会の道徳で具現化され、癩王は王国の危機を表す。病にある王は人民の病を患い、浮彫の解釈によると、王自身の身体の中に治療源を見つけ出し、政治的統一体を暗黙のうちに治療する。このプロセスを経て、王は、囚人を釈放し、この王の恩赦を思い起こす解放そのものを、治療、事件、治癒として見ることができると論じている。

　癩王の真のアイデンティティや歴史性はさておき、カンボジア人の心の中でアンコールの盛衰がバイヨンの創造と王の道徳律の衰退との関連で理解されていることは、癩王の像の霊力に対する信仰が本物の像と数体あるレプリカを対象にシェム・リアップ市と現在の首都プノン・ペンの両方で根強いことからも窺われる。シェム・リアップのレプリカは、王室のゲスト・ハウス前にあり、第2章でも述べたイエイ・テープ［Yiey Tep］という名の霊力の強いネアック・ターとして市民に崇められている。[26] プノン・ペンにある数体のレプリカと本物の像も信

26　イエイ・テープの後ろ側に像が失われてしまったが、ター・ドンボーン・ダエク［Ta Dâmbâng Daek］（「鉄の棒爺さん」の意）という男性のネアック・ターも存在すると言われている。

仰の対象になっており、カンボジアの王室、政治家や公務員たちが供物を捧げたり、敬意を払ったりしていることがハン (Hang 2004) によって報告されている。

　バイヨンのカンボジア創始との関連は誠に興味深い点である。カンボジア創始の場所は、話し手によって、ドーンレーク山脈付近とかアンコール・ボレイ（扶南時代の首都と考察されている）(地図1) の南であるとか異なっている (Gaudes 1993: 338)。どちらにせよ、バイヨン寺院そのものは、13世紀に建てられたものだが、神話はジャヤヴァルマン7世（プレア・タオンとして）の達成したことの意義とクメール人の歴史の集合的記憶にバイヨン寺院がどれほど重要であるかを示している。ガウデス (ibid.: 337) によると、フランス人の研究者によって研究、翻訳、記録され、そしてガウデス自身が引用したプレア・タオン、カウンディニャ、ニアン・ニアック、ナギーソマの神話のあらゆるバージョンの名前がパーリ語で表されていることから、神話が書かれた時代が上座仏教を通してパーリ語が広まった14世紀以降であることがわかる。この神話自体がアンコール崩壊後に構築された歴史の再構築と見ていいだろう。ター・チャムが語った物語も、歴史的証拠と集合的記憶を基盤として、後アンコール期に回想して再構築されたと考えられる。プレア・タオン、ニアン・ニアックと癩王の物語の永続性は、アンコール文明の崩壊がいまだに人々の間で謎であり、興味深い長い語りの中に歴史的記憶と道徳的教訓を今日まで価値のあるものとして伝えていることを示している。

5. プレア・ピトゥ寺院

　アンコール一帯が神聖で霊力が強いと見なされているが、その中でも特に霊力が強いと知られている寺院や場所がある。その1つは、アンコール・トム内にあるプレア・ピトゥ寺院 (地図5) で、13世紀にヒンドゥー教の寺院としてスリヤヴァルマン2世とジャヤヴァルマン8世（在位1243～1295年）に建立されたと推定されている (Freeman and Jacques 1999: 117)。この寺院は、癩王のテラスの反

27　ムラ [Moura]、ポレーマスペロ [Porée-Maspero]、ルクレール [Leclère]、フィノ [Finot] などである (Gaudes 1993)。

対側にあり、蓮池が側にある。

　アンコール・クラウ村の住民の1人によると、この寺院の池は、ボン・ボットの住処であり、寺院を守り、善人を助け、悪人を正すという。また、同村の占い師によると、ネアック・ター・プレア・ピトゥも霊力が強い。ある子供が病気になり、病院に連れていったが、病気が治らなかった。占ったところ、プレア・ピトゥが鶏を食べたがっていることがわかった。願いが叶ったのに、お礼参りに来なかった場合は、ネアック・ターがその者を病気にする。病気が回復したら、菓子、タバコ、キンマの葉、檳榔子、蠟燭、線香、飲み物などの供物を捧げなければならない。

　この池の畔には、1995年頃に仏教の僧侶や信者のための瞑想センターが建設され、僧侶数人が生活しながら瞑想を行なっていた。このセンターは、遺産地域内で部外者が寝泊まりすることを禁ずる政府令によって2000年末に解散させられた。しかしながら、瞑想センターをこの地に選んだことは、単なる偶然ではないと考えられる。この場所は、精霊信仰と「仏教の高徳」が重層的に存在することにより、アンコール・トムの中でもとりわけ神聖性が高い場所と信じられている所以であろう。

　1999年11月にこの寺院の敷地で踊りを踊った宗教集団があった。この集団は、至福千年説[28]の信者たちで構成されており、リーダーは未来仏（プレア・セア・メトレイ）が仏教暦の5000年に現れると予言し、その時人々とテヴァダー[tevoda][29]（守護神）は語り合うことができるだろうと確信していた。この年、「国家と宗教の儀礼」（ボン・サーサナー・チアット［Bon Sasana Chiet］）を行なうためにプレア・ピトゥ寺院に近い仏教寺院プレア・パリライ周辺を儀礼の場所に選んだ。儀礼の場所は、シヴァ神の霊の化身によって選ばれたという。リーダーによると、この集団は、基本的な信仰は仏教であるが、仏陀より先に存在したとして、テヴァダー、バラモン神、シヴァ神、ヴィシュヌ神、ラーマ王子[30]などほかの

28　キリスト教で、キリスト再来の日に、死んだ義人が復活しサタンが獄に繋がれて、1000年間キリストが平和の王国（千年王国）に君臨し、その後サタンとの戦争を経て一般人の復活があり、最後に審判が下されるという信仰。千福年説。至福千年説（『広辞苑』）。実際は、仏教の世界でも同様に、末法時代に救世主が現れるのを待ち望む信仰がある。
29　この集団のリーダーによると、テヴァダーは10種類の力を持っている。
30　ラーマーヤナ物語の主人公で、ヴィシュヌ神の化身の1人とされている。

神々も信奉している。1997年には前アンコール期とアンコール時代を合わせた全世代の兵隊の司令官たちの追悼儀礼を行ない、1999年にはクメール民族創成の基盤としての宗教、伝統、文化と文明に捧げて、この儀礼を組織化したと述べている。この年の儀礼では、黄金色のバラモン神の4面顔の彫像と旗で表したバラモン神、仏陀と古代の戦士たちの力を祝福し、豚の頭が前アンコール期の司令官たちの霊に捧げられた。入り口には、当時の王シハヌークとヒンドゥー教の叙事詩ラーマーヤナの主人公ラーマ王子と弟のラクスマナ王子の肖像を掲げ、主にアンコール地域の3つの寺院から仏僧と修行者も招待した。それ以外に地元の参加者は少なく、バンティアイ・ミアンチェイ州、バッタンボーン州と首都プノン・ペンからの参加者が多かった。男性の参加者は、長髪を隠者のように頭上に丸く結び、伝統的な儀礼用のズボン——クバン[kben]——を身に着けていた。プレア・ピトゥ寺院とプレア・パリライ寺院は東西にほぼ一直線上にある。

　地元の村に残っている伝説が、プレア・ピトゥ寺院の霊力の強さを説明している。

❖ プレア・ピトゥ王子と夜叉（ター・チュオップの語り）

　夜叉はプレア・ピトゥ王子を食べたいと思った。プレア・ピトゥは、その前に夜叉に仏の教えを準備するので聞いてくれるように頼んだ。プレア・ピトゥは、台座（説法を説く僧侶の座る場所）に座り、夜叉に仏の教えを説いた。それを聞いた夜叉は、プレア・ピトゥを食べる気が失せ、その代わり八戒に従うことにした（仏教の熱心な信者になった）。[31]

　今は亡きター・チャイの語りは、内容が少し異なり、もっと詳細にわたる。

❖ 癩王プレア・ピトゥと夜叉ルルジャック[Rulujak]（ター・チャイの語り）

　アンコール・トムの癩王はプレア・ピトゥで、夜叉ルルジャックと戦った。

31　敬虔な仏教徒は五戒に従い、修行者やアチャーなどは八戒に従う。五戒は、「殺生を行なわない」、「盗みを働かない」、「姦淫を行なわない」、「嘘をつかない」、「酒を飲まない」。八戒は、五戒に、「装身具を身に付けず、歌舞を見ない」、「正午以降食事をしない」、「ゆったりしたベッドに寝ない」の三戒が加わったもの。

夜叉が勝ち、王を食べたいと思った。しかし、王は、夜叉に自分を食べる前に経を唱えたいと言った。王が夜叉に台座を所望し、台座に座って経を唱えた。すると、夜叉は王に敬意を払い、経にあるように、多くの神々が供物を持って光臨した。夜叉は捧げるものが何もなかったので、自分の牙をもぎ取って王に捧げた。牙がなくなったので、夜叉は王を食べる気がなくなり、僧侶になった。

大筋はこれまでの2人の語りと同じであるが、スン・サオンの語りも少し異なっている。

❖ 神プレア・ピトゥと夜叉の夫婦（スン・サオンの語り）

夜叉の妻が神であるプレア・ピトゥの肝臓と心臓を食べたくなった。そこで夫がプレア・ピトゥを捕まえ、紐で縛り家に連れ帰った。しかし、妻は気持ちが変わり、仏の教えを聞きたくなった。説法の中で戒めについての語りがあった。それを聞いた妻は、怒りの気持ちが消え、罪業と美徳について学んだ。

伝説の3人の語りは、細かい部分こそ異なっているが、プレア・ピトゥ（王子・王・神）が伝えた仏の教えの力を強調している。この力があまりに強いので、夜叉を人間に、即ち仏教徒に変えたのである。最初の2人の語りでは、プレア・ピトゥが台座に座って仏の教えを説いたことから、この台座が神秘的な力に溢れていると考えられる。恐らくこの関係から、抗仏ゲリラ集団イサラク [Issarak] のリーダーで、超自然力の信者ダプ・チュオン [Dap Chhuon] が、1952年頃[32]戦いの前に兵士たちをプレア・ピトゥ寺院に集め、この台座に座って士気を鼓舞する演説を行なった。チャンドラー（Chandler 1991a: 43）も、「ダプ・チュオンがプノム・クーレンから400人もの兵士を引き連れて、アンコール・トムで大礼を催した」と述べている。この地と台座がダプ・チュオンに選ばれたのは、寺院と台座の持つ神秘的な（プレア・ピトゥの高徳・仏法の）力と関係しているのであろう。ダプ・チュオンは、この台座に座って、自身の兵士たちが猛々

---

32 チャンドラー（Chandler 1991a: 43）によると1949年。

しい兵士になるために力を与えようとしたのであろう。しかし皮肉にも、これはプレア・ピトゥが意図したこととは全く反対だった。

6. ブランパル・ルヴェーン寺

　アンコール・トム内に、ある女性にとって霊力が特に高いと見なされている別の場所がある。それは、バイヨン寺院の北東に位置するブランパル・ルヴェーン僧院［Wat Prampil Lveng］がある場所である。僧院自体は1980年代に建立されたが、本堂には、バイヨン寺院の井戸から発見されたブッダラージャの像が安置されている。この仏像は、ジャヤヴァルマン7世王の姿を模して王自身が同一と見なしたものである。1999年に会った50代の女性によると、この場所は、ピメナカスとバイヨン寺院同様、ジャヤヴァルマン7世が瞑想した所である。ジャヤヴァルマン7世が女性の夢枕に立ち、2000年にピラミッド型の寺院を王の妻のために再建するようにとのお告げがあったという。女性が14歳の時にも、同王が夢に現れた。このような経緯から、1994年から5年間この僧院に住みながら、仏像の奉納活動や薬草を使ったエイズに効く薬の開発などに勤しんできた。1999年までに1005体の仏像を造らせ、プノム・クーレンの寺院に500体、この寺院に500体、残り5体をほかの寺院に奉納する予定であり、あと600体必要であると考えていた。ほかの寺院に寄贈する仏像は、目的地に運ぶ前にいったんこの場所に置いている。女性の話では、クメール人は、こうすることによって仏像の霊力が増すと信じているという。この話から、アンコール・トムのこの場所があたかも霊力（神聖性）の充電所（パワースポット？）であるかのように考えられていることがわかる。また、ケオが述べているように、アンコールの歴代の王の中でもジャヤヴァルマン7世は、アンコール王朝の盛時を築いた王としてカンボジア人から最も親しまれていることから（石澤2000: 129）、この王自身が信仰の対象になっていることは充分に納得のいくことである。

7. セントミア湖

　セントミア湖 [Baoeng Senthmea] は、アンコール・トムの宮廷の西側の森の中にひっそりと佇んでいる。この湖は、伝統的に水田としてアンコール・トム周辺の村の数家族によって所有され、何世代にもわたって耕作されてきた。所有家族は、アンコール・クラウ村、コーク・ベーン村 [Phum Kôk Beng]、コーク・ター・チャン村 [Phum Kôk Ta Chan] にまたがっている。所有家族の共通点は、先祖が宮廷に住んでいた、即ち、宮廷と何らかのかかわりがあった家族ということになる。湖の地名は、セントミアという名の夜叉に由来する[33]。地元住民の多くは名前の由来を知っていたが、その伝説を詳しく語ることができたのは、今は亡きイエイ・ユーン1人であった。

❖ セントミア湖、コン・ライ [Kon Rei] とチャオ・セン [Chao Saen]（イエイ・ユーンの語り）

　セントミアまたはミア婆さんは夜叉で、人を食べる習慣を持っていた。ミア婆さんの人間の夫は、ター・プロム[34]と言い、たくさんの牛を飼っていた。2人には、コン・ライという1人娘がいた。コン・ライの髪は、地面に着くほど長かった。

　ある日、ミア婆さんは、稲の種蒔きをしていた。そこに7人の飢えた孤児の姉妹が現れ、ミア婆さんが水路の土手に置いたもち米を見つけて食べてしまった。ミア婆さんは、見て見ぬ振りをした。そして、孤児たちを家に連れて帰り、もっと食べ物を与えた。ミア婆さんは孤児たちに家の外に出ないように言いわたしたが、孤児たちは言いつけを守らずに外に出た。そして、浅い井戸の中に人骨や血を見てしまった。井戸の中の地面に指を差し込んだ時、指を怪我してしまったので、布で巻いた。孤児たちは怖くなり、ミア婆さんの家を逃げ出して、アンコールの王のもとに駆けつけ、事の次第を話した。その後、王は、7人の姉妹全員を自分の后にしてしまった。このことを知ったミア婆さんは、激怒した。というのも、ミア婆さ

33　ドン・ミア [Don Mea]、イエイ・ミア [Yiey Mea]（どちらも「ミア婆さん」の意）とも呼ばれている。
34　アンコール寺院の1つ、ター・プロムと同名。

ん自身が王の后になりたいと思っていたからである。そこで、ミア婆さんは大変美しい女性に変身して、王の次の后になった。結婚後、ミア婆さんは、王を自分だけのものにするために、7人の后を憎むように仕向けた。家来に7人全員の目をくり抜かせたが、末娘（ニアン・ポウ［Neang Poeu］）の片目だけは残させた。そして、王の護衛に7人の后を山の洞穴に連れていくようにと言いつけた。そこで末娘以外の后は女児を出産した。末娘は男児を出産し、プレア・プット・チャオ・セン［Preah Puth Chao Saen］（「強い仏」の意）と名づけた。飢えのために、末娘以外は自分たちの赤児を食べることを強いられたが、チャオ・センだけは生き延びることができ、成長が速かった。

　インドラ神がチャオ・センに送った雄鶏がいつも闘鶏に勝ち、チャオ・センは、賞金で洞窟にいる母親や伯母たちに与える食べ物を手に入れることができた。ミア婆さんはチャオ・センを馬で使いにやり、娘のコン・ライに手紙を届けさせた。手紙には、コン・ライにチャオ・センを食べてしまうようにとの命令が書かれていた。チャオ・センが休憩所で眠っている時、インドラ神が現れて手紙の中身を変え、コン・ライにチャオ・センと結婚するように仕向けた。コン・ライが手紙を読んでチャオ・センを見た時、チャオ・センを好きになり、結婚したいと思った。コン・ライは大薬草園を持っていて、そこにはあらゆる種類の薬草が生えていた。そこで、コン・ライは、チャオ・センに5種類の薬草を見せた。その時、チャオ・センはこっそりこれらの薬草を布に包んだ。最初の薬草は海水に変わり、2番目の薬草は豚のえさである粉糠になる。3番目の薬草は丘を造り、4番目の薬草は盲目を治す。5番目の薬草は、夜叉を殺すことができる「笑いみかん」［krauch saoech］（葉を通常聖水に入れる）に変わる。

　コン・ライとチャオ・センは共寝したが、チャオ・センはコン・ライが目覚める前にこっそり抜け出した。コン・ライの馬に乗ったチャオ・センは、5種類の薬草を持って母と伯母たちのところに急いだ。目覚めたコン・ライは、チャオ・センの出奔に気がつき、巨大な豚に乗り後を追いかけた。チャオ・センが1つの薬を投げたら海水に変わり、コン・ライが追いかけるのを阻止した。コン・ライの豚はそこで水浴をしたので追跡が遅れた。

次に、別の薬が投げられ、粉糠に変わった。豚がこれを食べ、追跡が更に遅れた。3番目の薬は丘に変わり、豚は登ることができなかった。コン・ライはとうとう追跡をあきらめ、家に戻った。チャオ・センはじきに母や伯母たちが住む洞窟に到着し、4番目の薬で盲目を治した。

　7人の姉妹とチャオ・センは一緒に洞窟を出て、王に会いに行った。王は、チャオ・センが自分の息子であることを知らなかった。チャオ・センは王に「王の后は夜叉です」と告げたが、王はその言葉を信じなかった。そこでチャオ・センは王に、「もし后が夜叉ならみかんで死にますが、もし人間なら自分が死にます」と告げた。チャオ・センがミア婆さんめがけてみかんを投げつけると、婆さんはみかんで滑って死に、(セントミア)湖になった(湖の形は、人間の上半身が西向きに横たわっているように見える)。その後、チャオ・センは王になった。[35]

　シェム・リアップ州の南西に位置するコンポン・チュナン州にコン・ライという名称の山があり、同様の伝説が残っている。このバージョンでは、チャオ・センがポティ・セン [Pothy Sen] になっている。細かい所は異なっているが、大筋はイエイ・ユーンの語りと同じである。孤児は、7人でなく12人で、コン・ライは、愛するポティ・センに追いつくことができずに死ぬまで泣き続け、身体は(コン・ライ)山になったところで終わっている。この山の形も地面に人間が横たわっている姿に似ているということである(Phnom Penh Post 24 May-7 June 2001: 16)。[36]

　2つのバージョンは、相互補完的である。イエイ・ユーンのバージョンは、よりユーモアに富み、あまり悲劇的ではなく、仏教の教えがより明確に現れている。最初のバージョンの主人公はセントミアで、後者は、コン・ライである。後者のバージョンでは、洞窟と山はコンポン・チュナン州にあり、前者では不明である。後者の語りでは、隣国の名前や夜叉の森の場所が明確ではないが、状況的にはアンコールと見るのが妥当であろう。両方の語りで、善悪がきわめて対比的に描かれ、善が最終的な勝者である。ミア婆さんは、イエイ・ユーン

35　括弧は筆者の注釈。
36　記事の題名は、The Mountain of Doomed Love. (「悲恋の山」の意)

の語りでは特に、不誠実で、策略家、それに不義を犯す邪悪な者（仏教の徳に反する者）として描かれている。チャオ・センまたはポティ・セン（後にセンと呼ぶ）は、仏教の美徳と理想的な王として必要不可欠な性質を備えている人物として描かれている。従姉妹が味わった辛苦をなめずに済んだのは彼1人であり、姉たちに許されなかった片目と子供の命を保つことを許されたのも、彼の母親1人だけだったことは、彼の「選ばれた」運命、即ち、王になる運命を示唆するものである。センは、誘惑に負けず、悪に騙されることなく、親と伯母（苦しむ者の象徴）を助ける。このことは、センが、仏教の美徳を体現していることを示している。センは、知恵と超自然力を持ち、インドラ神の助けがあり、自身と他者の運命を支配する力を備えている。それは、道徳観が欠如し（近親相姦や一夫多妻）、表面的な美や誘惑に弱く、人間界と超自然界を制御できない、人間の弱さばかりを示している父王とは対照的である。

　アンコールの地域社会にとって、アンコールは、多様で強力な力、精霊、人間、神と夜叉、善と悪が出会い、相互作用し、交渉し、闘争する「力の空間」である。対比する力は、位置や対比関係が固定していず、一方から他方へ転換されたり、変身したり、他者の特徴を身に付けたりする。悪の力は、仲裁、抑制、牽制、弱体化、または、征服される。ナーガの王女は、人間の姿でプレア・タオンを惹き付けて結婚する。プレア・タオンは、義父を殺して癩病になった。隠者は、呪ったことで超自然力を失い、普通の人間に戻った。男のように勇ましい柳葉は、より文明の発達した外国文化の「男性」性を象徴する混塡に征服され、文明化され女性化された。夜叉は、仏教の教えを通して、魔物から人間になった。夜叉イエイ・ミアは、美女に変身して王を誘惑し、后になった。しかし、人間で敵であるセンに負けた時、死んで湖になった。その湖は、アンコール・クラウ村の先祖によって水田として所有され、耕作されるようになったが、2000年に遺跡警察によって耕作を禁止された。人間の父親と夜叉の母から生まれた娘コン・ライは、人間の姿をしているが、センを失って死に、山になった。この夜叉の母娘は、死んで自然に返り、特徴的な（文化的）景観になった。

　クメール人は、アンコールの盛衰から様々なことを学んで、刺激され、教えを哲学的に捉え、社会の規範や教科書として維持してきた。彼らは、人間の弱

さや信仰の力について知り、人間が敵を打ち負かしたり、逆境を乗り越えたり、理想的な状態に変えたりする能力を持っていることについて学んできたのである。優位性を暴力で競ったり、相手を孤立させたりするよりも、違いを受け入れ、交渉したり、協力したりすることが、クメール人の生きる知恵や伝統の一部になっていったのである。

セントミア、コン・ライとセンの物語は、クメールの王が仏陀王であること、王となるべき人物がヒンドゥー教の神インドラに支援されること、人々の目の前で仏教を促進する高徳を持っていることが重要であることを示している。スダーイ・ドンボーン・クロニューン [Sdach Dâmbâng Kronhung]（クロニューン［硬い黒い木の一種］の棒を持つ王）やスダーイ・トロソック・パエム [Sdach Trâsâk Ph-aem]（甘瓜の王）などの民話同様、地元社会による王の描写の多くは、お世辞にも好ましいものではない。王は、節操がなかったり、残酷だったりして、仏教の道徳律に完全に違反しているし、仏陀王の理想像からもかけ離れている。

クメールの民話には、王に対する人民の直接的な反乱の物語などはないが、現職の王が人々の期待する超能力、カリスマや高徳を示すことができない時、そのような資質を持つほかの人物が王になることを正当と見ていることがわかる。センの物語は、庶民にとって、王の正当性は血統にあるのではなく、仏陀王の素質を表した人物の宿命、即ちカルマにあるということを示している。人々は、古くからこのテーマに関心を持ち続けてきた。通常だれしも社会の秩序やヒエラルキーを覆すことを期待せず、王が道徳的に振る舞うことや義務を遂行することを望んできたのである。それは、人々が、王のそのような行為が人々の福利厚生と社会の秩序を維持し保護するために必要不可欠であると考えているからだろう。

バイヨンとアンコール・ワットは、カンボジアの2大宗教寺院である。バイヨンは、カンボジアの創成との繋がりで地域社会の集合的記憶に残り、それと対比的に、アンコール・ワットは、アンコール文明の栄光を思い起こさせる権力の正当性の象徴として支配者によって操作されてきたのである。端的に言えば、バイヨンは、文明の「子宮」で、アンコール・ワットは、権力の象徴、即ち、「顔」と言えるだろう。

---

37 今川（1969: 184）を参照。

8. アンコール・ワット

　アンコール・ワットは、アンコール・トムとの比較で、地元ではアンコール・トーイ［Angkor Toch］（「小都市」の意）と呼ばれている。公的には、スリヤヴァルマン2世が建造者として知られているが、地元の人々に伝わる伝承によると、前述のケット・メリア王がピスヌカーと一緒に造ったことになっている。ケット・メリア王はインドラ神の息子で、ピスヌカーは優れた知識または超能力を持った、神の国から来た建築家の棟梁として知られている。[38]

　公的な知識では、アンコール・ワットはヒンドゥー教の宇宙を再現したものである。

> 環濠は、地球のまわりにある神話の海で、その内側に幾重にも張り巡らされている回廊は、神々の住む須弥山のまわりの山脈を表している。5つの塔は、5つの頂きを表し、中央祠堂への階段を上る経験は、恐らく意図的に本物の山に登ることを想起させるように考案されている（Freeman and Jacques 1999: 48）。

　地元住民は、アンコール・ワットの力は、ネアック・ター・ター・リエイ［Ta Reach］（「王室のお爺さん」の意）、仏陀、プレア・アン・チェーク［Preah Ang Chek］（聖チェーク）とプレア・アン・チョーム［Preah Ang Châm］（聖チョーム）（不思議な力を持っていると信じられている2体の仏像）の力の集合によると信じている。また、アンコール地域に伝わるドンボーン・クロニューン王の伝説は、世俗的な王の権力と神聖な力による王位交代に関するもので、アンコール・ワットと周辺地域の地名や寺院名の由来の説明を加えながら物語が展開する。

38　丸井（2001a: 238-243）、ブリッグス（Briggs 1999: 203）、マベットとチャンドラー（Mabett & Chandler 1995: 120）、ガウデス（Gaudes 1993: 335-339）に様々なバージョンのケット・メリア神話が載っている。

❖ ター・リエイとネアック・ターの ネットワーク

　ター・リエイは、ヴィシュヌ神像[39]を依代にしている。ター・リエイの力は、アンコール・ワットに存在する6つのネアック・ターの中で最強なだけでなく、アンコール地域内でも最強である。ター・リエイの霊力の信仰は周辺の村に住む人々の間で最も強く、距離が遠くなればなる程信仰も弱まる。アンコール・ワットから北東へ5キロ程の距離にあるプラダック村では、ター・リエイが霊媒に乗り移ることもあるが、地元の主霊はター・リエイではない。ア

ネアック・ター・ター・リエイ。

ンコール・ワットから南東約13キロの地域にあるロルオス遺跡群のロレイ村では、名前は聞いたことがあっても、村人の生活に何のかかわりもない。ター・リエイの霊力の強さは、一般的に、その上を飛ぶ鳥も落ちて死ぬ程であることと、願いが必ず叶うことで説明される。銃弾がター・リエイを避けて通るという説もあれば、ポル・ポト政権下でアンコール・ワットの中央塔が壊れたことをター・リエイの怒りの現れと見る人もいる。

　アンコール地域では、ネアック・ターの世界は、カンボジア南部の前アンコール期の信仰の山バー・プノム［Ba Phnom］のように曼荼羅の形状で配置されている[40]。ター・リエイは、ネアック・ターの最高司令官として多くのネアック・ターを部下に従え、その霊力はアンコール・ワットから周辺地域に放射している。アンコール・ワットの中では、ター・リエイが守っている正門のある西回廊にほかに4体の神像があり、その中の2体が妻や娘のネアック・ターの依代

39　観世音菩薩であるという説もある（Warrack 2003）。
40　チャンドラー（Chandler 1996: 42）は、ラオス、ヴェトナム、タイと比較して、カンボジアは一般的に複数の場所が総合的に曼荼羅の形状で配置され、そこでは、ネアック・ターが崇拝され、生贄が供えられたと述べている。

であるという。[41] それ以外に北門、東門と南門にもネアック・ターが1名ずつ存在することが知られている。

北門にはター・ラック [Ta Lak]、東門にはター・クー [Ta Ku] という名のネアック・ターが存在するが、像は喪失している。しかし、人々の記憶と信仰が消えていない証拠に、像のあったところに線香が捧げられている。

南門の巨大な白蟻の巣に覆われた像は、アンコール・ワットで第2に霊力が強いター・ペッチ [Ta Pech]（「ダイヤモンド爺さん」の意）である。彼の霊力の凄さは、ター・リエイ同様飛ぶ鳥を落とす力であるが、悪さをする霊としても知られており、妊婦は側に近づかないように忠告される。かつてアンコール保存事務所の労働者だった村人によると、フランス極東学院の遺跡保全家、ジョルジュ・トゥルヴェ [George Trouvé] が妻の不倫を発見し、1935年にピストル自殺したことも、ター・ペッチの仕業と考えた人もいるという。別のフランス人遺跡保全家、アンリ・マルシャル [Henri Marchal] は、ター・ペッチが多くの人に危害を及ぼしていることを心配して、その場所を封鎖してしまうように労働者に命じたとさえ言われている。現在、以前程の影響力はないと言う地元住民もいるが、それでも、供物や装飾品の多さは、ター・リエイに勝るとも劣らない。

太陰暦のミアク [Meakh] という月に例年行なわれるネアック・ター祭りには、ター・リエイが主にアンコール・ワット周辺の村人から伝統的な宗教音楽（プンピアット [pinpeat]）、豚の頭、食べ物と酒の供物を受け取る。ター・リエイの配下にいる霊の1つが、バンティアイ・クデイ寺院前に棲むネアック・ターのター・スヴァーイ [Ta Svay]（マンゴー爺さん：像の足の部分だけが残っている）で、周辺の4村（北スラッ・スラン、南スラッ・スラン、ロハール、クラヴァン）の主霊である。

ター・ペッチ。

41　人によって、それぞれの像のアイデンティティ（名前やター・リエイとの関係）が異なる。

ネアック・ター祭りでは、4村の住民がこの霊の場所で祭りを行なう。人間界同様、ネアック・ター界にもヒエラルキーがあり、病気や問題の理由や解決方法を探る時、まず霊媒が呼ぶことができる最高位の霊に責任者のネアック・ターがだれかを尋ねる。その後、順々に尋ねていって責任者を見つけ出す。北スラッ・スラン村にはネアック・ターの数が多く、それぞれ役割分担がある。降雨、疫病、交通事故、家畜の病気、家畜の喪失・盗難、守衛などの担当があり、それぞれ戦略的な場所に配置されている[42]。しかし、アンコールの寺院では、通常、寺院の守衛として門や中央祠堂に配置されている。

❖ プレア・アン・チェークとプレア・アン・チョーム

　プレア・アン・チェークとプレア・アン・チョームは、かつてアンコール・ワットに安置されていた女性的な2体の仏像である。現在、シェム・リアップ市内のネアック・ター・イエイ・テープの居所のすぐ近くの社に安置してある。地元では、この2体の仏像が不思議な力を持つという信仰が強く、祈願に訪れる人が絶えない。この2体の仏像の「人生の物語」は、この国の波乱に満ちた歴史を生き抜いてきた人間の物語のようである。地域住民と仏僧たちが、泥棒、戦争とクメール・ルージュによる盗難や破壊の危険から仏像を守ってきたのである。2体の仏像は、世話人によると、6つの貴金属からできている。トロペアン・セッ村の亡きアチャー、ター・ロアム [Ta Loam] は、この2体の仏像の力はター・リエイや未来仏より優れていると信じていた。ター・ロアムの話では、この2体は銅でできていて、人々はこの2体の身体の中に宝石が埋め込まれていると信じていたという。

(1) プレア・アン・チェークとプレア・アン・チョームの物語（ター・ロアムの語り）

　王は2人の貧しい姉妹チェークとチョームに2体の仏像を作るように頼ん

---

[42] ター・プルッ [Ta Pruh] は、ター・スヴァーイの下に位置するネアック・ターで、村の中心部に位置する道路脇に配置され、酔っ払い運転やコレラなどの疫病が村に入ってくるのを防ぐ。ほかのネアック・ターは、同じランクである。ター・クデイ [Ta Kdei] とター・プロムは村の西側の守衛で、像はなくなっているが、それぞれバンティアイ・クデイ寺院とター・プロム寺院の外壁の角が村へ続く道路に面している所に位置する。村に悪人が入るのを阻止し、悪行をした者を罰する。村の北東（村はずれ）に位置するター・ケルは、動物の喪失や盗難を担当している。ター・コル [Ta Kol] は東側に位置し、動物の病気を担当している。ター・クアン [Ta Kuan] も東側に存在し、降雨を司っている。

故ター・ロアム。

だ。仏像は、製作者の名前を取って、プレア・アン・チェークとプレア・アン・チョームと名づけられ、かつてアンコール・ワットに安置されていた。フランスの植民地化以前から多くの泥棒たちが、この2体の仏像の中に金やダイヤモンドなどの宝石が入っていると考えていた。ある時泥棒が入り、仏像の中の宝石を盗むために身体に穴を開けようとしたが、銅製だったので簡単に宝石を盗むことができなかった。当時の人々はこの2体の仏像の持つ力について何も知らなかった。と、その時、未来仏が「プオックのエークとスラッ・スランのウォーク」と、泥棒2人の出身地と名前を叫んだので、人々は泥棒の存在に気がついた。僧侶が人々を率いて2体の仏像が持ち去られていった所を探した。仏像と泥棒は共に寺院の最上階の回廊で見つかったが、泥棒は罰せられなかった。この後僧侶は、アンコール・ワットの北寺にプレア・アン・チェークを安置し、南寺にプレア・アン・チョームを安置した。その後フランス人がやって来た。[43] 多くの外国人が、この2体の仏像を探したために、僧侶たちは森に隠した。プレア・アン・チェークはトベーン・コミューンに、プレア・アン・チョームはスヴァーイ・ルー郡（現在バンティアイ・スレイ郡）のクワウ村に隠された。僧正の1人が、「もし国が平和になったら、元（アンコール・ワット）に戻しなさい。しかし、平和にならなかったら、そこにそのまま置いて置くように」と言った。イサラク軍の指令官であったダプ・チュオンが、祈願のために仏像を2体とも家

---

43 実際は、フランス人がアンコールの管理に着手してから、アンコール・ワットの敷地内に仮小屋を建てて寝起きしていた僧侶たちに北寺と南寺を造らせて、僧侶たちをそこに住まわせた、と言われているので、この伝承の中のフランス人がアンコールに来たタイミングについては誤りがあると思われる。

信者でにぎわうプレア・アンチェークとプレア・アン・チョームの寺。

に持ち帰り、戦いの前に供物を供えた。後に、ダプ・チュオンは王を裏切り、国をアメリカに売った容疑をかけられ、プノム・クーレンで殺された。政府軍は、1959年に2体の仏像をシェム・リアップに持ち帰った。市民は仏像の不思議な力を信じている。ポル・ポト時代に、2体の仏像はシェム・リアップ市内のドムナック寺のワタナ池に隠された。毎夜寺の守衛が、仏像が沈められた池の中から女性の泣き声を聞いた。（後に仏像が池から引き上げられ）人々は、それからこの2体の仏像の前で子孫の幸せ、健康、商売繁盛を祈るようになった。

(2) プレア・アン・チェークとプレア・アン・チョームの物語（ター・チュオップの語り）

ター・チュオップは、北寺に所属していたので、仏像を隠すのを手伝った。[44] 1945年イサラクの兵士たちは、アンコール・クラウ村のヴィアル・アンダッ[Veal Andas]という所で儀式を行なった。イサラク軍がフランス軍に勝利した時、ダプ・チュオンは、プレア・アン・チェークとプレア・ア

---

44 ター・チュオップは、北寺の寺子屋で教育を受け、21歳から25歳まで僧侶を務めた。

ン・チョームの保護を任された。[45]それから仏像を家に安置し、戦いの前にいつもそこで祈った。ダプ・チュオンがプノム・クーレンで逮捕されて2体の前で殺された時、まだ線香は燃えていた。司令官の死体と仏像はシェム・リアップに搬送された。シアヌーク国王は市内の全僧院の僧侶を呼んで、どの僧院が仏像の世話をしてくれるか尋ねた。アンコール・ワット北寺の僧正が王に、「仏像は自分の寺にあったものだが、泥棒から守るのが難しいので、ダプ・チュオンに保護を任せた」と述べた。その後、1959年にこの2体の仏像は、シェム・リアップの現在の場所に移され、シアヌーク時代からロン・ノル時代まで祀られた。

ドムナック寺の世話人によると、ポル・ポト政権が崩壊した1979年に2体とも池から取り出され、ドムナック寺に安置されていたが、1990年に現在の場所にまた戻された。このような経緯から、プレア・アン・チェークとプレア・アン・チョームの世話は、1979年以降ドムナック寺の人々に任されている。

プレア・アン・チェークとプレア・アン・チョームの「人生の物語」は、伝説的な質を持っている。未来仏は、2体の仏像が泥棒に持ち去られるのを人々に知らしめた。この2体の仏像は、幾度となく場所を移され、避難生活を送り、庇護されてきた。一時期2体は別々の所に移されたが、平和になってまた2体が一緒になることができたのである。それは、地元の人々が、フランスによる植民地化、抗植民地闘争、内戦とポル・ポト政権を経て生き延びてきたのと同様な体験である。プレア・アン・チェークとプレア・アン・チョームは、アンコール・ワットで潜在能力を明らかにしただけでなく、信者からの一連の援助を得て、逆境を乗り越えて今日まで至っている。地元住民は、苦難を生き延びた彼らの人生と2体の仏像の「人生の軌跡（と奇跡）」を重ね合わせて、それを可能にしてきた仏の力に感謝して、大事に守ってきたのだろう。

端的に言えば、アンコール・ワットに置かれた後で、2体の神聖な力が披露され、信者の信仰心が、バッテリーを再充電するように神聖性を維持する。2体は、その生涯を通して、神聖な力と守護する力（ご加護）の威力を証明してきたのである。

45　ダプ・チュオンは、シェム・リアップ、バッタンボーンとコンポン・トムの3州の統治を任された。

このような観点から、プレア・アン・チェークとプレア・アン・チョームは、まさにアンコール地域の至宝（文化遺産）と言えよう。皮肉にも、世界遺産になってからは、このような地域社会の自発的な文化遺産保護が国家機関の厳格な管理の下に、否定または制限され、地域社会は遺産から切り離されるようになった。こうして、遺産への帰属意識や自主的な保護の意識は、むしろ疎まれるようになってきたのである。

アンコール・ワットは、王権の正当性の象徴でもあり、それは、ヒンドゥー教の神のご加護と仏教の道徳観とが組み合わされて、次のような伝説を作り上げる基になった。

❖ドンボーン・クロニューン王とプロム・ケル [Prohm Kel]（ター・チュオップの語り）

アンコールに、ドンボーン・クロニューンという名前の王がいた。王は、国民を非常に厳しく支配した。ある時、占星術師が、「将来王様よりも優れた力のある王が誕生するでしょう。その王は、現在妊娠7ヵ月の女性のお腹の中に宿っています」と告げた。そこで、王は、家来に命じて妊娠中の女性を全員呼び出し、焼き殺させた。最後の女性は亡くなったが、子供は死なずに母親の腹から飛び出した。この子は手足が麻痺して不自由だったので、プロム・ケルと呼ばれた。[46] プロム・ケルが成人した頃、王が公告したいことがあると言って、全国民をアンコール・ワットに召集した。しかしプロム・ケルは歩けないので、牛車に乗せてもらったが、アンコール・ワットまで到着できなかった。そのため、プロム・ケル寺院が立っている場所（濠をはさんで、アンコール・ワットの西側）に留まった。そこに人間の男に変装したインドラ神が現れて、馬の世話を頼んだ。男は、プロム・ケルの手足を縛り、馬に括り付けた。馬が走ると、プロム・ケルの手足は伸びて自由になった。お腹がすいたので、男が残した包みに入っていた食べ物を食べると、強く見目麗しい姿になった。次に、ごくありふれた服を見つけて着ると、立派な王の衣服に変わり、同じことが靴を履いた時にも起こった。棒は剣に変わり、馬に乗ると、アンコール・ワットの上空を飛んだ。それを見た王がたいそう怒り、プロム・ケルに向かって棒を投げつ

---

46 ケルは、手足が麻痺していることを指す。

けた。この棒は、プロム・ケルに当たらず、バッタンボーン(州)に落ちた。バッタンボーン(バット・ドンボーン)は、「失われた棒」という意味である。王は、プロム・ケルに怒ったが何もすることができなかったので、地上に下りるように命令した。この時、牛車に一緒に乗った人々が、自分たちより重かったプロム・ケルの顔を覚えていた。プロム・ケルの話をした人々は、互いの鼻がくっついた。しかし、プロム・ケルが聖水をかけると鼻は元通りに戻り、人々は彼を敬った。

ター・サーンの語りは、「ドンボーン・クロニューンは、ポル・ポトのように残忍で権力的で、妊婦全員を殺させた」と始まる。プロム・ケルが母親の子宮から飛び出して落ちた所は、クナ・クラウ村(アンコール・ワットの北東にある村)と具体的である。内容はほぼ同じであるが、最後に王は逃げ去り、プロム・ケルが王になった所で話は終わる。

クメールの道徳観では、他人の悪口を言うことは好ましくないことなので、蔑称である「プロム・ケル」という呼び方をしたことで人々は罰せられたが、プロム・ケルが(仏僧のように)聖水を振りかけた行為で許されたのである。正しい人、王となるべき人は、セン同様、ブッダラージャの資質を持った人であるという王権の正当性を権力の象徴であるアンコール・ワットを舞台にして展開される仏教色の濃い伝説である。クメールの王位継承には厳格な規則が存在しなかったので、王としての資質(自然界、超自然界と人間界をうまく支配できるカリスマと慈悲心を備えている)が少ないと見なされた王に対して、もっと王にふさわしい人物が現れた時、少なくとも人々の心の中では、神の助けを得て王位交代が許されることを望む気持ちが存在したことを物語っている。

逆境や困難に遭遇し、それを乗り越えることで、アンコールの神聖な力に対する庶民の信仰は強化される。神聖な力は、霊、夜叉、仏陀、インドラ神など超自然の存在が協働することで生み出され、それらは、神話、伝説、民話のテーマになる。また、歴史的記憶は、王、女王、隠者、仏僧などの(死ぬ運命にある)登場人物によって構成されている。空間や場を所有しているという感覚は、集合的意識の底に確固としたものとして深く留まっている。しかし、最終的な所有者は超自然界に属しているので、供物を捧げたり、鎮静の儀式を行なった

りすることが人々の生活には不可欠である。同時に、空間は、遠い昔から先祖によって継承されてきた稲作のために使う湖沼、池、濠、また、樹脂を採取する樹木などに人間の所有者がいるのである。

9. まとめ

　アンコールの空間や場に関する地元住民の間の知識は、自然と文化環境、即ち、遺産を地元の人々がどのように知覚しているかを反映している。彼らの知覚は、伝説や精霊信仰のような無形遺産で表される集合的記憶や意識の形で認められる。地元に残る知識は、クメール人の間で重要な社会文化的価値や空間と場の重要性、および儀礼生活の起源を教えてくれる。2つの異質な要素や対立している要素が対比されて語られる神話、伝説、民話は、王の道徳的行為にかかっている社会の秩序やヒエラルキーを維持することの社会的価値を示している。平民は王権の神聖性を信じることを期待されているが、王は、よいモデルとなるような秀でた道徳観や権威を示すことに失敗した場合が多かったのかも知れない。

　口頭伝承は我々に地域社会の王権批判と一般的な道徳観について知らせ、ブッダラージャの資質、即ち、カリスマ性を持った者が王位に就くことを理想化している。このような至福千年への期待は、キリスト教社会のみならず、東南アジア大陸部の上座仏教社会でもよく見られる現象である。この現象は、地域住民が森と文明の狭間で生きて、死ぬ運命である人間としての危うさを知覚しているという事実で説明することができる。この知覚は、困難に打ち勝つために入念に作り上げた精霊とのネットワークやほかの手段を確立することに向けられてきた。物語の中で相対する要素は、形や性質が固定したものでなく、信仰心や信仰への敬意を表すことでほかの形や性質に転換可能なのである。

　アンコールの力の源は、単に神々、先祖や精霊が祀られて、人々や国家の福利を守っている神聖な場所であるからというだけでなく、相対する要素が戦い、交渉し、1つの形質から別の形質に変換可能な場所であることにある。そこでは、人々が己の脆さや非永続性を深く認識し、人生の様々な障害と渡り合って

生きてきた。これらの物語は、アンコールの景観が静的でも穏やかでもなく、あらゆる意味で人間と自然の要素や人間以外の生き物との闘争の劇場であることを再認識させてくれる。また、相反する要素が空間を力強くさせている動態的で対立的な景観であるということも認識させてくれる。それは、象徴的、比喩的、現実的な景観であり、境界が不明瞭である。筋書きは様々でも、事後に認識可能でステレオタイプな物語の再生は、幾世代ものクメール人が後続の世代に伝達したいと思った顕著な経験を哲学的に説明することに寄与している。このような文化的、社会経済的知識は、過去の人々と現在生きている人々、そして将来の世代の人々を繋いでいる。公的なバージョンの物語は、繰り返し記録され、我々に迫ってくるが、非公式な物語は、年長者から若い世代の家族や村人へと、主に外部者が気づかないうちに、静かに、おそらく多少の変更を加えながら受け継がれていく。

第3章 アンコール・クラウ村と実践知

　第2章で議論した空間や場に関する地域社会の概念的知識を補完する形で、この章は、アンコール地域住民の実践知について議論する。ここで取り扱う知識は、「過去によって構成された実践を伴う、ある状態での行動を指す。知識は、変わりゆく実践の歴史である」(Hobart 1993: 17)。

　実践知は、精霊信仰や仏教に関した儀礼、農耕、樹脂の採取など様々な仕事を通して体得される知識を指す。概念的知識と実践知の主な違いは、実践知は、試され、修正を加えられ、価値づけが行なわれていることである (cf. van der Ploeg 1993)。言い換えると、概念的知識は、実践知を通して処理される。このような知識としての実践は、ブルデュのハビトゥス [habitus] で構成されている (Bourdieu 1990: 52-56；ブルデュ 1988: 82-104)。

　ハビトゥスは、「構造化され構造化する諸々の心的傾向のシステム、実践の中で構成され常に実践的な諸機能に方向づけられているシステム」(ブルデュ 1988: 82) である。この複雑で難解な定義を解きほぐすと、ハビトゥスは、身体化された歴史であり、思考、知覚、表現や行為などを生成する無限の能力を持つシステムである。このシステムが強調する点は、「どのようにするか、どのように変化に対応するかを知っている実践する身体、即ち、一連の実践手順」(van Beek 1993: 44) とエイジェンシー（仲介者）の存在の重要性である。地域住民による空間と場の知識は、「知識、生物と地球の間に『宇宙的なつながり』」(Posey 2002: 29) があるという概念に基づいて、実践知から切り離されるべきではないことを強調したい。

　人々が生活と生計手段をいかに組織するかは、彼らがどのような宇宙観を持ち、どのように生活環境を認識し、いかにその環境と関わり合い、いかに自身の行為や実践を修正するかに密接に繋がっている。この意味で、知覚は地域の知識の必須の部分である。空間や場の知覚と実践知はコミュニティの成員の間で共有され、コミュニティのアイデンティティと『世界の中に存在する』方法の必要不可欠な部分を構成する。

1. アンコール・クラウ村

村の背景

　アンコールの村々は、かつて森の中にあり、カンボジアの中でもとりわけ古い伝統文化が残っているところである。生活レベルは近年向上してきたとはいえ、他州に比べても低い。大人たちは、子供の頃に家事手伝いや、幼い弟妹や家畜の世話をすることを両親に期待され、小学校もまともに出ていない。したがって、非識字率も高い。この状況は、現在にもある程度当てはまる。子供たちは幼い頃から家族の貴重な労働力とみなされて働いている。変わったことと言えば、1990年代後半以降、子供たちは学校に通う傍らアンコール地域で物売りに忙しいことである。

　私が中心的に調査したアンコール・クラウ村は、アンコールの村の中でもアンコール・ワットやアンコール・トムに関する知識が豊富な村で、規模も大きい。その村名は「アンコールの外」を意味し、アンコール・トムの北門のすぐ外側に位置する。この村を研究対象とした理由は、この村を以前から知っていたことと、アンコール・トムへの近さと村の古さである。

　この村は、アンコール・トムのすぐ外側に位置しているのみならず、村に伝わる複数の伝説が、村の祖先の中に、様々な時代にアンコール・トムから追放されたり、逃走したり、移住させられたりした人たちがいたこと示唆している。それは、アンコール時代の追放、シャム人の襲撃からの逃走、それにフランスの植民地時代の強制移住などに代表される。この村は、アンコールの中心部にある村の中で最も古い村の1つで、村人はかつて「アンコールの外の人」と呼ばれていた。

　行政的には、シェム・リアップ州のシェム・リアップ郡、コーク・チョック・コミューンに属し、北側と東側は、アンコール・トム郡に隣接し、西側は、プオック郡に接している。アンコールの空間との歴史的な繋がり、とりわけアンコール・トムの宮廷との繋がりが強い。

　村に関する歴史の語りは、先祖の起源によって2グループに分かれる。最初のグループは、先祖がアンコール・トム出身者で、もう1つのグループは、先祖

アンコール・クラウ村。

が村の2、3キロほど北側から移り住んだ人々である。長い間村人たちは主に村内結婚を行なってきたので、両方のグループは、多くは親戚関係で繋がっている。村は、1925年にフランスの管理下で「アンコール公園」に組み入れられた。1994年王令によりアンコール世界遺産のゾーン1に加えられた（APSARA 1998: xvii）。

　シェム・リアップ州の州都シェム・リアップ市は、約12キロメートル南にある。村は、「土鍋の門」（北門）から濠に沿ってまっすぐ北西に約1キロメートルの長さに広がっているが、分村のプラネット[Pranet]を含むと更に約2キロ北西に延びている。濠に近い村外れに窯跡がある。門の名前と窯跡から判断して、第2章で述べたように、アンコール時代に土鍋を作っていた場所であることがわかる。村には、プラサート・トップ[Prasat Topp]、プラサート・ター・ウアン[Prasat Ta Uan]（公式な地図では、プラサート・プレイ[Prasat Prey]）、プラサート・トロペアン・ヴィエン[Prasat Trâpeang Vien]の3つのアンコール時代の寺院

1　プレイは、「森」を意味し、プラサートは、アンコール時代の遺跡・寺院の総称。アンコール遺跡の名称については、ダジャンス（Dagens 1989: 72）に興味深い説明が載せられている。

アンコール・クラウ村の店先。

が存在する。村の北側には、2つの寺院、プラサート・ター・バンティアイ［Prasat Ta Banteay］（または、プラサート・トム［Prasat Thom］。公式名称は、プラサート・バンティアイ・トム［Prasat Banteay Thom］）、プラサート・サラウ［Prasat Salau］が建っている。村のすぐ東側には、トンレ・スグオット［Tonle Snguot］（「乾いた川」の意）という名の小さな遺跡と広い水田地帯があり、その向こうにはジャヤヴァルマン7世が父王ダラニンドラヴァルマン2世［Dharanindravarman II］（在位1150～1160）の菩提を弔うために建造したと言われているプレア・カン［Preah Khan］という大寺院がある（地図2・3）（石澤 2000: 112）。

　どの方角の一番近い村でさえ、3キロから4キロ離れている。プロアン［Plong］が北東に、プラサート・チャ［Prasat Chas］（「古い寺院」の意）が北西に、コーク・ベーン［Kôk Beng］が南西にあり（地図3）、そのどの村にもアンコール・クラウの村人と姻戚関係を持つ世帯がいくつか存在する。プラサート・チャとプロアンは、両方とも古い村であり、前者には、同名のアンコール時代の小寺院と碑文がある。アンコール・クラウの村人は、地理的に遠く、近年まで細い道しかなかったプラサート・チャ村についてはあまりよく知らない。この村には、貧

しい人が多いので、昨今、この村からアンコール・クラウ村に田植えや稲刈りの農業労働者がリクルートされている。2000年後半以降道路が徐々に整備されたので、村同士のコミュニケーションや繋がりが以前より強化されてきている。

　2000年前後、プロアン村の村長はアンコール・クラウ村出身者だった。1980年代後半以降、この2村は土地争議でもめた。問題は、1980年代中旬にアンコール・トム郡が新設され、プロアン村がこの郡に所属するようになったことに主に起因している。アンコール・クラウ村はもともと帰属していたシェム・リアップ郡に留まり、この新しい郡がアンコール・クラウ村に属していた農地を郡の土地としてしまったのである。ことの詳細を語る前に、アンコール地域住民の複雑な移住の歴史を語る必要があるだろう。

　20世紀始めにフランスがアンコールを管理するようになり、旧都アンコール・トム内で生活していた人々は城壁の外に追放された。追放された人々は、旧都の周辺に存在したアンコール・クラウ、バライ [Baray]、コーク・ター・チャン [Kôk Ta Chan]、コーク・ドーン [Kôk Doung] などの村に定住した。コーク・ベーン村の住民の起源はほとんどが中国人だったが、現在はクメール人と混血化している。この村は、かつてほかの3村とともに西バライ（アンコール時代の貯水池）の中に村があったが、1954年に政府が西バライを水で満たして灌漑用水路造営を決定し、4村とも外側に強制移住させられた。

　近隣の村同士が距離的に離れていることと、かつてアンコール・トムの北側一帯、特にアンコール・クラウ村周辺が熱帯ジャングルに覆われていたことを念頭に入れておいていただきたい。しかし、地理的孤立が必ずしも自給自足や社会的孤立を意味するというわけではない。ある村同士は、婚姻や儀礼との関

2　この名前は混乱のもとになる。アンコール・トム郡は、遺跡のアンコール・トムを含んでいない。アンコール・トムはシェム・リアップ郡の管轄にある。
3　3村のうち、コーク・トゥナオト [Kôk Thnaot] 村は、タイのチョンブリー地方のオムプル・タッコー [Âmpil Takko] 村から来たクイ族（クメール人には、一般的にクメール・ルー [Khmer Loeu] と呼ばれている）の子孫である。1995年に村の長老が私に語ったことによると、フランスの植民地化以前に村に飢餓が発生し、4、5世帯の村人が様々な所をさまよったあげく、最終的に西バライの中に落ち着いた。残りの2村は、スロック・バライ [Srok Baray] 村（または、単にバライ村）とコーク・カンダル [Kôk Kandal] 村（オムプル・タッコー村出身者とシェム・リアップから移り住んだ人々が混在）であった。西バライに存在した4村の住民には共通言語があったが、それぞれ異なったアクセントで話した。以前はコミュニケーションに問題があったが、現在はあまりない。

連で1つのコミュニティと見なすことができる。

アンコール・クラウ村は、アンコール・トムとアンコール・ワット周辺の村々、特にコーク・ベーン村とコーク・ター・チャン村との間で、ある種のコミュニティ意識を共有している。そのコミュニティ意識は、同じ自然資源と文化資源を生活に取り入れ、歴史的体験と知識を共有していることに端を発している。

同様に、アンコール・ワット周辺の村々は、村を超えた親密な協力関係を享受している。村のネットワークには、トロペアン・セッ（現在、北テアックセン [Teaksen Khang Cheung]、コーク・ドーン、バケン村を行政的に1村に統合している）、南テアックセン [Teaksen Khang Tbong]、そしてヴィアル [Veal] が含まれている。これらの村の住民は、1991年の政府令によりシェム・リアップ市の北側にある新しい土地ダイ・トゥマイ [Dei Thmei] に強制移住させられた。

村同士のほかの協力要因は、婚姻関係や同じネアック・ターを崇拝していることなどである。アンコール・トムの東側にある村々では、ター・プロム寺院やバンティアイ・クデイ寺院に近い4村がそれに該当する。4村は、ロハール [Rohal]、北スラッ・スラン [Srah Srang Khang Cheung]、南スラッ・スラン [Srah Srang Khang Tbong]、その南側にあるクラヴァン [Kravan]（クラヴァン寺院の傍）である。

1979年以降人口増加により、アンコール・クラウ村の何世帯かの住民が、農地を持っていたプラネットに移住したが、行政上も村人の意識の中でもアンコール・クラウ村に属する。

人口の推移

1990年代のカンボジアにおける人口統計は、政情不安、地雷、治安の悪さと行政能力の欠如などにより一貫性が見られなかった。このことを考慮に入れても、アンコール世界遺産地域全体の人口が1993年から2008年までの間に2万2000人から120万人になっていることから、人口増加が加速化しているのがわかる。

アンコール・クラウ村は、ゾーン1と2の中でも人口の多い村である。ユネスコのZEMP報告書に記載されたマルタン（Martin 1993）の記録では、1993年の人口は1858人で292世帯であった。1995年にアプサラ機構が作成した地図

には、村の人口が2021人と記載されている。同年、日本政府アンコール遺跡救済チームにおいて私が調査した時には、村の世帯数が356戸であった。村長と副村長によると、1999年の村の人口は2238人で、404世帯から構成されていた。2000年に人口は2338人に達し、世帯数は414戸である。州役場の統計では、同年の人口は2069人であった。2009年の人口は、副村長によると、3227人553戸になっている。

ゾーン1と2における急速な人口増加は、アプサラ機構によるアンコール地域の管理に危機感をもたらしている。この問題に対して、2000年以降、違法移民に対する取り締まりは厳しくなってきたが、それでもかなり多くの人々が他州から移民または出稼ぎ労働者としてアンコール地域に来て、主に観光産業に関わっている。外国人や海外から帰国してアンコールの村に土地を買ったり、投機目的で土地を買ったりするカンボジア人も少なくない。人口増加を防ぐためもあって、2008年以降アプサラ機構は建築制限を厳しく取り締まり、ルン・ター・エーク［Run Ta Ek］（地図4：黒い長方形で表示）という新しい土地を用意して、若い夫婦を中心に公園内から外への移住を促進している。このことに関しては、第8章に詳しい。

2. コミュニティの生活知

クメールの「コミュニティ」の概念は、複雑で曖昧である。この概念は、親族関係、信仰、生産形態、距離的な近さと密接に関係している。距離的な近さは、帰属意識、価値観、認識、知識と問題を共有する、いわゆる「顔と顔を付き合わせた関係」を持つ近さのことである（cf. Nou & Brown 1999; Kemp 1991）。村の設立には、信仰基盤の設立と創始者の存在が欠かせない。人々は、土地の所有者である村の創始者に敬意を表し、生活しながらその土地を耕すことによって村の成員になる。クメール人にとってのコミュニティと村の概念について言及する前に、行政単位とそれに関する学術的な言説を簡単に紹介する。

現在のカンボジアで、村を表すプーム［phum］は、国の最も基本的で最下層の行政単位である。村は、行政上その上にクム［khum］（コミューン）、スロック

[srok]（郡）、カェト [khaet]（州）と中央政府がある。プームとスロックは、もともとカンボジアにあった概念ではあるが、フランスの植民地行政によって、伝統的な概念の上に行政的な単位の枠組みが嵌め込まれ、意味と意義が変化した。

伝統的な意味では、プームは、数世帯または血族が集って居住している場所と大まかに定義される。日系アメリカ人の人類学者エビハラ（Ebihara 1968）は、クメールの村を「住民が主観的に認識でき、その上に、または単独に、政府が客観的に認識できた1つの名称の下に集まっている数世帯の集合体を指す」と定義している。

❖プームと信仰創設の実践知

アンコールの村人たちの生活実践を観察し、村の根拠を研究した上で確認できたのは、伝統的なプームは、共通のネアック・ターを持つ、主に親族関係で構成されているコミュニティと定義することができるということである。

クメール語の碑文の多くが、村の設立が宗教基盤の確立と繋がっていることを述べている。クメール語の碑文の研究者ジェイコブによると（Jacob 1978: 110）、アンコール時代に村を新設することはよくあったことで、影響力のある家族は子孫にこのための土地を確保し、新しい祈禱の対象を確立するように促した。更に、「分家が新しい村を設立すると、土地の権利や土地から得られた収入を王に送ることで、王に仕える権利は創始者の子孫に保証された」と述べている。また、「広大な土地は森を開墾して造られた。異なった神を祀る2つの場所の土地と歳入の統合は頻繁に行なわれた」とある。

フランス極東学院は、州にあるアンコール時代の寺院で同じようなことが実践されていたことを確認している。最初に土地を切り開いた家族が設立した寺院では、村のリーダーたちがその世話をし、祭祀が精霊に仕えただけでなく、地元の精霊の怒りは彼らのみが鎮めることができた（Groslier 1988: 65）。グロリエは、「アンコールの王は、この点では、土地の複数の主たちの主に過ぎない」と主張している。端的に言うと、クメールの村の概念には、いかに村が創設され、そのためにいかに創始者、精霊信仰、歳入と王の最終的な権力が関わっているかが重要である。

ほとんどの古い村にはネアック・ターが最低1体は存在する。新しい村は、行

政的に創設されることが多い。その場合、ネアック・ターは存在しないか、少しずつ新しいネアック・ターのネットワークを作らなければならない (cf. Groslier, ibid.: 67)。すべての仏教の寺もネアック・ター・ワットと呼ばれるネアック・ターを1つ持っている (cf. Ang 1988: 36-37)。

アンコール・クラウ村には、4つの主要なネアック・ターが存在し、そのうちの1つはプラネットに、ほかの3つは主村に存在する。村人たちは、太陰暦のミアク［Meakh］の新月から3日目にネアック・ター祭り（ボン・ラウン・ネアック・ター［Bon Laoeng Neak Ta］）(cf. Porée-Maspero 1962: 234-238; Ang 1988: 209-212) を開催し、これらの主要

アンコール保存事務所に保管されているネアック・ター・ドンボーン・ダエク（イエイ・ユーンの主霊）。

なネアック・ターに供物を捧げる。主霊は、村の地主のネアック・ター（ネアック・ター・ムチャ・ブーム［Neak Ta Muchas Phum］）と呼ばれる。ほかに、その地域の数家族のみが知り、供物を捧げるネアック・ターが少なくとも7つ存在する。ネアック・ター祭りのみならず、病気、災難、家畜やほかの財産の遺失などが起こった時に霊媒や占い師を通して原因を探り、要求された供物を捧げる。このように、アンコール・クラウ村のネアック・ター信仰を通して見ると、村内に地域ごとの小さなコミュニティが形成されているのがわかる。

コミュニティの境界は不安定で危険なので、共通に信仰している精霊に呼び

---

4 プラネットのネアック・ターは、名前がター・タイ［Ta Tei］、主村のネアック・ターは、ター・クオン・ムチャ・ブーム［Ta Kuong Mchas Phum］、もう1つもター・クオンで、あと1つはアラック・バッコー［Arak Bakko］である。
5 ソンヴァー・ペッチ［Sângvar Pech］は、中央の村に存在する。ほかの6つはプラネットに存在し、ター・ウアン［Ta Uan］、ター・プラネット［Ta Pranet］、ター・オーイ［Ta Ouch］、イエイ・モーイ［Yiey Moch］、ター・トアン［Ta Toan］とター・バンティアイ・トム［Ta Banteay Thom］である。

かけたり、呼び出したりする儀礼により、コミュニティ意識、結束と境界を強化することが求められる (Appadurai 1995: 205; Ovesen 1996)。カンボジアでは、村人の結束や調和が、政治的にも、経済的にも強くはなかったので、儀礼による強化が必要なのである。アンコールにおけるコミュニティは、人々がその言葉を使う時の文脈に応じて、集落、村と大きな遺跡周辺の数村の集合体などを指すと言えるだろう。一般的には、アンコールの中心的遺跡周辺の村々は、「アンコール中央コミュニティ」とか「アンコール・ワット－アンコール・トム・コミュニティ」と呼ぶことができるだろう。

　典型的なクメールの村の特徴は、ほかに、村に僧院が1つあることである。アンコール・トムとアンコール・ワットのすぐ近くにある村には近年まで僧院がなく、通常アンコール・ワットやアンコール・トムの僧院に参拝する。このことは、これらの村が、僧院を持つ村より村人の生活に精霊信仰の影響が強いことと、1つの村を超えた広い儀礼のコミュニティが存在することを示唆している。僧院が1つの村単位ではなく広く活用されていることは、価値観を共有する信仰のコミュニティ意識を強化しているのかも知れない。

　地元の村人は、トゥガイ・セル [thngay sel] と呼ばれる神聖な日（太陰暦で6〜8日に1日）や仏僧に相談事がある時に寺に行く。そうでなければ、1年に最低2回、カンボジアで最も重要な年次儀礼、即ち、クメール正月とお盆（プチュン・ベン [phchum ben]）に寺を訪れる。儀礼への参加がアンコール・トムとアンコール・ワットの空間の「神聖性」を強化する。「神聖性」の概念でさえ継続して働きかけないと、かつての神聖な場所は、周辺に住む人々がほかの宗教に改宗してしまうかも知れないし、そうなるとこの場所はもう神聖ではなくなり、ただの廃墟と化してしまう。古い聖地の神聖性は、人々が神聖性を信じることをやめ信仰を継続しなくなると、維持が困難になる。

　古い寺院の敷地や付近に僧院を建造することは、その場所の神聖性と信仰のコミュニティ意識を強化する必要性をカンボジア人が継続して信じていることを示している。精霊信仰と仏教は、互いにアンコールの神聖性を強化し、闘争を起こすことなく同空間を使用している。神聖なコミュニティとしての村の概念は、アンコール中心部では、複数の顔を持つ。それは、都市と宗教寺院を建立した王の先祖たちと、アンコール寺院の強力なネアック・ターや、村の境界

線を超えた僧院をも含むものである。

❖ スロック[Srok]：想像の共同体

　現代の村や郡の概念に比較すると、スロックは、プームの概念のように、その境界が明確ではないが、おそらく今日まで残ったカンボジア最古の「国」の基本概念であり、居住地域と定義できる (cf. Grolier 1988: 67; Ang 1990: 149)。グロリエ (Grolier ibid.: 65) によると、この言葉は最初8世紀に現れ、スロック長は、王によって指名されて（しばしば同じ家族が、19世紀まで継続して）、称号、紋章と儀礼の役職を与えられた。プーム同様、スロックには通常スロックのネアック・ター（ネアック・ター・ムチャ・スロック [Neak Ta Muchas Srok]）が存在し、スロック長が新任前に参詣したと言われている (cf. Ang 1990: 149)。グロリエ (Groslier 1988: 67) は、プームとスロックの定義を、「ほぼ中断することなくネアック・ターに敬意を払ってきたコミュニティに創造された神聖な領域」としている。

　また、スロックは、異なった地域のカテゴリーを表すこともある。例を挙げると、スロック・プレイ [Srok Prey]（森林地帯）、スロック・スラエ [Srok Srae]（水田地帯）とスロック・プサー [Srok Phsar]（市場地帯・都市部）や、スロック・ルー [Srok Loeu]（上部）、スロック・クラオム [Srok Kraom][6]（下部）など方角や緯度と関係した地域を指して使うこともある。スロックは、村を意味することもあるが、時には、国全体を指す場合にも使う。カンボジアの現在の公式な国名はカンボジア王国であるが、日常的にはスロック・クメール [Srok Khmer]（クメールの国）をよく使う。この意味では、プームもスロックも単なる行政的な区域ではなく、成員が、知識、信仰、感情、意識や生活実践の場を共有する「想像の共同体」[7]であると言えよう。

　プームとスロックの概念との関連で、ネアック・ターの役割は必要不可欠である。共通のネアック・ターの信仰はコミュニティの意識を生産、強化し、時には、ある村から別の村へ主に結婚を介して親族のコミュニティを形成する。仏教は精霊信仰の上に重なり、土着の宗教体系に組み込まれていった。仏教寺院

6　通常kromのスペリングで表記され、日本語ではクロムと記述されるが、シェム・リアップの発音は、クラオムである。
7　この表現については、アンダーソンの同名の本を参照 (1997)。

も宗教の機能やほかの社会文化的機能を通して、1つの村を超えた広い地域にコミュニティの意識を強化させている。しかし、プームを神聖性の基盤の観点からのみ考察することは、誤解を生み、日常生活を過小評価することに繋がる。

3. 精霊の身体化された知識

　悲劇や困難に出会った時、アンコールの村人たちは、文明の周縁にあるが、文明の生誕地でもある野生の危険な森の端に住む自分たちの生命の危うさや人生の不安定さを思い起こす。彼らの社会環境や自然環境に基づいて、病気の原因と影響、死や不幸が、人間の行為を入念に観察し反応する精霊の世界によって影響されるという空間概念を発達させた。同じような現象が東南アジア地域ではよく見られる。

　クメールの霊界に存在する数え切れない精霊には様々な種類の祖霊がいる。祖霊は、今生きている人々に知られている先祖、知られていない先祖、無名の先祖や、悲劇的または暴力的な死を被った死者などで構成されている。すべての精霊の中で、病気や問題はしばしばネアック・ターによって起こされたものと信じられている。ほかの精霊も、しばしば病気をもたらす。例えば、メーバー [meba]（「母、父」の意）は血族の先祖で、マダーイ・ダウム [mday doem]（「原初の母」の意）は前世の母である。

　クルー・コムナウト [kru komnoet][8]（「誕生時の霊」の意）は、すべてのクメール人が誕生時に一緒にやって来る自身の守護霊であるが、守るよりも、主人を病気にさせることが多い霊である。霊媒は一般にループ [rup]（「身体、姿、形、像」の意）と呼ばれるが、そのうち治療師として霊によって病に罹った人を治せるのは、治療師の霊媒の家系に生まれた者のみである。その中でも、1家系に一時期に1人だけが、クルー・メーモアット [kru memôt][9]と呼ばれる強力な指導霊を継承し交霊できる。アラック [arak] とプリエイ [priey] は、クマオーイ・チャウ

---

[8] クルーは、先生、指導者の意味を持つヒンドゥー語グル [guru] から派生している。
[9] 通常メーモットと表記されるが、シェム・リアップではメーモアットと呼ばれる。'me' は女性を表す。Memôt は「女性の霊媒または、悪霊、不幸、悪のために働く祈禱師や魔術師を追い払う能力がある人」を意味する。多くの霊媒は女性であるが、男性の霊媒もいる。

[khmaoch chhau] という生霊の範疇に入る。アラックは無名の死者の悪霊で、プリエイは、「悪い」死を経たカンボジアで最も恐れられている霊である。

　生霊は、自殺、溺死、感電死、焼死、事故死、殺人による死、処女の死、出産時に死んだ妊婦など、異常または悲劇的な状況で死んだ人の霊である。このような死者は、通常すぐに土葬され、葬儀を行なわない。正式な葬式や火葬を経ない死者は、生まれ変わることができず、荒野の中でさまよう (Ang 1986: 101-105)。生霊は、人々が敬意を表さなかったり、罪を犯したり、ある人によると何の理由もなしに人々を痛めつけると信じられている。

　村人はある種の病気や症状は特定の精霊の仕業が原因であると信じている。例えばメーバーによって引き起こされる病気にかかると、しばしば高熱を出す。乳児が睡眠中に泣いたり、笑ったり、または特に理由もないのに突如叫んだり、病気になったりする時、マダーイ・ダウムが子供を取り戻しに来た証であると信じられている (Ang ibid.: 166)。

　精霊はしばしば空腹で特定の物品や食べ物を要求する。もし要求を満たさなければ、深刻な結果が犠牲者にもたらされる。そうしたことから、人間界と霊界のバランスと調和を図り、儀礼で制度化された二界のコミュニケーションを通して福利を確実にするために、精霊を鎮めることが地方の人々の最大関心事の1つである。身体的実践や定型化された表現や発話は、庶民の知識と実践の蓄積の上に積み上げられるが、とりわけ儀礼に銘記され、具現化される (Tanabe 1991: 185)。これらの身体的実践は文化伝達の行為と見なされ、文化伝達は過去の記憶を永続させる (cf. Rowlands 1993)。いや、むしろ、今日生きている人々の身体に死者または超自然の仲介者が一時的に戻り、その存在の重要性を人々に思い起こさせると言っていいだろう。

　人々は病気や財産の喪失や不幸による苦痛などの体験を通して精霊の存在を「知覚」する。例を挙げると、クルー・メーモアットのター・サーンの姪が3年間、頭痛、疲労、胸に刺すような痛み、高熱と眠気のために、健康が優れなかった。彼女は臍の緒が片方の肩から背中に斜めにかかっているソムノム・ソンヴァー [sâmnom sângvar] を持って生まれた。カンボジアでは、このような子供は知能が高く霊力が強いと信じられている。[10]

10　ほかに、臍の緒が両肩を通って背中で交差している（ソンヴァー [sângvar]）者、または結び目

慣習に従って、彼女の家族は、特別のチョーム［chom］（霊への供物）を用意した。子供の頃は、クルー・コムナウトによる影響を何も受けなかった。1997年に病気になった時、産婆で、かつ占い師でもあった母親が原因を探り出すために占った。次に、叔父で霊媒のター・サーンに相談したら、クルー・コムナウトによる病気と診断され、クルー・コムナウト用のチョームを用意した。ミアクの月になると身体が痛んだ。この月にループが交霊祭を開くが、彼女自身は参加したことがなかった。それは、彼女が霊媒の家系に生まれたにもかかわらず、交霊祭による病気治療の効果を信じていなかったからだと語った。しかし、彼女は2000年にター・サーンが開いた交霊祭に参加し、私も参与観察を行なった。

この女性の証言によると、霊に憑かれた時、腹部を誰かに打たれるような感覚がした。通常、霊が乗り移ると、霊媒は踊りだすが、彼女の場合、最初泣いて、踊るのを嫌がった。彼女は泣いたことについて、「長い間病気だった自分が哀れで、悲しみで胸が一杯になったから」と語った。交霊祭当日「踊りたくなかったが、自分の意思とは裏腹に身体が踊りだした」と付け加えた。この交霊祭に参加した後、病気が回復した。[11]

ほかのループは、クルーが乗り移った時、話したり、息をするのが苦しくなり、自己の意思にかかわらず踊らされたと証言している。クルー・コムナウトとチュヌオ［chunuor］（クルー・メーモアットの継承）に影響を受けている（cf. Ang 1986：119）年輩の女性のループは、交霊祭の夜、何度も楽しそうに踊った。霊が乗り移った時、背中の筋肉が緊張するのを感じ、霊が身体から出た時、快適になり、リラックスした。参加したループは全員、「踊らないと病気は治らない」と断言した。

ができている者、逆子のまま生まれた者などである。この現象は、指導霊がクルー・コムナウトを呼んで、子供の体内に留まるようにしたためであると信じられている。アイゼンブルッヒ（Eisenbruch 1992: 285）も、カンボジアの伝統的な治療師の息子、義理の息子、男の孫の中で、逆子、頭が羊膜に覆われて生まれた者や、臍の緒が両肩を通って背中で交差して生まれた者（ソンヴァー）に儀礼を施すと述べている。

11　しかし、その年の終わりにまた病気になった。妹によると、シェム・リアップの州立病院に行って医者に診てもらったら、結核だと診断された。病院に2週間入院したが、状態が悪化して歩くことができなくなり、半身不随になった。そこで、退院させて、アラック・スヴァーイ［Arak Svai］村の伝統治療師に診せたら回復したが、それでも、いろいろ考えたりすると頭痛がした。病気から回復したある日、結核患者に禁じられている牛肉を食べ、また病気になった。半月後の2001年4月11日に、彼女は夫と2人の幼子を残して38歳で死んだ。

上記の点から、今日生きている人々は、過去と先祖からの「遺産」を身体を通して絶えず認知していることがわかる。痛みや治療の過程は、身体で強烈に感じられる。おそらくそのために、自身に非があるかどうかとは無関係に、災難の原因が自分にあるかも知れないと意識しているのであろう。このことは、人々が体験を通して「精霊と先祖の法」を身体に刻み込んでいることを示している。霊媒は、自身の身体を使って人間界と霊界の橋渡しに重要な役割を果たし、霊や先祖の言葉を広め、メッセージを伝える。この能力とコミュニティ・サービスのため、霊能者は、アチャー、占い師、伝統治療師や産婆同様、村人に敬われている。

精霊信仰が以前ほど村人の間で信じられなくなっていると言う者もいるが、治療を伴う交霊祭は、必ず楽団を伴い、公開劇場のように老若男女多勢の村人が集まって、観察し、参加する。夜店も出る。観衆は霊と会話したり、霊に病気を治してくれと懇願したり、子孫の加護を頼んだりする。酔っ払いが、霊に憑かれて踊るループに野次を飛ばしたりすることもあり、大変にぎやかである。公開病気治療は、村人が同村に住む病人たちや災難にあっている人たちの苦痛を知り、同情や慈悲の心を寄せ合う交感の場である。また、霊力と治療の過程が共に目撃される場でもある。治療が身体的かつ社会的に効果的であればあるほど、精霊信仰が存続する可能性が高いと言えるだろう。

この状態は、ブルデュ（Bourdieu 1990: 68）が主張するように、信仰に身体が中心的な役割を果たすことを示している。実践的な信仰は、「心の状態」ではなく、「身体の状態」であり、身体を通して何かを知ることは、存在の意識を発生させ、「継承された知識は、（身体に）組み入れられた状態でのみ生き残る」。非合理に思われるかもしれないが、精霊と関連した世界に関する民衆の知識は、田舎に住む人々にとっては意義深いのである。

❖ ネアック・ター

これまで、ネアック・ターが、村と宗教の基盤に主にどのように関わっているかについて論じてきた。ネアック・ターは、精霊の中では明らかに最も重要な精霊で、村、住民、寺院の主な守護霊として活動している。旱魃や洪水の影響を受けやすいモンスーン気候の水稲農耕社会では、雨や水を適宜制御するネ

アック・ターの役割は、農耕の成功に大変重要である。個人レベルでは、ネアック・ターは、善行を行なう者に幸運をもたらし守る。しかし、道徳律に反する行為を行なった者を罰する。

多くのクメール人は、深刻な病気や盗難、貴重品や家畜の損失、原因不明だが長期または頻繁に起こる不幸は、ネアック・ターの罰によると信じている。異なる世帯同士で論争が起こった時、当事者はネアック・ターの前で誓いを立てなければならない。このような場合には、ネアック・ターは嘘をついた者の首を折ると言われている。すべての法廷はネアック・ターの祭壇を持ち、争議者は、法的な手順の一段階としてネアック・ターの前で「真実を話す」という誓いを立てなければならない (cf. Luco 2002: 42)。[12]

人間による罰を逃れても、ネアック・ターの罰から逃れられるものではない。この意味では、ネアック・ターは社会的な秩序を乱すあらゆる人間の行為を戒める力と役割を持っていると言える。クメール人は人間と精霊両方の「主」に対して強い畏怖の念を持ち、このことが儀礼や社会生活を組織化する方法に重大な影響力を持つ。

ネアック・ターの社会組織は精緻で、名前や、性別、時には、家族、役割、ヒエラルキーなどの区別があり、人間の社会組織に似通っている。ネアック・ターの地理的、社会政治的レベルは、世帯、水田、村の地域、村全体、複数の村の集合、郡、寺院、森林、山など、王家から国家レベルまで様々である。多くの学者が観察しているように、ネアック・ターの中には、村のネアック・ターのように明確な居住地や影響力の範囲の比較的明瞭な線引きがあるが、いつもそうとは限らない。このことが特に国家や歴史的意義のあるネアック・ターに関係してくる。バー・プノム [Ba Phnom] の王室や国家のネアック・ター、メー・サー [Me Sa] (Chandler 1996: 119-135) やポーサット州のネアック・ター、クライン・モーン [Khleang Moeung]――19世紀初期の国家の英雄――などは、その[13]

12　首都プノン・ペンの裁判所の職員の1人によると、裁判所には2体のネアック・ターの依代の彫像があり、1体は善良で、もう1体は邪悪である。1960年代に法廷で、精霊に宣誓をした後、宣誓は書記官に読まれ、争議中の2者がそれを繰り返す義務があった。
13　クライン・モーンは、ポーサット州のクメール人の英雄である。アン・チャン王の時代（在位1806～35年）にクメール軍がシャム軍との戦いで敗北の瀬戸際に追いつめられた。その時クライン・モーンは幽霊の軍隊を形成すべく、穴を掘って、多くの竹やりの先を鋭く削って刺し、その中に飛び込んで自殺し、妻と3人の子供たちもそれに続いた。そうして形成された幽霊の軍隊は、シャム軍に

良い事例である。端的に言えば、ネアック・ター信仰は、社会の基盤、秩序やクメール人のアイデンティティに密接に関係している。

　ネアック・ターのヒエラルキーは、霊媒によって明確に指摘される。北スラッ・スラン村の盲目の霊媒イエイ・ロム［Yiey Rom］は、最初にアンコール・ワットの主霊ター・リエイに接触し、クライアントの病気や問題はどの霊が起こしているかを尋ね、次にそのことに関係している霊に接触する。ネアック・ターは、霊媒の身体、特に声帯と口を使ってメッセージを伝える。フォーレ（Forest 1992: 97-98）もネアック・ター世界のヒエラルキーがピラミッド型で、スロックのネアック・ターは、ネアック・ターの知事に匹敵し、そのネアック・ターの君主は、ネアック・ターの王に相当すると考察している。[14]

　特定の病気の症状や原因は、ネアック・ターに関連していると見なされる。例えば、子供の病気や腹痛など大人の病気、ある人が牛に悪態をついた場合に牛が引きつけや卒中を起こしたりすることは、ネアック・ターが原因であると信じられている。牛の問題の場合、ネアック・ターは供物として犠牲獣を要求する。

　プリエイ同様、ネアック・ターも妊婦に災いをもたらす。ネアック・ターの怒りは、人間が助けを求め、願いの成就と引き換えに返礼すると約束をしたのに、助けても約束を実行しない時にも引き起こされると信じられている。例えば、僧侶になると約束しても実行しなかった場合に、ネアック・ターによって死をもって罰せられた事例がいくつもあると説明された。ポル・ポト政権時代の切羽詰まった状況で命の救済を求め、このような約束をした者が平和な時代になっても約束を守らなかったことを本人が認めたり、周囲の人間が聞き及んでいたりする。ネアック・ターはどこにでも存在し、このように、日常生活でその存在がしばしば知覚される。村人の何人かは、ネアック・ターが空腹な時や、理由もなしに問題を引き起こすと語っている。どちらにしろ、保護力と制裁力、それに時折見せる理不尽さや予測不能ゆえに村人に畏怖されている。

コレラを撒き散らし、アン・チャン王の軍隊は勝利した。この後、クライン・モーンは有名なネアック・ターになり、ポーサット州のみならずカンボジア全土（cf. Ang 1986: 206-207）、そしてカンボジア人が多く移住して生活しているアメリカ合衆国のロング・ビーチでも有名である（Yamada 2000）。クライン・モーンは、雨乞い式で呼び出されることが多い。

14　ネアック・ターのヒエラルキーについては、Ang（1968: 208-209）も参照。

ネアック・ターへの畏敬の念は儀礼の際に現れる。供物が関連した社や居所・依代と見なされる所に置かれる。年次交霊祭、雨乞い式や大きな治療儀礼など重要な儀礼には、バイサイ［baysei］やスラー・トー［slar thor］[15]など象徴的な供物と食物、音楽や踊りが捧げられる。年次交霊祭では、村人が地域の中心的なネアック・ターや好みのネアック・ターの居所に集まって、カンボジアうどん（ノム・バンチョック［nom banhchok］）などの食べ物とお菓子、それに木綿糸を供物として捧げる。

　ネアック・ターに供物を捧げた後、ハウ・プロルン［hau proling］[16]（「魂を呼ぶ」の意）という儀礼を行なう。その儀礼では、世帯長、または家族や親族の中で最高齢の人が、魂に向かって身体に戻ってくるように簡単な呼びかけをしながら、家族や親族の右手首に木綿糸を巻きつける。

　伝統的解釈では、クメール人は19の魂を持ち、そのうちのいくつかは病気、恐怖、ショック、悲嘆にくれた時、夢を見ている時や家を長い間留守している時などに失われると信じられている。精霊と妖術師が時折共犯者として魂を捕えることがあるという信仰もあるので（cf. Ang 1986 : 25-29）、魂を無欠状態に保ちたいと願っている一般の村人にとって、この組み合わせは一番の危険を呈する。19の魂全部が失われた時には、死が訪れると信じられている。

　イエイ・ユーンによると、木綿糸は、ネアック・ターが代わりの新しい魂を与えてくれるように祈って、供物と一緒に箱に入れて備える。糸は魂を身体に結びつける。フランスの植民地時代や日本軍の占領時代には、糸に穴のあいた硬貨を通して使った。硬貨は魂の代用品である。フランスの植民地時代が終了すると、穴のあいた硬貨も流通しなくなったので、現在は糸だけを手首に巻く。子供たちは魂を失う可能性が最も高いと見なされているので、ハウ・プロルン

15　Bay は「ご飯」の意で、sei は srei（「女」の意）の転訛。バイサイ は、バナナの幹のまわりに1段から9段まで（奇数）の輪状の段をつけて、その中にバナナの葉をとうもろこし型に丁寧に切って折ったものを差し込んで飾る。段の数に応じてバイサイの名称も異なる。その何種類かは、葉の中に米が入っている。バイサイの種類は儀礼の種類によって決まり、通常対のスラー・トーと共に対で用意される。スラーは「檳榔子」、トーは「（仏）法」を意味する。

16　トンプソン（Thompson 1993 : 12-13）によると、プロルン［braliṅ］（「魂」の意）はクメール語とサンスクリット語の合成語である。プラ［braḥ］はクメール語のプレア（「神聖な」の意）から派生している。ルン［liṅ］はサンスクリット語の「性質」または「シヴァ・リンガ」を意味する。Thompson (1993)；Ang (1986: 25-29；2004) に詳しい。

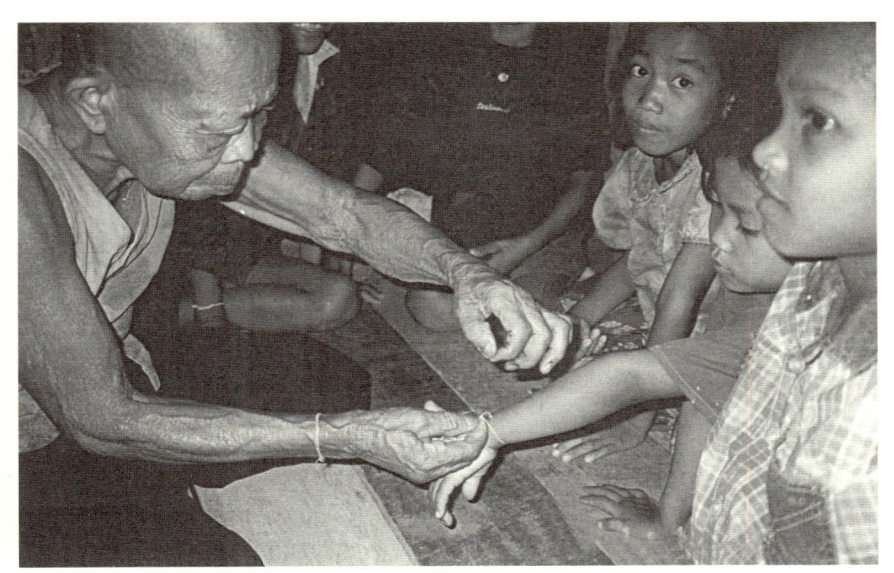

第3章　アンコール・クラウ村と実践知

ハウ・プロルンの儀式。孫たちの魂を体に繋ぎとめる所作をするイエイ・ユーン。

の儀式はすべての通過儀礼に組み込まれている。結婚式では、両手首に糸を19回巻きつける。ハウ・プロルンの儀礼が組み込まれているほかの行事は、田植えや稲刈り (cf. Porée-Maspero 1962, 1964：322, 1969)、仏像の入魂式 (cf. Leclère 1916：144-150) や家の棟上式などである (Thompson 1993：30-33)。[17]簡単に言えば、ハウ・プロルンの儀礼は、身心の健康を確実にし、平常の状態に回復するために行なう儀式の必要不可欠な部分である。

　高等教育を受けた都市部の人々の中には、ネアック・ターの霊力をあまり信じないと言う人も出てきたが、このことから単に近代化とともにカンボジア社会での信仰心が薄れてきているとは言えない。というのも、第2章でも紹介したシェム・リアップ市内にあるイエイ・テープというネアック・ターの座所には、10年前に比較すると、訪れる人や供物を捧げる人がますます増えているからである（本書カバー右上の写真）。

　ネアック・ター信仰は、コミュニティの成員が共有するアイデンティティの

17　Commision des moeurs et coutumes du Cambodge (195?) *Cérémonies des douze mois: Fêtes annuelles cambodgiennes*. Phnom Penh: Institut Bouddique. Pp. 27-31.

重要な部分を構成している。信仰は、社会や身体的な現象の原因や効果をしばしば説明し、自律のための規範を設定して、人々の無病息災や一定の地理的・社会的な空間を守っている。「共通言語」は、日常的実践の社会的空間を理解する図表であり、コミュニティが個人や集団の問題や困難を一緒に克服する助けになる。精霊信仰の魅力は、日常の問題解決に説得力のある説明と効力を与えてくれることによると考えられる。このことが、今日まで精霊信仰が永続することを助けてきたのだろう。

トーマス（Thomas 1973：800）が『宗教と魔術の衰退』で述べているように、「もし、魔術を『効果的な方法がない場合に、不安を和らげるが、効果のない技法を使用すること』[18]と定義するとしたら、魔術のない社会は存在しないことを認めなければならない」。カンボジアの精霊信仰も、この観点から見ることができるだろう。地域の信仰は、形や内容を変えても超自然力への信仰はたやすく消滅しないだろう。それは、信仰が人々の世界観と生活の実践に密接に結びついているだけでなく、あらゆる社会的かつ身体的現象に対する納得できる説明や解放を与えてくれるからである。それに取って代わり得るものはまだ現れていない。

4. 仏教の知識と実践

仏教と精霊信仰の区分はそれ程明瞭ではない。仏陀を凌ぐ精霊の霊力と双方の曖昧な関係は、アンコール・クラウ村にあるアラック―ネアック・ターに変身した仏像に関する村人の話によく表されている。

村のネアック・ターの1つ、ネアック・ター・アラック・バッコー [Arak Bakko] は、プレア・バッコー・チュム [Preah Bakko Chum] という名の仏像の身体を持つ珍しいネアック・ターである。この仏像は、霊媒ター・サーンの野菜畑の中に立っている。ター・サーンによると、カンボジアでトゥドン [thudong] と呼ばれる、森で修行を積む修行僧がこの仏像の近くで瞑想をした。このトゥドンは、仏像をプレア・アン・コーン・チュム [Preah Ang Kâng Chum] と呼ん

18　筆者による『　』。

アラック・バッコー：ネアック・ター祭の日。

だ[19]。ター・サーンは、この仏像は入魂式を行なってもらわなかったために、悪霊のアラック—ネアック・ターに化けてしまったと語った。シャムが攻めてきた時、仏像の頭を取っていき、その後人々がアラック・バッコーと呼ぶようになったという。

　霊は、罵声や怒声を嫌うことから、ター・サーンは、アラック・バッコーの前で、姪の子供たちをけっして罵ったりしないと明言している。子供の1人がアラック・バッコーの近くで棒を投げたことがあり、その後3日間高熱が続いた。交霊の後にその原因を知り、アラック・バッコーに鶏、タバコ、蠟燭、キンマの葉、檳榔子と線香を供物として捧げた。そうしたら、熱が下がった。もしアラックが誰かに被害を与えたら、ター・サーンは霊に乗り移るように頼むという。アラック・バッコーにこれまで何度も豚の頭を捧げ、時にはテープレコーダーを使って、タイ映画の中で奏でられる愛の曲を聞かせてきたという。神聖なものが神聖化の過程を完了する前に悪行に冒された時、悪霊化して悪行

19　同名の僧院が、アンコール・トム内の南門に最も近い所にある。2001年当時僧正はアンコール・クラウ村出身だった。

を犯した者を罰するという解釈は、人々が意識の中でこの悪行とその結果を記憶し、後世にその記憶を教訓として実践を通して継承していく方法論を伝統化したと解釈できる。この伝統化は、ハビトゥス形成を意味する。また、仏像が霊化したことは、土着信仰と外来宗教の境界線が不明瞭で、前者の影響の方がいまだに強いことを暗喩しているのだろうか。

　ター・サーンは1994年に起こった不思議な事件についても語ってくれた。村の西側から乾いた道路を材木運搬車がやってきて、アラック・バッコーから100メートルほどの所にある橋の近くで停止して動かなくなってしまった。運転手は、アラック・バッコーに線香と蠟燭を灯して祈った後に、やっとエンジンを修理することができた。別の時に、プノン・ペンとバッタンボーンからボクサーたちがやって来てアラック・バッコーの前で祈り、その後対戦で勝利した。勝利後アラック・バッコーの所に3度戻ってきて、豚の頭と音楽を捧げ、その霊力をまた引き出そうと祈願した。バッタンボーンのボクサーたちは、仏像に石の台座も寄贈した。

　人々の心身から精霊の影響力を払拭するのは難しい。カンボジアでは、仏教が強力な精霊と和解するために寺院を守るネアック・ター・ワットを寺院の敷地内に収容している。霊は仏教の正しい実践を人々が守るように監視する役割を持つ。そこで霊は、管轄の寺院内で人々が放尿や罵声を発するなどの不適切な行為をすることを許容しない。ネアック・ターはこのように仏教寺院と完全に結束して、地元住民の間で道徳律や社会秩序を強化する。カンボジアでは、精霊信仰と仏教はお互いの状態に順応し、村人の世界観や生活実践に影響を与えている。しかしながら、熱心な仏教の信者の中には、仏教と精霊を同時に信仰することに当惑や心の葛藤を抱えている者もいる。

　八戒[20]に従っている熱心な信者であったイエイ・ユーンは、精霊信仰を続けると、自身が殺生を望まなくても精霊に供物として犠牲獣を捧げることをしばしば要求されることに当惑を感じていた。それで、霊媒にもかかわらず、八戒に従うようになってからは、第2章でも述べた太陰暦のミアク月の交霊祭を行な

20　敬虔な仏教徒は五戒に従い、修行者やアチャーなどは、八戒に従う。五戒は、「殺生を行なわない」、「盗みを働かない」、「姦淫を行なわない」、「嘘をつかない」、「酒を飲まない」。八戒は、更に、「装身具を身に付けず、歌舞を見ない」、「正午以降食事をしない」、「ゆったりしたベッドに寝ない」、の三戒が加わったもの（第2章の注31にも掲載）。

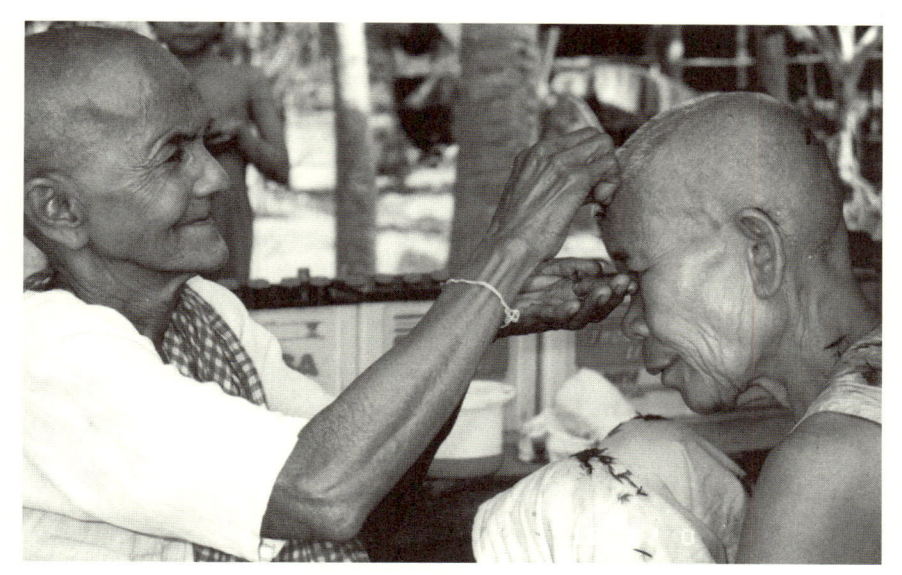

八戒に従う修行者たちは 2 週間に 1 度髪を剃る。

わなくなった。それから、片目が突き出て、赤くなったり、白くなったり、目の中がかゆくなったりした。彼女は、そのことを、儀礼をやめて、供物も捧げなくなったことで指導霊が自分を罰したと解釈していた。[21]

　上座仏教徒は、大乗仏教徒のように悟りに達することよりも、高い社会的地位や金持ちに生まれ変わることをもっと望む傾向にある。再生の基本にある概念は、カルマ即ち宿命であり、それは、我々のこの世における状態が前世の行ないの反映であることを説明する。次の再生の状態を改善するためには善行を行なう必要がある。カルマの概念は、この生涯で人々が善行をするように導くのみならず、今日の苦悩やヒエラルキーの現状を前世の行為の結果として受け入れるように導く。上座仏教のカルマの概念は、時に受け身であるとか、運命論的であるとか、非仏教徒に否定的に見られがちであるが、心理的効果（癒し）と社会秩序上のメリットがある。個人の現在の状態や問題を客観視し、問題の根源に迫って問題をより複雑化するよりも、否定的な要素を乗り越えようとす

21　2001年3月にイエイ・ユーンを州立病院の眼科医に連れて行き、病名が白内障であることがわかった。手術をすればまた良く見えるようになると言われたが、彼女は手術をしたくないと断った。

る方向に導こうとする心理的導きがこの概念の根底に見える。また、社会体制から不利益を被っている人々が皆体制に挑戦することによって、社会が受ける被害の可能性を未然に阻止しようとする肯定的な意図も感じられる。

上座仏教は、大乗仏教よりも厳しく経典や戒律に準じて行動の自己規制をすることに焦点を当てている。上座仏教の知識は、日常生活の実践に五戒や八戒に従い、仏陀の教えに忠実であろうとする庶民の努力を表している。功徳を積む方法は様々である。僧侶に供物を捧げる日常的な行為から、お盆に僧侶を介して祖先に供物を供えたりする年次儀礼、または、僧侶になったり、寺院の再建や修復に金銭を寄付するなど、短い間に集中的に功徳を積む方法などがある。年配の八戒の信者の何人かは、ポル・ポト政権終了後、アンコール・トムやほかのアンコール地域の寺院の本堂で自発的に仏像の世話をし始めた。

精霊信仰も上座仏教も心身のあり方や言動の厳しい管理を求める。人々は、何を避け、いつどのように振る舞うかを「知っている」必要がある。信心深い村人は、神聖な日の夜明け前か前日の夜に僧院を訪れ、午前4時半頃から戒めについて僧侶の説法を受ける。ほとんどの男寡や寡婦、それに50歳以上の人も八戒の信者になる場合が多い。そうすると、2週間に1度の剃髪の日に刃でお互いの髪の毛を剃り落とす。平信徒は、五戒を守るように促されている。このような身体化された知識と実践は、大部分のカンボジア人が高い敬意を示している熱心な信者の文化資源である。ポル・ポト政権による寺院や社会組織の破壊の後で寺院を再建することは、カンボジア社会の復興に重要なだけでなく、仏教徒にとって功徳を積む貴重な行為でもある。

仏教に関連した活動は、社会経済組織と季節による活動の周期ともよく融合している。雨季(6月〜11月)に、村人は稲作に集中する。乾季(12月〜5月)の初めに、仏教や精霊信仰に関連した行事や通過儀礼が行なわれる。お盆は地元の村人にとって、雨季に行なわれるほぼ唯一の仏教に関連した一大行事である。

もう1つの重要な仏教の行事は、雨安居明け(チェン・ヴォッサー[chenh vossa])[22]から1ヵ月以内に行なわれるカティン[kathen]である。この儀礼は、僧侶に新しい僧衣やほかの宗教的な道具や品々を贈り、敬意を表するために行なわれる。アンコール・クラウ村の住民は、カティンを自身たちで組織する経済力はない

22　Vossaは仏暦の雨季で、実際の雨季の雨量が最も多い3ヵ月間からなっている。

が、八戒の修行者たちは、都市やほかの地域のもっと裕福なコミュニティが組織したカティンに必要な供物作りを手伝う[23]。宗教儀礼の供物の準備の仕方に関する知識は、八戒の修行者たちの中で共有されている。このような宗教的行為は功徳を積む行為であるが、それに加えて、農耕やほかの労働をする体力のない特に高齢の修行者には、お布施や無料の食事を得ることができる貴重な機会を提供してくれる。

❖ 村人の僧院との関わり

　ほとんどの村人は精霊信仰と並列に仏教に従っているので、アンコール・トムやアンコール・ワットの僧侶や僧院と密接に関わっている。村人と僧侶は、相互依存関係にあり、前者は食物、物品や奉仕を僧侶に提供し、僧侶は村人に道徳、法要、忠言、保護などの形で支援する。

　村人の生活における僧院の役割は多様であるが、大まかに分けると道徳と社会文化の中心的存在の2つである (cf. Ebihara 1968: 363-443)。この2点を次に村人の僧院との関係から描き出したい。

　アンコール地域の遺跡を守ることは、1980年代にプノン・ペンのワット・ウナロム [Wat Ounnalom] に所属するマハニカイ派 [Mahanikay] の大僧正、テープ・ヴォン [Tep Vong] 師によって僧侶たちに呼びかけられた[24]。その動きの中で、アンコール・トムには、7つの僧院が古い寺院の敷地内に再建された。そのうち、2000年前後6つの僧院は、アンコール・クラウ村出身の僧侶で構成されており、調査当時その中の4つの僧院の僧正も同村の出身者で構成されていた。それらは、ワット・テープ・プラナム [Wat Tep Pranam]、ワット・タン・トック [Wat Tang Tok][25]、ワット・プレア・セア・メトレイ [Wat Preah Se-ar Metrei]、ワット・アン・コーン・チュム・プレア・アン・クマウ [Wat Ang Kâng Chum Preah Ang Khmau] である。この4つの僧院の僧正はみな、かつてアンコール保存事務

23　通常必要な材料は、バナナの葉と幹、米をポップ・コーン状に膨らませたもの、キンマの葉、檳榔子、木綿糸、花、線香、蠟燭とタバコである。
24　マハニカイ派は、圧倒的多数のカンボジア人が帰属する古い宗派である。もう一派のトマユット [Thommayuth] 派は、ドゥオン [Duong] 王の時代にタイからカンボジアに入って来た戒律の厳しい修正宗派で、王の死後4年たって、息子のノロドム王によって1864年に設立された。トマユット派は王室関係者の宗派で、マハニカイ派は庶民の宗派と呼ぶことができる (Yang 1990: 88)。
25　当時の僧正は既に亡くなり、現在は他村出身者に代わっている。

ワット・テープ・プラナム。警察官に厄払い式をするター・スォット師。

所(ACO)の労働者であり、フランス人専門家と共に遺跡の修復と保全に関わった。ほかの2つの僧院の僧正は他村出身者であるが、同様に遺跡の修復・保全の労働者であった。アンコール・トム内の7つの僧院のうち6つはマハニカイ派の僧院で[26]、僧侶、修行者、帰依する人々に関して言えば、地域社会を代表している。

　ワット・テープ・プラナムは、アンコール・クラウ村に最も近い僧院で、村人と強い繋がりを持っている。この僧院は、16世紀頃に造られた同名の寺院(Freeman & Jacques 1999: 114)の敷地内に建てられている。このことは、地域住民の間で空間の場の意義と宗教実践が今日まで継続されてきたことを示唆している。アンコール・トム内のほかの6つの僧院同様に、本堂の周囲には聖域を表すセマ[sema]石が並んで立っている。アンコール・クラウ村の住民の先祖が住んでいたと言われている古いプーム(世帯で構成)のあった場所と相続されてきた樹木や水田が付近にある。2001年当時この僧院の僧正と2人の年配の僧侶がアンコール・クラウ村出身だった。

26　唯一のトマユット派寺院は、ワット・プランバル・ルヴェーンである。

ワット・タン・トック。ネアック・ターの社。

　僧院は、1982年に再建されて以来、この村のパトロン的な存在であり、村で開かれるほとんどの儀礼を司ってきたのみならず、1985年以降学校の建物、道路やダムの建設や修理の資金も提供してきた。僧院の修理代や維持費は、その代わりに村人からの奉仕で賄われた。僧侶や僧院に住み込んでいる村人たちへの食事も、村の年配の女性たちによって用意されてきた。カンボジアで共通に見られる現象であるが、村に休憩所以外に公民館のような建物はないので、この僧院はアンコール・クラウや周辺の村にとって、それに準ずる場所と見なしていいだろう。僧院そのものは、それ程立派な建物ではないが、厄払い式の効能が大きいことでよく知られている。このことは、シェム・リアップやほかの場所から車やオートバイで厄払い式や相談事にやって来る人々の列がほぼ途切れないことからもわかる。
　ワット・テープ・プラナンの人気は、僧正の人柄と仕事ぶりにも関係している。僧正は仏教やアチャーの任務に関する知識が深く、貧者の救済や村の開発のために活発に活動してきた。僧正が毎日休む暇なく仕事をしているので、近年聞き取りの機会が少なくなってきている。2001年頃、この僧正とほかの年

故ヴォアー師。

配の僧侶も、当時の王だったシアヌークのためにシェム・リアップの王家の別荘で読経に招待された。

地元住民がこの寺に惹きつけられているほかの理由に、ロ-ク・ター・ヴォアー [Lôk Ta Voeur]（ヴォアー師[27]）の存在があったかも知れない。というのも、この僧侶は、仏教やアチャーの仕事への知識や地域の歴史に造詣が深く、労を惜しまずに働き慈悲深かった。アンコール・トム内の僧侶の中で唯一の瞑想の教師でもあった。師によると、この寺は仏陀の慈悲の力に守られているので、悩める者や弱者を救済することができるのである。[28] ほかの2人の年配の僧侶は僧院の2本柱であり、自身たちの人生を社会奉仕に捧げる覚悟をしていた。

1980年代から1990年代にかけてアンコール・トムに7つの僧院が再建される前は、アンコール・ワット内の2つの僧院だけがこの地域に存在する僧院だった。周辺の村人たちはほぼ全員この2つの僧院の奉仕を受けた。シアヌーク時代（1955～1970年）までまだ村々に学校が建設されず公教育が行き届かなかったので、アンコール・ワットの僧院は、男子に限定されたものの、寺子屋[29]として教育を受けられる場を提供し、社会文化センターの役割も果たした。

1970年代の内戦時代に、アンコール・ワットとアンコール・トム、バンティアイ・クデイやター・プロムといった大規模な遺跡や寺院は、村人の避難所

27　ロ-ク・ターは、僧侶に対する敬称である。
28　この僧侶は、自身が悲惨な境遇に会っている。4人の子供全員と妻を亡くしているからである。子供のうち1人は水死し、ほかの3人はまだ幼い内にマラリアに罹って亡くなったのである。妻はポル・ポト政権下で病死し、ポル・ポト政権後に再婚した2番目の妻との間に子供はなく、この妻も私が師に会った何年か前に死亡してしまっていた。2011年現在、僧正を除いた年配の僧侶3人は既に鬼籍に入っている。
29　カンボジアの学校制度の発達については、ヤン（Yang 1990: 144-145）に詳しい。

の役割を果たした。当時アンコール地域は主要な戦場であった。

　クメール正月にはアンコール・ワットがカンボジア最大の文化センターになる。そこでは、伝統的に芸能が披露され、男女対抗の歌合戦や村対抗の綱引きなどの正月遊びが行なわれ、地元の村人も他地域からの訪問者も同様に幸福な記憶を残している。世界遺産に登録されてからは正月遊びが禁止され、特別の芸能が披露される時に、地元住民は入場料こそ要求されないが、中央に備え付けられた席に座ることができず、両脇の地面に座って見ることが許されるのみである。席に座ることができるのは、来賓と席料を支払った観光客だけである。威信と経済的利益のためにアンコールで開かれるこのような国家的行事は、アンコールの空間が、特権階級である他者のために転換したことと地元住民が周辺化されたことを示す場になってしまった。

　僧院も経済活動のための空間を提供している。例えば、八戒の修行者たちは、功徳を積むためにお布施を施したい儀礼の組織者や客たちからいくらかの施しを受けられる。何人かの村人は、オートバイ・タクシーやルモー［remorque］（オートバイで牽引する馬車のような乗り物。最近では、タイ語の「トゥクトゥク」の名称が使われる）の運転手として働く。ほかに、僧院の敷地内で飲食物やみやげ物を売る屋台で商売をする者もいる。僧院のない生活は、アンコールの村人にとっては考えられないことである。僧院は道徳律や援助を提供するだけでなく、多様な社会文化活動や経済活動のための空間である。それは、生者と死者、様々な背景を持つ人々、そしてそれがなければ孤立している村同士を繋ぐ役割をしている。最貧者でも、僧院や僧侶のために持っているものを何でも金銭の代わりに差し出す用意がある。その行為は、個人個人の次の生のための投資であり、そのことによって僧院は、社会の安全（人間の安全保障）を提供することができる。

　村に僧院が存在する一般的なカンボジアの村とは異なり、アンコール・クラウ村の住民は、アンコール・トムとアンコール・ワット周辺の村々と寺院や宗教生活を共有するより大きな宗教的コミュニティに属する。村人の日常生活は、宗教と社会経済の双方の観点から見ると、村の境界線を遥かに越えている。しかし、2000年代になってアプサラ機構による寺院の建築規制やその他の統制が厳しくなり、アンコール・クラウ村は、州政府の許可を得て2007年頃からプラネットに近いバイパス道路の付近に新しい寺院を建設し始めた。

5.環境の知識と実践

❖環境と関連したアイデンティティ

　今日の様相とは違って、アンコール・クラウ村とその周辺は1979年まで深い森の中にあった。村人によると、村の中央を走っている道路はかつて狭く、密生した植物と森に囲まれて日中でも薄暗かった。ヴェトナムの占領時にヴェトナムとカンボジア両軍の兵士たちがアンコール地域で広域にわたって樹木の違法伐採を行なった (cf. Martin 1993; Miura 2004: 144-145)。それでもアンコール・トムは今でも高い樹木で覆われ、アンコール・ワットからシェム・リアップ市へかけての地域とは、気候も植生も異なっている。アンコール・トムに入ると気温が低いのがわかる。雨季に天気がアンコール・トムとその南部では異なっていることもある。

　クメールの概念では、森は、精霊、野生動物、そして病気の住処で、後に泥棒やゲリラも加わった。そのために、森は、危険と無秩序の象徴であり、文明に対比するものと見なされてきた (cf. Delvert 1961: 333-445; Ovesen 1996: 24-26)。[30] それは、タイの森の概念であるパートゥアン [pa thu'an] と同様で、未開で荒々しく社会生活に不適な場所ある (Stott 1991: 144)。アンコール・クラウ村の住民は、森林地帯で生活していることから「文明」の周辺に住んでいると言うことができるが、同時に多くの人々を惹きつける古代文明に隣接しているのである。

　一般的にアンコール・クラウ村の住民は、自分たちを ネアック・スロック・プレイ [neak srok prey]（森の人）と呼び、都市部に住む人々——ネアック・スロック・プサー [neak srok phsar]（市場・都会の人）——と区別している。ある男性の村人は、ネアック・スロック・プレイは、ネアック・スロック・プサーのように学校教育は必要ないと述べた。ネアック・スロック・プレイはかつてほとんど非識字者であり、ネアック・スロック・プサーには、「野蛮な人たち」「怠け者」などとして見下される傾向にある。アンコール・クラウ村の多くの住民は、シェム・リアップの病院やクリニックに行くことをためらう。それは、重い病気に罹った時に法外な治療費を請求されるのを恐れるだけでなく、医者や看護師

30　森の概念と社会秩序については、Chandler (1996: 76-99) に詳しい。

に叱られたり、侮辱されたりすることを恐れるからである。私がある女性の村人を州立病院に連れていった時、彼女は恥ずかしいのと怖いのとで病院のスタッフの質問に適切に答えることができなかった。すると、そのスタッフが苛立って怒鳴り散らしたのを目のあたりにし、村人たちの病院嫌いに納得した。

　村人は、かつて家畜を食べに来た野性の虎や鳥などを捕獲した。1960年代までは、野生の象が、乾季の涼しい時期に行なわれるネアック・ター祭りの頃に、プノム・クーレンからトンレ・サップ湖まで下りてくるのが見られたと言う。年配の村人の何人かは、その時のことを、虎や象がアンコールの寺院にいるネアック・ターにお参りに来たと信じている。

❖ 社会経済環境

　アンコール・クラウ村の住民の主な経済活動は、水田（ダイ・スラエ [dei srae]）耕作と乾田（チョムカー [châmkar]）耕作からなる生存経済である。アンコール時代の貯水池を水田として使っているプラダック村などの地域では、灌漑水利が良いので理論的には1年に3期作が可能であるが、アンコール・クラウ村ではどちらの農法でも1期作のみである。

　多くの世帯では土地所有率が低いので、ほかの方法で食糧不足を補っている。例えば、森や荒野、家のまわりの畑や家畜などほかの経済資源を使っている。自給できない物品は、農業以外の経済活動から捻出している。伝統的には、樹脂の採取が村人にとって現金収入を得るための貴重な副業であった。村人が所有していたフタバガキ科に属するイアンとトローイなどの森林資源は、アンコール・トム、プレア・カン寺院、そして村の周辺にある。

　20世紀初頭フランス人たちがシェム・リアップ州を植民地に組み入れ、遺跡の修復と保全の労働者を必要とした。この労賃だけでは生活できなかったが、地元住民にとってはいい副収入源だった。カンボジアの20年以上に及ぶ内戦と社会不安のために、遺跡の保全事業は長い間放置されてきた。アンコールが世界遺産リストに登録され、国連の支援で1993年に総選挙が行なわれて以来、遺跡の保全事業が新たに開始された。

　アンコール・クラウ村からは、2001年頃には300人以上の人々が何らかの形でこの事業に関わるようになった。大部分の人は遺跡の保存修復や整備の労働

アンコール・クラウ村の田植え。

者になり、その他の人は寺院の警備員やトイレの清掃係になった。当初、国際チームや国際機関の労働者として雇われた人々も、近年多くの事業がアプサラ機構との共同事業になり、アプサラ機構に帰属が移行している。2000年代前半までアンコール・クラウ村の雇用者数がほかの村の雇用者数を上回っていた理由は、アンコール・トムに最も近い地の利と比較的人口が多いこと、またかつてフランス人に訓練された年配の労働者の数が多いことなどが挙げられるだろう。

　2001年当時、大多数の労働者が日本政府の修復チームJSA（2005年以降JASA）に雇われていた。JSAの棟梁がアンコール・クラウ村のプラネット地域出身であることも1つの理由である。労働者の間では、ほかの労働に比べると賃金が高い遺跡修復の仕事は一種の憧れでもあった。その中でも労働条件が一番良かったJSAに雇われた者は満足していたが、棟梁に雇ってもらえなかった村人は貧しいままで不満を持っていた。遺跡修復の労働者の家族は、オートバイ、テレビ、テープレコーダー、ラジオ、近年では携帯電話など近代的な工業製品を持っている。1995年に村には20台ほどのオートバイしかなかったが、2001年

には100台以上存在した。現在おそらく村の80％の世帯がオートバイを所有しているだろう。棟梁やグループ長は、村の中で小規模のパトロンになっている。彼らは大礼を行なったり、商売や子供の教育に投資したりしている。

2000年4月にアンコールで森林資源の採取が禁止されたことと、急速に拡大してきた観光産業により、地域住民の経済活動は今日多様化してきている。アンコール周辺の村は、土地や自然資源に依存した農林業中心の経済活動から、賃金労働と現金取引を行なう資本主義経済へ移行してきている。開発関連のプロジェクトは、多くの村人に賃金労働を提供し、村の道路、橋、学校、水路などの生活基盤を改善してきた。村の基盤整備と経済的な余裕は、村人に広域にわたる移動やコミュニケーションを可能にし、活動範囲も広がってきた。

村人は伝統的な物々交換や労働の相互扶助を並行して継続させているが、現金経済は、物質生活、村人同士の人間関係や人生観や社会観をゆっくりではあるが変容させている。多くの子供たちは、学校が半日制なので、登校していない時間に観光客に土産物や飲食物を売る仕事をして生活費や教材費の足しにしている。観光客と英語やその他の外国語で会話をしながら、外国語や海外の文化など雑多な知識を取得し、将来観光ガイドになることを望む子供も増えてきた。

❖ 稲作の知識と実践

米は、クメール人の生活にとって、主食としてのみならず、精霊信仰や仏教の儀礼で純粋さや繁栄を表象するものとして欠かせない。

カンボジアの低地における稲作は、災害に繋がる不安定な水の状態に対して、このような土地で長い間働いてきた経験に基づいて注意深く計算された作業を必要とする。先に既に述べたが、雨季と乾季が明確に分かれているモンスーン気候帯では、水害と旱魃の恐れが常にある。稲作に関する村人の知識は、気候の影響、種籾の種類、水や土壌の状態、稲作の技術など多岐にわたり、それぞれの知識も深い。農民の生活は農耕の周期によって規制され、農耕の周期は、環境の状態に呼応して組織化されている。農民は、雨季に農耕に忙しいが、乾季には季節労働者として出稼ぎに出たり、通過儀礼や他の活動を行なったりする。先に述べたように、稲作は村人の先祖、ネアック・ターと土地と村の神聖な基

盤とに密接に関わっている (cf. Porée-Maspero 1962: 6-15；Ovesen 1996: 40)。

稲作に最も重要な時期、特に田植え時に雨を確保することは精霊信仰に密接に繋がっている (cf. Porée-Maspero 1962: 233-282；Demaine 1978: 49-67)。旱魃時に村人は、ネアック・ターに雨乞いをしたり、ニアン・メーオ [neang meo] という夜の降雨を願う儀礼を行なったりした。ニアン・メーオは、村中を参加者が歌ったり踊ったりしながら棒に縛り付けた猫に水をかけて練り歩く儀礼である[31]。アチャーであるター・チュオップの説明によると、仏は人間が動物を痛めつけることを望まないので、猫をいじめて怒らせると雨を降らせるという。一見矛盾する説明ではあるが、精霊信仰と仏教の教えを融合して庶民なりに解釈した結果であろう。この儀礼は、1990年代以降アンコール・クラウ村では行なわれていない。ほかにも、夕方森の中に水を入れた鍋を置いておくと夜に雨が降るとの信仰もある[32]。

クメール正月の儀礼舞踊トロット [trot] も、雨季の初めに雨を呼び、厄払いするために村の家を1軒1軒回って行なわれる (cf. 河野 1990: 46-53; Porée-Maspero 1962: 210)。私は、2000年にアンコールのネアック・ポアン池と東メボン寺院で雨乞い式を観察した。それぞれ周辺の複数の村によって毎年恒例で行なわれているということである。通常霊媒も呼ばれるが、ネアック・ポアン池の方は遺跡警察から許可が出ず、アンコール・クラウ村の霊媒ター・サーンは参加しなかった。東メボンの方では、主催者であるプラダック村の霊媒が呼ばれて、交

東メボン寺院の雨乞い式。

---

31 同様の伝統がビルマやタイにも見られる (cf. Demaine 1978: 51)。
32 フォーレ (Forest 1980: 37) によると、クメール人は、ネアック・ターの依代を設置する時に雨を降らせるために仏像に水をかけるという。

霊を通じて、個々の村人や子孫の健康や願望が叶うことや地域コミュニティの安寧と降雨などが保証されることを参加者たちが祈った。霊媒は約2時間半のうちに周辺の地域に存在する10以上のネアック・ターに憑依され、協力を求めることができた。

アンコール・クラウ村の多くの住民は、アンコール・トムの北側半分の環濠、即ち、北部、東部の北側半分と西部の北側半分の水田を所有している。それ以外に、アンコール・トム内にも数家族が水田を所有していた。プレア・カン寺院の西側と村の東側にあたる地域、トンレ・スグオット［Tonle Snguot］（「乾いた川」の意）にも村の水田がある。水田と乾田を含むほかの農地は、村の北側と西側に広がっている。北側の水田の所有者は、アンコール・トム郡のプロアン村と所有権をめぐって争っている。アンコール・トム内の水田耕作は、2000年4月に遺跡警察によって禁止された。

アンコール・クラウ村のほとんどの世帯は、水田と乾田[33]の両方を所有している。水田は通常、乾田より高収穫率であるが、旱魃や洪水に弱い。乾田は収穫率は低いが、土地が比較的高い所にあるので、水害の影響をあまり受けない。水稲農耕は田植え前に牛を使って田起しなどかなりの労働力を必要とするが、乾田は低木や植生を焼くのみなので作業が簡単である。水田と乾田耕作の両方を取り入れることは、災害がもたらす飢餓や借金などの被害を最小限に抑えるための生活戦略であると言えよう。土地所有率は各世帯で比較的小さい。平均所有率は1.5ヘクタールである。6ヘクタールを所有する世帯でも、農業労働力の不足から、実際に耕作している農地はその半分ほどである[34]。多くの村人は自給できない物品を購入するために副収入に頼っている。

稲作はその成功が様々な要素に依存しているが、最重要事項は雨季の降雨の時期と雨量である。田植え前には、たくさんの雨量を必要とし、収穫時には少ないことが望ましい。稲には多品種があるが、大きく3つに分類される。それらは、籾米の重さと成長期により、軽い籾米のスラウ・スラル［srau sral］、中くらいの重さの籾米スラウ・カンダール［srau kandal］、そして重い籾米のスラウ・

33　乾田は、耕作期間が3ヵ月である。
34　イヴ・ヘンリー［Yves Henry］の分類によると、5ヘクタール以下が小規模、5ヘクタールから10ヘクタールまでが中規模、10ヘクタール以上が大規模所有である（Hou 1982: 34）。

トゥグン［srau thngun］である。例えば、スラウ・スラルは乾田用で収穫まで3ヵ月間かかり、スラウ・トゥグンは水田用で高収穫率であるが、収穫まで5ヵ月間かかる。ター・サーンは、驚いたことに22種類の籾米を使い分けている。その内訳は、11種類がスラウ・トゥグン、5種類がスラウ・カンダール、6種類がスラウ・スラルである。それぞれの籾米には優れた点と弱点があり、成長に適した環境も異なる。特定の農地に使う稲の種類は、土壌や水利に関する農民の経験と知識による[35]。

　稲作の最も基本的な集団は世帯である。集団は、その他に、拡大家族、親族や、もし必要であれば、労働を交換したり、現金払いによってほかの村人の助けを借りることもできる。より大規模な土地を所有し、経済的余裕のある比較的富裕な世帯は、近年隣村のプラサート・ジャから田植えや稲刈り時に農業労働者を雇っている。

❖自然資源の知識と採取

　アンコール・クラウ村の住民は、プレア・カン寺院とアンコール・トムをほかのどの村の住民よりもよく知っている。これは、プレア・カン寺院の森とアンコール・トムの北半分の森は、古くから住んでいるアンコール・クラウ村の住民がほぼ全部所有し、管理してきたからである。

　この村の住民は、稲作からの収入を補充するために、村の周囲とアンコール遺跡の中にある森で伝統的に経済活動を行なってきた。森は、家内消費と現金収入の両方に活用できる資源を提供する。主な資源は樹木で、枝から薪や炭ができ、その樹脂はそれのみでも商品になるが、腐った木屑と一緒に棕櫚の葉に巻いて松明を作ることができる。イアンやトラーイから採取した樹脂がその中で最もいい副収入源で、アンコール・クラウはかつてアンコール地域で樹脂の生産量が最も多い村として知られていた。

　樹脂の採取は、1年を通じて規則的に行なわれた。イアンを所有している各世帯は、樹脂を1ヵ月に2回採取した。所有している全部の木に1週間に毎日2、3分間火をつけるが、神聖な日は避けた。1週間の火入れ後は1週間休ませ、そ

---

[35] 稲作と米に関する詳細は、デルヴェール（Delvert 1961: 322-370）とエビハラ（Ebihara 1968: 217-279）を参照。

プレア・カン寺院で仏像の世話をするアンコール・クラウ村の女性と孫。

の後樹脂を採取した。樹脂採取の最盛期は雨季である。最も採取量が低いのは乾季で、最低気温の時期、即ち1月初旬から2月末までである。この時期の採取量は最盛期の約半分で、村人の中にはこの時期に採取しない者もいた。雨量の激しい時期も樹脂に水が混じり質が落ちるので、多くの村人は採取しなかった。

　生産者は、樹脂で松明を作る以外に、歯磨きに使ったり、他の村民に売ったりする。残りの樹脂は、主に仲買人を通して村からプノム・クラオム[Phnom Kraom]、シェム・リアップ、チリュー[Chriev]やプオック(地図2)からプノム・ペンの商売人やトンレ・サップの漁師に売られた。一部の村人は、樹脂をシェム・リアップの市場やプノム・クラオムの漁師たちに直接売りに行った。漁師たちは、船の防水や板を保護するために樹脂が必要だ。樹脂を売って得た現金は副収入の主要な部分を占めた。樹脂売買は、また、アンコールの森の住民と

36　トンレ・サップを見下ろす丘の名前で、同名のアンコール時代に造られた寺院が頂上にある。アンコール地域の住民は、雨安居明けに湖で舟遊びをしたり、水びたしの景色を眺めたりするためにここを訪れることが多い。

湖の漁民とを結び付けている。アンコールの村人の中には、農作業が少ない乾季に出稼ぎして漁師の家に住み込んで働く者もいる。

　森林資源は副収入源として有益なだけでなく、生活のために必要な食料や道具を作る材料も提供してくれる。それには、魚、蛙、果物、食用になる昆虫や蟻の巣、蜂蜜（食用と蠟燭の材料）や籠、網、薬草、線香の材料（樹皮）や儀礼用のちまきの葉、農耕の道具や牛車を作る材料などがある。それ以外に、寺院やアンコール・トムは草が多いことから、

樹脂を取った跡が残るイアンの木。

松明作り。イアンの樹脂と腐った木の屑を砂糖椰子の葉でくるむ。

放牧の空間になり、濠、池、沼や湖は水牛の水浴場になる。アンコールの地元住民は、このようにしてアンコール内の森の隅々まであたかも自分の家の裏庭のように知っている。

　アンコール住民の持っている森の空間と特定の場の知識は、神話、伝説、地域の歴史、精霊信仰から植生、地理、森林管理術、保全から人々の行為に至るまで広範囲で詳細にわたっている。地域住民は、この空間を移動し、土地を耕し、自然資源を活用しながら管理してきた。同時に、精霊と仏陀に祈り、アンコール時代の寺院で立ち止まって眺めたり、瞑想したり、戦火を逃れたり、他の村人と交わったりしてきた。しかし、カンボジア政府は、アンコールは守るべき国家遺産、後に世界遺産として活用を制限してきた。

6. 家族の相続財産に関する知識

❖アンコール・トムと周辺にある相続財産

　アンコール・トムとプレア・カン寺院は、アンコール・クラウ村周辺の小さな遺跡や寺院同様、この村人にとって慣れ親しんだ生活景観である。アンコール・クラウ村の住民とアンコール遺跡周辺の他村の住民は、森の空間の一員であるという意識を共有している。森では、社会・文化活動が行なわれ、家族の相続財産が点在している。家族の相続財産は今日生きている人々にとって身近なものであり、その起源は先祖に関する口承の歴史領域に属する。先祖は記憶に残っている者とそうでない者もいるが、この領域は現在生きている者と死者を繋ぐものである。

　口承の物語は、「神話と現実が重要な役割を果たしながら意識的かつ無意識的に形成される語りを通して出来事が劇的に脚色されたり、文脈が形成されたり、沈黙のうちに消え去ったりして形成された話」(Samuel and Thompson 1990: 5)である。過去が神聖視され、生きている子孫に対して先祖がほぼ絶対的な権力を持つ社会では、家族の相続財産を含む有形・無形の遺産は、関係した集団やコミュニティの中の誰にもいじられたり、変えられたりすることができない神聖な財産になる。口承の物語は、この意味では、財産の所有に関連したコミュ

ニティの中で、人々の社会的な立場を説明する慣習法の重要な部分を形成する。

❖ 森と樹木

　誰もアンコールの樹木の所有の起源について知らないが、フランスがアンコールの管理を始める前には、王が最終的に土地、土地に成育する動植物、水や人にいたるまですべてを所有していた。アンコール・トムとプレア・カンの森は、厳密に言えば村の公共財産ではないが、空間は共同管理されていたことから、コミュニティの森と考えられる。木の所有者は、家族ごとに所有の領域があり、その所有権は地元の人々の間で尊重されていた。

　アンコール・トムの北半分のイアンの木は、前述したように、アンコール・クラウ村の住民によって所有されていた。南半分の所有者は、アンコール・トムの西側や南側にあるバライ、コーク・ベーン、コーク・ター・チャン、コーク・ドーン、バケン、トロペアン・セッ、北ティックセン村に散在している。それぞれどのような経緯で木を所有することになったかは定かではないが、所有権は伝統的に家族内の個人を通して継承されてきた。若い樹木の世話をしてきた家族は、森を管理し、樹脂の採取を規則的に行なった。ある家族は300本以上の木を所有していたが、50本以下の木を所有している家族もあった。トロペアン・セッ村の住民は、シェム・リアップ川に近いアンコール・トムの東側に立っているイアンの木を所有していた。

　樹脂の取れる木の所有は、ある家族から別の家族へと借金代わりに譲渡されたり、売買することが可能であった。アンコール・クラウ村の年長者であるター・ソーン［Ta Sǎn］は、自身が木をどのようにして買い、樹脂をどのようにして売ったかを次のように語ってくれた。

> プレア・カンには古い木の所有者がいたが、私は持っていなかった。バライ村の人が、象のテラスとブランパル・ルヴェーン寺の前に立っている1本の木を売ってくれた。当局が2年前に採取を禁止したので、樹脂を採取したのはそれまでの2年間だけである。樹脂はトンレ・サップまで歩いて持っていき、コミューン長に売った。早朝に約30キロの樹脂を棒でかつぎ（約30キロの道のりを）湖まで歩いて、正午ぐらいに着いた。そこで1泊し

て、魚の干物を10キロ以上家に持ち帰った。村人の多くはこの商売をしていた。私は、一度ター・チャイと一緒に樹脂を売りに行ったことがあった。自転車で売りに行く人もいた。(2000年4月20日聞き取り)

❖ 水田と所有の歴史

　2000年までは、アンコール・トム内の池や湖沼は水田として近くの村人に耕作されてきた。所有の理由には3点挙げられる。(1) アンコール・トムに先祖が住んでいた。(2) フランス人から許可を得た。(3) 自主的に森を切り開き稲作を始めたが、誰も止めなかった。以前は、アンコール遺跡修復労働者を含む公務員は誰でも、自分で森を切り開いて税金さえ支払えば、その土地を所有することができたのである。

　2001年、アンコール・クラウ村の年寄りは、アンコール・トムとその周辺に水田や木を所有していた人々を記憶していた。その中でとりわけよく知られているのが、宮廷の敷地内にある女池の側に住んでいたというター・ナーク [Ta Nak] と彼の姉妹の直系の子孫たちである。ター・ナークと2人の姉妹イエイ・スオン [Yiey Suon] とイエイ・コーム [Yiey Kom] は、フランスがアンコール統治に乗り出した時にアンコール・トムから追い出されたと言われている。ター・ナークは、居住地から強制追放させられたので、その歴史を物語る場所の地名のもとになった人物である。それらの場所は居住地や樹木の所有者や滞在した場所を表し、アンコール・トム内外に数ヵ所存在する (地図4)。

　ター・ナークの一族は、女池の周辺に立っている樹木、特にマンゴー、砂糖椰子、ココ椰子、プナウ [phnou] (野生の果物)、タマリンドなど果実を摘む独占的な権利を持っていたと言われている。ター・ナークの子や孫が果実を摘んだマンゴーの木は、「ター・ナークのマンゴー」と呼ばれている。プレア・パリライ寺院付近の木も「ター・ナークの木」である。プラサート・ター・トゥオット [Prasat Ta Tuot] 寺院の東側にある沼は、スラエ・ター・トゥオット (トゥオットおじいさんの水田) (地図4) と言い、セントゥミア湖の一部同様、ター・ナークの家族が水田として所有していた。

　アンコール・トムの環濠のうち、北門のすぐ東側にトロペアン・ター・ヌーク [Trâpeang Ta Nouk] (ター・ヌークの池) があり、そこには「スラエ・ター・ナー

ク」と呼ばれている水田がある。ター・ナークの子孫がそれを耕作している。アンコール・クラウのある村人によると、トロペアン・ター・ヌークは王室の水田で、王が2キロの金と交換で人々に与えたと聞いている。イエイ・スオンとイエイ・コームは、セントゥミア湖の一部ずつを継承した。イエイ・コームの子孫は現在プロアン村に居住している。この孫によると、イエイ・コームは1人息子が僧侶になったが、若いうちに亡くなった。別の村人によると、イエイ・コームは1人の男子を孫として育てたので、その子がセントゥミア湖の土地を継承したという[37]。他の水田は、様々な理由でター・ナークやその姉妹と直接親族関係にない者に継承されている。

ター・ナークの親族は、アンコール・トムの西側にあるコーク・ベーン村とコーク・ター・チャン村にも住んでいる。これらの村に住む親族の何人かによると、イエイ・チャープ[Yiey Chap]は、ター・ナークは本当の姉妹かいとこで、夫はター・ミア[Ta Meas]といった。イエイ・チャープとター・ミアも女池の畔に住んでいて、1999年までター・トラウ湖[Baoeng Ta Trau]（地図4）とセントゥミア湖の一部ずつを耕していたという。コーク・ター・チャンに住む2家族は、同様に近年までター・トゥオット湖の一部を耕していた。この2家族とター・ナークの家族は、かつて王宮のテラスと癩王のテラス前の広場も耕していたことがあったと先祖から聞いているが、現存する村人でそれを記憶している人がいないことから、それはかなり昔のことであったと思われる。

アンコール・トムの環濠は、アンコール・クラウ、コーク・ター・チャン、レアン・ダイ、コーク・ドーン、そしてバケン村の住民によって耕作されている。トロペアン・セッ村の住民数人によると、ター・リエット[Ta Riet]と呼ばれているこの濠の南東部分は、アンコール・ワットの僧院が所有していたということである。

ター・ナークの家族の相続財産に関連して、アンコール・クラウ村の年長者の何人かは、ター・ナークがカンボジアの王室に関係していると考えている。別の人々は、ター・ナークの先祖が功績を残したので、支配者から特権、財産と地位を与えられたと見ている。

---

37 この養子（孫）の存在については存在を否定する者もいて、筆者も会うことができず、未確認である。

最初のグループよると、ター・ナークは、この地域の支配者（人によっては「王」という）リアム（王家の）・アンコール・ヤエム［Ream Angkor Yaem］の妻の親族であるという。

第2のグループは、アンコール・ヤエムはシェム・リアップの知事のような立場にあったと考えている。1人のインフォーマントが、アンコール・ヤエムは州知事で、フランス人の通訳をしたと語った。イエイ・ユーンによると、祖父のター・スムは、ター・ナークの兄だった。当時ルアン［luang］（州知事）がこの地域一帯を治め、タイ人、ラオ人、クメール人の3人の妻がいた。クメール人の妻がイエイ・ユーンの先祖であったが、アンコール・ヤエムはシアヌーク前王とは親族関係にないと述べている。フランスが1907年にシェム・リアップを支配下に置いたので、知事はバンコクに帰ったそうである。シアヌーク前国王の祖父モニヴォン王（在位1927～41年）がアンコールに行幸した時に、アンコール一帯の村人全員をピミアナカスに招待した。この時ター・ナークと彼の姉妹の子孫だけが王に拝謁するように側に呼ばれた。この時、イエイ・ユーンは7歳くらいで（1933年）、父親が肩車に乗せて連れていってくれたという[38]。

エイモニエ［Aymonier］（1901: 36）によると、ルアンは、第3位の州の副知事か第4位の州の知事を指した。すべての州の役人は、特別な伝統的称号と財源を持っていて、地位は相続されたと推測している。15世紀中半にアンコールが崩壊してから、クメールの王室はアンコールを支配していなかったので、アンコール・ヤエムは、イエイ・ユーンが語ったようにシャムの主都バンコクから指名されたルアンであったのかも知れない[39]。

ター・ナークの父親と祖父は、アンコール・トムの宮廷内に住んでいたと言われている。このことは、ター・ナークの先祖が、1795年から1848年までシェム・リアップを支配したローク・ムチャス［Lôk Muchas］――バッタンバン州知事――の配下で働いていたことを示唆する。ター・ナークが女池の西側で生活していた時期に、王がアンコール・ワットを訪れる度に、「王の秘書」がター・ナークにアンコール・ワットでの儀礼の支度を手伝うように要請したと言

---
38 モニヴォン王が1927年11月、1931年1月、1933年11月にアンコール遺跡を訪れたとする笹川（2006: 64）の記述内容に呼応する。
39 この時代の統治については、チュオン（Chhuong 1994）とヤン（Yang 1990）を参照。

われている。村の年長者の記憶によると、ター・ナークは、バクー [baku]（王室の占星術師）のように長髪を頭の後ろで丸く結び、時折、役人のユニフォームであるクバンを身に着けていた。それでも貧しく、3頭の水牛しか持っていなかったという。

　第2のグループは、ター・ナークの先祖が功績をあげたので、特権を許されたと考えている。中でも、ター・ナークの祖父は、シャムの占領時代に郡長（ニアイ・アムポウ [neai ampoeu]）だったと語った。チュオン（Chhuong 1994: 43）によると、知事は当時自分の裁量で、多くの親族を郡長につけることができた。もし、ター・ナークの祖父がローク・ムチャスの知事の時代に郡長だったとすると、ローク・ムチャスの親族であった可能性も否定できない。

　ター・ナークの祖父は司法による死刑執行の権力を持っていたという村人もいる。この語りは、エイモニエ（Aymonier 1901: 40-41）が「すべての役人、即ち、村長に匹敵するカムナン [kamnan]、都市か地方の小区域で警察長としての職務を遂行していたアムポウなど、行政の最下位にいる者まで、賞罰を決定する」権限を持っていたという記述と呼応する。

　第2のグループに属するインフォーマントの1人によると、ター・ナークの父親は、使用人と結婚し、そのことによって一家は社会的地位や権力を失い、その結果、娘のコーム（後のイエイ・コーム）は奴隷として売られ、ヴェトナム人が妻として買ったという。このように、イエイ・コームと彼女の結婚、子供をめぐっては謎が多い。このインフォーマントによると、結婚後イエイ・コームはシェム・リアップで生活した。ほかの村人によると、イエイ・コームは結婚もしなければ、子供もいなかったという。彼女が外国人（多くは、ヴェトナム人、1人は、チャム人と述べた）と結婚したが、後で離婚したと言う者も数人いた。イエイ・コームに子供がいたと述べた人は、息子はクラエップ [Klaep] という名前で、僧侶だった20代に亡くなったと語った。

　アンコール・クラウ村の先祖が、アンコール時代の王女の伝説（第4章で詳しく述べる）と19世紀から20世紀にかけてター・ナークの家族が宮廷と繋がりが

40　笹川（2006: 63-64）によると、1907年フランスがシャムからシェム・リアップを割譲してから、シソワット王が1909年にアンコールに行幸し、それ以降新たに即位したカンボジア王がアンコール遺跡に赴き、アンコール時代の諸王に対して儀礼を行なう慣行が定着したとある。ター・ナークは、王の行幸の度に儀礼の準備に借り出されたと見ていいだろう。

あったこととの明確な関連性は知られていない。しかし、口承の物語と家族の相続財産を通して、アンコール・トムの宮廷とアンコール・クラウ村の先祖の関連性が繰り返して述べられていることは興味深い。この村の人々の翻弄された歴史を通して知る社会政治組織の栄枯盛衰は、アンコール王朝の興亡と不思議に重なる。

7. まとめ

　この章では、ブルデュのハビトゥス理論を通して、アンコール・クラウ村民の実践知を探った。実践知は、身体化された実践を強調する。私は、ここで知識と実践の繋がり、とりわけ、社会組織、精霊信仰と仏教、生存に関連した歴史的、環境的かつ文化的な知識と実践の繋がりを強調することに務めた。精霊信仰は、生活実践の中で中心的重要性を持っている。信仰は、農業実践、道徳観、正義、過去、土地所有、コミュニティ意識と関連している。

　親族概念と系譜は、家族の相続財産、実践の場所、社会的地位、空間、そして、多少曖昧さが残るプームの概念と密接に繋がっている。このような知識と実践は、社会的なアイデンティティ、コミュニティ、そして継続の重要な要素を構成している。コミュニティの境界線が社会経済の変化により危機に瀕する時、地域の知識や実践は個人やコミュニティの生活にある種の安定感を維持するためにより重要になってくる（cf. Kemp 1991: 103）。しかし、このような知識は一般的に当局によって無関係または有害と見なされ、無視される傾向にある。これまで見てきたように、権力者たちは、自分たちにとって好ましい支配を実現するために、排除、規制、否定などの手段を使って、歴史的に人々の実践を抑制しようとしてきた。

第4章 空間からの追放、場からの排除

「被支配者の知識」——「職務に不適切、または精度が不十分と見なされた知識：要求された認識や精度のレベルより下で、ヒエラルキーの下層に位置する、素人の知識」(Foucault & C. E. Gordon 1980: 82)。

アンコール・クラウ村の名前の由来と歴史を調べていくうちに、大きな謎に直面した。アンコール・クラウは、「アンコールの外側」という意味であるが、名前の由来は人によって2通りの説明の仕方があった。初めのグループは、村がアンコール・トムの外側にあるという地理的理由をあげた。もう1つのグループは、先祖がアンコール・トムから追放されたという歴史的理由をあげた。後者の説明によると、先祖の追放は、アンコール時代と20世紀にフランス人がアンコール遺跡を維持管理するようになってからの2つの時代にまたがっている。不思議なことに、両方の時代とも先祖が追放されるまで居住していた場所が同じで、それは宮廷である。追放の物語に興味をそそられて、このことをもっと追求していった。アンコールの村人の歴史は、もともと住んでいた村からの追放と排除だけでなく、度重なる帰還の歴史でもある。この追及の過程で、数ヵ所の村で聞き取りを行ない、語りの中で言及された重要な場所を訪ねて確認作業を行なった。本章は、アンコールの村人の知識、即ち「被支配者の知識」の歴史をたどるものである。それは、アンコール時代からポル・ポト時代までの間に、人々がアンコールから排除され、周辺化されてきた歴史である。

1. アンコール・トムからの追放

アンコール・クラウ村の起源や意味の2種類の構築は、村人の異なった素性を反映している。最初のグループに属する人々は、スロック・ルー［Srok Loeu］（上部）出身で、アンコール・トムから来た人々と遠縁であるか、まったく縁戚

関係にない。第2のグループに属する人々は、先祖がアンコール・トム出身かター・スム——イエイ・ティエムおよびター・ナークの家系と縁戚関係を持っている。前者からは村や先祖に関する話があまり聞かれず、ほとんどの話は第2のグループに属する人々——圧倒的に年配の男性——から集められたものである。女性の話は、人生や生活、家族、日常的な問題、精霊信仰、占いなどに関するものが多い。

　アンコール・トムへの地理的な近さを考慮に入れると、村の来歴、先祖やアンコールに関する話を知らない村人が多いことは驚くべきことである。この理由に、自身の知識が「不適切」と考えているか、恥ずかしくて話すことができないという場合が考えられる。他に、「話の貧困」は、カンボジアの長期にわたる社会不安や戦争の時代に、離村、移動や家族の離散などを強いられたことに起因する社会経済的困窮に関係しているのかも知れない。悲惨な状況によって、「語り」の継承のための時間と心のゆとりが減少したと考えられる。何人かの村人は、一度もアンコール（主にアンコール・トムやアンコール・ワットを意味して）に行ったことがないと語った。その理由に「子供の頃から毎日村から遠くへ牛を放牧に連れていかなければならなかった」、「両親がかなり貧しかった」、「孤児だったので農業と子育てに忙しかった」などの説明があった。多くの年寄りは、「アンコールに関する伝説や民話を聞いたことはあるが、忘れてしまった」と語った。それは、近年の悲劇的な時代からのトラウマでなければ、高齢のためであったり、毎日の生活を生きるのに精一杯で疲労困憊しているためであったりする。

　シアヌーク時代（1953～70年）に子供時代を送った年寄りたちは、この時期が最も平和だったと記憶している。彼らの多くが、クメール正月にアンコール・ワットへ行き、ロムヴォン [râmvong]（男女が輪になって踊る踊り）を楽しんだり、正月遊びをしたり、観劇をしたりしたと述べている[1]。しかし、アンコール・ワ

1　アンコール・ワットで遊んだゲームは、プロップ・カイ [prâp kay]（若い男女の歌合戦）、オンコニュ [angkonh]（森に生育する蔓科の植物の実の名前で、2チームに分かれ、相手側の陣地にある6個ずつの実を三角形に立てて並べたものを早く倒したほうが勝ち。敗者は、みな膝をオンコニュの実でたたかれる）、チャオル・チュン・コンサエン [chaol chhung kânsaeng]（綿を詰めたスカーフを2組に分かれて投げ合う）、ティエン・プロアット [tienh proat]（男女や村対抗の綱引き）などである。観劇したものには、リアムケー [reamker]（クメール版のラーマーヤナ）、トロット [trot]（正月の厄払いや雨乞いの踊り）、スバエク・トム [sbaek thom]（大型影絵）、イケー [yiké]（劇の一種）、アヤイ [ayai]（笑いを誘い、風刺的な男女の歌の掛け合い）などがある。

ットの僧侶によると、2000年アプサラ機構が正月遊びを禁止してしまった。

　今日、多くの村人がアンコールへほぼ毎日通っている。彼らは遺産産業（遺跡の修復・保全、寺院の監視、神像・仏像の世話）や観光産業（飲食料やみやげ物の販売、食堂や店の経営、トイレの清掃）に携わっているか、宗教活動を行なっている。村人の知識の幅は人によって異なるが、若い世代に物語を継承したいと思っている人は少なからずいる。2000年当時シェム・リアップの小・中学校に通っている村の子供の中には、ター・ナークの孫もいた。子供たちは学校で学んだアンコールに関する公的な知識は持っているが、両親や祖父母から村の来歴やアンコールの話を聞いていない。このことは大変残念なことである。

　アンコール・トムはその最盛期に、物品、情報、知識、人々と金銭が国境を越えて流通する中心地だった。その周辺は、門、城壁、環濠から始まり、外側に無限に広がっている。アンコール時代に庶民がどのような暮らしをしていたか、周達観（1989）の記録と碑文以外からは知ることができない。

　碑文によると、アンコール時代に王宮や寺院の中で働いていた人々は、一様にクニョム［knhom］（奴隷）と呼ばれたが[2]、彼らは奉仕のために「選ばれた」人々であったと考えられる。ジャックとフリーマン（Jacques and Freeman 1997: 17-19）は、9、10世紀の王室の寺院には、奴隷と呼ばれた奉仕者の性別と名前が延々と碑文に刻み込まれていると述べている。クニョムは、寺院の水田で働いた。ジャックは、クニョムが、神聖な寺院を汚すことなく寺院で働き、名前まで碑文に刻まれていたので、「本当の奴隷」ではなかったと論じている。ジャックの見解では、彼らは「債務奴隷」または、生き延びるために寺院への貸し出しや寄付という形で信者から付与された貧しい人々である。「本当の」奴隷は、ジャックによると、名前が碑文に刻まれずに単に人数だけが刻まれている近隣の征服された人々や遠い山地に住んでいて野蛮人と見なされていた山岳民族の捕虜であった（cf. Jacob 1978）。

　周達観（Chou 1992）の記録には、社会階層によって異なった生活様式、衣装や装身具に関する記述もある。貴族の家には屋根瓦が使われており、庶民の家は萱屋根である。庶民の家が腐敗しやすい材料でできていたことから、誰が市内で生活することを許され、誰が市外で生活していたかを明確に記述するのは

2　現在、クニョムは「私」の意味で使われる。

難しい。それにもかかわらず首都の城壁、門と環濠の境界線から追放されたことは、権力、権威、名誉を失った社会的賤民になったことを意味すると考えられる。そのような人々の知識には十分な注目が払われず、価値が低いものと見なされたと考えられる。中央にいた人々が境界を越えて追放された時、内部の人々との接触や、情報、物質の流通が完全に拒否されなくとも、規制されただろう。このようにして、追放された人々は行動範囲が限定され、周辺化が始まる。このことは、日常的な生活実践が行なわれた、先祖から継承した樹木の生えている場所、水田、湖沼などの特定の場所から排除されたことをも意味する。家畜を放牧させたり遊んだりした集合的記憶は、アンコール・トムの空間に凝縮されている。社会経済活動の主要素は、前述したように、遺跡警察によって禁止されてしまった。その結果、村人の生活はアンコール・トムの空間から分離されてしまった。

リーチ (Leach 1997: xix) が論じているように、壁は社会の秩序の物理的現れとしての役割を務め、その状態を強化するのに役立つ。リーチは、壁が境界線内に内包されている者のアイデンティティ形成に手を貸し、外側にあるものに対して他者意識を形成すると述べている。壁の意義は当然のことながらそれぞれの人によって異なる。それは、その社会における人々の社会的地位や帰属による。壁は、その建設者にとっては社会の秩序を制御する手段であり、壁の中の空間にいる人々は、外部者とは異なった特定のコミュニティに帰属するという共通のアイデンティティを発展させる。アンコール・トムの城壁の外側に住んでいた人々は、排除されたという感覚と、壁が社会的かつ物理的障害であるという感覚を発展させてきたであろうことは想像に難くない。

内モンゴリアの論争の的になっている景観を研究したハンフリー (Hamphrey 2001) は、壁や門の意義が時代や集団によって異なると論じている。中国人には、壁と門は、自分たちがどこにいるとしても、秩序、安全とコントロールを意味する。モンゴル人には、「門」は、壁の一区間にある限定された門ではなく、ある地域が「内部」——人々が本当の中国であるとほのめかした内部——だと理解している (ibid.: 59)。一般的に境界を記すためや防衛のために建てられた壁の意義は、集団によって異なり、社会の文脈によって変化する可能性がある。可視化できる壁と不可視の境界線は、1925年にアンコール公園が開園された時、

1992年にアンコールが世界遺産に指定された時、そして1994年に5つのゾーンが設定された時に、「壁」の機能を果たして境界線が確定された。中央と周辺の概念、変化する境界線、内部から外部へ、外部から内部への人々の移動が、このような責務を遂行する際に重要な要素である。この断続的に繰り返された周辺化の歴史は、村の先祖たちが、状況が変化した時に「古い」中心にあった故郷に戻ったことを意味する。このような観点から、排除と周辺化の歴史を紐解いていく。

　最初のグループは、20世紀初頭にフランス人が追放するまで、先祖がアンコール・トムの宮廷にある女池付近に住んでいたと語っている。彼らの子孫は、村の来歴に関する伝説や先祖の追放の理由を、両親、祖父母やほかの年寄りから聞いている。社会経済的境界線は、アンコールの王に建造された環濠、門や壁を越えて拡大している。先祖がアンコール・トムを追放され、壁を越えて生きながらえた足跡が、樹木、水田、池や丘と関連した特定の場所の名前に見ることができる。

　最初の追放物語は、アンコール時代に起源を遡る。アンコール・トムからの追放は、樹木や水田などの家族の遺産を継承した村人の記憶に頻繁に現れる地域の語りであったり、繰り返される歴史の強烈なテーマであったりする。村の歴史や先祖の語りを伝えてくれた村人たちは、同時にアンコール時代の寺院の創造に関する伝承をよく知っている人々である。継承された村の伝説や物語は、村の大多数の人が持つ知識ではないし、村全体にこの言説を均質に当てはめる意図はない。しかし、他の物語や対抗する言説が存在しないことから、集めた伝説や民話の他の大局観や議論を持ってくることは困難である。

2. アンコール時代の追放

　今日までアンコール・クラウ村に残っている最古の追放の歴史は、アンコール時代の王女に関係している。もう1つの物語は、カンボジアの王の有名な伝説上の顧問トン・チェイ［Ton Chey］に関連している。王女は王の名誉を汚し、トン・チェイは王を嘲笑して怒らせ、ついに追放されてしまった。

プラサート・ター・ウアン。

　追放物語は、村出身の僧侶、アチャー、伝統治療師、霊媒など村の専門家や非公式な村のエリートである年配の識者による。伝説は、村がなぜ「アンコールの外」と呼ばれるのか、宮廷内に住んでいた人々がなぜ外側に住むようになったかを説明している。興味深いことに、アンコールの中央地域にある他村の住民は、「理由はわからないが、アンコール・クラウ村の人たちはアンコール・トムから追放された人々の子孫である」と伝え聞いている。

❖王女伝説——バージョン1：王女ヴォン・ティア[Vong Tia]、秘密の恋人、双子の男児

　アンコール・トムに王が住んでいた。王にはヴォン・ティアという娘がいて、王に内緒で恋人がいた。女官の1人がこのことを王に密告したので、王は王女に必要最低限のものを持たせてアンコール・トムから追放した。王は、ター・ウアンに命じて、アンコール・トムの北西に寺（プラサート・ター・ウアン）[3]を造らせた。王女はその寺に住み、双子の男の子を生んでヴァーヴォン[Vavong]とソーヴォン[Sovong]と名づけた。この2人がアンコ

3　アンコール・クラウ主村の北西で、プラネット分村の南東に建っている。

ール・クラウ村の先祖である。

❖ **王女伝説——バージョン2：王女ヴォン・シル[Vong Syle]、秘密の恋人、女児**
　アンコール・トムの王女はヴォン・シルと呼ばれていた。王の家来の中に王女の恋人がいたことがわかり、王は娘を勘当した。王女はそれからプラサート・ター・ウアンに住んで女の子を生み、チャンパ・レアクサイ[Champa Reaksai]⁴と名づけた。

❖ **王女伝説——チャム・バージョン：プラサート・ター・ウアン、別名プラサート・レアック・コーン[Prasat Leak Kon]**
　王がアンコール・トムで放尿した。豚がそれを飲んだ。豚は、その後妊娠して、女の子を産んだ。王は人々がそのことを知ることを恐れて、子供をプラサート・ター・ウアンに隠した。このことから、この寺は、別名プラサート・レアック・コーン（子供を隠した寺院）と呼ばれている。

　王女伝説の最初の2つのバージョンは、王女の名前、子供の数と性別の違いこそあれ、内容は似通っている。いわゆるチャム・バージョンは仏僧の語りである。これは、王女伝説を滑稽で風刺的に変化させたものである。王がアンコール・トムの市民に知られたくない王女の妊娠を隠すために、王女を宮廷とアンコール・トムから追放し、アンコール・トムの外側に造らせたプラサート・ター・ウアンで子供を生ませたと解釈できよう。この伝説には他のバージョンもあるが、子供やプラサート・ター・ウアンには言及しない。しかし、王女と恋人、それに恋人の親族は共に追放され、その恋人の子孫がアンコール・クラウの住民であるという。アンコール時代の道徳観は現代に比べると大変厳しかったというのが、伝説を継承した村民が理解するところである。クメールの道徳観によると誇ることのできない話なので、王女伝説を語る時、村人たちは一様に声を落とした。
　アンコール・クラウ村の住民が語った別の追放物語は、アチャーと前述の僧侶による。トゥネン・チェイ[Thnenh Chey]または、トン・チェイは、一休さ

4　チャンパは、フランジパニの意。レアクサイは、インドラ神の意。

トロペアン・ター・チェイ。

んのような人物で、カンボジアで広く知られていている人気のある物語の主人公である。この物語は、仏教寺院に保存してあった貝葉の記録に含まれているが、これらの記録の多くは、他の貴重な記録と共に、ポル・ポト政権時に破壊されてしまった。トン・チェイ物語は、近代、ポル・ポト政権時代を除いて、継続して学校で教えられてきた。アチャーや仏僧は、高齢者からこの物語を聞いたかもしれないが、貝葉に刻まれた記録や印刷物でも読んでいる。村の起源に関する彼らの理解は、村の名称、位置、アンコール・トムの環濠の北西部にあり、長い間水田として耕されてきたトロペアン・ター・チェイ[Trâpeang Ta Chey]（「チェイ爺さんの池」の意）の存在が物語の一部に対応することに基礎を置いているようである。

❖ トン・チェイ物語：アチャー・バージョン

アンコール・クラウは、プーム・アー・チェイ[Phum A-Chey]（チェイの村・賢い人々の村）と呼ばれていた。トン・チェイはアンコールの宮廷に住んでいた学者であるが、王は自分よりも賢いチェイを嫌いだった。ある日王は、

宮廷の女官にトン・チェイの屋敷に行って糞をするようにと命じた。女官たちが一緒にトン・チェイの屋敷に出かけると、トン・チェイは「糞をしてもいいが、放尿は許さない」と言った。しかし、女官たちは放尿をしてしまったので、トン・チェイに殴られた。殴られた女官たちは泣き叫んで王の下へ馳せ参じ、トン・チェイの手荒い扱いについて苦情を述べた。王はトン・チェイを呼び出して、どうしてそのような乱暴を働いたかについて尋ねた。すると、トン・チェイは「女官たちは糞のみするように申し付けられたのに、屋敷で放尿をして、王の命にそむいたからです」と説明した。この説明を聞いて、王はトン・チェイを言い負かすことができずに激怒し、トン・チェイの顔を見るのが嫌いになった。このことを知ったトン・チェイは、腕のいい絵描きに自分の顔を尻に描いてもらい、王がよく外を見る窓に向かって尻を突き出した。王はそれを見て何かよくわからなかったが、「きれいだ」と言った。それからもっと近づいて見て「トン・チェイの尻だ!」と叫んだ。トン・チェイはすかさず、「王様は私の顔は嫌いだが、尻は好きなんだ」と叫び返した。その結果、トン・チェイはアンコールからトロペアン・ター・チェイに追放された。トン・チェイは、村の先祖である。

❖トン・チェイ物語:僧侶バージョン

トン・チェイはアンコール・クラウに近い人である。アンコール・クラウはトゥネン・チェイ(トン・チェイ)の国・里である。トン・チェイは、王の顧問であるが、王はトン・チェイが嫌いだった。王はとりわけトン・チェイの顔を見るのが嫌いだったので、トン・チェイは象のテラスの正面の窓から外に向かって尻を見せた。トン・チェイは、王が窓から覗いた時にこれに惹きつけられるのを知っていたのである。尻には、リアフ[Reahu](ラフ[Rafu])[5]の姿を描かせた。うこんで黄を、石灰で白を、キンマで赤を出した[6]。王がそれを見て激怒し、トン・チェイをアンコールの外(即ち、アンコール・クラウ)へ追放した。追放された場所は、今アンコール・クラウ

---

5 ラフは月を食べる宇宙の神秘的な怪物で、月食を起こすと信じられている(cf. Markel 1990: 9-26; Turton 1972: 217-56)。
6 キンマの葉に石灰を塗り、くだいた檳榔子の実を中に入れて嚙む習慣があるが、この時化学反応で唾液が赤くなる。

村がある場所で、この村の名前はこの話に由来する。トン・チェイの話は、本や貝葉の記録から知った。

両方のバージョンの物語の中で、鍵になる点は、王が屈辱的な形でトン・チェイに嘲笑されたので、二度と顔を見たくないと思い、都から追放したことである。排除の物語が、宮廷、都城などの支配空間から身体的に排除されることと、放尿、排泄、出産、尻を出すことなど、身体や体液と外側への動きに関連した表現で溢れているのは、偶然の一致ではないと思う。知識(秘密の、または、権力者を震撼させる類の)、力(優れた知識、機知、破壊的な、挑戦的な)と、不服従の人々を排除することによって空間をコントロールすることの間には、緊密な関係がある。

権力者は社会秩序を確立することを求め、部下を従属させようとする。その方法には、ある社会や身体の状態、または、ある「場」に留まることを強制することを含める。2つの伝説にある不服従者が権力者の中にいたことから、この種の不服従が身体の完全な抹殺には値しないと考慮され、おそらく死も同然の社会的排除と付随する屈辱の道が選ばれたのであろう。別の言い方をすれば、不服従者を本来いるべき「場」から排除することによって、視界から、そして心から彼(女)を抹殺したのである。

アンコール・クラウ村の起源と関連して、チャム・バージョンを除いた王女伝説を知っている人とトン・チェイ物語を知っている人は別々である。王女伝説はアンコール・クラウ村の一定の家族内だけで世代を通して口承で伝えられてきたが、トン・チェイ物語は、口承と記録[7]を通して、カンボジア中の人々に知られている。両方の物語に共通する基本的テーマは、アンコール・クラウ村が今日存在する場所は、王の知識、能力、権力に不服従を示したか、挑戦した、王に近い人々の「捨て場」であったということである。宮廷はアンコールの中心で、絶対的な力、権力と知識の宝庫でもある。そこで不適合と見なされた人々は追放された。今日的な言葉で言えば、「内なる反体制の人」の住処は、都

---

7 サヒェー(Sacher 1964)によると、この物語は、言語や文体から判断して、14世紀から18世紀の間に書かれたものである可能性が高い。この期間は、アンコールの終末期からカンボジア史中期の範囲である。

城の外であり、彼らは「政治難民」と言ったところだろう。

3. シャムによる周辺化、フランスによる追放、イサラクによる介入

❖ シャムによる周辺化

　アンコール崩壊後、カンボジアはアンコール帝国の中枢部を確保しようと企てたシャムによって数度の攻撃を受けた。シャムの支配は、政治的支配の強いフランスの統治よりも領地統合の傾向が強く、カンボジア西部の数州はシャムの小州として併合された。カンボジアの政治構造と文化的伝統は、ほぼそのままに維持された (Aymonier 1901: 22-46)。シャムはアンコールの文化財を持ち出したが、アンコールの住民、慣習や文化遺産を厳しく制御しなかった。あるインフォーマントによると、シャムの役人がアンコール・ワットを訪れた時に、クメール人は排除された。シャム人によるアンコールの支配、特にアンコール・ワットの支配は象徴的である。シャム人にとって、中央はあくまでもアユタヤ、後にバンコクなのである。シャム人はアンコールから一定の物理的距離を保ちながらも、アユタヤ朝の宮廷でクメールの王制、言語などの宮廷の伝統を踏襲した (ibid.: 22-46；Keyes 1991: 264-267)。アンコールは、アユタヤ朝が政治的に重要な州を1から4まで区分けした内の重要度が一番低い第4州で、知事職（この場合ルアン）は、王位から遠い、政治的重要度が低い王子か低位の貴族に与えられ、郡長職（ニアイ・アンプー）や村長職（カムナン）は、地元住民に与えられたようである (Aymonier 1901: 22-40)。しかし、過去にシャム人がアンコール・ワットやプレア・ヴィヒア寺院を所有したことの重要性は忘れられておらず、現代に至っても時折タイ・ナショナリズムを喚起させてきた。[8]

❖ フランスの管理

　フランスが1907年にシェム・リアップをシャムから割譲して統治を開始した時、シャム時代に高い地位に就いていた人やクメールの賢人たちは、バンコクに大挙して押しかけた。この状態は、「フランスの到着前には、政府はアン

8　Cf. Keyes, 前掲書 p.266. Guardian (31 January, 2003)。

コール・ワットを支配していなかった」と言ったトロペアン・セッ村のアチャー・ター・ロアムの言葉によく表現されている。このことは、シャムとフランスの支配の仕方の違いに関連している。領土を併合したとはいえ、シャム人にとって支配の対象は領土そのものではなく領民であり、フランス人による支配は領土の政治的支配であった (cf. Kemp 1988)。他の違いは、シャムにとってシェム・リアップは辺境の地にある小州であるが、フランスにとってはプノンペンやバッタンボーン以上、または同様に重要な中心である。それは、フランスのカンボジア支配を象徴しているからである。

　カンボジアのフランス人による支配、とりわけアンコール・ワットの支配は、クメールの象徴的「民族国家的」文化遺産が彼らの遺産になり、それを保護管理することは、植民地主義を正当化するために必要な手段だった。スミスとカッツ (Smith & Katz 1993: 70) は、歴史地理的用語では、植民地主義は、外部の力による領土の征服、居住、所有と支配を含み、空間の意図的、物理的、文化的かつ象徴的流用に基づいていると述べている。エヴァンス (Evans 1998: 50) によると、フランスはラオスにおいて、シャムとの戦争 (1893年) や第1次インドシナ戦争 (1946～54年) で破壊された国家の象徴であるタート・ルアンを始めとする多くの仏教寺院の修復を始めた。エヴァンスは、フランスは自国のナショナリズムの実践を単にラオスの文脈に置き換えただけであると示唆している。この背景には、国家が完成から程遠くもろいために、過去と現在の提携を必要としていることが挙げられる (cf. Wright 1985: 148)。これを達成する方法の1つは、「『我々の』国家遺産の中心で歴史や景観の合併を考える時、過去はあたかも簡素な存在であるかのように扱われ、国家が理想像を投影することができる歴史の国有化」(ibid.: 49, 74) である。このことから、国家遺産の管理と修復は、被征服民の目に征服者の存在理由を正当化する最も効果的な手段の1つである。言い換えると、国家遺産は、空間の政治化、および権力と知識の制度化のための理想的な舞台なのである。

　「フランスが発見した」アンコールの壮大さは、植民地主義で取り囲むことの正当化に貢献した (cf. Mabbett and Chandler 1995: 219)。1907年におけるカンボジアの残りの州のフランス保護領化とアンコールの支配は、フランスがカンボジアを本当の意味で支配したことを彼らに認識させた。そのため、フランスが国

家的象徴である主なアンコール遺跡を修復し、過去の栄光を回復し、世界に再紹介することが必要不可欠だった。1922年マルセイユで開催された植民地博覧会に引き続き、1931年のパリで開催された植民地博覧会でアンコール・ワットの巨大な模型が展示された。そうすることで、フランスは東洋で獲得した自慢の至宝を世界に示すことができたのである（cf. Edwards 1999: 209-210; Dagens 1995: 109-111; 笹川 2006: 159-164）。

　フーコー（Foucault 1997a: 367-379）によると、18世紀末にフランスの哲学者たちは、政治的思考の偉大な着想、即ち、社会という概念を発達させた。政府は、領土、所有地、臣民に対処しなければならなかっただけでなく、独自の法律と対処法、規定、暴動の可能性を孕んだ複雑な現実にも対処しなければならなかった。政府によって考案された新しい仕組みや管理法は、「社会のあらゆる仕組みに、巧みにそしてほぼ自動的に浸透し、刺激し、規制し、言い渡す警察の構想」（ibid.: 369）だった。フーコーの話は、アンコール・クラウのある年配の村人の話と共鳴する。シャム時代には、3度同じ罪を犯す者は死刑になったので、牢獄は存在しなかったが、フランス時代に牢獄が建造された。フランスがカンボジアとアンコールに到着した時、カンボジア社会を「厳格な行政の枠組み」（cf. Luco 2002: 26）で強く規制する意図があったことは明白であった。この厳格な規制をカンボジア人は長い間嫌っていた。フランス人はアンコール管理のモデルを示し、それが1990年代の新しい管理体制にも使用された。

　フランス人によるアンコール遺産地域からの人々の追放と再組織化は、大まかに分けて2段階ある。第1段階はフランスがアンコールを管理し始めた1907年から1946年まで、第2段階は第2次世界大戦の終わりから1953年のカンボジア独立までの期間である。

第1段階：フランス管理の始まり

　フランスがカンボジア支配に興味を持った19世紀後半、シャムとヴェトナムがカンボジアを政治的に支配し、領土を併合しようとして、両側から引っ張りあっていた。その窮状をフランスはうまく利用し、保護者や救済者として介

9　エイモニエ（Aymonier 1901: 41）は、シャム人が、有罪判決を受けた者を鎖で繋ぎ、汚らしい掘っ立て小屋に蔓で繋いで、手足の切断などを含む身体的罰を与えることは頻繁にあったと述べている。

入することができたのである。

　カンボジアにおけるフランスの一番の関心は政治経済であった。同時にアンコール文化遺産の壮大さと魅力に深く感動した。長くシェム・リアップに在住したフランス極東学院のクリストフ・ポチエ［Christophe Pottier］によると、フランスのアンコール管理の構想は、フランスのモデルを使って、行政の観点から一定地域を公園に指定し、ありとあらゆる「敵」から守ることであった。1901年フランス領インドシナにおける歴史的記念碑に関する法律が公布され、以降、当時影響力のあったフランスの歴史記念碑規制の精神で、このモデルが、カンボジアでは2、3の修正をもって実現された[10]。また、フランス革命後、このモデルが設置され、博物館の新たな機能、即ち、王や貴族の過去の私的収集の代わりに、公的、民主的、そして国家的制度と共に、新しいプログラムが現れる条件を提供した。新しい（輸送）技術が誕生したことで、征服した領土から作品を見つけ出して移動させることが容易になった（Hooper-Greenhill 1989: 69）。アンコールからいくつかの彫刻を持ち去ってパリへ搬送する一方、アンコールは公園として境界線が敷かれ、公衆のための野外博物館として構想された。

　しかし、20世紀になってからもアンコール・トムの宮廷の敷地に人々が生活していた。そのうちの何人かは、前章で述べたように「王」の子孫と信じられていたが、フランス人によって追放されてからは、アンコール・クラウ村や西バライの中にあったバライ村に移住した。アンコール・ワットやアンコール・トムの他の地域に住んでいた人々も外側に追放された。僧侶は、アンコール・ワットの建物の近くに居住することを禁止された[11]。これは、野外博物館にふさわしくない光景と見なされたからである（Edwards 1999: 202）。

　1924年総督は村人を除いた公園の設立について話し合い、村人を公園の外に移住させるつもりだった。しかし、遺跡の保存修復専門家のアンリ・マルシャルは、総督の考えに反論し、アンコール保存事務所の報告書に次のように書いた。

　　原住民の移住は、遺跡修復労働者の確保や人々や家畜が遺跡周辺を闊歩し

10　最初のコメントは、2000年9月5日シェム・リアップで聞き取りした。次のコメントは、2001年11月6日電子メール上のコミュニケーションによる。
11　このあたりの経緯は笹川（2006: 65）に詳しい。

ている美しい絵画的な光景や、他の様々な点を考慮に入れると残念である。アンコールを訪れる多くの画家や芸術家は、遺跡のシルエットに合うモデルとして、公園内を牛や牛車と移動する原住民の集団を見ることに喜びを感じている（Marchal 1924）[12]。

この美観に関する議論が面白い。それというのも何が美的であるかは、集団と時間によって変化するからである。マルシャルとこの時期の他のヨーロッパ人たちは、「原住民」を含んだアンコール公園のように、歴史的遺産に対するロマンチックな見解を持っていた。この見解は、カンボジア当局が一般的に持っている見解とは相反するものである。後者は、「貧しい」村人とみすぼらしい家は、外国人の目には不快であると考えている。この見解は、2000年12月にシェム・リアップで世界観光機関（WTO）とアプサラ機構が開催した文化観光の国際会議で、ヨーロッパで一番文化観光客が多いドイツの国際観光同盟東南アジア支部のプロダクト・マネジャーが、「ドイツの観光客は、歴史的な場所を訪ねるだけでなく、地元の文化についても学びたいと思っている」と語っていたことと相反する。

結果的には、アンコール・トムとアンコール・ワットの中に住んでいた一般の人々のみが外側に排除された。アンコール・ワットの僧侶たちは、参道の脇に建てた簡素な建物の中で寝起きをすることを許されず、代わりに現在北寺と南寺がある場所に寺を建てさせられ、そこで生活をするように仕向けられた。最終的に、アンコール・クラウ村をはじめ、いくつかの村はアンコール遺跡に地理的に近いので、公園の境界線の中に維持された。ポチエは、境界線は、公園の設立が人間社会に与える影響を最小限に留めるよう多くの村を含まないように設計されたと考える。この考えは、1960年代のカンボジア当局の心にはもはや存在しなかったので、アンコール・ワットの正面入り口に近い地域に住

12　本文書は、フランス極東学院（部分的には、ユネスコ日本信託基金の支援）によりコンピューター入力された。この部分の報告書は、ポチエの助けを借りて筆者が意訳したものである。ポチエは、次のことを筆者に忠告した。「1つ考慮しておくべき点は、マルシャルやほかの遺跡の保存修復専門家の報告書は、行政に向けた公的文書であるということだ。マルシャルは、公的見解を否定するもっと『個人的な』感情があったかもしれないが、報告書に書くことができなかったので、『労働者の確保』のような『実用的』な議論を使わなければならなかったということを念頭に入れるべきだ。マルシャルの私的な意見は、手書きの日誌に書いてあるかも知れない」

アンコール・ワット。クダ・バエンを望む。

んでいた人々は西側へ移動させられた。

　トロペアン・セッ村の長老は、約20世帯がアンコール・ワット環濠内側の南西土手から南門にかけて住んでいたことを記憶している[13]。この長老によると、アンコール・ワットの住人たちは、宗教儀礼で音楽を奏でたり、椰子砂糖を生産したり、アンコール・ワット敷地内の西側で稲作を行なったりしていた。長老によると、これらの家族は、フランス人によって敷地の外に追い出された。アンコール・ワットの住民たちは、濠の南側にある南テアックセン村や、西側にあるトロペアン・セッ村に移住した。稲作をした場所は、北寺の北東部だったが、フランスが永久に稲作を禁止したということである。

　「名誉のテラス[Terrace of Honour]」と外国人に呼ばれている場所（Rooney 1994: 86）は、クメール語でクダ・バエン[kda baen]である。年配の地域住民は、このクダ・バエン（十字型テラス）の北と南脇に僧侶が住んでいたと親や祖父母から聞いている。これは、デュールフィルス（Dieulefils 2001: 31, 35, 39）の *Ruins of Angkor, Cambodia*

13　ICCの1998年の総会で、シェム・リアップ州森林・野生生物部門が提出した資料では、1900年に約200世帯（家族）がアンコール・ワットから濠の外へ移住させられたとある（ICC: 1998a）。

第4章　空間からの追放、場からの排除　　　　　　　　　　　　215

デュールフィスによるアンコール・ワットの写真。クタ・バエン前にある僧侶の住まい（1909 年）。
Ruins of Angkor, Cambodia in 1909, by P. Dieulefils. ©River Books 2001.

デュールフィスによるアンコール・ワットの写真。クタ・バエンの後方南側にある僧侶の住まいと牛車（1909 年）。*Ruins of Angkor, Cambodia in 1909,* by P. Dieulefils. ©River Books 2001.

in 1909 に掲載されている写真や *Angkor: A Manual for the Past, Present and Future* (APSARA 1998: 94) に掲載されているトンプソンの写真でも確認できる。アンコール・クラウ村の住民の1人が祖父から聞いた話では、フランスは最初、僧侶もアンコール・ワットの敷地から排除しようとしたが、アンコール・ワットは「寺の都」という意味なので、僧侶がいないのは不自然だということになり、後に計画を変更して寺を敷地内に造らせて僧侶たちの生活の中心にしたそうである。

　フランス人が到着する前に、アンコール地域の多くの水田はアンコール・ワットの僧侶が管理していた。村人たちの証言によると、僧侶が稲作をしていた地域は、アンコール・ワットの正面入り口からシェム・リアップ国際空港へ向かう道路沿い、プノム・バケンの西側のヴィアル・バケンと呼ばれている地域、バンティアイ・クデイ寺院付近、アトヴィエ寺院 [Wat Athvea]、それに遠くトンレ・サップ湖に近いクラオム山付近までを含む (地図2)。ある村人によると、アンコールの王が土地を僧侶に提供したが、僧侶が全部を耕すことは不可能だったので、米税を払うことで幾分かの土地を庶民に提供したという。フランスがその後水田を管理し、その業務をカンボジアの役人に委託し、役人は稲作を農民に委託し、税金を集めた。米税の幾分かは僧侶に支払われたが、アンコール・トム東側の濠の南側と南東側のター・リエットと呼ばれている部分の水田 (地図5) の耕作者は、地方当局 (コミューンなど) にも幾分かの米税を支払った。1990年代には警察が米税を現金で徴収した。

　アンコール・トム周辺の村々の多くの年寄りの記憶によると、アンコール・トム内にいくつかの村が存在した。コーク・ター・トゥルー [Kôk Ta Tru] (トゥルー爺さんの丘) 村は、プレア・セア・メトレイ僧院の東にあった。スラッ・スレイ [Srah Srei] (女池) 村は、宮廷の中の女池の東側にあった。バン・ター・トラウ [Baoeng Ta Trau] 村は、バー・プオン寺院の西側に存在した (地図5)。[14] ここで重要な点は、ほんの2、3軒の小屋・家 (集落) があったにしても、クメール語ではプーム (村) と呼ぶことである。第3章で述べたように、クメール語の伝

14　村人の何人かは、センティミィア湖とトム湖 [Baoeng Thom] の湖畔にいくつかの小屋があったことを記憶している。人が住んでいた痕跡を示す古い砂糖椰子の木やマンゴーの木などが今でも見られる。

統的な村の概念は、フランスが行政の目的で再組織化し公式化した村の概念とは異なっている。

　いくつかの家族は、スラッ・スレイ村に住んでいた。最もよく知られているその村の住民は、ター・ナークと2人の姉妹、イエイ・スオンとイエイ・コームである。第3章でも述べたように、彼らはフランスによってアンコール・トムから追放されたと言われている。ター・ナークは、その後アンコール・トムの都城の「土鍋の門」の外側で、約500メートル北東にある小高い丘のコーク・ター・ナーク［Kôk Ta Nak］と呼ばれている所にしばらく住んでいたが、後にアンコール・クラウ村に移住した。イエイ・スオンとイエイ・コームは、アンコール・トム都城のすぐ北側のバンティアイ・バット［Banteay Bath］に移り住み、後にアンコール・クラウ村に移住した。ター・ナークがスラッ・スレイ村から追放されて最初にコーク・ター・ナークに移り住んだのは、トロペアン・ター・ヌークにある自身の水田（スラエ・ター・ナーク）がそこから見下ろせたからかも知れない。

　アンコール・クラウ村の年寄りは、70年ほど前60歳を過ぎていたター・ナークは家に押し入った水牛泥棒に何ヵ所もナイフで刺されて、シェム・リアップの病院へ搬送中に亡くなったと記憶している。数人の証言では、ター・ナークのようにスラッ・スレイ付近に住んでいた大変能力の高い伝統治療師ター・プラック［Ta Prak］は、フランスに追放された後プラネットのトロペアン・ヴィエン［Trâpeang Vien］のあたりに移り住んだという。しかし、この証言は、ター・プラックのたった1人生存している曾孫で自身も著名な治療師に否定されている。ター・プラックとター・ナークの関係について知っている人は残念ながら見つけられなかった。

　アンコール・クラウ村では、村の来歴の様々なバージョンと事象の具体的な時期についての知識は、ター・スムとイエイ・ティエムの子孫の間で継承されている。ター・スムとイエイ・ティエムの母方の曾孫にあたるアンコール・クラウ村出身の年配の僧侶によると、父方の祖父、ター・クリエル［Ta Kriel］は、シャムの占領期にアンコール・トム内のコーク・ター・トゥルーに住んでいた。

15　2本の古い砂糖椰子の木と2つの砂岩が丘の上にあり、この場所にター・ナークが住んでいたという。

この時期にター・クリエルは、郡当局とともに働いた政府高官だったという。しかし、アンコール・トム・コミューン長、ター・ヨアン [Ta Yoan] が自宅で強盗に殺されてからは、コーク・ター・トゥルーの村人はフランス人によってアンコール・トムから追い出された。ター・クリエルの家族はアンコール・クラウ村に移住し、残りの村人はアンコール・トムの南部に移住した。

コーク・ター・トゥルー村の住民の何人かは、シアヌーク時代にアンコール・トム内のかつての住居に戻って生活し、マンゴーの木や竹の手入れをして、ター・トゥルー湖の水田を耕した。年寄りによると、ター・プローイ [Ta Proch] がコーク・ター・トゥルーに住んだ最後の住民で、1970年頃アンコール・トムの南にあるコーク・ドーン村に移住し、90歳くらいで亡くなったという。

アンコール・トム西側にコーク・ター・チャン村とコーク・ベン村があり、スラッ・スレイ村に住んでいたと言われているイエイ・チャープ [Yiey Chap] と夫のター・ミア [Ta Meas] の子孫が住んでいる。あるインフォーマントによると、イエイ・チャープは、ター・ナークの姉・妹か従姉妹である。20世紀初頭フランス人がアンコールを管理しに来た時、ター・ナークは自身の水田があったアンコール・トムの北門の外に行き、ター・ミアとイエイ・チャープは最初アンコール・トム内部の南方面に行き、ター・トラウ湖にいったん留まった。次に、自身の水田があったアンコール・トムの西門の外に行き、西バライの水がない東側に定住した。彼らの子孫は、後にバライ外側の南東にあるコーク・ター・チャン村とバライ北東にあるコーク・ベン村に移住した。コーク・ター・チャン村の住民の多くは、アンコール・クラウ村の住民と親族関係にあると言われている。

アンコール・クラウ村の住民の1人によると、1941年頃アンコール・トム内のバー・プオン寺院の南で、プレア・ンゴーク [Preah Ngok] 堂の西側にワット・プレア・ンゴークという僧院があった。村人はこの僧院に行って仏教を学び、僧正のチェーク師 [Lôk Ta Chek] と僧侶たちがバイヨン寺院の仏像の世話をし、瞑想をしたと語っている。フランス人が僧侶たちに寺を離れるように命じたが、僧侶たちは離れたがらなかった。しかし後になって、フランス人たちが寺に牛を持ち込んで殺して、僧院内でワインを飲みだしたので、自分たちの前で人が（仏教徒にとっての）罪を犯すのを見るに忍びなく、寺を出ることにしたという。

牛車を使って、西バライの南東の土手にあるワット・スヴァーイ・ローミアット［Wat Svay Romiet］に向かって行ったと語った。荒樋（2001b: 168）も、スラッ・スラン村の年寄りから聞いた、フランス人によるバンティアイ・クデイ寺院の僧侶たちの寺院からの追放の話を報告している。「遺跡内に僧院はあったが、フランス人が移動させた。また、人から聞いた話だと、（バンティアイ・クデイ寺院の）前柱殿の南側に居住していた僧侶は、フランス人により寺院の背面に当たる西側へ移動させられ、あるものはプラダック村の中の寺へ移住し、次第にいなくなった」と述べている。

第2段階：第2次世界大戦後とイサラク介入

　フランスは、第2次世界大戦中にバッタンボーン州、シソポン州とシェム・リアップ州を、日本の介入でタイの支配下に戻した（Chandler 1992: 166）[16]。フランスがカンボジアの支配を取り戻したのは、日本が敗北した後で1946年の初めだったが、戦前の支配がそのまま復元できたわけではなかった。フランスが支配を復元できた分野は、金融、防衛、外交など限定的だった（ibid.: 172）。

　1943年から1945年にかけて抗仏ゲリラ集団クメール・イサラクはカンボジアとの国境に近いタイで形成された（ibid.: 174）。アンコール・クラウ村の年配の女性は、フランスは村人たちがイサラク兵士たちの隠れている場所を知っているのではないかと疑っていた。それというのも、イサラク兵士たちは国境からよくこのあたりに来ていたからである。アンコール・クラウ村はフランス軍とイサラク軍の戦闘地だった。フランス軍はこのあたりにたくさんの爆弾を落とし、多くの人々の家屋が焼失した。この女性の父親もクメール・イサラクに加わり、タイ・カンボジア国境でフランス人に殺されたという。女性の記憶によると、この時期は、今日までの歴史の中で最も強盗の多い時期だった。

　イサラク運動は、実際、国粋主義的なプロパガンダで多くの若い農民たちを惹き付けたようである。チャンドラー（ibid.: 34）によると、1947年のイサラクの印刷物は、カンボジアの過去に関する壮大な見解を強調して、「カンボジアの人種、カンボジアの血、そしてカンボジアの国民は、アンコール・トムとア

16　チャンドラーとの個人的なコミュニケーションによると、フランスは戦争中もアンコールの支配を失うことはなかった。

ンコール・ワットの建造者である偉大なジャヤヴァルマン7世の子供たちである。立ち上がって、目を見開き、正しい道に戻らなければならない」と宣言している[17]。アンコール周辺の村人の何人かは運動に参加した。私のインフォーマント数人も運動に身を投じた。アンコール・クラウ村のあるインフォーマントが15歳だった1945年に、イサラク兵士たちが村のヴィアル・アンダッ地域で、プロック・ポアル[Prok Poal][18]という加護を祈る儀礼を行なったことを目撃している。この村人は翌年運動に参加して半月ほど軍事作戦の訓練を受けたが、「若すぎて何もできない」と指揮官に言われて、家に返された。イサラクの兵士たちはフランスに対抗して、1948年までシェム・リアップで戦った。マルシャルはイサラク軍に捕まって森へ連行されたが、「私はアンコール遺跡を取ったりしない。よく保全して、カンボジア人のために残して置きたいだけだ」と語った。また、「もし殺したかったら殺してもいい」と言ったが、釈放された[19]。

　上記の村人によると、イサラクがフランスに勝利した時、カンボジアの軍隊の元兵士だったダプ・チュオンは、シェム・リアップ、バッタンボーン、コンポン・トムの3州を統括するようにとの指令を受けた (ibid.: 33)。しかし、この村人が22歳の年 (1952年) に、ダプ・チュオンは、権力欲しさに、アンコール・トムのプレア・ピトゥ寺院の台座で会合を開いた[20]。その後、ダプ・チュオンはシェム・リアップで政府軍に逮捕され、プノム・クーレンに逃走したが、第2章で述べたように、後で見つかりプレア・アン・チェークとプレア・アン・チョームの側で殺されたということである。別のインフォーマントによると、ダ

17　実際は、アンコール・ワットの建造者はジャヤヴァルマン7世ではなく、スリヤヴァルマン2世である。
18　言葉の意味は、「兵士たちの上に屋根をかける」である。この古い習慣は、いまだに戦いの前に兵士たちのために行なわれる。伝統治療師かクルー・アチャー (指導的アチャー) がこの儀礼の司祭を務める。儀礼では、読経や聖水の撒布が行なわれ、アラック、ネアック・ター、テヴァダーなどの精霊に力を与えて、守ってくれるように祈る。
19　マルシャルは、カンボジア人女性と結婚し、長期にわたってアンコール保存事務所の遺跡保全家として働いた。彼は、その下で働いたかつての遺跡修復の多くの労働者たちに愛された。アンコール保存事務所の日誌によると、マルシャルは、1916年から1920年まで、1922年から1936年まで、1948年から1953年までと、合計23年間、保存事務所で働いたことになる。1970年4月マルシャルの葬儀はシェム・リアップ州全体で弔ったと報告されている (Dagens 1989: 126)。
20　チャンドラー (1992: 43) によると、ダプ・チュオンがアンコール・トムで集会を開いたのは1949年とのことである。

プ・チュオンは、アメリカ人と共謀してカンボジアをアメリカに売りつけようとした嫌疑で、シアヌークの権限の下に刺客に殺されたという。チャンドラーによると (ibid.: 102)、アイゼンハウアー大統領はチュオンが本当に「シアヌークを倒すためにアメリカの支援を求めている」ことを、1959年の元旦に毎日受ける諜報機関の報告の要旨から理解した。それまで、アイゼンハウアー大統領の長期的な目標はシアヌーク政権を不安定にすることだったが、カンボジアからシェム・リアップを取り除くという計画はかなり進んでいた。チャンドラーによると、チュオンは1959年2月末から3月にかけて暗殺された[21]。

イサラクの介入にもかかわらず、カンボジア全体の支配を固めるために、フランスは失ったバッタンボーン州とシェム・リアップ州の支配を1946年に取り戻そうとした。フランスによるアンコール公園の統制と管理の総合的な意味合いは、公園化によって地元の村落コミュニティの周辺化を開始して、その状態を維持し、後の管理者たちに従うべき管理方法の前例を設定したことである。しかし、このことは、ヒエラルキーへの従属と社会の最下層にいる「被支配者たちの『非論理的な』知識」を沈黙させるというクメールの伝統に則っている[22]。

❖ シアヌーク時代（1953～70年）

アンコール・トムに遺産を持っていた家族は、外部に住むようになっても何度か中に戻ったり、アンコール・トムから追放されてからも、中にある土地を耕したり森を管理し続けてきた。カンボジア人たちは一般的に、シアヌーク政権時代に比較的平和な時代を過ごし、地元住民は、アンコールの自然資源の採取や生活のための活用をあまり強く規制されなかった。アンコール保存事務所で働いていたフランス人の遺跡保全家は、地元住民がイアンの樹幹に火入れをして樹脂を集めたり、機会あるごとに樹木を伐採したりすることを妨げようとはしたが、厳しい禁止の強制は行なわず、地域ごとに木の伐採や植林を行なう

---

21 チャンドラーとの個人的なコミュニケーションによると、アチャーが話した事件の起こった年は、ほかの事件の年と混乱しているかも知れないという。トロペアン・セッ村の年長者は、ダブ・チュオンが死んだのは、1959年か1960年だと思うと語っている。イサラク運動とダブ・チュオンについては、チャンドラー (1992: 14-121) を参照。
22 Marchal (September 1931, December 1932, July and August 1934), Groslier 1960a, Groslier (January to March 1960b, 1962, 1966) を参照。

ように、公園内の森林管理プロジェクトを立ち上げた。

4. 戦争、混乱と剥奪

❖ ロン・ノル時代（1970～75年）：戦争と混乱からの避難

　シアヌークが外遊中の1970年にロン・ノル将軍がクーデターを起こし、シアヌーク政権を崩壊させた。このことによって、カンボジアには戦争、破壊、混乱や権利の剥奪が起こり、人々の生活は困窮した。ロン・ノル、ヴェトナム共産軍とアメリカ政府は、国境を越えてヴェトナム戦争を拡大させ、カンボジアを戦場に変えた。この状況が、既に首都に向かって勢力を伸ばしていたマルクス・レーニン主義のクメール・ルージュのゲリラ運動を活発化させることになった。[23]地元住民によると、クメール・ルージュは1970年にアンコール地域を既に占拠し、ロン・ノル政権との間の戦闘が激化した。[24]結果的に、アンコールの住民は1970年代戦闘から逃れ、様々な場所で不安定な生活を送ることを強いられた。トロペアン・セッ村の住民の1人は、アンコール保存事務所の労働者だったが、政府は、ロン・ノル時代にアンコール周辺の村人が村に居住することを許さず、アンコール・ワットの2つの寺院に留まるよう命じたと語った。また、「ロン・ノル軍は、アンコール・ワットの南寺に砲弾を2発落とした」と付け加えた。ダジャンス（Dagens 1995: 126）によると、アンコール・ワットの北側に住む村人約3000人がアンコール・ワットへ避難してきた。その中には多くの遺跡修復労働者が含まれていた。

　アンコール・クラウ村はクメール・ルージュに占拠されて、ロン・ノル政府軍が砲撃してきた。村人によると、1970年から1973年にかけて、数千人もの人々が周辺の村からアンコール・トムに避難した。難民がいた地域は、「土鍋の門」付近からバイヨン寺院の南、現在プレア・セア・メトレイ寺院がある周辺地域までだったという。アンコール・ワットとアンコール・トムは、あらゆ

23　この時期の歴史背景は、Chandler (1991a, 1992), Becker (1986: 380-85), Ponchaud (1978), Shawcross (1979, 1984) に詳しい。
24　この時期クメール・ルージュは、北ヴェトナム軍と協力した（cf. Chandler 1991: 192-235）。

る意味で地元の村人にとって聖域なのである。ある村人によると、砲撃から逃れてきたバライ村とコーク・ベン村の人々は、女池付近に留まり、高木が自分たちの上に倒れるのを恐れて、(ター・ナークの) ココナッツの木を1本切り倒したという。1972年、ロン・ノル側からの攻撃は激しくなった。当時アンコール保存事務所の労働者で、1990年代から2000年代にかけてフランス極東学院のバー・プオン寺院の修復事業に携わっていたアンコール・クラウ村出身の労働者は、次のように語っている。

> 私がコーク・ベン村とコーク・トゥナウト村の親戚を訪ねていた時、砲撃が始まった。戦闘が始まった時、村人たちの何人かは、自分たちの田圃の近くまで逃げてそこで生活した。土鍋の門で砲撃を聞きながらその数を数えたら、アンコール・クラウ村に105の砲弾が落ちた。夜、砲撃がやんだので、村に入り、その後アンコール・トムに行って留まった。多くの村人は女池のあたりに避難したが、バイヨン寺院周辺に避難した村人もいた。アンコール・トム周辺のほかの村の住民も、アンコール・トム内に避難した。私は自分の田圃のことを思って、アンコール・トムを出て田植えをした。

何人かの人は、北側に移動してクメール・ルージュの配下に置かれ、南や南東に向かった者たちはロン・ノル政府の配下に置かれた。北を目差した者と南を目差した者に分かれた家族もいた。アンコール・クラウ村の住民で北東へ向かった者は、プノム・クーレンに近いスヴァーイ・ルー[Svai Loeu]郡を、南東に向かった者は、ソートニコム[Sautnikum]郡を目差した。どちらも大きな水田地帯だから生き延びる可能性が高かったからである。イエイ・ユーンはソートニコム郡に行った。その経緯について次のように語っている。

> 私は、プラサート・バンティアイ（アンコール・クラウ村の北側にある遺跡）に走って逃げて、そこに10日間留まった。その後、アンコール・トムに行って、テープ・プラナン寺に2週間滞在した。ター・ニエム[Ta Niem]（夫）と私は、5人の子供と4頭の牛と1台の自転車と米をいくらか持っていっ

た。戦闘を避けるために「土鍋の門」からプレ・ループ寺を通って、コンポン・クダイに向かった。タイ [Tai] とトーン [Thân]（2人の息子）は、自転車に乗っていった。コンポン・クダイを目差したのは、田圃がたくさんあるからだ。多くの家族が一緒に行った。ター・サオ [Ta Sao]（村民）やター・チャイ（兄）の家族も一緒だった。コンポン・クダイに着くのに6日かかった。サット・ペー [Sat Phe]（前夫との間の長男）はター・サエム [Ta Saem]（兄）とイエイ・ポーム [Yiey Phâm]（ター・サエムの妻）、ター・チャン [Ta Chan]（タ・サエムとイエイ・ポームの息子）、サムナン [Sâmnang]（ター・チャンのいとこで、ター・サエムとイエイ・ポームの養女）と一緒にシェム・リアップに行った。イエイ・プローイ [Yiey Plây]（占い師）とター・チュオップ（イエイ・ユーンの甥・アチャー）は、プノム・クーレンに行った。

アンコール保存事務所の当時の労働者によると、バー・プオン寺院の修復は、クメール・ルージュの許可を得て1972年まで続いた。アンコール・クラウ村の修復労働者約80世帯は、1972年に南に行き、シェム・リアップのワット・コン・モーイ [Wat Kong Moch] やワット・スヴァーイ [Wat Svai] に留まった。後に、政府がシェム・リアップのアンコール・カレッジに難民キャンプを設置したので、1975年まで南にあるワット・アトヴィア [Wat Athvea] の修復事業に従事した。

❖ 民主カンプチア（ポル・ポト）時代（1975〜79年）：強制移住、破壊、喪失

クメール・ルージュによるカンボジアの政権奪取は、過去の制度や社会組織の破壊を伴った。クメール・ルージュの目標は、新しい秩序をもってまったく新しい社会を創造することだった。現実的には、社会が巨大な強制収容所、または不可視の牢獄のようになった。リーダーも組織構造も不明瞭な「幽霊」組織オンカー [angkar]（「組織」の意）が、人々のあらゆる動きを監視した。その監視の目は、人々が的確に描写したように、「パイナップルの目」（至る所に「目」が付いている）で、人々の一挙手一投足をあらゆる角度から見つめていた。そこでは、行動や表現の自由がなく、論争はほとんど許容されず、違反者には死罪が待っていた。

1976年1月に公布された民主カンプチア憲法は、人権を保障せず、私財、組

織化された宗教、家族による農業生産を廃止した (Chandler 1992: 214)。ヒエラルキーは逆転され、大多数の人々は、生活していたコミュニティや精神的な繋がりから切り離されて、遠い場所に移住させられた[25]。僧院は破壊され、僧侶は強制的に還俗させられた。学校は牢獄に変えられ、多くの公務員とその家族やインテリは、早い時期に処刑された。本や公的文書は焚書の憂き目に会い、家庭生活やプライヴァシーは否定された。人々は、多くの場合ごく少量の食料しか与えられず、薬は乏しかった。仕事しか許されず、病気は一般的に反革命的または怠惰と解釈された。罪の告白や自己批判と家族を含む他者の弾劾は奨励された。処罰の厳しさは、オンカーに指名された村長の人格や地域や時期に応じて異なった。とにかくすべてのカンボジア人にとって、この時期は生き地獄だった[26]。多くのクメール・ルージュの中核グループのメンバーでさえ、オンカーから反逆罪を告発された (cf. Heder 1991)。

　この政権は都会の人々に最も厳しかったが、アンコールの村人たちも大変な苦難を強いられた。この時期に家族の一員を失わなかった人はほとんどいない。ター・ナークの長男はこの時期に亡くなった。アンコール保存事務所の労働者たちは、ロルオス地域に家族と共に移住させられ、単に労働者だったにせよ、前政権のために働いたとして厳しい扱いを受けた。トロペアン・セッ村の住民の1人は、この時期の生活状態を痛恨の念をもって記憶している。

　　我々は、米を与えられず、粉糠（通常、豚の餌）とバナナばかり与えられた。
　　クメール・ルージュの扱いは、その時々のチーフによって厳しくなったり
　　ゆるくなったりした。私はあまりにも瘦せたので、膝が頭より大きくなっ
　　た。我々は、この時代にダムを造り、田を耕した。

　ポル・ポト政権時に約170万人もの人が飢餓、疲労、病気や死刑によって亡くなったと言われている (cf. Luco 2002: 59)。生き延びた人たちは、今なお「恐怖の政権」時代の重荷、ストレスと悲劇を引きずっている。1970年代長期にわた

25　驚いたことに、アンコールのロルオス地域にあるロレイ村の住民は、ポル・ポト政権下で移住させられることを拒否し、村に留まることを許されている。
26　民主カンプチア時代の政治や人々の生活状況については、Chandler 1991a, Luco 2002: 59-87, Martin 1994, Ponchaud 1978, Vickery 1984, Shawcross 1984 を参照。

る家族の強制移住や別離と困難に直面したことが、家族関係の崩壊や成員の喪失、過去の記憶や知識を共有する機会を逸失させた。

村人の何人かは、1970年代にクメール・ルージュがまだ政権を握る前に運動に加わった。クメール・ルージュは村に来て、子供たちをいわゆる芸術舞踊に勧誘した。アンコール・クラウ村の15歳くらいの子供10人以上がこの運動に参加した。この頃勧誘されてクメール・ルージュに加わった元兵士の村人の1人は、ポル・ポト政権崩壊後、勧誘された子供のうち何人が村に戻ったか知らないと言った。一緒に参加した4人のうち、2人は亡くなり、残りの2人しか戻っていないという。彼は、「1976年頃、クメール・ルージュに裏切られたと感じたが、政権が崩壊するまで逃れるすべがなかった」と語った。この元兵士は、片目を負傷した。負傷兵は、1977年に復員させられたので、コーク・トゥナウト村へ行った。そこで、1978年にスヴァーイ・ルー地方からクメール・ルージュによって移送されてきたアンコール・クラウ村の人々と一緒になり、翌年ポル・ポト政権が崩壊した後アンコール・クラウ村に戻った。この年にソートニコム郡に逃げていたアンコール・クラウ村の多くの住民も帰村した。

村に戻ってみると、ポル・ポト政権時代に村人が所有していた森の北側部分の樹木が伐採されて、水田に作り変えられていた。先祖から継承した樹木の一部をこのようにして失してしまったのである。しかし、もっと大々的な樹木（特にイアン）の伐採がこの後のヴェトナム軍占領時代に行なわれた。1990年代に「伝統的な」社会経済活動の規制が行なわれ、2000年代にはアンコール・トムで主だった活動の厳しい規制が施行された。

5. まとめ

本章は、アンコール・クラウ村の住民が、いかに村の来歴やアイデンティティを構築してきたかを、村が都城の外側に位置していること、アンコール時代の伝承と民話、アンコール・トムに住んでいた先祖がフランスから外に追放されたことや戦争時代の移住や移動などを根拠として提示した。

村人の語りは、アンコール・トムから村の先祖が追放されたことと関連した古い寺院、水田、村や他の重要な場所の名称の由来や文化や歴史の文脈を我々に伝えている。アンコール時代の伝説と民話、加えて20世紀に起こったアンコール・トムからのター・ナークの追放は、我々の関心を都城の宮廷に引き戻す。アンコール時代の民話とター・ナークの関係を誰も明確に指摘することはできないが、基本的なテーマは、先祖がアンコール・トムの宮廷に住んでいたが、異なる時期に、王やフランス人に追放されてアンコール・クラウ村に定住するようになったということである。明らかなのは、追放された後にも、追放者やその子孫は元々居住していた村や先祖が住んでいた場所に戻ろうと試みたということである。先祖からの遺産が残っている場所にアイデンティティを形成する要素や記憶が深く刻まれている。ター・ナークの遺産は、樹木が立っている特定の場所、居所、避難場所、再定住地、水田がある場所などで人々に記憶されている。

　20世紀初期以降のフランスによるアンコールの管理は、アンコール空間を「他者」のための公園、即ち「眺めのいい美しい景観」として創造したのが始まりである。その結果、アンコールの住民は、アンコールから周辺化され、アンコール・トムやアンコール・ワットから住民は追放された。アンコール・ワットの僧侶たちは参堂脇の住居から移動させられ、アンコール・トムの僧侶たちは都城の外に移住させられた。地元住民はアンコールの自然や文化資源の自主管理から遠ざけられ、遺跡修復の労働力を提供する人材に徐々に変えられていった。フランス式のアンコール管理様式は、1990年代にカンボジアによる管理でも再現され、2000年初頭まで続いた。

　村人とアンコール空間との関係性と過去の物語を解きほぐす過程で、この空間を見る私の見方が変化し、村人が空間を見る様と同じようになっていった。鍵になる場所は確認のために訪れた。象徴的なター・ナークのマンゴーの木やコーク・ター・ナークの背の高い古い砂糖椰子の木は静かに立っていた。稲作が行なわれた湖沼は森に囲まれて外からは見えないが、狭い道を枝を押し分けながら進んでいくと、突然目の前に現れた。プラサート・ター・ウアンは、アンコール・トムの北西約1キロの所にある。広い平野の中に小さい寺院がぽつんと建っているが、アプサラ機構の整備員によってよく整備されている。観光

客が訪れることはめったにないが、村人が時折ネアック・ターに供物を捧げたり、病気回復を祈って病人から切り取った髪の毛を供えたりしている。
　有名な寺院には毎日何百人もの観光客が訪れるが、村の周辺にあって地元の伝説に出てくる場所や家族の遺産が残っている場所は、地域住民以外は訪れる人もなくひっそりとしている。住民の知識は、村や家族についての歴史であり、アンコールの物語、記憶と森の生命の詳細が詰まっていて、非常に個人的でいとおしいものである。しかし、アンコール地域の歴史と遺産と人々の関わりは、これまでの我々の知識の偏りや欠陥を修正し、アンコール地域を包括的に理解するためにはなくてはならない貴重な資料となり、これも守るべき遺産であると言えるだろう。

第5章　実践の規制

　カンボジアにおける法規の設定は、紙（法律）が効力を持つという確信に基づいている。しかし、この考えはカンボジアで広く受け入れられているわけではない。むしろ、確信されていることは、紙が効力を持たず、人間が効力を持っているということである。言い換えると、効力は、人間、銃または、政府の役職から派生し、法律からではないということである。この考え方は、カンボジアでは、歴史的に非常に明確に、かつ残酷なまでに強化されてきた（ADB 2000a: 97）。

　本章は、アンコール地域住民の実践の規制、即ち彼らの文化的かつ社会経済的資源へのアクセスの規制について議論する。ここでは、ポル・ポト政権終焉後の1979年から2003年までを主にカバーする。アンコール地域からの身体的排除はまだ終わっていない。社会主義システムから自由民主主義システムへの転換によって、カンボジア全土で実践を拒否する戦術も変わってきた。アンコールが1992年に世界遺産リストに登録されてからアンコールの地域社会に対する規制に他の形式が導入されるようになった。皮肉にも、アンコールの村人たちは、世界遺産地域で生活している「意味」を生活実践の規制を通して肌身に感じて理解しているのである。フーコーの言う「権力、支配、身体、生産力の繋がり」は、ここではかなりの説得力を持っている。この繋がりについて、フーコーは次のように述べている。

　　身体が権力関係と支配関係によって包囲されるのは、かなりの程度までは生産力としてであるが、その代わりに、身体を生産力として組み込むことができるのは、体が服従の強制の仕組み（そこでは欲求もまた、注意深く配分され、計量され、活用される政治的道具の1つである）の中に入れられる場合に限られる。身体は生産する身体であると同時に服従させられる身体がある場合にのみ有効な力となる。…その権力は、所有されるよりむしろ行使され

るのであり、支配階級が獲得もしくは保持する《特権》ではなく、支配階級が占める戦略的立場の総体的な効果である（フーコー 1977: 30-31）。

　生活実践の規制は、被支配者（地域住民）の生産力としての身体を戦略的目的のための規制することを意味する。別の言い方をすれば、身体にもたらされる権力は、被支配者の生産性を規制し、規制した部分を支配者自らによる生産性と収益獲得のために転換する。境界線を引くことは、支配者側にとっては自身の生産性の拡大のためには重要な戦略である。手短かに言うと、支配は、空間、身体、生産、実践知にもたらされる。
　慣習的権利や互酬性に関する地域的知識は、社会空間、資源、身体、運命を制御する管理能力の保障にとって重要である。こうした権利や知識によって、人は、過去との繋がりを取り戻し、生活を安定させることができる。習慣的権利は、地方のクメール人にとっても当然の権利と考えられている（cf. スコット 1999: 80）。これらの権利は、スコットの言う農民のモラル・エコノミー（道徳経済）の範疇に入る。
　モラル・エコノミーの活動的な原則は、互酬性と共に、生存維持の権利とその確保である（ibid.: 213）。したがって、モラル・エコノミーは、農民の社会正義の概念に関わる（ibid.: 14）。アンコールの村人の場合、平均所得の最大化よりも、生存維持確保の方が、彼らの選択と価値にとっての有効な基準である。
　スコットにとって、生存維持確保のために共に選択したものには、階層関係、村落的互酬、小作関係、税という4つの主要分野がある。心に留めておくべき重要な点は、安全第1の配慮に基づくこれらの選択から何を期待しうるのかということである（ibid.: 46）。生存維持原理に基づく政治経済学を農民政治に適用し、収奪の作業概念を形成するに当たって、スコットは、次の2つの疑問を提示する。農民とエリートの間で交換バランスはどうなっているのか。このバランスが農民の生存維持確保に及ぼす効果はどのようなものか（ibid.: 14）。
　アンコールの村人の生存維持確保を分析するにあたって私が議論したい点は、カンボジア当局による実践の規制がモラル・エコノミーを考慮に入れなかったことと、農民とエリートの間に交換のバランスも維持されなかったことによって、農民たちが生存の限界まで押しやられたということである。

第5章　実践の規制

アンコール世界遺産のゾーン1内のほとんどの村とゾーン2のいくつかの村が、実践の規制の対象になった。アンコール・クラウ村は、アンコール遺産の中心地に近く、利害関係が強いので、最も被害を被った村の1つである。アンコール・トム郡にある隣村との土地争議に関して、アンコール・クラウ村の住民は、これ以上地方行政が越権行為と乱用を我慢できず、慣習的権利を回復し、生活の安全を保障してもらうために、あらゆる手段を駆使して不満の声を聞いてもらえるように務めた。世界遺産地域で生活していることで規制が課されているので、彼らは、モラル・エコノミーがますます圧迫されていると感じている。実践の拒否の語りは、社会的な文脈で理解されなければならない。これは、従属された知識の系譜、即ち、一連の政府と権威主義的政策によってアンコールの村人たちに押し付けられた社会闘争の第2の部分である。

実践の規制を議論する前に、まずクメールの概念による「権力（パワー）」について考察したい。それは、実践の規制は権力保持の拒否を意味するからである。次に、クメール人による政治文化と権力関係の歴史を考察し、それに続く実践の規制を理解するための枠組みとしたい。

1. 権力の概念、政治文化、権力関係の歴史

❖ 権力の概念

クメール人の「権力」の概念は、アンダーソンに定義されたジャワ人の「権力」の概念に似ている（アンダーソン 1995: 31-108）。ただし、アンダーソンが英語で使った「パワー」という言葉を、翻訳者の中島は、文脈によっては「力」、「呪力」と訳すこともあると但し書きしている (ibid.: 38) が、主に「権力」と訳している。パワー＝権力と訳すことに、私は少なからぬ抵抗を覚える。中島も指摘しているように「パワー」は、権力以外の「力」や「能力」を表すことが多いからである。とはいえ、ここでは、ジャワ語のカセクテンを便宜的に「権力」と訳した (ibid.: 415-416) 翻訳どおり「権力」の語を使うので、読者には疑問を持って読み進んでもらいたい。

ジャワ人の「権力」は、まず具体的である。人々は「権力」が自然界の物質や

場所に存在すると信じている。「権力は、無形で、神秘的で宇宙を活性化させる神聖なエネルギーである」(ibid.: 22)。前章で述べたように、人々は、そのモノ(例えば、ネアック・ターなどの精霊)と王や霊媒を通してコミュニケーションを図り、「権力(エネルギー)」を取り出すことができる。クメールの「権力」の概念はオムナーイ[âmnach]で、人にも精霊にも使われる。人々はオムナーイに畏怖(カオト・クラーイ[kaot klach])の念を持つ。

　第2に、「権力」は、その源泉と類型において同質である。宇宙の「権力」の総量は一定である。「権力」は、空間、社会秩序、そしてある程度自然の秩序、特に、自然現象、人間界の出来事、文化資源、社会経済資源や知識さえも統制する能力から派生する。「権力」が中央集権化すると、周辺の「権力」は減少する。中央の「権力」が弱小化するということは、「権力」は様々な方角に分散するか、権力の中心が他所へ単に移ったかのどちらかである(ibid.: 37-38)。権力のヒエラルキーの配列は、クメールの政治文化の標準的形式であり、権力の中央集権化に特徴付けられ、周辺は地域の部下によって管理される。権力の集中は、富を意味し、社会的地位と評判の上昇、そして被支配者への制裁を課す権限をも意味する。権力者は、保護と抑圧の両方の特徴を持つ。中央集権組織では、銃、縁者、情実に依存し、限られた資源をめぐる不正などの権力の乱用が起こりやすい。周辺は、中央の慈悲のもとに富が象徴的に滴り落ちるのを受け取るのみである。それでも両者は、パトロンとクライアントとして、支援と資源や物品の分配のために恣意的な同盟関係を形成しなければならない。

　第3に、権力は、正当性[legitimacy]を問題にしない(ibid.: 38)。権力は絶対であり、権力を持っていること自体が正当性の徴である。別の言い方をすると、権力保持者は何が正当であるかを自身が決定するので、いつでも正当である。したがって、彼らは誰かが強く異議を唱えることを許容しない(Downie and Kingsbury 2001: 47)。正当であると見なされるためには、権力者は、土地、大邸宅、高級車、高級品、宝石などに投資し、強い「敵」を駆逐、征服、または服従させ、「罰則者」を逮捕し、人々に物品や資源を届けたり、援助したりするなど、有形の方法を使って権力を世間に見せつける必要がある。したがって、権力は道徳的な疑問を掲げないが、権力者は、保護(温情主義的)と処罰(権威主義的)という本質的に2つの相反する、または補完的な機能を持つ。それは、ネアック・ター信

仰にも表れ、広く期待され受け入れられている、王の、そして後には政府の役割に表れている。クメール語で「正当性」は、「ダオイ・チュバブ［daoy chbab］」、即ち「法によって」である。チュバブは、記録されているかどうかにかかわらず、社会に認知された行動規範や権利である。それには、慣習法、規則、規定や国家の法律などがある。権力者は、クメール語におけるこの包括的な法の概念を容易に操作することができる。

　一般的にクメール人の間の社会関係は、ヒエラルキーに基づき、階層間の相互依存の程度が著しい。ヴィッカリー（Vickery 1984: 14）は、「カンボジア社会のどの階層も、独立独行という概念を強く持たなかった」と論じている。しかし、この言葉には説明が必要である。これは危機的状況には当てはまるが、日常生活レベルではいつもそうとは限らない。独立独行は農民の間で通常好まれる選択肢ではあるが、政治的、社会的、または経済的な危機においては、自己の生存維持確保のために一時的に権力側との提携のような形で外部からの援助が必要である。この安全網が崩壊する時に、モラル・エコノミーも深刻な危機に陥る。残念なことに、カンボジアはあまりにも多くの危機を経験してきた。「危機的な状況では、誰もが、自分たちで問題を解決する方策を探すよりも、上や外からの力強い救世主を求める」（ibid.: 14）。

❖ 政治文化と権力関係の歴史

　前アンコール期からの伝統によると、アンコール時代の、そしてある程度現代までのクメールの王たちは、神であると同時にネアック・ターでもあるという信仰に関連して、半ば神聖な権力を持っていると見られていた。王は、実質的には地上のものすべてを所有していた。王の責任は、超自然力とのコミュニケーションを通して、臣民の福祉と王国の繁栄を維持することだった。半ば神聖な権力に関する神話は、臣民全員に対して王が国家の存在理由と権力を維持するために必要不可欠だった。きわめて視覚的な儀礼は、危機の際と神話を永続するために必要とされたのである。

　バラモン教や仏教の僧侶は、主に王と神、あるいは人間界と神（または、仏陀の）世界を繋げる仲介者である。僧院は、神聖な存在との仲介役として権力を持ち、王家の水田の管理を任されていた。役人は、行政官や徴税官として王家

と農民の仲介者である。平民は、前述したように、寺院の「奴隷」と呼ばれた農民、守衛、職人、楽師、踊り手などだった。

シャムの支配下にあった18世紀から19世紀にかけて、役人は犯罪の判決を下し、自由裁量に罪人の処刑をする絶大な権限を与えられていた。フランスの統治下では、寺院が所有する水田は役人に譲渡され、役人の地位は農民を前に大きく拡大し、僧侶は宗教に関する事柄だけに専念することになった。フランスは同時にカンボジアに裁判制度をもたらしたので、シャムの支配下において役人が享受できた特権は削減された。

クメール人の階層的な思考や行為は、今日のカンボジア社会でもいまだに見られるが、王の神格化は植民地時代に低下した。第2次世界大戦後、王や王権の正当性には疑問が呈され、ロン・ノル時代からポル・ポト時代には消滅した (cf. Chandler 1992: 178-225)。

1990年代初期以降カンボジアにおける権力関係の社会力学は、国際援助が大挙して押し寄せてきたために、急速にグローバリゼーションの影響を受けるようになった。王はもう神聖化されなくなったが、1990年代に王だったシアヌークは国民を「子供たち」と呼び、国民は王を「父」と呼び、そう見なしてきた。チャンドラーによると (ibid.: 200)、シアヌークはカンボジア国民が自分たちで何の選択もできず、自身たちの問題を管理できないという見方をフランス人から受け継いだと論じている。「王が自分たちの保護者であるべきだ」という庶民の期待は、シアヌークが2004年10月29日に退位するまで強く存続していた。

旱魃、飢餓や深刻な問題が生じた時には、農民が宮廷にいる王に直接窮状を訴えに行くのが慣例であった。シアヌークは、村を訪れる度に、布、米、食用油、砂糖等の生活必需品の包みを村人のために持っていった。この伝統は、選挙運動の一環として政治的後援と義援品という形で政府高官にも受け継がれている。地方の農民と都会の政府官僚および王室との間にある距離は、このように時折縮まる (Marston 1997: 80-81)。

カンボジアでは、ヒエラルキーは広く国民に受け入れられている利益供与制度の一環として機能していると言うことができる。この制度では、個々の人物よりも社会的地位や役職の方が重要性を持つ。この利益供与制度の、任意でその場限りの特質は、地方の貧しい者たちの生存維持確保のために好まれる選択

肢の1つである。

　今日、王の権限は首相に取って代わられているが、政府の中央集権化された構造や特質はほぼ維持されている。とりわけ、「ほとんどのクメール人の傾向として、政治を私物化し、組織やイデオロギーを重要視せず、広範にわたる政治腐敗と権力者の独裁が行なわれる」(Chandler 1991a: xii) というカンボジアの政治文化の伝統が、過去から脈々と継承されているのがわかる。付け加えると、法律は、支配者や権力側に都合がいい時にのみ適用される。他の場合には、支配者や権力側の言葉がどこでもその日の法律になる。

　権力と社会正義に対する庶民の不信は、ルコ (Luco 2002: 118) が引用しているクメールの諺によく表現されている。「我々は脱穀機の米粒である。上と下から圧縮される」。政治権力による圧力の強い環境において、庶民も地方の有力者(パトロン)も、危機的な時には、中央政府内にいる権力者とのコネや支援に大きく依存する。個々の行為者同士の力関係のあり方は変わっていないが、行為者は近年変わった。このことは、比較的短い期間にパワー・プレーヤーの浮き沈みがあるということである。カンボジア人はこのことをよく理解しており、その都度最もうまく生き延びられるように対応してきた。カンボジアでは政権の崩壊と断続が頻繁に起こり、本章冒頭のアジア開発銀行(ADB)の報告書からの引用にあるように、固定した法律は非実用的で、その時々の権力者が発する言葉や法律の都合のいい解釈が現行の「法律」となって庶民を縛りつけたのである。紙の法律は、このように常に当局によって恣意的な解釈や操作がなされ、慣習法と違って、多くの庶民の権利や立場をあまり守ってこなかったことから、法律に対する敬意も存在しない。

　村や共同体内での個人的な1対1のパトロンとクライアントの関係はさておき、政治的なパトロンとクライアントの関係は、一集団の人々とコミューン、郡当局、有力な政府高官、最終的には首相や政党の代表または王との間に存在する。別の言い方をすると、カンボジアの政治的パトロンとクライアントの関係は、ゆるい構造であるが、広範囲にわたる[1]。この関係では、古典的な地主と小作人のパトロンとクライアントの関係に見られる相互利益やクライアント側の奉仕などを必ずしも必要としない。

1　Cf. Thion (1983), Ovesen, et al. (1996), Marston (1997), Curtis (1998).

カンボジアでは大地主制度は発達しなかった (Nou; Hu 1982)。カンボジアにおける、強い半永久的なパトロンとクライアント制の欠如は、過去に土地が比較的豊富にあり、肥沃だったという事実で説明できるだろう。フランス統治時代、そしてフランスが奴隷制度を廃止した後でさえ、まだ存在していたと言われている負債奴隷を除いては、恒久的なパトロンとクライアントの関係は必要なかったのである (Chhung 1994: 30-33)[2]。

　カンボジアでパトロンに期待されていることは、クライアントの(政治的)支援、(労働)奉仕と尊敬である。パトロンは、権力を誇示するためには、物品や資源を届け、問題を解決する義務があることを認識している。このシステムには情実や不正の傾向があるが (Vijghen and Ly 1996: 16)、国際社会もクメールの習慣を適用したかのように見受けられることがある。それというのも、公務員の間に不正がはびこっているために、国際社会は、実務レベルの公務員を通さず、直接、王や首相、特に本当の実力者である後者と問題を議論することを好む。この傾向は、結果的に、首相やその小さな取り巻きの輪の中に集中している威信や権力を更に強化する。政治的パトロンとクライアントの外見は、ロン・ノル期以前からのものと今日では異なるかも知れないが、カンボジア人が最高の権力者に依存することを好む傾向は、かなり古い時代からのクメールの遺産(この場合、ハビトゥス)であると言えるだろう。クメール人のパトロン・クライアント制度は、富、社会的地位と権力の明らかな不平等と度重なる戦争と移住が、継続した政治的状況として永続されてきたのである (French 1994: 163, Ovesen, et al. 1996: 71内で引用)。この意味では、パトロン・クライアント制度は、固定された紙の法律に代わる非公式な生存の法則や生存維持確保のネットワークの一部と考えられる。ゲルナー (Gellner 1977: 1-6) が論じているように、パトロン制度そのものは、必ずしも違法でも、腐敗しているわけでも、非道徳的なわけでもない。しかし、この制度は、近親者を越えた永続的な社会組織の形成や地球規模の政治意識の向上を妨げているかも知れない (cf. Thion 1993: 98; Ovesen, et al. 1996: 70-72)。そして、この制度の存在により、カンボジアで農民蜂起がこれまで比較的少なかったと言うことができるかもしれない。

2　マーストン (Marston 1997: 73) によると、負債奴隷は1970年代まで存在していた。

2. 私有地所有の拒否と樹木の違法伐採

❖ ポル・ポト政権時代（1975～79年）からの負の遺産とその余波

　1975年から1992年までの共産主義と社会主義の時代は、人々から自分の運命をコントロールする力を奪った。とりわけポル・ポト政権は、都市の中産階級に対して農民を支持すると主張したが、農民の生存維持防衛のニーズを無視し、保護よりも処罰を蔓延させた。1995年以降のアンコールの新しい管理体制も地元住民のモラル・エコノミーに注意を払わなかった。むしろそれとは逆に、適切な代替手段を与えずに、これまでのやり方を継続させることを拒否して、農民の生存維持を危険に曝した。この不正義は、国家遺産と世界遺産を保護するという名目で行なわれた。

　ポル・ポト政権は、人々を居住している村や町から移住させて、社会規範、慣習、市場制度、貨幣、そして私有地所有を否定し、生活の集産主義などを強制して、社会の再組織化を断行した。モラル・エコノミーは完全に否定され、放棄された。その代わりに、経済はオンカーに厳しく管理されて、国は崩壊ぎりぎりまで追い込まれた。この時代の負の遺産は政権が終息してからも長期間にわたって人々の心に付きまとい、社会経済生活や文化復興を妨害し続けてきたのである。

　人々がポル・ポト政権から開放されて都市部の家に帰還した時、そこには既に住んでいる人がいる場合も多かった。このことは、帰還した人々が新しい住人と交渉しなければならなかったということを意味する。このような状況では、しばしば家や土地の所有権をめぐって関係者の間で言い争いが起こったり、怒りが爆発したりした。ある家族は、ほかの場所で生活することを選んだ。家族が全滅した家もあり、このような場合、新しい住人が家や土地を自分のものにしてしまった。どちらにせよ、古い水田の境界線はポル・ポト政権下で新しい区分に変更させられた。カンボジアは、ヴェトナム軍の支援を受けてヴェトナムから帰国したカンボジア人たちによって解放されたが、カオス状態はその後何年も続いた。カンボジアはこの時期におけるモラル・エコノミーの荒廃から完全には回復していないし、それに代わってうまく機能する新しいシステムへ

の転換がまだできていないのかも知れない。

❖ カンプチア人民共和国（PRK）：1979 ～ 89年

1978年にポル・ポト政権中枢からの制裁を恐れてヴェトナムに逃れた元クメール・ルージュ東部の副幹部レベルだったカンボジア人たちを中心として（Vickery 1984: 216-217）[3]、1950年代からヴェトナムに住んでいたカンボジア人たち、それに少数民族で構成された抗ポル・ポト政権部隊は、ヴェトナム軍の支援を得て、同年末にカンボジアに侵入した。1月初頭にはポル・ポト政権を崩壊させることに成功した（Chandler 1991: 1992: 228）。クメール・ルージュのリーダーたちは山のジャングルの中に逃走し、ヴェトナム軍はカンボジアに駐留してゲリラと戦った。新政権は、ポル・ポト派に対抗するものの、同じように共産主義を掲げてカンプチア人民共和国（PRK）を設立した。

1980年代にプノン・ペン政府はヴェトナムの傀儡政権と見なされ、国際社会から孤立した。この時期にも、社会の不安定性と資源の欠乏は継続し、カンボジアの人々は、ポル・ポト政権の危機から逃れたにもかかわらず、飢餓、旱魃、トラウマと社会の不安定感を抱えながら生きていかなければならなかった。クメール・ルージュの兵士たちは、山岳地帯から低地にも散発的に現れ、政府軍と小競り合いを起こしたり、住民の生活を脅かしたりした。このような社会経済的環境下で、多くの若者は共産主義政権から逃れて非共産主義の先進国で新しい生活を送ることを望み、タイ・カンボジア国境を目差した。伝統的な敵であり共産主義者のヴェトナム人に支援されている新政権は、カンボジアの人々に、説得力を持ってかつてより良い生活をもたらすことができると確信させることができなかった。また、革命前にあった市場、仏教や家族制度は復活したが、土地の私有化の否定や集団農耕を含む共産主義システムがいまだに継続していた。

自然資源と文化財に関して、アンコールの村人たちは、古い遺跡や寺院のある場所からヴェトナムとカンボジアの軍隊がそれぞれ文化財を頻繁に盗掘したり、破壊して持ち去ったり、広大な地域で樹木の違法伐採を行なっていたこと

3　その中には、後にカンプチア共和国政府の指導者になったヘン・サムリン、チア・シム、フン・センなども含まれていた。

を目撃している。地元住民の生存維持経済をかつて支えた森林資源と精神生活の要でもあった文化財は、このようにして乏しくなっていった。

　1980年代後半に一連の制度改革が行なわれ、自由市場経済と土地の私有化が復活した (Chandler 1992: 236)。新しい法律は、しかしながら、地方の農民にはうまく伝達されず、気がついた時には戦前に自分の家族が所有していた土地が既に他人のものになっていた場合も多かった。このようにして、地元住民たちの生存維持は危機的になった。更なる喪失、権利剥奪、規制と拒否は、社会組織の頻繁に起こる変化と共に、この時期村人の不安定感を悪化させる要因になった。

土地の喪失と私有の拒否

　ポル・ポト政権崩壊に続くカオスのために、新政権は、前政権が放棄したすべての国家財産をすぐに国家財産に戻した (Luco 2002: 71)。人々が旧宅に戻っても、土地を所有することも耕作することもできなかった。政府は、代わりに土地耕作の集団ユニットとして複数の世帯で形成するクロム・サマキー [krom samaki]（連帯グループ）制度を設けた (Chandler 1992: 230)。

　コーク・ター・チャン村の数家族によると、1979年に彼らはアンコール・トムの環濠の東南部にあたるター・リエットの水田を失い、それは、そこから近いコーク・ドーンの村人が代わりに耕作した。コーク・ドーンの村人はアンコール・トムのトンレ・オム門（南門）からター・リエットの残りの水田を耕作していた。土地所有と耕作の状況は、アンコール・クラウ村の村長によると、1984年に変わり、村の北側にある新しい土地と古い土地の耕作が許された。しかし、村の土地は環濠の水田より土壌が貧しく、地雷が埋め込まれていた。農産物は耕作に参加した人の間で分配された。子沢山の家族を政府は支援しなかったが、当時村人の間に貧富の差はあまりなかった。

　1979年1月にポル・ポト政権は崩壊したものの、クメール・ルージュ・ゲリラはアンコール・トムの北側でまだ活発に活動していた。アンコール・クラウの村長によると、1979年から1982年まで村人は北側の土地を耕しに行ったが、クメール・ルージュが仕掛けた地雷を踏んで怪我をしたり、死亡したりした。数年間村人は、地雷を恐れて北側の土地を耕作しに行かなかった。また、1980年代中旬、コミューンの職員が村人に「もし誰かがあの土地に出かけて耕せば、そ

れはクメール・ルージュに食べ物を与えることになる」と言って、土地を耕した村人を非難した。この土地は、その後アンコール・トム郡に没収された。役人は「土地は長期にわたって耕作放棄されていたので、古い土地の所有権は無効である」と言明した。かつて可能だった社会経済資源へのアクセスの制限は広範囲に及んでいるので、村人の生存維持はますます困難になっていった。

しかしアンコール・クラウ村の住民は、ただ手をこまねいて見ていただけではなく、この「人権侵害」に対して、没収された土地を取り戻すためにあらゆる努力をした。

相続された樹木の不正伐採と損失

この時期アンコールの地域社会では、先祖から相続されたイアンやほかの樹木が、アンコール・トム、プレア・カン寺院、そして村の中でさえ、ヴェトナムとカンボジアの両軍から伐採され、持ち去られてしまった。軍隊による樹木の伐採は、村人たちによると、ヴェトナム軍が引き上げる直前の1989年に最も激しかった。

アンコールの村人たちの証言によると、1980年代の終わりに軍隊がアンコール・トムで夜から午前4時にかけて大規模な樹木の伐採を行なった。しかし、軍隊はこの行為をきっぱりと否定している。樹木の伐採は、同時期、アンコール・トムやプレア・カン寺院、村々と農地周辺でも行なわれた。

ター・ナークの孫の妻は、家の周辺にあった大きな樹木も伐採されてしまったと語った。樹木はこの家族が所有していたにもかかわらず、何の抗議もできなくて、家の中に座って木が倒されるのをただ見ていたと言う。彼女は、この時期「コーク・ター・ナークにある3本のマンゴーと3本の砂糖椰子の木が倒されて、砂糖椰子の木2本だけが残った」と語った。ター・ナークの孫娘によると、ター・ナークの娘である母親がアンコール・トムの中に70本、そしてコーク・ター・ナーク周辺に270本の木を所有していたが、母親と叔母がそのうちの200本を分割して相続した。この孫娘は木々を大事に思って世話をしていたので、兵士たちに若木は切らないように頼んだが聞き入れてもらえず、すべての木が倒されてしまったと語った。

他の村人たちも、若木の世話をして、お互いの所有権を尊重していたと語っ

ている。村人が所有していた多くの樹木はヴェトナム軍占領下で伐採されてしまった。トロペアン・セッ村の年寄りによると、ほとんどの村人が、アンコール・トムの東側にあるシェム・リアップ川沿いに多くのイアンの木を所有して、樹脂を採取していたが、アンコール地域に駐留していた軍隊が村人に樹脂の採取を禁止した後に自分たちで樹木を伐採したという。

硬くてまっすぐに成長するフタバガキ科植物のイアンとトラーイの木は、家屋の建築用木材として好まれ、カンボジアでは不正伐採の主な対象になっている[4]。アンコール・クラウの村人は、村やアンコール周辺に若い樹木を植林して世話をしていた。それゆえに、アンコール地域にはこれほど多くのイアンの木が存在しているのだと説明してくれた。横山（2001: 147）も、アンコール地域の植物相には人為的影響が大きく、フタバガキ科植物を優先種とする2次林である述べている。村人たちは、木は自然に生長するのではなく、蔓やその他の寄生植物などを除去したり、世話をしたりする必要があると語っている。アンコールの樹木の違法伐採は、経済的損失と生活維持確保に更なる圧力を加えただけでなく、私有地と国有地（アンコール公園）への乱入と地域社会の自治と所有意識や尊厳を傷つけたのである。

地域住民は、この時期兵士たちが女池で金細工や宝石をさらい、アンコールの寺院から彫刻を持ち去ったのを目撃している。カンボジア国連暫定統治機構（UNTAC）がカンボジアに到着する少し前、恐らく1992年初頭に、アンコール・クラウの村人たちは、ある日村から一歩も外に出ないようにとカンボジアの軍隊から言い渡された。その後、多くのトラックが到着した。翌日、村人が村の外に出てみると、アンコール・トムの土鍋の門の外に並列に並んでいた砂岩の神々と阿修羅の像の頭部が多数消失していることに気がついた[5]。村人たちは、

4　コンポン・トム、プレア・ヴィヒア、ストゥン・トレンとクラチェ州で樹脂採取の対象になっている樹木が、森林伐採会社によって違法伐採されていることから、樹脂採取者と会社との間で闘争が起こったことが2001年に報告されている（Phnom Penh Post: Jan. 19-Feb. 1, 2001: 12; March 16-29, 2001: 12）。

5　ラフォン（Lafont 2004: 46）は、1980年代中旬にアメリカの市場でクメールの文化財の価値が評判を呼んだのを受けて、1986年以降1990年代初めにかけてクメールの文化財の違法流出が始まったと述べている。また、1998年にバンティアイ・チュマールから大量の文化財が軍隊によって流出された事件に関して、周辺の村人たちが、軍隊から説明もなしに、寺院の敷地内に入らないようにという命令を受けたという話を聞いている（ibid.: 54）。

寺や遺跡の彫刻が完全にそろっていた時にどんなに美しかったかを私に語ってくれた。寺や彫刻が私的な所有物でなかったにせよ、アンコール一帯が村人にとって子供時代の記憶、場の意識や生活に密着した親しい、懐かしい景観なのである。更に、傷口に塩を塗るように、アンコールの樹木や彫刻の消失は、第6章のター・ネイ会議で、すべて地元住民の仕業にされたのである。

3. 改革と移住

❖ カンボジア国（SOC）期：1989～91年

改革

1989年9月、最後のヴェトナム軍がカンボジアから撤退した。この年の初め、政府は国名をカンボジア国（The State of Cambodia）に改名した。「撤退前に、しかし撤退と明らかに関係して、カンボジア政府は一連の改革を発表した」(Chandler 1992: 236)。改革は自由市場経済を含み、発令された新法による土地の私有化によって、農民たちが子供に土地所有権を譲渡したり、ほかの世帯者との間に動産の売買をしたりすることが許されるようになった (ibid.: 236)。

1989年土地法副法令25番の74ヵ条によると、人民は自身がある土地を所有している旨を証人を伴って世間に周知させなければならないが、土地が5年間継続して耕作されていない場合には、ほかの人が所有することができる[6]。以前、アンコール・クラウ村の人々は、前述したように、地元の役人に、稲作をすればクメール・ルージュに食べさせていることになると非難され、後に多くの村人は、地雷を踏むことを恐れて稲作ができなかった。とにかく361ヘクタールの先祖から継承された土地が、1980年代中旬に設立されたアンコール・トム郡によって没収された。1990年代初頭、土地は、主にプロアン村に再定住した難民に分配され、いくらかは元郡長によって高位の軍人に不正に売却されてしまった。このことによって、アンコール・クラウ村とアンコール・トム郡役場に支援されたプロアン村との間で本格的な対立が起こることになった。

6　シェム・リアップで活動しているLegal Aid of Cambodia（カンボジアの法支援）というNGOの弁護士による説明。

集産主義の残滓が消えていく一方で、権力者との縁故と金権システムが新たに復活してきた。2世紀にわたる戦争と政権変換後、土地の集産性から私有化へのシステムの逆転が、それ以降のカンボジア社会にはびこる最も深刻な問題の1つになった。農地の所有権と境界線が不明瞭になり、ポル・ポト政権終焉後故郷に帰還しなかった家族がいたり、地雷が広範囲にわたって埋め込まれていたりした。土地争議をめぐる交渉の成功は、しばしば権力者とのコネや争議者の富裕度にかかっていた。土地やほかの財産をめぐる争議はしばしば近所で揉めごと、憤慨や不信感を引き起こした（cf. Luco 2002）。人口増加、土壌豊かな土地の不足や広域にわたる地雷原は、土地をめぐる難しい状況をますます悪化させた。ロン・ノル政権以前に見られた、豊富な土地と比較的自由な移動の状況は、「良き昔」の追憶になってしまった。

1990年代に、カンボジアは新時代を迎えた。アンコールは観光開発や世界遺産を守るためという国家の目標のために奉仕するよう復興させられ、そのため地元住民をますますアンコールの空間から排除し、日常実践を規制されて、生活維持確保の危機をもたらすようになっていった。

居住禁止－強制移住

1991年に政府はシェム・リアップ州政府に命じて、アンコール・ワット周辺の3村、トロペアン・セッ[7]、ヴィアル、テアックセン・カーン・トボーン（南テアックセン）の住民をシェム・リアップの町の北側に準備したダイ・トゥマイ（「新しい土地」の意）に移住させた。ダイ・トゥマイは、プーム・トゥマイ（「新しい村」の意）とも呼ばれている。トロペアン・セッ村の村長によると、政府令は、村がアンコール・ワットに近すぎることと、環境と観光への影響が心配されることが理由として挙げられたという。政府は村人の生活や家屋が観光客の「まなざし」には美しくないと捉え、村人が生活していることが環境へ否定的な影響があると考慮したということであろう。

プーム・トゥマイには村人から土地を買ったり借りたりした新しい人々が住み着き、主に商売をしている。旧村で持っていた土地の広さと無関係に、新し

---

7 バケン、テアックセン・カーン・チューン（北テアックセン）、コーク・ドーン村は、1979年に行政的にトロペアン・セッ村に統合させられ、村長は1人である。

い村では世帯あたり一律に30m×40mの土地を配分された。しかし、多くの村人は旧村に水田や果樹を残している上に、新しい土地では生活ができず、旧村に戻ってしまった。それを無理に止める者もいなかったようである。そうした村人の中には、ダイ・トゥマイの土地を売却した者さえいる。土地を売却して旧村に戻った村人たちは、自村で「不法居住者」になってしまった。彼らはほかに行く所もなく、政府によってまた移住させられるのではないかと恐れながら生活している。また、彼らは、遺跡警察に「米税」を要求されたが、後にアンコール・トムの環濠の南西側、チョン・リアン [Chong Reang] と東側の南部分、ター・リエット [Ta Riet] の耕作が完全に禁止されたのである（地図4）。

　実は、1962年にも村人たちは村から移住させられた。移住された場所はアンコール・ワットからシェム・リアップ空港に行く道沿いで、現在、軍の駐屯地がある場所である。しかし、何人かの住民は村に残った。トロペアン・セッ村の年寄りによると、政府は、僧侶をリクルートして委員会を作らせ、村民の移住を監視させた。当時、この年寄り自身も委員会のメンバーの1人に選出された。マオ・チョイ [Mao Choy] 大臣がイニシアチブをとって、アンコール・ワット前の市場を取り除かせたが、商売人たち（トロペアン・セッ村の住民と華僑との混血の人たちなど）がこのことに抗議して、自分たちも一緒に移ると訴えた。1979年にポル・ポト政権が終わり、人々は帰村した。軍の駐屯地は、ヴェトナム軍占領時代に設立された。何人かの人々はそこに留まったが、多くの人たちは、（人気が少ないことから）そこに留まることを恐れて旧村に戻り再定住した。この住民の理解では、当局が村人を移住させたのは村が観光客の目に「美しくない」と考えたからである。この説明は、次章で述べるター・ネイ会議でも遺跡警察長によって使われた説明と同じである。

4. 更なる規制：禁止と排除

❖ 1990年代アンコールの「新しい管理体制」

　アンコール遺跡空間で地元社会が実践してきた社会経済活動、主に樹木の伐採や樹脂の採取が、前にも述べたように、徐々に規制されるようになり、1997

年に遺跡警察が組織されてから特に厳しくなった (APSARA 1998: 246-249：資料 III)。以前、村人たちがプーム・トゥマイに移住した1992年以降、軍事警察がバン・トムの水田所有者たちから「米税」を徴収していた。水田の社会的状況がアンコール・トムのほかの水田と異なり、1979年から1992年までコミューン役場も「税金」を集めていた。税を2つの政府組織から二重取りされていたのである。「税金」徴収の伝統は、遺跡警察に引き継がれたが、もっと広範囲にアンコール地域で働く誰からも（国際機関や政府機関関連の被雇用者以外）「税金」を徴収するようになっていった。「税金」徴収対象者は、飲食物やみやげ物の売り子、水田耕作者、アンコール・トムの森で薪集めをする人、食用の蟻の巣を採取する人、アンコール寺院の神像・仏像を世話する人などが含まれる。アンコール・トムのスラエ・ター・トゥオットの水田の所有者のように「税金」の支払いを拒否した人たちは、耕作を禁止された。この水田は、代わりに遺跡警察によって耕され、少ない給料を補填するために使われた。地元の農民の生存維持確保は、遺跡警察が要求した彼らの生存維持の必要性に従属させられてしまったのである。

❖アプサラ機構と遺跡警察の政治的立場

　アプサラ機構は、アンコール世界遺産の管理と開発を担当する政府機関で、1995年に設立された (cf. APSARA 1998: 246-249)。しかし、近年まで効果的に活動することができなかった。というのも、内部的な政治闘争や財政難などの問題があった上に、1997年7月にプノン・ペンで起こった軍事行動により、アプサラの状況も悪化したからである。アプサラは、当初、遺跡警察に比べて構造的に弱く、人材不足もあってうまく機能していなかった。カンボジアの警察は、フランスの警察に訓練され、内務省の管轄下にあり、州政府と密接な協力関係にあった。アプサラの権限が関係者に無視されたり、軽視されたりして、効果的に機能していない時期に、遺跡警察はアンコール地域で采配を振るった。

　人民党とフンシンペック[Funcinpec]党の連立政権が1997年の軍事行動によって終焉し、翌年、人民党の単独政権が誕生した。遺跡警察は1999年10月末に署長が変わり、アンコール遺産地域出身のタン・チャイ[Tan Chay]将軍が新署長に就任した。新署長は、地元住民の不正行為を厳しく取り締まらなかった

として、第2の副署長(遺跡警察内で第3の地位)に降格した前署長を公の場で誹謗し、自身は、地元住民の不正行為を大目に見ない、厳しい、正義の人間であることを強調することによって、人々の間に新しいイメージを植えつけようとした。タン・チャイ将軍が前任者との違いを見せるために実行に移したのは、アンコール・トムやアンコール地域の主な寺院周辺、特にプレア・カン、バンティアイ・クデイやター・プロムなどで地元住民が伝統的に行なってきたほとんどの社会経済活動を規制することだった。

❖ 実践の規制

フランスが1907年末にアンコール保存事務所を設立して以来、アンコールではいくつもの法律、規定や制限が設定された。例えば、森林保護と管理の政策を実施し、植林を組織化した。1912年フランスの遺跡保全の専門家ジャン・コマイユ [Jean Commaille] (Commaille 1912) は、「根が浅いので、大きなイアンの木が雨季に何本も倒れた」と記録している。それから、樹脂の採取を禁止した。1926年に、公園内の森林を管理するために、森林管理官が任命された (Marshal 1926)。村人の何人かは、既にこの時期に樹脂の採取をやめたが、当時の禁止令はそれ程厳しく施行されなかったようである。フランス人は遺跡地域の水田耕作は一度も禁止したことがなかった。[8] 同時に、地元住民は遺跡の修復や保全のために雇われて経験を積み、そのうちの何人かは1980年代の終わりに再開された遺跡保存修復事業に携わることができた。

しかし、1992年にアンコールが世界遺産に指定されてから、生活実践に規制がかけられ、2000年に遺跡警察の禁止令が発令されたため、生存維持経済に損失を被った者が多かったが、損失を被った者が必ずしもアンコール遺跡の修復や保全のために雇用されたわけではない。更に、雇用は被雇用者への依存を意味するが、自然、水田、森林などの資源は、よく管理すれば、半永久的に維持できるのである。生存維持確保に関して言えば、自然資源や社会資源は、活用の幅が広く融通が利く。例えば、水田は貸借可能で、所有者を変えることもできるし、米は、ほかの食料、金銭や労働に代替可能である。樹木の所有権

---

[8] フランスが1910年代から20年代にかけて行なった村人の実践規制については、ルコ (Luco 2006: 121) に詳しい。

第5章　実践の規制　247

アンコール・トムのみやげもの屋。

は、借金を支払う代わりに、ほかの家族に移譲することができる。

　1999年8月アプサラ機構は、物乞いたちをアンコール・ワットから追い出し、バンティアイ・スレイ郡に定住地を用意した。アプサラ機構は、観光客を悩ましているとして、アンコール・ワットやほかの寺院から、歩きながら物売りをしている大人や子供も追い出した。同時に、物売りたちを監視し、観光客が浮き彫りや彫刻に直に触れたりすることを防止するために寺院の監視員を地元の村からリクルートした。アンコール・ワットや大寺院周辺の物売

バイヨン寺院の監視員として働く
アンコール・クラウ村の女性。

りたちは後に遺跡警察によって売店地域に再配置されたが、ほかの小規模な、または観光客があまり多くない寺院では、物売りたちが遺跡警察に賄賂を払って、みやげ物や飲み物を売り歩いている。

2000年4月、クメール正月の少し前に、遺跡警察は、アンコール・トム周辺の6つの村、即ち、コーク・ター・チャン、コーク・ベン、コーク・トゥナウト、クヴィアン、アンコール・クラウとトロペアン・セッ村の村長と副村長を女池に招集した。遺跡警察長は政府からの文書を提示した。その文書には様々な禁止事項が記載されており、それらは、樹木の伐採、樹脂、果物、立木・倒木、食用赤蟻の巣、蔓の収集、稲作、牛の放牧、狩猟、森林への侵入、ナタ、斧、シャベル、のこぎり、鳥を打つぱちんこや銃器をアンコール・トムに持ち込むことなどである（資料3）。水牛をアンコール・トムの環濠で水浴させることや、家畜をアンコール・ワットの土手に放牧させることも、衛生上と美観の観点から禁止した。様々な禁止条項を強制するにあたって、補償も代替手段も与えられず、地元住民たちの生存維持の選択肢が少なくなった。住民の多くは安全保障がなく、ほとんどの場合、かなり搾取的な状況でホテル建設などの日雇い労働の仕事を探さなければならなかった。

女池の会合にアプサラのスタッフが不在だったということは、大変重要な点である。アプサラの職員によると、この禁止命令について事前に何も相談されていないということであった。村人に禁止条項を突きつけて、遺跡警察は禁止条項のいくつかは自身たちで継続したのである。田代（2001: 238）によると、牛の放牧はバンティアイ・クデイ寺院でも禁止されていたが、ほかに放牧地がないことから地元住民が遺跡警察に放牧を許してくれるように頼んだが拒否された。しかし、田代自身がこの寺院で牛が放牧されているのを目撃し、それが遺跡警察に所属する牛であることがわかった。

アンコール・トムの環濠で魚釣りや稲作をすることは禁止されなかったが、署長から各部署に配置されている部下との連絡が不十分だったので問題が発生した。東側の濠の北側は、ドン・ポウであるが（地図5）、近くに配置されている遺跡警察によって稲作が禁止されたのである。数人の遺跡警察は、村から距離が遠く、歳を取ってもう稲作ができなくなったスラッ・スラン村の住民から許可を得て、田を耕していた。アンコール・クラウ村の住民は、遺跡警察が濠

で稲作している限り、自分たちも稲作を続けるつもりだと主張していた。命令の伝達不備による問題が解消されたので、村人も遺跡警察も、そこで稲作を継続することが許されている。

似たような状況で、プレア・カン寺院前の水田トンレ・スグオットの稲作も付近に駐在している遺跡警察に一時的に禁止された。村人たちはアンコール・ワット前にある遺跡警察の本部に駆けつけ、禁止に関して質問と抗議をした。次に、担当の警察に金を支払って、稲作の許可証を書いてもらい、やっと稲作を継続することが許された。倒木や自然に折れた枝を薪用に収集することを禁ずる条令も、後になって解かれた。

土鍋の門を通らずにアンコール・トムに入れる壁の崩れた所が2ヵ所あり、以前、村人たちはそこから中に入って、遺跡警察に会わずに自由に森林資源や薪を集めたり、牛を放牧したりした。禁止令が敷かれた後、アンコール・クラウ村からアンコール・トムへ入る裏道は、遺跡警察によって塞がれて通れなくなった。

聞き取りをしたほとんどの村人は、薪や炭用に、倒木や落ちている枝と木から小枝を折って集めていた。樹木の伐採の禁止は、村人もほとんど受け入れていたが、アンコール・トム内での稲作禁止に関してはその限りではなかった。樹木の伐採は、過去には一部の村人と遺跡警察とが共同で行なって、村人たちは労働と協力の報酬として材木を分けてもらっていた。それ以外に、かつては軍事警察、現在はその任務の継承者である遺跡警察が、アンコール・トム内で稲作をしていた人たちや赤蟻の巣を集めていた人たちから、違法でなかったにもかかわらず、金銭を要求していた。遺跡警察による金銭の巻き上げは、収益が微小な人々も含めて、観光業に携わっている多くの人々に及んでいる。その対象になっているのは、飲食物やみやげ物売り、屋台や食堂経営者、神像や仏像の世話人（多くは年長者）などである。このような越権行為や違法行為に関して村人は、遺跡警察に怒りを感じている者や、そうしなければ何の副収入も得られないので必要悪と割り切って要求額を黙って支払っている者など様々である。遺跡警察は、地元住民にとって重要な生活維持確保の選択肢として、自分たちの存在を押し付けている。

警察も一般の公務員も給料がきわめて低いので、それだけでは生活ができず、

通常業務の傍ら、小規模の商売や農業をして生活費を稼がなければならない。ある遺跡警察は近くの村で英語を教えている。遺跡警察の妻たちの中には、しばしば夫の任地の近くで屋台やみやげ物店を営んでいる者がいる。遺跡警察が自分たちの置かれている社会的な地位と任地の特殊性から、追加収入を得るためのいい機会を見つけたことは明らかだ。明白な権力と武器の所持が彼らの活動に妨害を許さなかった。遺跡警察もあからさまに身体的暴力に訴えることはほとんどしなかったが、必要な金額を単に述べたり、ある活動を止めさせたりすることで、規則的な監視と脅しを実行した。法律や合法性は当局にも広い範囲の人々にもほとんど意味を持たないので、問題視されない。

地元住民に許された伝統的な活動は、倒木から薪を集めることや仏像を守ったり、宗教的な活動を行なったりすることである。しかし現実的に、村人はアンコール・トムの森に入って不当に嫌疑をかけられることを恐れてほとんど入らないし、アンコール・トムの外濠での稲作は一般的には禁止されていないにもかかわらず、前述したようにチョン・リアンからター・リエットにかけては、稲作が許されていない。

地元住民に対して取られた厳しい処置の結果は、貧困化である。地元社会での失業率、とりわけ若者の失業率はかなり高く、今や生活維持のための資源も限定されている。地元社会はほとんどの禁止条項を受け入れることに同意し、既得権や伝統的な実践を放棄しているが、アンコール・トムでの稲作禁止令に関してはこの限りではない。多くの家族がアンコール・トムの土地の使用に生活がかかっている。彼らは、土地の所有権ではなく、稲作と収穫確保の継続を要求しているのである。その中には、稲作をするための水田をほかに持たない家族もいる。農業以外の労働でさえ、しばしば最初に金銭を要求される。稲作を継続するために、遺跡警察に「税金」(賄賂)を払うことに抵抗がないかと聞いたところ、一部の人たちは、「払うのは嫌だ」と主張したが、他のほとんどの人は、「支払うことに抵抗がない」と語った。言い換えると、多くの人には、賄賂を払おうが払うまいが、稲作を継続できることの方が重要だということである。

遺跡警察が銃を持ち、国家権力の一部として地元住民に対処するそのやり方が、多くの住民に不快感を与えているのである。カンボジアの庶民は、警察が

一般的に道徳心に欠け、腐敗していると感じている。カンボジアでは現行犯で捕まって牢獄に入れられた泥棒が警察に賄賂を払ってすぐに釈放される場合が多く、庶民の警察当局に対する不信感は根深い。アンコール地域でも、軍隊が関連している樹木の伐採や文化財の違法取引に警察もしばしば関わっていることが目撃されている。このような状況にあっても、貧しい人々は、生活維持確保のために警察に賄賂を支払う。しかし、地元住民と遺跡警察の関係が悪化したことを受けて、アプサラは、2000年7月20日にター・ネイ寺院で会議を開いた。この会議に関しては、次章で詳しく述べることにする。

5. まとめ

　本章は、アンコールの村人たちに強制された実践の規制を分析した。それは、生存維持確保のための社会的戦略の系譜である。政権や政策の変化は、土地の所有権と境界線を混乱させ、その上、村人の生存維持の選択肢も狭めてしまった。1972年以来、村人たちは長期に及ぶ移住生活を強いられ、社会経済資源の所有と管理の慣習を剥奪された。伝統的権利の剥奪は、ヴェトナム占領中にも継続した。当事、土地の私有化が拒否され、ある土地はもともとの所有者に相談なくほかの村人たちに移譲されてしまった。多くの樹木は違法伐採された。更に、クメール・ルージュが埋めた地雷が、人々から土地を取り戻すことを阻止した。

　1989年に発効された土地に関する法律は、多くの古い所有者が先祖から継承した土地を失うきっかけを作ってしまった。1990年代のアンコールの新しい管理方法は、地元住民にとって更に否定的に働いた。警察は自身の生存維持のためにアンコールで働く人々から「税金」を徴収し始め、この傾向は1997年に遺跡警察が設立されてから悪化した。遺跡警察は、ゾーン1の地域社会によって実践されてきたほとんどの「伝統的」な社会経済活動を禁止することによって、「税金」の取立てを拡大した。政府が公務員に適切な給料を支払うことができないので、遺跡警察が生存維持経済確保の非公式システムを創始したのである。このことが利害の違いによる衝突を引き起こし、地元住民の生存維持経

済に侵食した。

　アンコールは権力と権威を惹きつける。異なる時期においてそれぞれの当局は、アンコール空間の管理に務め、地元住民の生存維持保障をしばしば考慮に入れずに管理を正当化しようと試みた。地元住民の周辺化は、貧困化した住民の生存維持を脅かし、彼らの道徳的、社会的、経済的、かつ文化的統合を危機に陥らせている。地元住民が大切にしてきたアンコール空間への帰属意識は深刻な状態にあり、当局による圧力を常に感じている。遺産地域は、権力、支配や権威を求める者にとって冒険的な場になる。彼らの知識、考察と実践は、正当で「合法」であるが、「他者」のものは否定され、「違法」になる。このことは、アンコール周辺の自然資源や文化資源に関する村人の知識が、アンコールの管理に適切であるとあまり考慮されてこなかったことから明白である。むしろ、過去にフランスが、そして1990年代から2000年代にかけてアンコールの新しい管理組織は住民の自然資源の活用を止めさせるように絶え間なく試みてきたのである。その代わりに、村人たちの活動と収入源は、遺跡警察に搾取されながら、みやげ物、飲みものや食べものの販売、遺跡修復や保全の仕事、寺院の監視員、神像や仏像の世話人などの臨時雇用とに多かれ少なかれ限定され、ますます警察や雇用者の慈悲にすがらなければ生活できなくなってきた。

第6章　ター・ネイ会議——様々な言説

　遺跡警察署長に任命されて、私はアンコール地域にある村々に出向いた。そこで特別会議を開き、村長たちと友好的に話をした。今日の会議は、お互いにとって最良の機会である。(村人たちの生活実践を規制したことで村人たちと遺跡警察とが対立したことに関して) 私は、勝者とも敗者とも感じていない。私が望んでいるのは、我々が類稀なクメール民族に属しているだけでなく、アンコールに属しているということを、我々の世代に理解させるためのよい方法を見つけたいということである。国際組織に属している人々の多くは、クメール民族の文化遺産を見ている。我々クメール人は、どのようにしたら、数人のものだけではないアンコールの名誉を尊重すべく、適切に振る舞えるだろうか。我々は、どのようにしたら先祖に栄誉を与えることができるかを知るべきだ。アンコールなしには、だれも我々クメール人の存在を認めないだろう (2000年7月20日、ター・ネイ会議におけるタン・チャイ遺跡警察署長のスピーチからの抜粋)。

　2000年7月20日アンコール地域にあるター・ネイ寺院[1]でアプサラ機構が会議を開いた。この場で、アンコール、遺産、森林、国家と民族のアイデンティティ、慣習、および、義務と法律に関する支配的な言説が公表され、それに挑戦する別の言説が交わされた。この会議の目的は、アンコール地域の自然資源の活用について議論することであった。参加者は、アンコール世界遺産の中で最大で中央に位置するアンコール・グループにおける利害関係者であり、地元住民が公の場に招待されて他者の在席のもとで発言する最初の機会であった。招待されたのは、15村[2]、アンコール・トム内の全寺院の代表、地域当局の各層、国際機関職員と研

1　この寺院は、通常アプサラ機構が、カンボジアの若い建築家、エンジニア、考古学や社会学履修者の研修に使用する。アプサラ機構について詳しくは本章258ページ以下と第8章で。
2　村の名前は、コーク・トゥナオト、コーク・ベーン、プラダック、トゥノール・ボンダオイ、トゥノール・トートゥン、コーク・ター・チャン、ロハール、クヴィアン、トロペアン・セッ、アンコール・クラウ、レアン・ダイ、プロアン、北スラッ・スラン、南スラッ・スラン、クラヴァンである。

究者だった。

　本章は、アンコール遺産地域に関する支配的な言説とそれに挑戦するもう1つの言説間の対立や力関係を多岐にわたって検討する。この作業により、それぞれの言説の主な行為者の位置関係や力関係を明確にする。私がここで使用する「言説」という言葉、特に支配的な言説の場合は、「命名や分類などの政治的行為を含み、他の考え方を排除する独特な考え方や議論の仕方」(Shore and Write 1997: 22) を意味するだけでなく、非言語的形式の支配の仕方を意味する。そのため、言説を「読む（理解する）」基本的な理論的枠組みには、権力、知識、支配、身体と生産力の間の切り離すことができない関係性を調べることが必要になる。

　第2項では、社会的な行為者の力関係の動態を研究する。この作業には、地域社会の権力構造がアンコールの村人たちに強いた実践の規制を詳しく調べる必要がある。規制の方法は、生産空間からの身体的排除、頻繁な監視、検閲、威嚇、誹謗、脅し、制裁や、「生産状態の統制による抑制を含むイデオロギーの強制の様々に限定された文脈で」(Turton 1984: 19) 調べる。タートンが提示しているように、地域の権力構造、村人が経験した権力の示威行動は、「しばしば非制度的、時に明らかに非公的で、しばしば違法または司法の及ばないものである」(ibid.: 22)。戦後のカンボジアの状況がそのほぼ20年前のタイの権力関係の相対的動態に対応することから、タートンがタイの農村で行なった当時の研究を引き合いに出した。

　最終部分では、カンボジアの統治と市民社会の発達の問題について検討する。1990年代に、カンボジアでは集会や表現の自由が許され、市民団体が出現し始めたが、メンバーの命が危険に晒されることもあった。アンコールは、国の社会政治環境の小宇宙である。政府と公務員の利害関係は、地域住民の生活実践を犠牲にするものだった。

1. 支配的な言説ともう1つの言説間の対立

　アンコール・トム内やほかの遺跡地域における地元住民の実践に関して、2000年4月に遺跡警察により申し渡された禁止令（資料3）により、遺跡警察と

地元住民の間の緊張が高まった。当時、アプサラ機構の文化・遺産部長アン・チューリアンは、2000年2月に地元住民に会うことを躊躇していたが、5ヵ月後ついに会議が開かれた。

❖ ター・ネイ言説

　ター・ネイ会議とそこで交わされた言説の重要性は、すべての参加者に明白だった。初めに、隠れていた行為者と行為者間の交渉が国際的なオブザーバーの前で明らかになった。次に、遺産、慣習、義務と法律に関する支配的なイデオロギーが明示された。第3に、支配的な言説に対抗する言説が批判的に交わされた。そして最後に、会議は行為者の力関係と位置関係を明らかにした。

　階層的な席の配置や空間設定が会議の性質を如実に示していた。地域当局代表者たちはテーブルを前にして正面に座り、折りたたみ式の椅子に座っている仏僧に向き合った。村の代表はベンチに座り、寺院の後方の石に座ったり、屈んだりしている村人たちに囲まれていた。外国人を含む他の参加者たちは、脇に用意されたベンチに座った。参加者は、日本政府アンコール遺跡救済チーム（JSA）、フランス極東学院（EFEO）、国際連合食糧農業機関（FAO）、アンコール参加型開発機関（APDO）の職員と私を含めた3人の研究者だった。

　会議は、午前中いっぱい、カンボジア政府機関の代表による権威的なスピーチで満たされた。とりわけ、遺跡警察署長のスピーチが支配的であった。会議の趣旨は意見や提案を交換することにあったが、雰囲気は緊張したもので、少なくとも会議の3分の2が終了するまで、率直な意見交換には及ばなかった。その時、驚くべき介入が予期せぬ方角からやってきて、その後雄弁な地元の村人による論戦があり、支配的言説による緊張を緩和した。後に、遺跡警察署長がアンコールの森で薪を集めることを許可する旨を話したことを受けて、地元の女性が、集めることができる薪のサイズを交渉しようと試みた時に、緊張が

3　国連ボランティアの「アンコール公園における持続可能なコミュニティ参加」プロジェクトをカンボジアのNGOが2000年に引き継いだ。1995年に8村における5年間のプロジェクトとして開始された。1999年に新たに3村を付け加え、自然環境を守りながら地域コミュニティ開発を支援することを目標とした。3つの段階を通して、プロジェクトは、村人が、社会経済、文化、環境開発のための自助努力を支援し、貧困削減をするために、農村の能力強化に参加型アプローチを採用した。このプロジェクトは、第8章に詳述されている。参照〈http://www.apdoangkor.org/apdo_profile.htm〉。

短期的に和らいだ。

　集まりは、一方では、当局側と僧侶－村人側とに2分され、国際的な参加者は後者側に同情的だったが、他方で、分離はそれほど明瞭であったわけではなかった。例えば、シェム・リアップ州の農林水産部部長（F氏）は、皆が驚いたことに、ほかの当局、とりわけ遺跡警察に完全に対立的だった。様々な組織で働いているカンボジア人スタッフや地域当局の代表は、仲介者の役割を演じた。この会議は、提案された議題に関して、他者の前でそれぞれの立場を明確にし、かつ正当化して、外国人オブザーバーの面前で自己と自己の社会的地位のイメージを改善させ、批判を避けるための方策を協議するように企画されたカンボジア人同士の政治劇場だった。

　会議は、主な行為者とオブザーバーに目撃させるように準備された「アンコールの自然資源搾取者」を裁判する劇場化された法廷で、「被告人」が公表され、「検事」がリストアップした罪状を読み上げ、「弁護人」が抗弁した。私は当初、村人とアプサラ機構が「検事」の前で私が村人を弁護することを期待していると感じた。「検事」が言説と場を支配したが、「被告人」が敗者になったわけでもなかった。スコット（Scott 1990）が称する「公的な脚本 [public transcript]」が、劇場で支配的行為者と従属的行為者双方によってむしろ忠実に演じられたが、この劇場で興味をそそられる点は、通常「隠された脚本 [hidden transcript]」に属していたものが突然舞台に現れたことである。これは、「公的な脚本」の主役に驚きと落胆を与えたのである。

アンコールに深く根付いているアイデンティティ：国家、民族、地域、個人

　ター・ネイ会議に参加した大多数のカンボジア人は、アンコール地域出身か、そうでなくとも、シェム・リアップ州出身である。彼らはアンコール空間を日常実践の一部であると考えている。しかし、村人の誰も会議中にアンコールに関連している彼ら自身のアイデンティティやイデオロギーについては語らず、自分の立場や行為を正当化しようとはしなかった。その代わりに、彼らは、2000年4月のクメール正月後に施行された禁止令によってもたらされた問題の現実的な解決法に焦点を当てて語った。

　アンコールをめぐるアイデンティティ言説は、政治的かつ象徴的であり、政

治的に操作される。ター・ネイ会議における当局のメッセージはすべてのカンボジア人参加者に向けられており、アンコール・コミュニティの成員としての共通したアイデンティティと遺産保護に関する連帯意識を思い起こさせるように演出されていた。端的に言えば、アンコールは、彼らにとって、「国民統合の言語」(Anderson 2001: 38)になったのである。同時に、地元住民とアンコール遺産との特別な関係は、当局の何人かの役人によって明確に脇に寄せられた。特にタン・チャイ遺跡警察署長は長いスピーチにアイデンティティ言説を頻繁に挿入し、共通のアイデンティティは個人のアイデンティティより重要であるという階層原理を導入した。クメール民族の名誉とカンボジア国家のアイデンティティは地元住民の違法行為によって危機に瀕しているというのである。換言すると、署長によるアンコールの理解と構築は社会秩序の空間であり、そこでは、地域社会の生産と特別な関係を含む社会空間はほとんど否定されている。矛盾しているが、署長は、アンコールに関連して、自身を肯定的で道徳的なイメージで照射しようとした。

　　私は、生まれがプレイ・ヴェン(州)でもスヴァーイ・リエン(州)でもなく、アンコールのコーク・ドーン村で、クヴィアン村の子孫だ。私は、外から来た人間ではない。アンコールをよく知っている。子供の頃、アンコールの森で果物を採っていたのだから、よくわかっている。

　　今シェム・リアップ州の住民で、私より高い地位に昇格した者は他に誰もいないが、私は独裁者ではない。我々は皆アンコールの民だ…もし我々が互いに助け合いたいなら、現状にいかに対処すべきかを知っている。我々はクメール人だ。シェム・リアップのクメール人、アンコールの建造者だ。どうして我々はお互いを破滅し続けようとするのか。我々は団結しなければならない。私はアンコール出身のクメール人だから、アンコールの住民が好きだ。私の父も祖父もアンコール(ワット)で坊さんになった。だから、私はアンコールの人たちを破滅させるようなことは何もしていない。私はただ世間から批判されないように、アンコールに住んでいるクメール人が一致団結してアンコールを救って、我々の先祖の努力を誇りに思ってほし

いのだ。それは、たとえほんの少しの薪を集めに来たとしても、日々（森林）を破壊しているのは、ほかの地域の人間ではなく、アンコール地域に半永久的に住んでいる人たちだからだ。

アプサラ機構を代表したアン・チューリアン文化・遺産部長は、2つの対立している集団を統合するために共通のアイデンティティ言説をスピーチの中に組み入れた。

多くの村人は、間違いを犯した。(遺跡)警察も同様だ。(遺跡)警察署長は、違法行為を犯した者を逮捕して、村人であろうが、警察であろうが差別せずに牢屋に入れた。(遺跡)警察も全員アンコールの子孫である[4]。それだから、我々は、敵を作らないようにしなければならない。我々が心に留めるべきは、良い国を造る努力をすることだ。良い国を造るためには、皆が義務を尊重しなければならない。とりわけ法律に従うことが重要だ。私もクレアン村［Kompong Khleang］（シェム・リアップ州ソートニコム郡）出身だ。

地元住民は、一般的に、アンコールに対して圧倒的な敬愛の念と切っても切れない絆を感じているが、その感情をうまく言葉に表すことができない。彼らが抱いているアンコールのイメージは、人生を通しての故郷のイメージで、幸せ、悲しみ、痛みと救済の記憶で満ちている。

❖ 慣習・義務・法律：どの法律？

慣習、義務、法律に関する支配的な言説は、文化的価値や慣習の低下と近代の社会的・文化的変化の文脈における義務と法律の尊重に焦点が置かれた。慣習に関してよりも法律や義務に関して多く議論されたが、誰も権利について語らなかった。

カンボジアには、国家の法律、「権力者の法律」と慣習法の3種類の法律があるが、第5章で述べたように国家の法律それ自体はほとんど価値を持たない。

4　厳密に言うと、遺跡警察はカンボジアの各地から来ているが、カンボジア国民が全員アンコールの子孫であるという意味では、この言説には矛盾がない。

それはアンコールに関しても同様で、法律が権力者や当局の手の内にあり、彼らの遺産管理方法にどの法律または条項が適しているか選択したり、再解釈や再定義したりすることができるからである。都合の悪いものは無視するのが慣例である。

「権力者の法律」または「武器を持つ者の法律」は、ほとんどの場合、法的根拠を持たないが、権力者に有利なように庶民に押し付けられる。公務員の中に公的な活動と非公的な活動の明確な境界線がないので、「権力者・武器を持つ者の法律」は、カンボジアでは、最も支配的で有効な「法律」なのである。

一般庶民は、この現状をよく認識しでいる一方で、自分たちの行動や判断基準である慣習法（霊法や仏法など）に従おうと務めている。しかし、慣習法は「権力者の法律」と対立し、従属させられる傾向が強くなってきている。このような状況では、慣習法が対抗言説になってきていると言える。

支配的言説

支配的言説は、カンボジア当局のそれぞれの階層の代表が提示した。当局の言説は常に支配的なわけではないが、威嚇しないまでも、押し付けがましい傾向がある。言説は、言語と非言語、公式かつ非公式な形態のヘゲモニー（主導権）を従属者に押し付ける。ヘゲモニー文化と言説は、支配者と被支配者の間で共有される。支配者側は、社会階層、銃、勲章・徽章などを持ち、時間、空間、金銭、イデオロギー、文化と言語（使用言語の種類、スピーチの順序と長さなど）を操作する。アプサラ機構の文化・遺産部長と遺跡警察署長の言説はター・ネイ会議で最も支配的であったが、アプローチはまったく異なっていた。前者は父親的温情主義のアプローチをとり、後者は権威主義的であった。支配的言説の中で、話し手の社会的立場によって、法律の解釈、義務の強調、話し方に微妙な違いがあった。

文化・遺産部長は、アンコール遺産地内の樹木の違法伐採を行なった者は、論争中の地域住民と遺跡警察の双方の中にいて、共にアンコールの子孫であることから、互いに敵対視することを避けるように務め、協力し合うことを強く要請した。同じように共通したアイデンティティとアンコールを救済するために団結することを求めながら、遺跡警察署長は自分の部下の違法行為について

も言及しつつ、村人たちの犯罪行為や不適切な活動を並べ立てて、地元住民を更に疎外する傾向にあった。署長のスピーチには「飴と鞭」を組み合わせてあったが、脅しが多く、近所同士で互いを見張り、不正行為を報告することを奨励し、報酬を与えると約束した。これは、ポル・ポト政権時代のスパイ活動奨励を思い起こさせる一場面だった。

アン・チューリアンは、アンコール地域を保護する政府組織について、省庁とシェム・リアップ地域における遺跡警察、僧侶、文化・遺産部と地元住民を含むネットワークや他政府機関間の協力関係の重要性について強調した。遺跡警察署長は、アンコールはアプサラ機構だけのものではないと主張し、アプサラ機構がアンコールの管理と整備を任された唯一の当局にもかかわらず、その権威の信用を傷つけようとした。

アン・チューリアンの言説の焦点は、文化・自然遺産保護と良い慣習を維持するために協力することだった。強調した点は、法律の遵守、環境と調和した共生、それに、慣習と義務の間のバランスを見つけることの重要性だった。クメールの習慣は、仏教、文化的価値と、先祖から継承された社会経済活動に関連した信仰の文脈と、現代的文化変遷に照らし合わせて、次のように説明された。

> 私がまだ子供だった頃、クメール正月にアンコール・ワットでトロット［trott］(踊り手や楽器の演奏者を伴った集団が1軒1軒を訪ねて回る正月の浄化儀礼)の響きが聞こえた。これは慣習だ。しかし、この頃正月に行なうようになった水の掛け合いは、我々の慣習ではない[5]。アンコール歴史公園の自然資源の採取は、先祖伝来の慣習だ。この慣習は、今日始まったものではない。しかし、文化財の安全や保護の責任があり、重い義務を背負っている当局、特に遺跡警察との間に問題が生じているので、このことについて考えなければいけない。アンコールは「生きている遺産」である。古い寺院だけでなく、過去から現在まで存在し続けてきた村がある。アンコール遺産は寺院だけではない。僧侶も金持ちも貧しい者も遺産である…私は、村の人たちが生活してきた場所から他の場所に移住させるつもりはない。私は、村

---

[5] このタイの慣習は、国境の難民キャンプから帰国したカンボジア人たちが持ち帰ったものだと言われている。

第6章　ター・ネイ会議　　261

の人たちが、環境とバランスをとって共生してほしいと望んでいるだけだ。良い国を造るために、皆が義務を遂行しなければならない。特に法律に従うことが重要だ。私が子供だった頃、アンコール・ワットの前を自転車で通り過ぎる人たちが（敬意を表して）帽子を脱ぐのを見た。しかし今日、観光ガイドの中には、仏像の頭を危うく踏みそうになった者がいる。クメール文化は低下している。（収入を得るために）子供が観光客を団扇で扇ぐことを許している親もいる。それは不適切な行為だ。誰もこのような問題を1人で解決できない。皆からの協力なくして、いかなる役所も、この問題を解決できない。私たちは、協力し合って子供たちを教育しなければならない。

　数十年に及ぶ内戦、特にポル・ポト政権下でカンボジアの社会文化体系が破壊されたことにより、クメール人は、クメール文化が失われたと感じたり、失われつつあると感じたりしてきた (Ebihara et al., 1994)。この感傷は、海外に住んでいるクメール人や、1980年代や1990年代に帰国したクメール人、そして、ある程度、外国人にさえ共有されている。クメール文化の秩序にも同様な喪失感を覚えている (ibid.: 1-26)。

　1993年以後は国家再建と文化復興の時期であり、国際社会のカンボジアへの財政的かつ物質的な援助が広範囲に行なわれた。このクメール文化と伝統を復興または再生させるモデルは、1950年代から60年代にかけての文化的特徴を主に基盤としていた。年寄りは、この時期を「古き良き昔」として記憶している (ibid.1994: 5)。政府の中堅レベルの役人から高官までもが、アンコール遺跡や周辺地域を自分たちの子供時代の記憶にある状態に復元することの重要性を強調している。彼らは、アンコールの森がいかに密集していて、文化財がどれほど良い状態にあったか、そして社会がいかによく道徳を尊重していたかなどについて語った。このことについて反論する者はいなかったが、当局の役人が地元住民の見解を尋ねることなしに自分たちの見解を押し付け、森林破壊や喪失を住民の所業として非難したことが論議を醸し、もう1つの言説を発生させる原因となった。

　遺跡警察署長の権威主義的言説は、聴衆を刺激した。署長は法律と義務を強調して、会議に同席していた前任者が法の施行を怠ったことについてしばしば

言及した。署長の地位を守り、厳格な対策をとったことを正当化するために、法律を学び、法律の専門家として働いた自分の経歴を引き合いに出し、そのことが1999年10月に遺跡警察署長に就任した理由であると語った。また、自分が生まれも育ちもアンコールであることを繰り返し述べた。法律と国家への関心にも重点を置いた。戦争中、アンコールの森林はほとんど破壊されなかったが、最もひどい破壊が1993年以降地元住民によって行なわれたと強調したのである。

遺跡警察署長は、文化財保護に関連した法律をいくつか指摘した。それは、1985年の閣僚評議会による法令、1992年の閣僚評議会による決定事項、1997年に公布された遺跡警察の義務に関する副法令、および1996年州知事に特定された遺跡警察の22の責務を含んでいる。彼は聴衆に再度法律と慣習を思い起こさせた。観光客に売る楽器を作るために樹木を切ったりする活動は禁止されていると強調し、文化・遺産部長が語ったように、樹木も寺院のように遺産であるから保護しなければならないと訴えた（資料4）。

自身が仏教を信じていることを強調しつつ、遺跡警察署長は、仏僧たちがバナナの木を植えるために樹木を切り倒したのは法律と慣習の冒瀆であると主張して叱り飛ばし、新たに森を切り開いたり耕作地を拡大したりすることを禁じた。もし僧侶たちが新しい建物を建てたいと願うならアプサラ機構と州知事から許可を得なければならないことも付け加えた。仏僧たちが遺跡警察署長の越権行為と様々な禁止条項の取り締まりの厳しさについての苦情を知事に訴えたことについても非難した。仏法と国家の法律が手を携えて進まなければならないので、何をするにも事前に当局の許可を得る必要があるということを強調した。

上座仏教の世界で社会的に最高位にある僧侶を警察署長が公衆の面前で叱責するのを見るのは、稀有な光景だった。王でさえ僧侶の前では跪くのである。署長はこの機会を使って、宗教界の権威を含む公衆に、自身の権力を披露し、自分が関心を持っている問題を追及することにしたのである。彼は村人と僧侶の罪を並べ立て、威嚇、屈辱、脅しを組み合わせながら非難した。また、他者の犯罪について自分に報告するように促した。

アンコール地域を守るように法令に署名した王を引き合いに出して、署長は、

王に従って生きることの重要性を強調した。自分の言説を国家の関心と繋げて、署長は個人的に批判されないように、自己の行為を正当化しようと努めた。そして、国家と世界の関心に繰り返し言及しながらも、地域住民の関心に注意を払うことの重要性を明らかに否定した。

　シェム・リアップ郡の副郡長が意見を述べたが、それは、地域住民でありながら行政の一端を担う副郡長の微妙な立場を表した。自分の立場で、コミューンを通して村同士の活動を調整し、いかに村人たちを支援することができるだろうかという疑問を投げかけた。また、署長の意見に同意を表し、禁止を支持し、「法律」に敬意を払う理由として、歴史的な経緯や社会的変化に焦点を置いて説明した。数十年にわたる破壊と人口増加を引用して、未来へ向けて文化遺産や自然資源を守るために、今日犠牲を払ってくれるように村人たちに頼んだ。

　副郡長の好むメッセージ伝達方法は、人間の弱さを指摘することだった。「例えば、厳しい措置が取られなければ、我々は個人的な関心だけを考えてしまう」と述べた。また、「薪拾いのように自分たちが簡単にできることがある時、（違法行為と知りながら木を切るなど、ついでにほかのものも取っていきたい気持ちに）良心が揺らいでしまう」とも語った。どちらにせよ、村人に対する関心と支援を表明し、村の代表者たちに意見や提案を促した。副郡長は村の代表者たちに、署長の意見に怒らないように頼み、もし我々がここに住むことが許されるなら毎日の食べ物を料理するための薪を要求すると語った。

　もう1つの言説

　もう1つの言説は、支配的な言説に別の見解を提供するが、支配権を主張しない言説である。これらの言説は、前向きで包括的なアプローチで特徴づけられる。当然のことながら、このようなアプローチを採用したほとんどの人々は国家権力の外側にいる。彼らは、地元の村人、NGOや国際機関の職員、そして外国人である。

　会議で彼らが貢献したことは、アンコール・トム内での稲作の禁止を再考するように嘆願したこと、1994年の王令と2000年4月に施行された禁止令との間の矛盾を指摘したこと、地域当局が会議を独占したことへの批判、遺跡保全

主義者たちと開発推進派の人々の間に見られる意見の違いや矛盾、および、禁止令発令に伴って代替手段が提供されていないことを指摘する議論などを含む。発言者の中には、敵対しているグループ間の調整に熱心な者もいた。2000年4月の禁止令を「警察の法律」として拒絶することによって、静かにその命令を無視した者もいた。ほとんどの村人は禁止令に従う努力をしたが、少数派は遺跡警察と協働で不正伐木をすることを選択した。どちらにしても、少数派によって行なわれたいかなる法律に関するどのような違法行為でも、当局によって誇張され、彼らが地域のすべての村に対して厳しい措置を取ることを正当化し、禁止令を強制することを容易にした。同時に、遺跡警察署長は、数人の村人と協力して不正伐木に関わった遺跡警察に対して厳しい措置をとり、禁止令を正当化するために、自身を「正義の男」として印象づけようとした。

　3村の代表はアンコール・トム内に持っていた水田を禁止令により失った村人の数を挙げ、当局に解決法を見つけてくれるように嘆願した。村人の何世帯かは、水田を他に持っていないか、食べ物を買う収入源を他に持たないと指摘した。アンコール・クラウ村の村長は、遺跡警察に許可されているが村人には許されていないアンコール・トムの濠のドン・ポウ［Don Poeu］区域の水田耕作を引用して、遺跡警察の陳述の矛盾を指摘した。

　南スラッ・スラン村の住民の1人S氏の言説は、双方の「言語」や心情をよく理解していることで、最も挑戦的だった。S氏は、当局と村人の間で慣習と法律の理解に食い違いがあることを指摘して、2つの言説の間で板ばさみになっている村人たちの途方に暮れた状況を明らかにした。ここでは、警察の言い分を村人たちが理解したくないと思っていると言った方が真実に近いかも知れない。または、古くからの農民のごまかし作戦として、「馬鹿のふり」をしているのかも知れない (Turton 1984: 50)。S氏は、会議で次のように語った。

> アンコールの尊重と保全に関してあなた方が指摘したことは、法律、副法令と指令の伝達のことです。(このような法令や指令が伝達されても) それでも村人は過ちを犯し、損害や損失を引き起こします。法律と回覧文書は、1985年と1992年に発効されましたが、それでも人々は間違いを犯します。これは、人々がこのことについてよく理解していないということを意味し

ます。これ以上過ちを犯さないために、アプサラ機構と遺跡警察がアンコール・トム・コミューンにやって来た時、私は皆に禁止された区域で耕作や伐木をしないように言いました。しかし、何人かの人たちは、「その法律は、あいつらの法律だ」と言いました。私は規制を効果的にするために、アプサラ機構と遺跡警察に禁止令を頻繁に回覧するように提案します。そうすることによって皆が規制を理解します。もしそうしなければ、そのうちの何人かは継続して（伐木などをしてアンコールの遺産に）損害を引き起こすでしょう。1979年以来村人が耕してきた（ター・プロムの）田圃は、慣習によって耕されてきましたが、今禁止区域に位置しています。今年だけ耕すことが許されていますが、来年からはできません。来年この問題をどうにか解決するように当局にお願いしたい。どうしたら解決できるのでしょうか。どのような補償が可能でしょうか。

　文化・遺産部長に質問や意見を求められたので、私は法律と規制に関して私見を述べた。1994年に発行された王令「シェム・リアップ／アンコール地域の文化保護ゾーンの設立と管理のためのガイドライン」（資料4）にあるいくつかの条項を引用して、条項と禁止された事柄の間の食い違いを指摘した。特に水田や牧草地などの伝統的な土地の使用を維持することに関する条項14b「ゾーン1」と、古い伝統的な水田の維持に関する条項14b「ゾーン1」である。また、条項17a「全保護文化地域」には、「管理と保護事業に関して、地元住民を優先的に雇用すること」と、条項17b「遺産地域での商売のための許可証を、地元住民に優先的に与えること」などを読み上げた。「アンコールの伐木に関して地元住民だけが責任を負わされているが、私の聞き取り調査によると、広域にわたる伐木は、ヴェトナム軍駐留期間中にカンボジア軍とヴェトナム軍双方が行なったことが明らかになった」と述べた。次に当局に、アンコール地域の禁止令に関して、住民の生活を視野に入れて再考するように求めた。もし禁止令が解除されないとしたら、水田の所有者たちに、1995年の文化遺産保護法に明記されている正当な損害賠償の権利に基づき、何らかの補償を与えるようにとも請願した。通訳の問題などで、どの条項について述べたのかに誤解があったりして混乱が見られ、部長からの返答はあまり満足の得られるものではなかっ

た。それに、部長は、アンコール・トムの水田は古くないと語った。しかし、伐木に関しては、地元住民だけが行なったのではないことを認めた。

　法令の条項は、一般的に地域当局に誤解されて、自然資源の活用とは相容れないような義務と法令が主に強調された。遺跡警察署長によると、1985年の法律は、寺院の環濠の端から30メートル以内や遺跡の外側の壁から30メートル以内ではいかなる形の介入も禁止するというものである。この法令はアンコールが世界遺産に指定される前に制定されたもので、1994年の王令と矛盾するものであるから、その有効性にはかなり疑問の余地がある。1994年の王令は、ゾーンの境界線はさておき、保護のための明確な地理的数値に関する特定のガイドラインがないのである。

❖ 保全対開発

支配的言説

　地域当局のアンコールの森に関する言説は、主に2つの問題に集中していた。まず、現在の森林の状態と過去の状態を比較した保全の問題。次に、批判されている不正伐木の問題、特に地域住民の何人かが時に遺跡警察と協働で不正伐木をした問題。

　最初の問題に関して、タン・チャイ遺跡警察署長は「祖父が『アンコール・トムの北側の森林は虎の棲む森で、特にバンティアイ・プレイの西側は虎が子供を産んだ森だった』と語った」と述べている。アプサラ機構のアン・チューリアン文化・遺産部長によると「アンコールの森は戦前非常に深い森だったことを皆が知っているが、何人かの警察が村人と一緒に木を切って破壊してしまった」と述べた。その後、農林水産部の役人が「1979年過ぎに私は初めてアンコール・トムの大通りを自転車で通った。深い森があり、とても涼しく感じた」と語っている。

　支配的な言説は、伐木に関して私が発言するまで、軍隊による広域にわたる伐木について語ることを注意深く避けてきた。しかし、その後、稲作と伐木は密接に関連づけて語られている。地域当局の役人の何人かは、遺跡地域に稲作をしに来た村人がついでに森の木を切っていったと述べている。薪の収集も同様に不正伐採の機会として利用された旨が語られた。地元住民の相続財産であ

る樹木や水田を所有することと、慣習的権利として樹脂採取と稲作を実践することは、現在国家と世界の関心に反するものであると主張する。結局、支配的イデオロギーが地元社会を大規模な遺跡地域の森から排除することを強く望んでいることを明らかにしている。「世界遺産」の概念は、アンコール地域でこのように遺跡警察によって誤用され、かつ住民に禁止令を課した行為の正当化に使われた。

遺跡警察署長は、1993年以来地元住民が広範囲にわたる伐木を行なったと繰り返し述べた。この点を強調するために、村人たちが「いかに特定の季節（乾季・雨季）に樹木をゆっくり破壊しようとしたかを自分は知っている」と、語気を強めて語った。[6] 村人の犯罪行為を強調し、恐怖心を持たせるために、「文化財の違法取引に関わったことがわかっている村人に関しては、写真入りの警察ファイルがある」と村人を威嚇した。また、「樹木の違法伐採に関わった警察も逮捕して牢屋に入れる」と語り、文化財の違法取引をした者に、そのような権限がないにもかかわらず、死刑を下すと繰り返し宣告した。同時に、不正伐木について情報提供した人に報酬を与えることを約束し、警察の不正伐木について既に情報提供した「良い」村人を褒め称えた。スラッ・スラン村からプレ・ループ寺院までの広範囲にわたる森林破壊を引用して、先祖から受け継いだ文化遺産を尊重しなかった地域住民を批判した。遺跡警察署長はまた、人々に法律に従うように呼びかけて、次のように主張した。

アンコール・トムを南北に走る道。
大木に覆われて今も涼しい。

6　遺跡警察署長によると、雨季にまだ土が軟らかいうちに、村人たちは地面を掘って木の根を切ったという。そのため嵐が来た時、木はひとりで地面に倒れた。また乾季に村人は樹脂を集めるために木の幹の一部を焼いたふりをした。しかし実際には木の基幹が完全に焼けてしまい、倒れてしまったという。

これは、私個人の関心だけではなく、国全体の関心だ。プラダック村、ノコール・クラウ（アンコール・クラウ）村やレアン・ダイ村だけの関心ではない。我々の大きな名誉がアンコールにかかっているのだ。すべての業務に、アンコールの人々は全員協力しなければならない。（フランスが植民地時代に設定した観光用の）大回りコースに沿った道路の北側は、明らかに木が1本も残っていない。森を切り開き、木を根こそぎ取って芋畑にしてしまったのだ。アンコールに来たばかりの外国人たちは、アンコールがかつてどのような状態にあったか、長い間ここに住んでいた私ほど知らない。

　水田として耕作していたアンコール・トム内の池に関する言説は、遺産の主権の概念に密接に関連している。署長は水田が地域の遺産であることを否定し、水田として耕作していた池や湖を「歴史的な湖」として将来にわたって長い間守り、継承しなければならない旨を強調した。

　これは、20世帯だけの関心事ではなく、1000万人のカンボジア人の関心、かつ、アンコールを世界遺産と見なした世界の2兆人（原文のまま）の関心だ。

　署長は、最も重要な場所のほんの一部の稲作を禁止しなければならないだけだと説明し、禁止の理由の1つに、村人の何人かがター・プロム寺院内できゅうりを植えたからだと述べた。署長は、再び、「数人の腹（食べ物）だけでなく、1000万人のクメール人の腹（食べ物）を考えなければならない」と主張した。「ター・プロム寺院の壁の内側で野菜を栽培しなければ、どうして生きていくことができないのか（他の所で野菜を栽培できるだろうという意味）」と村人たちを叱責した。また、「アンコール地域で生活していたからといって、アンコールが自分たちのものだと思うな。それは、違う」と言い切った。
　署長は、ある活動の禁止を告げに行った遺跡警察が、地域当局のある部署によって逮捕され殴られた事件を引き合いに出し、「そんな『愚か者』のことについて話し合うつもりはない」と断言した。遺跡警察署長は禁止令が地元住民の生活に深刻な問題提議をしていないと思っているようである。彼は、禁止令が

なくなると政府と郡当局が（地域住民の「違法行為」によって）頭を悩まされることになると語っている。

「カンボジアでは、今、民主主義、自由と多数政党制度がある。ここで栽培が許されていないので、我々は皆ほかの仕事を探す自由がある」と語り、村人たちがそうすることを促した。署長は、シェム・リアップ州の有力者であるシエン・ナム［Sieng Nam］州議会議員が政府から援助を取り付け、水田の所有者に1ヘクタール約300米ドルの割合で賠償金を支払うだろうとの希望を述べた。このことは、署長でさえも賠償金なしに土地を取り上げることが問題であると考えていることを示している。この後署長は、村人たちが薪拾いに森に入っても木を切らずに落ちた枝を拾うだけなら許可すると譲歩した。

アプサラ機構の文化・遺産部長は、「アンコールの森は地元住民によってだけ破壊されたのではないが、我々には破壊されてしまった状況が残されている。だから、我々はなおいっそう保護する努力をしなければならない」と訴えた。また、アンコール・トムで、村人と遺跡警察が西側部分の城壁の外側へ伐採した材木を運んでいたのを目撃したことがあると語った。禁止により失った水田の代わりの土地を提供することは自分の能力外の話であるとも語った。

アンコール・トム内での稲作に関して、部長はごく近年に始まったものであると主張した。これは私が地元の村人たちから聞いた話とは異なっている。村人たちによると、セントゥミア湖とター・トゥオット湖は祖父母がある村人から水田として譲り受けたのである。水田耕作は、聞き取り調査によると、100年以上前から実践されていたと推定される。トム湖（バン・トム）とカーチョン・カムポック［Karchon Kampok］沼（図5）は、1950年頃、またはある者によると1979年から耕作されてきたと言われている。ター・トラウ湖は、1979年以来耕作されているということである。部長は1979年以来耕作されたものだけを指して先の発言をしたのかも知れない。

会議の後、部長が断言したことの根拠を聞きに行った。部長は、子供の頃アンコール・トム内で村人が稲を耕しているのを見たことがないからだと答えた。セントゥミア湖とター・トゥオット湖は遺跡の奥の森の中にあるので、一般の訪問者が目にすることはほとんどない。しかし、部長は、訪問者が目にする可能性が高いトム湖やカーチョン・カムポック沼に関して言及したのかも知れな

い。また、稲作期間は品種により田植えの時期が異なる上に、雨季のせいぜい半年間しか稲は田圃に見当たらない。湖や沼を稲が植えていない時期に見た人は、湖や沼が水田として利用されていることに気がつかない場合もある。

問題は、どのくらい古いと「古い水田」と呼べるのか、明確な定義がない上に、関係者間でガイドラインの条項や遺産の理解の仕方が異なっていることである。そのため、自分に都合のいいように条項を解釈したりする傾向にある。条項の書かれ方は大まかで、曖昧で、解釈に幅を持たせ、社会文化変容に対応できるようになっている。

会議の終わりにかけて、部長は「アンコールは、人々が生活している地域で、(人々を排除しないで) 全力を尽くしてこの状態を維持していくつもりなので難しいのだ」ということを強調した。この「生きている遺産」で、観光と地域住民の生活の間に必要な調和を維持しようとする野心を表明しつつ、「これまでその調和を維持することができなかった」ことを認めた。最後に、部長は、「私はアプサラ機構を代表して話しているが、人類学者でもある」と述べて、話を終えた。

人類学者がこのような広大な「生きている遺産」の保護、管理と開発を指揮する立場にあって仕事をする様子を観察することは大変興味深かった。それは、部長がどのようなヴィジョンを持ってアンコールの遺産を守ろうとしてきたか、そしてアプサラ機構の信頼性や権威を失墜させるような予期せぬ緊急事態、政治闘争、ライバル競争などを伴った危機的な問題にどのように対処してきたかをつぶさに見ることができたからである。

もう1つの言説

もう1つの言説は、森林保護と地域社会の開発を連携させて、もっと建設的な方向に会議を動かした。同時に、地域社会が他者の前で「犯罪者」としての屈辱を受けることから救ったのである。シェム・リアップ州の農林水産省の役人 (F氏) は、村人の前に座っていた。彼の言説は、もう1つの大局観を提示した。

F氏は、この会議はアンコールの自然資源の採取について議論や意見交換をすることが目的だったにもかかわらず、役人たちが会議を牛耳り、村人たちが発言する時間を奪ってしまったと厳しく批判した。この批判にアプサラ機構の

部長は反論し、これまで繰り返し参加者から意見を求めたと弁明した。前列に座っていた当局の面々がF氏の介入を快く思っていないのがありありと窺えた。

F氏は1990年から2000年まで州の農林水産部の部長だったと自分の職歴を述べ、アンコールの森を破壊したのは軍隊の隊長たちだったと断言した。「遺跡警察署長はアンコールの森林伐採に関しては何も知らない」とも断言して、署長の主張を完全に否定した。このことを繰り返し述べて、署長の言い分を信用できないとした。F氏は、続いて、当局が住民の生活を守る手助けをし、今まで耕してきた水田をまた耕せるようにすることと、その代わり、伐木などのほかの禁止条項を守ることを提案した。遺産の保全に対して抗議はしなかったが、F氏は開発事業の重要性を強調し、保全グループが住民の生活を考慮し、米の高収穫率を達成できるように支援することを提案した。また、農業用地の不足と伐木が問題だと主張した。

F氏の貢献は、アンコール遺産地域の管理に重要な問題として森林保護の議論にコミュニティ開発の問題も取り上げたことである。2つの重要な問題を連携させて、保全擁護者たちの見解で占められていた言説の文脈を、より包括的なものに変えた。

F氏と共に森林保護の仕事をしているシェム・リアップのFAO代表パトリック・エヴァンス［Patrick Evans］は、アプサラ機構に1つの提案をした。最初のステップとして、アンコールの住民の代表を招待してガイドラインや規制について議論すること。地域当局の部署間で話し合いが持たれていないことから、次のステップとして、アンコール地域に土地利用委員会を設置し、法律の実際の解釈について月例会議を開くこと。更に、委員会のメンバーに、アプサラ機構、遺跡警察、ユネスコ、環境部、農林水産部の代表とコミューン長を含むことなどを提案した。エヴァンスは、遺跡警察が地元住民と話し合いをするために村の中に入っても、村人たちは遺跡警察を恐れて率直に話ができないので難しいと述べた。問題解決を図るために中立な委員会を設置することも推薦した。しかしエヴァンスの提案は、委員会を設置することは官僚制度の層を1枚増やすだけで意思決定はできないと考えるアプサラ機構の部長によって、無条件に却下された。

JSAのカンボジア人スタッフの発言は、F氏が述べたことを強調した。禁止

令のために地元住民は生活水準を改善できないので、伐木問題はなくならないだろうと述べ、雇用機会の拡大と水田問題の解決支援を提案した。同時に、村人にも「過去に既に我々の中の何人かが法律を破ってしまったが、我々は法律を破ってはいけないのだ」と訴えた。

　地域NGO、アンコール参加型開発組織のカンボジア人代表T氏は、村人たちにAPDOの開発プロジェクトを紹介し、地元住民が直面している問題をいくつか挙げた。遺跡内で放牧を禁ずる条令のために放牧地が不足し、牛銀行など、いくつかのプログラムを続けることができなくなったと述べた。T氏が指摘した別の問題は、人口増である。高い教育と経済力を持ったアンコールの外から来た人々が、村の土地を買って裕福になってきている一方、戦争のせいで知識を失った村人たちは経済的に貧しくなってきていると述べた。知識と（経済）力が議論の中心になった。当局の役割は、村人の「親」であると指摘して、アプサラ機構に問題解決を促した。

　スラッ・スラン南村の住民S氏の言説が、会議ではおそらく最も興味深いものだった。氏の言葉は、エスコバール（Escobar 1992: 409）の言う「記号論による抵抗［semiotic resistance］」に特徴づけられる。言葉遊びをしながら、保全と開発の不均衡なプロジェクトに地元の村人が翻弄されている現実を指摘した。

　　法律は、法律です。法律は、すべてを限定します。注意して聞いてください。どんな法律が破られても危険です。先ほど皆さんがお話しした法律は、「保全と開発」についてです。私は皆さんに尋ねたいことがあります。皆さんは「保全（アピレア［aphireak］）」とはどういう意味か知っていますか。これは、「管理する（アピバール［aphibal］）」と「維持する（タエ・レアクサ［thae reaksa］）」という2つの言葉に由来するのです。それは「維持管理する」という意味です。そうです。彼らは、村やコミューンを維持管理するのです。そして私たちは、開発して、改善や発達されるべきものを管理します。一方では発展させ、他方では安定させます。安定を維持する者は進歩させる者を踏みつけ、逆のことも起こります。私たちは、この両者を調和させなければなりません。調和していないと、私たちは法律に違反します。私たちが法律に違反すると、法律が私たちを裁きます。法律は厳しいです。アンコール

地域は世界遺産と認定されています。彼ら（当局）はこの地域を管理し、法律を自分たちのものにしています…。

　この地域が既に国家の財産であるのなら、もう私たちのものではないのです。私たちはこのことについてよ〜く考えなければなりません。これは明白です。政府からの援助のことについて考える必要はありません。私たち自身が考えて、お互いを助ける必要があります。私たちは、食べ物がないから木を切らなければならないと文句を言わないように、お互いに話し合わなければなりません。

　もしクメール人が1万ドルを稼いだとしても、酒にすっかりお金を使ってしまうので、もっとお金が必要になるでしょう。これは確かにクメールの習慣です。もし私の言うことが信じられないのでしたら、彼らにお金を与え、食べ物とバンティアイ・スレイ（郡）に土地を与えてください。彼らはそこに移住はしないでしょう。南テアックセン村の人たちにかつて同じようなことが起こりました。お金がなくなったら元の村に帰ってしまうでしょう。そうすると警察署長の仕事が難しくなります。これは事実ですか、嘘ですか。だから、私たちは自分たちのことを理解して、いつもお願いするのは止めましょう。何度も繰り返しお願いしても、薪のために木を切ってしまう。

　私たちは今朝早くから、何度も同じ話を繰り返しています。ここで提案があります。「保全」当局は、一緒に速く歩くために、理にかなった解決法を見つけてください。そうしたら、人々は心を落ち着かせるでしょう。…一番大事なことは心です。…Tさんがたった今お話ししたように、私たちは知識の発達や家族の収入を得るための方法を学ぶことができるよう、そして、アンコール地域で労働者として雇われることができるように、すべての組織に支援をお願いしたい。私たちは、生活状況を改善することができれば、皆リラックスして、遺産を保全し、この地域に植林することができるでしょう。そして、安定するでしょう。

　禁止と規制、禁止と規制、しかし違法に（主に軍隊の上層部や政府高官によって）建物が建てられています。シェム・リアップだけではありません。人々にこのことをどう理解させようとしているのでしょうか。そうです。

遺跡の保存修復専門家たちは、一生懸命保全に努めます。しかし、破壊者たちも同様に、一生懸命破壊しようとするのです。ですから、私たちも彼らを教育しなければならないでしょう。これで私の話は終わりです。問題解決はあなた方にかかっています。

遺跡警察署長は、S氏の話に影響されたと見えて、かなりソフトな話し方で、聴衆に最後のメッセージを投げかけた。

この会議が終わる前に、アンコールの保護者である私は、このことを皆さんに言っておきたい。もし皆さんに何か問題や不満があれば、どうか遠慮せずに話し合いに来てほしい。…私は、いつでも喜んで会って話がしたい。我々の主な仕事は保護である。私はアンコール出身だから、どうか私を怖がらないでいただきたい。アンコールの人は残酷ではない。私の名前を聞くだけで怖がる人がいるが、私は残酷ではない。…

遺跡警察署長がS氏の議論をどう理解したかは不明であるが、確かなことは、S氏の雄弁が署長の態度を和らげ、自分がアンコールの保護者の役を演じたいと思わせ、どんな苦情でも聞くと言わしめたことである。一時的にせよ、署長の心の中で、敵対した他者、権力者から、仲間を助ける同情的なパトロン、救済者への転換が起こったようである。

❖ ター・ネイ会議の影響

アプサラの文化・遺産部長が会議の最初に警告したように、最終的には何も決まらなかった。部長は、このような会議を定期的に開く用意があると述べたにもかかわらず、彼の任期中はもう開かれなかった。しかし、アプサラ機構が発行した『ヤショダラ[Yashodhara]』3号（APSARA 2000a）という雑誌にこの会議の写真と記事が掲載され、2000年12月に開かれたICCの技術小委員会でも言及された。ヤショダラの記事は下記の通りである。

アンコールにあるのは、寺院、貯水池と他の考古学的な場所だけでなく、

村があり、村が古代からアンコールを活かしてきた。アンコールを訪れる観光客の数は、公園の社会と環境の均衡をますます妨げるようになっている。村人の生活にとって最も根本的な妨害は、1980年代以降この地域で行なわれた大規模な伐木搬出であることに注目すべきだ。社会問題は避けられない。今日差し迫った問題は、人々のニーズが高くなっていることに比較して、耕作可能な土地とそのほかの自然資源が減少していることである。この地域内と地域のために働いている人々が全員、寺院、村と自然環境の間の均衡を見つけなければ、アンコールはただの瓦礫の山となるだろう。

アプサラ機構は、現在自然資源が減少した原因と状態、その結果としての論争について明確に把握している。遺跡と森の保全、観光推進と地域住民の生活維持の必要性への注目も均衡を欠いていることを知っている。アプサラ機構はいくつかの改善策をとった。特に、観光客の流れの制御、植林と地域住民へ提供する寺院の監視員や環境整備員などの雇用拡大がある。しかし、このような雇用は、損失を被った家族に直接提供されたわけではないので、アプサラ機構は村人の生活維持の問題を解決するには至っていない。たとえ最善の雇用が提供されたとしても、土地や樹木など子孫の生活を支えることができる相続財産の価値と同等とは言えない。損失への賠償がなされていないし、禁止の再考もなされていない。

地域当局のほとんどの代表は、国際社会の注目の中、地域政治権力構造内で自身の地位を維持し、禁止を持続させることに関心があった。しかし、中には、村人の苦境に同情を示し、将来のため、子孫のため、大義のために、今我慢してくれと頼む者もあった。遺跡警察署長は、武器を持つ者の権力信仰を示し、村人と部下に対して、権威主義者的なアプローチを取った。

それでも、良いスタートだった。必要だった利害関係者同士のコミュニケーションが始まり、それぞれの行為者の意図や願望、それに陰で行なわれていた交渉や闘争が表面化したからだ。言説のバランスは、地元住民の不正行為、禁止令の正当化に焦点を置いた優位者側に比重が偏っていたが、もう1つの言説は、より説得力に満ちていた。対抗する言説は、支配的言説の主張の正統性に

疑問を持たせるように組み立てられていたし、「保全と開発」の問題の知的な理解を聴衆に見せることができたからである。

一方で、地域当局が「法律」を不適切に理解して独断的行為をとり、権力を乱用したことがわかった。他方で、遺跡警察が法を行使したやり方は違法であり、彼らの主張と行為の間に矛盾があったことを地域住民は明確に理解した。村人の知識には、アンコールの森の中で軍隊が広範囲にわたって行なった伐木搬出や、何人かの村人と遺跡警察が協働で行なった違法発掘、文化財の破壊と違法伐木などがある。彼らの知識は自分たちで目撃した事実に基づくもので、より信頼性に富み、説得力がある。その反面、警察の権力はその効果が限定的である。それは、彼らには村人の協力が必要で、村人とは持ちつ持たれつの関係にあるからである。

ター・ネイ会議は、カンボジアの変容しつつある時代を示した。当局は人々の生活をもはや独裁的に支配していない。当局と村人の双方の間で今交渉が必要とされている。警察でさえ、不正行為を行なったならば、罰則を逃れられない。また、カンボジア人たちは、国内における外国人の存在の意義や外国人の関心にどんどん影響を受けており、自己流の解釈とはいえ人権や民主主義の概念を理解し、「グローバル文化」に親しくなっている。

2. 権力関係の社会的動態

これまで、ター・ネイ会議で鍵となる参加者の間で交わされた支配的言説ともう1つの言説の意味を論証し、脱構築して（分解して）、権力関係の社会的動態もある程度解明した。権力関係の社会的動態についてより理解を深めるために、次に、カンボジア社会の異なるレベルで起こっている権力闘争がいかにお互いに繋がっているか、また、闘争がいかに資源や人々へのアクセスとコントロールに関連して発生するかを検討してみよう (cf. Hart 1989: 48)。

❖アプサラ機構と他組織との関係

アンコールを管理する当局は、正式にはアプサラ機構であり、関連省庁や地域行政機関が委員会のメンバーとして協働する。しかし、現実には、遺産を単

に管理する以外の関心を持っている省庁から政治的圧力を受けており、その圧力は2004年まで増加する一方だった。アプサラ機構は、他政府組織から長い間孤立して、しばしば険悪な関係にあり、ほかの政府機関はアプサラ機構の権限を無視する傾向にあった。アンコールにおけるプロジェクトや政策を、アプサラ機構に相談したり関係したりすることなく、勝手に実施した。おまけに、アプサラ機構は人材不足や財政難で構造的に弱く、内政問題がその上にのしかかった。遺産管理の経験者が不足していることが痛切に感じられ、多くの難問に直面していた。

アプサラ機構はICCの枠組みを通して国際社会の道徳的支援を得て、長い間アンコールに関する政府の代弁機関としての役目を果たしてきた。2001年6月6日フン・セン首相が発布した条令で、当時アプサラ機構の会長と事務局長を兼任していたヴァン・モリヴァン上級大臣が突然解雇され、副事務局長だったブン・ナリットが事務局長に昇格されたのである (Phnom Penh Post: June 8-21, 2001: 6)。これは、内閣のアプサラ機構とICCに対するフラストレーションを示すものだった。それというのも、アプサラ機構とICCは、観光開発のためにアンコールの商業化を急速に推し進める障害となっていたのである。この上級大臣はシアヌーク前国王の信任者であったが、観光開発推進派の首相以下多くの閣僚が、頑固な保全主義者であった上級大臣にしびれを切らし、シアヌークの権力の衰退に伴ってついにこの大臣を解雇したのである。これは、アプサラ機構が内閣の意思伝達媒体として後ろから操作されるようになったことを意味する。同時に、アプサラ機構は、ICCで国際社会から遺産管理と開発に関して批判を受けるチャンネルでもあり続ける。アプサラ機構はこのように政府と国際社会の緩衝体でもあることから、その地位は必然的に不安定である。

地域社会のレベルでは、アプサラ機構と州政府の関係は長い間友好的ではなかった。更に、かつてアンコールにおける保全と修復事業を一手に引き受けていたアンコール保存事務所は、アプサラ機構設立と共にその権限を取り上げられて、アプサラ機構が監督機関として君臨することを殊のほか好ましく思っていなかった。それでも両者は、シェム・リアップのアンコール保存事務所の敷地内で共存することを強いられた。アプサラ機構はまた、アンコール保存事務所を下部機関に持つ芸術文化省とも犬猿の仲であった。

経済的苦境は、カンボジア最大企業で与党である人民党と緊密な関係にあるソカ・ホテル［Sokha Hotels］（ソキメックス［Sokimex］グループの1企業）が政府と契約を交わし、外国人訪問客に要求されるアンコール公園への入園料収益を独占していたことにもよる。最初、収益は、公園の維持管理と開発のためにアプサラ機構に支払われることがなかった。ほかの要因は、1997年7月の軍事行動[7]により、フランス政府の開発銀行が約束していた資金の支払いが滞っていたことである。

　財政的苦境のほかの要因は、1995年の法令によりホテル・ゾーンが設立されたが、そこに観光施設やホテル建設に投資する企業家を充分に引き寄せることができなかったことである。もしホテル・ゾーンの投資勧誘が成功していれば、アプサラ機構は土地の所有者たちから土地を買い上げ、土地を投資家に貸しつけて手数料を徴収できたはずである。ゾーン内の土地は住民がほとんどいない土地であるが、アプサラ機構がゾーンで仕事を始めると、予想以上に多くの人が土地の所有権を主張し始めた。ゾーンの境界線がほとんどの行為者に不明瞭なだけでなく、その状況に付け込んで、保存地域にホテル建設の計画を立てたり、既に建設を始めたりした者たちがいたのである。ICCによって深刻な批判が向けられた後、そのような計画はすべて再調査された。結果的に、いくつかの計画は破棄され、ほかの建築設計は、フランスの植民地時代に建設され、修復後1997年に再開されたグランド・ホテル［Grand Hotel d'Angkor］の高さより低くし、部屋数も制限するよう調整させられた。

　アプサラ機構とソカ・ホテルは、1999年4月22日、同意書に署名し、総収益の額にかかわらず、ソカ・ホテルはアプサラ機構に年間100万米ドルを支払うことになった。この状況はそれでもICCでは厳しく批判され、2000年9月1日、修正した条件で新規の契約書が5年間の有効期間をもって交わされた。2000年9月1日から同年12月末日までは、総収益の分配がアプサラ機構とソカ・ホテルでそれぞれ70％と30％ずつに設定された。2001年1月1日から2005年8月31日までは、もし総収益が年間300万米ドルを越えるとアプサラ機構に70％、それ以下だと折半することになった（APSARA 2000b: 2-3）。この契約

---

[7]　与党第1党のフンシンペック党と第2党のカンボジア人民党によるプノン・ペン周辺における軍事行動。結果的にフンシンペック党の党首ラナリット殿下は国外に亡命し、人民党1党政権が確立した。

は、2005年に2010年まで更新された (De Lopez et al, 2006: 7)。

　アプサラ機構が政治問題と財政問題に悩まされている間、遺跡警察が州政府と共にイニシャチブを取って遺産地域を管理してきた。遺跡警察の越権行為にもかかわらず、アプサラ機構は、軍隊の脅威に対抗するために遺跡警察が必要だった。軍隊はしばしば樹木の違法伐採、土地収奪、そしてほとんどの大規模な文化財の破壊と国外流出に関与してきた。遺跡警察は、アンコール地域における軍隊の違法行為の抑止力として、アプサラ機構とICCによってその仕事ぶりを賞賛されてきた。遺跡警察側は、公権力による法的認可を得る必要があった。このように、アプサラ機構とICCは、ぎこちない関係にあるとはいえ、お互いの政治的サバイバルにとって不可欠なのである。

　前章で論じたように、王や政府は、国家の成員である家族を守る「父親」の役割を演じることが一般的に期待されていた。T氏のスピーチでは、地域住民がアプサラ機構を「父親」とみなしていると述べていたが、アプサラ機構はその期待に充分に応えてはいなかった。問題が生じた時、住民たちは地元の「父親的」存在である政治力を持ったパトロンに援助を取り付けに行った。村人たちは仏僧に当局との橋渡しを頼むか、直接、もっと強い影響力を持った「父親的」存在に直訴する。王の最終的な権力はかつてに比べると衰退しているが、政党間の闘争は地域の社会変化の過程や闘争の解決にますます影響力を持っている。カンボジアには、ゆっくりではあるが、確実な「市民社会」の発展もあり、闘争の解決にもう1つの道が影響力を見せ始めている。

❖ 地域のパトロン：権力の仲介者

　遺跡警察署長の言説は、異なった社会レベル間で起こった交渉を明らかにした。交渉は、公の場で行なわれたり、陰で行なわれたりした。僧侶は州知事に署長の厳しすぎる禁止令について苦情を呈した。しかし、知事はそのことを署長に伝えた。当時の州知事は野党のフンシンペック党出身なので、政治力が与党に比べると弱い。そういった理由で、もっと深刻な問題には、州において与党の議員で実力者のシエン・ナムに訴える。シエン・ナムはフン・セン首相に近く、州で最も影響力のある人物なので、地域社会と内閣の間を取り持つ仲介者のように振る舞うのである。遺跡警察署長でさえ彼に仲介を依頼した。

シエン・ナムとフン・セン首相は、トンレ・サップ湖の5万5000ヘクタールを非道な網元（ほとんど軍の高官）から地域の漁業コミュニティのために解放する手助けをした。シエン・ナムはフン・セン首相からプノム・クーレンへ通じる道の改善の排他的権利を得ており、訪問客から高額な入場料を集めている。同様に、シェム・リアップの町から東側にあるベン・メリア [Beng Mealea] というアンコール時代の寺院へ続く道とベン・メリアから北東へ続く、コンポン・トム州にあるジャヤヴァルマン4世 [Jayavarman IV] と息子のハルシャヴァルマン2世 [Harśvarman II] の首都、コッ・ケー [Koh Ker]（アンコール時代の首都の1つ。928〜944年頃）への道も改良する権利を得ていた。シエン・ナムと首相の親しい間柄からも、地元住民はシエン・ナムを政治的仲介の最後の手段として頼りにしている。アンコール・クラウ村の住民がアンコール・トム郡と土地争議があった時、村人たちはシエン・ナムに中央政府への仲介を頼みに行った。コーク・ター・チャン村の村長は、アンコール・トム内の水田所有者に政府から賠償金が支払われるよう、シエン・ナムに村人の拇印を押した嘆願書を携えていったと語った。このような行為は、地域社会の中でシエン・ナム個人と彼の所属する人民党の威信と社会的地位を強化する。

　シエン・ナムが地域住民のパトロンとして浮上する以前、シェム・リアップ州の前知事トアン・チェイ [Toan Chay]（元軍人）が地域住民の強力なパトロンだった。トアン・チェイはフンシンペック党出身だったが、1997年7月の軍事行動で党首のラナリット殿下 [Prince Ranariddh] がカンボジアから国外へ追放されてしまい、彼もフンシンペック党を見限って、単一で与党になった人民党になびいた。しかし、人民党からは相手にされず、新党を作って、1998年の総選挙に打って出た。結果は人民党の圧倒的勝利に終わり、それ以降トアン・チェイは、権力者ともパトロンとも見られることがなくなった。

❖宗教の権威と世俗の権威

　僧院や僧侶に関する深刻な問題が発生すると、マハニカイ派の僧侶たちはプノン・ペンにいる僧正のテープ・ヴォン師に相談に行き、最終的承認は王または首相から得る。アンコール・トム内の僧院に所属する僧侶が、古い建物を再

8　情報は、2001年1月24日シェム・リアップのFAO代表による。

建するか新しい建物を建築することを最初にアプサラ機構に提案したが、その提案は却下された。しかし当時まだアプサラ機構の長官であったヴァン・モリヴァン上級大臣は、僧侶たちに、王が同意して署名すればそれは可能だと語ったという。プレア・パリリャイ寺院 [Preah Palillay] の仏像にシェルターを造る提案に関して、テープ・プラナン僧院の僧正は初めにテープ・ヴォン師に会いに行き、その後2000年6月には王に手紙を携えていった。

アン・コーン・チュム僧院の僧正はアプサラ機構によって本堂再建の許可を繰り返し却下されたが、フン・セン首相に仏教の信仰について問い、次にヴァン・モリヴァン大臣に本堂再建の許可を申請した。僧正は、最初、首相の同意を得られなかったが、後に本堂再建の援助をしてくれるように説得することができた。2000年5月15日、首相は落成式を取り仕切った。

❖ 変化する地域社会の権力者の序列

地域行政構造に州政府があり、その中には、3人の知事、内務省下の警察を含む省庁の部局、軍、コミューンと村がある。しかしながら、権力構造は行政のヒエラルキーでいつも機能するわけではなく、影響力の序列、即ち権力の有効性による。

カンボジアの政治文化の特徴は、分離的で、かつ闘争的である。例えば、遺跡警察署長は、ある部局が禁止令を伝えた彼の部下を逮捕したと述べた。農林水産部の部長は、署長のやり方と署長の言説に同意したか、少なくともお世辞を述べた他の役人に対抗した。署長は聴衆にアプサラ機構にあまり権限を置かないように促し、公式な行政ヒエラルキーと非公式な権力構造の両方のカードを使った。前者は、法的かつ制度的な基盤を持ち、後者は、効果的だが、法的、制度的、かつ永続的な基盤を持たない不確実な権力構造である。同時に、「武器を持つ者による法規」がカンボジア人の生活を独占していた時代が終わり、人権の概念が地域住民の心の中によく浸透していることから、署長は人々の力も完全には無視できないことに気がついている。おまけに法的な問題に関して、国連機関とNGOが無料で地域住民にサービスを提供して支援している。

人々は、地域で最も近くにいる人やあまり影響力を持たない人の所に支援を頼みに行くよりも、しばしば最も影響力の強い人に会いに行く。それは、ネア

ック・ター信仰同様、より影響力の強い人（霊）に嘆願する方が、願いが叶う確率の高さによる。別の言い方をすると、効力がない正当な当局は、しばしば人々に無視される。アプサラ機構は新しい組織で、2001年ほどまではまだ人材不足でしばしば政治的な問題があり、ほかの政府機関や人々によって重要視されなかった。前述したように、2001年の事務局長の人事異動によって明らかになったのは、アンコール・ファイルを直接扱うことができない苛立ちを頻繁に口にしてきた内閣が、アプサラ機構の行政構造に干渉してアプサラの権力をいったん弱体化し、内閣が直接関与できるようにし、次に副首相を議長職に据えて権力の強化を計ったのである。カンボジアでは、公式な行政構造と国家の法律は、「現実の」権力構造と比較すると、実際にあまり効力を発揮しない。現実を知っている人々は、権力の「効力」にもっと注意を払っているのである。

3. 支配の文脈と形式

　ここまで主にアンコールに関する権力関係の社会的動態を探ったので、ここでは、地域住民、特にアンコールの村人たちが経験した権力と地域社会の権力構造によってもたらされた支配の文脈と形式について論じることにする。言及する期間は1992年から2003年までであるが、必要に応じてそれ以前まで歴史を遡ることもある。
　アンコールの地域権力構造によって遂行される権力とイデオロギーは、国家や制度に限定されない。国家組織と非国家組織の境界線の流動性も考察する必要がある。一方で公的な行政構造があるが、他方で非公式に権力が行使されることがある。公式の構造は、非公式の構造がしばしば合法性や制度的手段を超える権力を行使しようとする「法的」基盤である。支配の様式は重複し、相互関連している多くの側面、即ち、政治的、経済的、文化的、法的、そしてイデオロギー的側面を持つ。それは「『人々』と『権力集団』との間に主に生じるイデオロギー闘争の場」である。そこでは、「非階級」、「大衆的な民主主義」、または比較的階級に中立なイデオロギーや要素が特に大きな場」(Turton 1984: 37)を持つ。

❖イデオロギー、権力、国家、非国家

　支配層と従属層の双方が、国家と非国家の境界線の曖昧さを認識している。それは支配層によって故意に曖昧に設計されている一方で、従属層は境界線のいかんにかかわらず権力の行使を黙って受け入れるよう強いられる。この状態が、軍隊、警察と牢獄などの「抑圧的国家組織［Repressive State Apparatus：RSA］」（Althusser 1971: 134-149）にとってより好都合である。ここでは、正当性を疑われない権力の特徴について言及する。国家の法律は、もし社会的行為者の誰もがその重要性を認識したり、尊重しなければ、単なる紙くずである。RSAが自身の掌中に法律を握っている時にのみ、違法であったとしても「抑圧」の使用を「正当化」するイデオロギーを強化することができる。ここで最も重要な点は、地域社会の権力構造がイデオロギー的国家組織［Ideological State Apparatus: ISA］[9]と抑圧的国家組織を意のままに使用できるように構築されているということである。地方の村人たちはこのような権力構造を持たないが、状況に応じて自衛のために権力集団と提携することがある。

　カンボジアでは状況が複雑である。その理由は、多くの法令が再制定される過程にあることと、その間、合法性と非合法性の境界線が曖昧なことが権力集団によって好都合だからである。個人的、私的、非公式で、時に非合法な行為が、権力集団や個別の権力者によって実践され、その行為が、後に、公的、公式、または合法と認可されることがあるかも知れない。

　例えばシエン・ナムの道路建設業は政治的、経済的、文化的局面を持ち、これらの分野で様々な部局の活動や責任分野と重複したり、相互に何らかの関係を持つ。シエン・ナムは国家組織の成員であるから、彼の活動を公式・非公式、公的・私的、合法・非合法に識別することは難しい。またプノム・クーレンへの道を整備することは個人的な仕事であるが、道路は明らかに私道ではない。どちらにせよ、フン・セン首相が国内外問わずすべての訪問客から入場料を取る権利を彼に与えたのである。アンコールで仕事をしている組織のスタッフはアンコール公園への無料パスを受け取っているが、この場所では無効である。

　代表的RSAである軍隊と警察は、1990年代銃器の検査という名目で、通過

9　ISAは、教育、家族、労働組合、コミュニケーション、宗教、法的、政治的、かつ文化的国家組織を含む（Althusser 1971: 134-149）。

する車両の運転手から頻繁に通行税を取り立てていた。軍隊と警察は運転手を脅して小銭稼ぎをしているだけなのである。ほとんどの運転手は、面倒を避けてその場から早く立ち去るために、金銭を支払う。同様のことが、夜にアンコール・トムの門を通過する車両の運転手に起こっていた。

❖ 支配の文脈と形式

　カンボジアにおける支配と国家権力の構造の文脈と形式は、1992年以降かなり変化してきた。以前は軍隊が圧倒的支配を享受していたが、軍隊が縮小すると、軍隊がアンコール地域で行なっていた遺跡の警備や治安の維持など、多くの業務が警察の管轄に移行した。長い間継続した軍隊による支配の形式は、生産空間からの身体的排除、威嚇と脅迫だった。しかし、警察に代わってからは、「生産条件の制御による抑制」（Turton 1984: 19）と金銭の強要と脅しに形式が変わった。1997年にアンコール地域に遺跡警察が導入されてから、支配の形式に頻繁な監視、検閲と告発などが追加された。

　司法制度は、社会を制御し、調整する権力体系である。カンボジアの司法組織はまったく不適切で、腐敗がはびこり、地方法廷から最高法廷まで正しく機能していないことを示している（ADB 2000a: 41-45）。「正義」は金銭で買われ、司法部への行政部の影響は大きい。司法制度の不適正が警察のような犯罪と闘う権力集団に好都合に働くことがあるが、庶民にとっても好都合に働く場合がある。双方の事例は後に述べることにし、次に、支配の形式が変化した歴史的文脈について論ずる。

森林と文化財の破壊と横領

　1992年以前、軍隊が国家の治安を守るという名目で状況や空間を支配していた。州の北側からクメール・ルージュの襲撃がたびたびあったので、襲撃からアンコールの村々や遺跡を守るために、大人数の政府軍兵士が付近に駐留していた。1993年5月3日、クメール・ルージュはシェム・リアップの町に電撃攻撃を仕掛け、一時空港を占拠した（cf. Mehta 1999: 231)。この地域における軍隊の支配は、実は害の方が多かった。政府軍は、過去の誰よりも大規模な森林と遺跡の破壊を行なったからである。警察もしばしば破壊行為に加担したこと

は既に述べた通りである。軍による森林や文化遺産に対する破壊行為は、国家財産に対する暴力、即ち違法行為である。アンコールの森に生育するフタバガキの木は、地元住民にとって家族の相続財産でもある。この意味では、個人の財産の破壊と横領でもある。

監視、脅しと非公式な税の回収

　1997年、遺跡警察がアンコールに配置されてから、彼らは管轄内で働いている人々から金銭を徴収した。彼らは売り子の配置や再配置を行なった。アンコール・ワットやアンコール・トム内で仏像や神像の世話をしている主に八戒の信者にも、月ごとの徴収額を課した。仏像や神像の前で祈りたい人に世話人が線香を差し出し、それを受け取った客は通常お布施を像の前に置く。客数やお布施の額は遺跡警察によって監視され、その情報で徴収額が決定されたのである。徴収額はお布施の増加に応じて高くなる。期待した額よりも少ないと、遺跡警察はその額の受け取りを拒否する。そのような少額では受け取れないから、もっと支払えという意味である。世話人が高額の徴収額に苦情を呈すると、その世話人を追い出し、代わりの人間を見つけて配置する。バイヨン寺院では5人の遺跡警察がそれぞれ1人ずつの世話人から毎日金銭を徴収し、月ごとに寺院管轄の遺跡警察長が全世話人から高額な徴収金を取る。私が世話人と話をしていると、常に遺跡警察が現れて監視していたので、寺院では世話人に不利益になるような話は避けなければいけなかった。遺跡警察は世話人に脅しの手口は使わなかったが、タバコ代や食べ物を買う金銭を要求していた。常に仕事ぶりや報酬を監視されていたので、世話人は要求した金銭を渡さなければ仕事をさせてもらえないと感じていた。故ター・チャムは村で私に次のように語った。

　　1982年、私は自主的にバイヨンの上部テラスの清掃を始めました。1991年か1992年にユネスコが清掃のために10（米）ドルを払ってくれて、1ヵ月ごとに10ドルずつ加算されました。最後は、60ドルまで上がりました。ウオン・ヴォン［Uong Vong］さん（当時のアンコール保存事務所長。故人）は、「保存事務所は給料は支払えないが、あなたがバイヨンの清掃係だから、訪

客からお布施を受け取ってもいい」という手紙を書いて渡してくれました。1997年に仏像の世話を始めましたが、遺跡警察が月ごとにお金を徴収するようになりました。最初は、3000リエル（約75円）でしたが、近頃は5万リエルから10万リエルです。毎日の徴収金は、現在、遺跡警察1人につき、2000リエルから3000リエルです（2000年8月19日の聞き取り）。

ほかの世話人は1ヵ月10万リエルを支払うように言われ、もう支払いに耐えられず、アプサラ機構に実情を話した。アプサラ機構は内務省に苦情の手紙を出し、バイヨン寺院の遺跡警察長は転勤させられた。しかし、新しい遺跡警察長が任務に就いたら、また前任者と同様、徴収金を取り始めた。アプサラ機構に遺跡警察の違法行為について話した世話人は、（おそらくアプサラ機構に言いつけた罰として）その後1ヵ月の半分だけしか働くことが許されず、しかも6万リエル徴収されたので、状況は以前より悪くなってしまった。このような遺跡警察の行為はもちろん違法行為であるが、身体的暴力や脅しの手法を使わないことから、これらの行為は政府によって大目に見られているのである。給料が低いので通常業務の外で生活費を稼がなければいけないという事情を政府はよく理解している。

地元の村人はこのような「静かな脅し」という形での遺跡警察の越権行為に不満を持っているが、従わなければ失業・無収入である。そういう状況から、世話人たちはしぶしぶ遺跡警察を「養っている」。ある世話人は、自分の収入だけでは家族全員を養うことはできないと語った。カンボジア政府と遺跡警察は、ここで「アンコールの名誉」が危機に陥っていることに注目すべきだろう。

非公式の水田税徴収

遺跡警察から金銭の支払いを強いられている村人たちは、食用赤蟻の巣を集める人、アンコール・トム内の水田の所有者、環濠の南東部と東部の南側（ター・リエットとチョン・リアン）の水田の所有者である。「水田税」は、「お上からの許可を仰ぐ」を口実に、稲作許可税として徴収された。アンコール・トムのター・トゥオット湖の水田の所有者たちが1997年に水田税を払うことを拒否したところ、そこでの稲作を禁止され、代わりに遺跡警察が稲作を始めた。

アンコール・トムの濠。稲作が禁止されているター・リエット。

　「水田税」の徴収は、稲作が完全に禁止された2000年に止まった。ほかの多くの人々は、警察に煩わされることを恐れて森林産物の採取をやめた。2001年にアンコール・トムやプレア・カン寺院の敷地で魚釣りも禁止されたが、村の川には魚はほとんどいない。シェム・リアップの市場や村で行商人が売りに来る肉や魚を買えない貧しい住民は、主要な蛋白源を奪われてしまった。アンコール地域の膨大な生産の空間からの排除が、RSAが地域住民に使っている常套手段なのである。遺跡警察がこの空間にいることは法的に是認されているので、この空間における村人の不在は、目撃者なしに、遺跡警察（RSA）が自分たちの生産と消費のために立場を利用して魚を取ったり、米を作ったりする余地を与えるのである。ここで象徴的な「税」は、遺跡警察のための現金収入と同じくらいに、従属者への支配を維持する手段なのである。税金を集める1つの方法は消去されてしまったが、別の方法が導入または考案されて、支配者と従属者の間の力関係と現金のやり取りは維持される。

　遺跡警察の新しい「事業」は、アンコール・トムの環濠にある水田の調査だった。水田の所有者は、濠の土地の測量のために500リエルずつ徴収されたの

である。村人たちは、これが「水田税」徴収の始まりを意味するのではないかと心配していた。村人のこのような心配に対して、遺跡警察署長は、次のように抗弁した。

> 村人の中には、水田の統計を集めることが持ち主から税を取り立てやすくすると言って、大げさに騒ぎ立てている者がいる。私が行なっていることは、法に従ってのことであり、私の考えや感情とは無関係である。我々は皆アンコールを代表しているのだ。

水田税の徴収が警察の長い間の慣習だったので、村人たちはこの警察の徴収に関してかなり懐疑的である。アンコール・トムの稲作は禁止されたので、アンコール・トムで働いている遺跡警察の収入は落ちた。このような状態を作り上げることによって、RSAは「最後の手段として、搾取の関係である生産関係の再生産の政治的状態を（身体的またはそれ以外の）力で」(Althusser 1971: 142) 獲得しようとするのである。遺跡警察は、多くの外国人が訪れ、国家当局と国際社会が保全と観光推進に高い関心を持っているアンコール地域で抑圧的活動をすることの限界に気がついている。このような状況から、身体的暴力を使わないように気をつけながら、遺跡警察は、自分たちが公的に守っている空間を伝統的に共有してきた村人たちと、搾取と相互依存の関係を形を変えながらも再生産しているのである。

支配の文脈と方法の変化

アンコールにおける支配の文脈と方法は、1990年代以降変化してきた。1975年以降、イデオロギーを基盤に置いた国家組織 (ISA) と共に、軍隊が権力的な RSA として支配力を誇ってきたが、長期間に及んだ内戦に国際社会が仲介して政治的解決を図った。その過程で社会政治構造に変化が起こり、支配の文脈の変化に至ったのである。アンコールの空間の実行支配はかつて軍事警察に任され、1997年以降は遺跡警察に委託された。法的には、アプサラ機構が全体の管理の責務を負った。

支配の文脈が変化した時、支配の方法もそれに応じて、明らかな身体的暴力

から、もっと巧妙な形の脅しや生産支配に変わっていった。支配者側は生産空間の支配の「権限」を持つために、生産の場所から地元の村人を徐々に排除する密かな策略を増加させていった。言い換えると、権力は、支配者側が従属者に対する支配の戦略的な位置を総合的に優位に維持できるように考案されて行使された (cf. Foucault 1977: 26)。社会政治的状況の変化のために、威圧的な権力を行使し維持することが内外的に非難され、経済的かつ社会的なコストも高くなるので、権力を象徴的に示し、社会経済的な代替品を要求するのである。

4. ガバナンスと市民社会

　地域当局による地域住民の社会的、政治的、経済的な搾取に関するあらゆる道徳的かつ倫理的な問題は、最終的には、国際社会の言葉を借りれば、ガバナンス（統治〈のあり方〉）と市民社会の問題に帰結する。1993年の総選挙以来、カンボジア社会の平和維持と発展は国際社会からの莫大な経済的かつ技術的支援に依存してきた。その代わり、カンボジア政府は、市民社会の発達を促進するために、良い統治 [good governance] を行なうように国際社会にパフォーマンスの改善を強く求められてきた。このことは、内戦後カンボジアに最初に市民社会の概念が紹介された1990年代初期に最初の国内NGOが誕生した時と重複する。

　カンボジアで国際社会が使うようになった「市民社会」の概念は、多くの場合、西洋の自由民主主義の概念である。この「市民社会」は、公的機関の説明責任を奨励し、公的な意思決定に参加するNGOのような非営利市民組織と私企業によって構成された非公的な「集合体」を指す (ADB 2000: 39-41)。しかし、NGOコミュニティで働いているほとんどのカンボジア人は、「何が市民社会で、それが何を意味するかを明確に定義せずに、その定義を暗黙の了解のこととしてとる傾向」(Kao 1999: 7) にある。

　過去10年近くにわたってカンボジアが自由民主主義国家と市場経済に向けてゆっくりと転換してきたことで、集会や表現のある程度の自由を持った市民社会が登場してきた。外部からかなりの影響を受けて登場した市民団体は、政

党、国内NGO、人権団体、労働組合、専門家組織や宗教組織と学術研究所などがある。新しい政治環境も人々が自分たちの考え方を表現したり示したりしやすくしている (cf. Downie and Kingsbury 2001: 56)。しかし、国家や国家が支援している集団は、野党、人権団体やほかの団体に対して恫喝や政治的妨害を行使してきた。市民社会の役割は国家の役割に補足的だが、それでも、カンボジアの市民社会の役割には誤った考えや曖昧さが残っている (cf. Kao 1999)。政府の政策に公に反対の意思表明をすることは、いまだにかなりリスクが高い。端的に言えば、アジア開発銀行 (ADB ibid.: 1) が論じているように、「ガバナンス組織の調整が国家の役割の劇的な変化に対応していない」のである。主な問題は、パブリック・セクターの組織の説明責任である。司法府、行政府、立法府の権限の明確な分離と業務の透明性や公僕の説明責任が強く求められている。

司法部が、カンボジアの国家組織のうち最も問題がある組織の1つである (ADB 2000: 24-33, 77-98) ことを、アジア開発銀行は、次のように報告している。

> 今日カンボジアの司法システム業務における1つの危機的要素は、多くの人が最も深刻な弱点と考える刑罰免除である。今年まですべての公務員、警察や軍隊を含む政府役人は、刑事訴追からの事実上の免除を享受している (ADB ibid.: 80)。

アンコール・ワットの森林破壊を政府が厳重に取り締まる計画に関して、ジャーナリストにインタヴューされて、シェム・リアップ州の元知事トアン・チャイが次のように答えている。「なぜ森林伐採業者が罰せられるのか。もし彼らが逮捕されて、罰金を取られるとしたら、なぜカンボジア中の不正伐採業者たちが逮捕されないのか」。答えは、違法伐採者がほとんどの場合、軍隊や政府の高官に関係しているからである (cf. PPP March 14-27, 1998: 1, 6)。

司法がうまく機能していないだけでなく、独立もしていない。司法への政府の直接介入はカンボジアでは一般的な現象であり、立法府からも時折介入される (ADB ibid.: 81-82)。司法府の無機能は、時折大衆に好都合なように利用される。泥棒と知られている人物が大衆に捕まった時、これまでの犠牲に対する報復としてリンチや殺害に帰することが少なくない。このような場合、警察は大衆暴

力に介入するよりも、むしろ群集統制や交通整理にのみに終始する傾向にある (PPP, Sept. 17-30, 1999: 4; Dec. 10-23, 1999: 14)。

　行政府と司法府がうまく機能していないことと、双方の境界線が国家組織によって尊重されていないことも、人々が行政府と司法府の役割を自分たちで演じてしまうことを正当化している。支配的な力を持ったRSAと抑圧を受ける側の従属者の境界線と関係性は不安定であり、権力関係が挑発によって変えられるリスクが生じる。おそらく潜在的な人々の力と数による力のために、RSAは脅しと時に身体的威嚇や暴力を行使して、生産の制約を強制し、支配的な地位を強化する戦略を考案し、強引につき進む必要性を感じているのかも知れない。

　ター・ネイ会議は、犯罪行為、特に伐木や文化財の盗掘に関して、RSAが地域の村人に対して脅しを行使して見せる場であった。遺跡警察署長は、単なる虚勢だったにせよ、もし自分が疑わしい者を逮捕したなら（ほとんどの場合正当な理由はないが、証人と被告人から告白を強要し）死刑を言い渡すと断言した。それは権力乱用と司法の境界に踏み込みこんだことを告白したのも同然だった。

　最後に、カンボジアでは西洋の自由民主主義の原則がうまく機能していないが、もっと重要なことは、政府と役人のパフォーマンスがしばしば、司法と、人々に広く認められている地域的な道徳感と、それに基づいた実践に逆行していることである。ハンとダン (Hann and Dunn 1996: 3) は、「最終的に、市民社会に関する議論が、あらゆる人間社会を構成する道徳、社会、政治の融合であることに改めて気づかされる」と述べている。おそらく、伝統的な概念を取り入れた市民社会のもっと広い概念が探求されるべきだろう。伝統的な概念には、それぞれの社会に肯定的な社会的動態とコミュニティの生活を生み出す鍵となる社会実践、敬意、尊厳、正義、道徳などが含まれているはずである。

第7章 地域住民の生活戦略と遺産管理をめぐる論争

支配の行使は、「隠されたシナリオ」（支配者の陰で行なわれる支配に対抗する動作・行為の「台本」）を作り上げる。もし支配がとりわけ厳しいなら、隠されたシナリオもその程度に応じて激しいものが生み出される。被支配者たちの隠されたシナリオがサブカルチャーを発生させ、支配的エリートの支配に自分たちの様々な形の社会的支配をもって対抗させることによって、公的なシナリオに反撃する (Scott 1990: 27)。

前章では、支配的な言説ともう1つの言説、また権力関係について、「公的なシナリオ」(Scott 1990) として述べた。本章では、このような言説が村人たちの日常生活でどのように適用されているのか、また、その中のいくつかがマイクロ・レベルでいかに「舞台裏のシナリオ」として現れているのかを、主に2003年までの範囲で明らかにしてゆきたい。毎日の生活実践の中で地域住民が使った戦略や戦術を学ぶことによって、アイデンティティ形成の文化的動態 (Escobar 1992: 414) も明らかにしたい。

次に、村人のレベルを超えた社会階層で交わされた遺産管理の言説を探る。問題の言説は保全派と観光推進派の言説で、しばしば対立する。闘争は綱引きのイメージに近い。そこでは、外交的な美辞麗句を除いて、地域社会への考察の余地がほとんどない。「公的なシナリオ」と「舞台裏のシナリオ」は、実際、国家権力の異なる層同士や国際社会との間など、あらゆるレベルで演じられる。戦略と戦術はアンコールに関わっているすべてのグループの関心事である。この現象は、アンコールが政治の舞台であり文化商品であるという見方を私たちに強調する。ここでは、「生きている遺産」の概念が、アンコールに設置されたソカ・ホテルの地面につながれた黄色い気球のイメージと重複する。その運命は両方とも不確かである。人目を惹くが、気球が風に弱いように、「生きている遺産」の概念は確固とした定義がないので、社会の風向きによって遺産を持つ地域社会への対処が変わり不安定だからである。

1. 地域住民の戦略と戦術

　地域住民の「隠されたシナリオ」と日常生活のサバイバル戦略を調べていくうちに、「公的シナリオ」が「隠されたシナリオ」へ転換したり、その反対が起ったりする。また、この2つのシナリオが重複することも明らかになってきた。
　この点に関する私の関心分野は、スコット (1986) が主張し、複数分野の研究者によって研究された「農民政治の『受忍』と『公然たる集団による反抗』の中間地点」である (Adas 1986; Hart 1991; Turton 1986)。農民政治に対するこの観点は、ここではとりわけ重要である。というのも、集団同士の公然たる正面衝突は、カンボジアではほとんどの場合回避されるからである。それにもかかわらず、農民は自分の身に降りかかった抑圧的な状態をただ受動的に受け入れてきたわけではない。農民の「日常的抵抗」は、「放火、妨害行為から意図的な遅延、そらとぼけ、服従のふり、こそどろ、誹謗、逃走」など様々な形をとる可能性がある。それは、スコットの言うところの「自助」努力の形をとり、「一般的に抵抗のサブカルチャーを維持する」(スコット、1990: 1)。しかし、農民の抵抗運動それ自体を研究するというよりも、村人たちの「文化戦略」(cf. Erb 2000)、即ち、実践を維持し、社会変化とアイデンティティ形成の文化の動態に順応させたり、対抗したりするために、新しい実践を考案、再考案したりすること (Hobsbawm 1983) や、村人たちが、いかにして「地域的な統合、刷新、抵抗と順応を通して、様々な要素の導入と再連携を図り、自分たちとコミュニティのアイデンティティを構築」しようとしているかなどに焦点を当てて議論を深めたいと考えている (ibid.: 414)。個々の行為者や社会の動きが、自身の地位やアイデンティティのために明確化する過程として、ド・セルトー (de Certeau 1984) の論じている戦略と戦術の概念をここでは採用したい。
　別の観点から言えば、日常生活の戦略は、敵対者に対応することと、変わりつつある自然環境や社会的・文化的環境に生活を適応させることの組み合わせとして見ることができる。言い換えれば、歴史的経験の積み重ねを通して学んで確立された生活戦略と、社会的・文化的な危機にあって考案され、同じような危機に陥った時に似通ったパターンが繰り返される戦略がある。これらの戦

略は、社会経済組織の様々な局面に現れる (cf. de Certeau 1984: 54-55)。その場限りの、または繰り返される社会的・文化的危機の明らかな例は、地域住民が長い間経験してきた社会空間からの排除や周辺化の過程である。

❖戦略と戦術

　地域の戦略と戦術について語るために、生活の日常実践の文脈で2つの言葉がどのように異なるかを明確にすることが必要である。

　ド・セルトー (de Certeau 1984: 29-42) によると、戦略 [strategy] は、「意思と力を持った対象 (企業、軍隊、都市、科学機関) が孤立させられるやいなや、可能になる力関係の計算 (または、操作)」である。ド・セルトーにとって、「戦略」の知識は、「特定のタイプの知識であり、自身の場所を規定する能力によって維持され、決定される知識」(ibid.: 35-36) である。戦略は、意思、能力と、「勝つ」ための好運を必要とし、それによって、力で押さえつけられている環境から己を解放し、自分の場所を再獲得したり、拡大したりする可能性を作り上げ、権力争いで相手とほぼ同格であるように自分を位置づけることができるのである。

　戦略は、客観的な計算の下に「自己の『適切な』(公的に認められた) 場所や組織の拠点の中からそれを維持する能力との関わりを隠す」が、戦術は「自身の適切な空間を持たず、時期や『好機』に頼らなければならない弱者の術である」とド・セルトーは定義する。それは、敵の陣地内における「敵の視野の中の」術策であり、しばしば唯一の手段または「最後の手段」である (ibid.: 37)。多くの日常的な実践は、性格上、術策と考えられる。強者に対する弱者の戦略の多くも同様である。それは、何かを持ち逃げする巧妙な手口、「猟師の狡猾さ」、策略などを含む (ibid.: xix)。このように術策は、行使する時間と場所が固定せず、隠れて行なう必要がある。日常の実践や生存のための術策は、しばしば個人的で他者との連携に欠ける。

　しかし、ここで注意が必要である。「弱者」と類別された者は本質的に「弱い」わけではない。農民は一般的に粘り強くたくましいが、他者との社会的、経済的力関係において弱者と見られることが多いのである。また、無慈悲な抑圧に直面した時、社会における自分たちの地位や状態を弱いとか無力だとか彼ら自身が感じたりするかもしれない。彼らの「領域」における戦略と戦術をド・セ

ルトーが定義したようにすっきりした定義に当てはめることは難しい。というのも、ド・セルトーの定義によると、「弱者」と「強者」の位置が固定していて、2つの対立する当事者は、バランスが変わったり、転換が起こったりしないのである。多くの近代化社会と状況では、「強者」と「弱者」の関係は固定しておらず、例えば革命や戦争によって関係性が逆転したりする可能性が存在する。または、「弱者」が、教育、資源や技術へのアクセスの改善、雇用機会の拡大、行動範囲の拡大、社会的ネットワークの拡大や他の手段によって力を得ることができるからである。これらの状況では、戦略が戦術に、または、戦術が戦略に転換したりする可能性がある。戦略の中でさえ、戦術が使われることもある。

また、長期的に制度化された戦略や統制された戦略もしばしば「伝統」として存在し、短期的なものは「創られた伝統 [invented tradition]」(Habsbawm 1983) として新しい状況で浮上するかも知れない。後者は、明らかに一時的な困難や逆境を乗り越えるために作り上げられるのである。しかしながら、生活の「敵」は、いつも明確に識別できる集団でも国家組織でもない。「敵」はしばしば、その地域特有の複雑に絡み合った社会経済要因なのである。人々はそのような要因から派生した困難を乗り越えるために、特定の戦略を発達させてきた。これらの戦略は、長い時間と何世代もの人々が生きて実践を通して統制されたり、制度化されたりした。これらの戦略を実行する時、人々は、一定の目標を意識して行なうというよりも、しばしば無意識であり、それらは一般的に「伝統」や「慣習」と呼ばれるかもしれない。

❖集合的戦略

集合的戦略と個人戦略の間に明確な区別はない。これらは、公的シナリオと隠されたシナリオ、戦略と戦術の組み合わせのように、相互に連結したり、重複したりする。個人は、自身の関心を社会に認めてもらうための戦略を練る。その戦略が成功して、個人の関心が社会のほかの多くの人々と共有される時、個人の戦略が集合的戦略に繋がる集合的関心になる。

緊急時の戦略

「弱者」が使うことができる戦略の種類に多くの選択肢がないのは明らかで

ある。ここでは、危機の範疇には、社会の大変動、戦争、侵略のような、強烈で、しばしば突発的な危機を除き、むしろ日常生活のサバイバルに関連した緊急時の戦略、特に世襲財産や生産などの社会空間の危機を指す。エリートとの連携は強力な敵に対する戦略の成功には必要不可欠である。弱者の戦略にとって中心的なことは、どのエリートが交渉に最もふさわしく、いつ交渉を始めるべきかについての注意深い分析である。

　そのような状況において、カンボジアで使われる共通した戦略は、前章でも述べたように、政治的な影響力の強い人物に嘆願することや、その人物と一時的な同盟関係を形成することである。社会の低層に属する人々は、人権の概念の浸透や党派による選挙政治を通して、行動のために団結した時の自分たちの「パワー（能力）」に気がついている。1990年代より、影響力のある政治家は、自身の政治的立場や人気を強化するジェスチャーとして、地方在住者の関心事に注目するようになった。中央と周辺の地理的かつ社会的距離は大きく、そのギャップを埋めるために、地方の人々は通常、寺や地方当局の様々なレベルにいる権力者や政府の有力者に支援を呼びかける。

制度化された、または統制された日常生活

　生活戦略は、様々な風土的または長期的な不運に対峙するために、長い時間をかけて確立されてきた。その中には、頻繁に起こる自然災害や人災がある。また、稲作の水不足や過多、戦争、移住、社会的犯罪、食糧・金銭・医療施設の不足など、人生の継続的な状態も考えられる。これらの戦略は、ハビトゥスとして婚姻組織や年次活動のサイクルを通して長期的に制度化され、統制されてきた。戦略の共通した特徴は、精霊、先祖、仏陀との提携やコミュニティの成員間の互助を含む。言い換えれば、慣習化された、または統制された戦略は、コミュニティの中にある社会・文化資源に依存する。これらの資源は、近年開発組織によって見出されて重視され、アンコールにある文化資源を再獲得するために、地元住民が行使する戦略と密接に結びついている。

アンコール空間へ帰還する戦略

　社会空間から徐々に排除される過程を通して、地元の村人は、アンコールに

おける伝統的な社会空間へ戻る手段や文化・経済資源を回復する手段を見つけた。これまで見てきたように、故郷の村から追放された村人たちはそこへ戻ろうとした。何人かの村人は成功したが、ほとんどの人はまた移住させられた。同様にして、異なる歴史的な時期にアンコールで社会経済的な実践を否定された人々も、陰で関係当局と交渉したり、影響力のあるパトロンに訴えたりして損失を取り戻そうと務めた。しかし、2000年に禁止条例が発令されて以来、禁止が解除される兆候は見当たらず、アンコール・トムや他の大きな遺跡地域にある土地や樹木の遺産（ケー・モロドック）はもともとの所有者の子孫には永遠に失われてしまったと言っても過言ではないだろう。

アンコール空間へ「帰還」する機会は、アンコール遺跡の修復、保全、整備作業の労働者として当局と内外の組織に雇われることによって獲得されている。仏教に関連したほかの仕事には、主に高齢者が、ボランティアとして、または任命されて就いている。関係者には、仏像や神像の世話人、僧侶、アチャー、寺の委員会のメンバーや修行者などがいる。「帰還」は、地元の村人にとって馴染み深いテーマである。それは、アンコールが過去と未来を繋ぐ空間であり、アイデンティティ、安全確保と人生の意義のためにきわめて重要な空間だからである。アンコールは彼らの故郷なのだ。

遺跡修復、保全や整備事業の雇用は、戦前を除くと比較的新しいが、アンコールの空間に再び関わることは非常に重要である。これは、フランスの修復の専門家が20世紀初頭に修復、保全と整備のための労働者として地元の村人たちを雇用したのが始まりだった。内戦後、国家再建の枠組みの中で重要視されたアンコールの遺跡修復事業再開が、村人たちに自分たちの財産のもとに戻る機会を再び提供し、財産と「再合併」することができたのである。アンコール公園にある村落コミュニティは、フランス統治時代から長期的に、保全事業の知識と技術を、現場研修を通して継承してきた。遺跡の修復・保全事業に関わることは、地域権力層に地元住民がまだ規制されていない、残り少ない活動の1つなのである。アンコールの様々なチームと労働を通して形成された関係を維持することは、地元住民にとってアンコール空間における貴重な生存戦略になっていった。村人は、労働者を束ねる棟梁や雇用に影響力を持つ個人との「コネ」を使ったり、彼らに助けを求めたりするようになった。

アンコールの修復・保全プロジェクトの国際チームは、熟練労働者を求める傾向があり、彼らは、退職時に、後釜として自分の子供や甥や姪を雇ってくれるように棟梁や雇用者に頼み、多くの場合聞き入れてもらえる。このことが家族の誇らしい「伝統」になり、幸せに思っている労働者の家族がいる。ある年配の修復労働者は、修復の仕事に携わることの喜びを「無給でも働く」と表現した。

　1990年代以降の修復と保全事業の再開は、何人かの熟練労働者に、建築の製図や考古学的知識や発掘技法を学ぶ訓練を提供し、アンコールの歴史、芸術と文化に関する理解と技術の向上をもたらした。チームの多くは、国際的な専門家からカンボジア人スタッフや労働者に責務のいくつかを譲渡している。この戦略は、他のどの労働者の賃金より高額な副収入をもたらしている。また、労働時間は、農作業のための時間が取れるように、遅くても午後3時に仕事が終了すべく調整されている。チームによっては、ボーナスや医療サービスを受けられる。このことは、大多数の労働者にとって付加的魅力がある。修復事業への就職が地元の働き盛りの若者や熟年層にとっては願望の的であり、重要な生存戦略になる。

　遺跡の敷地の草刈りや掃除などの整備は、1989年から1999年にかけて徐々に国際労働機関（ILO）の「フード・フォー・ワーク［food for work］（労働の対価として食糧を配給するプロジェクト）」からアプサラ機構に移行された。賃金は食糧と現金の組み合わせで支払われるが、修復や保全チームの労働者の賃金に比べるとはるかに低い。それでも、何百人もの地元の村人に仕事と副収入を提供している。アンコールには毎年訪問客が増え、アプサラ機構が賃金を提供できる限り、仕事は継続して存在する。多くの整備員は、収入がもっと多く、整備よりも仕事が楽で、地域で評判がいい、修復・保全チームや寺院の警備員の仕事に就きたいと思っていた。

　1999年8月にアプサラ機構は寺院の警備員の職務を作った。この職務は地域住民だけに提供され、新しいポジティブな伝統になったのである。警備員の賃金は遺跡の修復・保全の労働者より低いが、それ程疲れず、汚れない仕事なので、多くの候補者から選ばれた警備員はそのことを誇りに思っている。アンコール・クラウ村では、UNV-APDOプロジェクトの村落開発委員会（VDC）の

成員のほとんどが警備員の仕事に就いて、アンコール・ワット、バイヨン寺院、王宮のテラスなどで働いている。VDCの成員が、開発プロジェクトの自発的参加に心から関心を持っていたと思われるが、アプサラ機構の仕事を得たことは、他の村人からは、将来の雇用の機会を得られると見られる傾向にある。いわゆるコネが発生するからである。この仕事は、アンコールが人気のある訪問地として存在する限り、整備の仕事同様、半永久的に提供される。

アンコールの多くの寺院の仏像や神像の世話人たちは、遺跡警察創設以前から、仏教への信心に則って仕事を始めており、訪問者から得るお布施が収入に繋がる。そのことは、寺院で継続して働く動機も高める。収入の分け前を提供することを条件に、遺跡警察から仕事を得た村人もいる。どちらにせよ、年配の八戒の信者にとって確立された職業になり、遺跡警察が定期的に収入を確保する戦略にもなった。

アンコール・トムに新しい寺院を建てることは、1980年代初期にテープ・ヴォン師がアンコール遺跡を守るようにシェム・リアップにいる僧侶たちに呼びかけたことに始まった。これまで7つの僧院が、かつて寺院があった場所に建てられている。それ以前は、アンコール・トムから遠い村を除き、アンコール・ワットの2つの寺院だけがこのようなサービスを提供できた。アンコール・トムに新たに寺院が建造されたことによって、付近の村人が寺院の僧侶、八戒の信者、アチャーになり、宗教生活に打ち込む機会が提供された。2000年に、6つの僧院の僧正は地元の村の出身者であった。これらの寺院は、宗教儀礼や社会奉仕を受けたい地元の村人や他の地域、州、また海外からの多くのカンボジア人も惹き付けた。

このような状況にもかかわらず、2002年3月にアンコール地域で宗教弾圧とも取れる動きが起こり、地域文化に深刻な危機を呈した。アンコール・ワットの2つの寺院と村に存在する寺院と僧侶を除く、アンコール地域（特に、アンコール・トム）にあるすべての僧院の取り壊しと僧侶を追放する法令が発令されたために、大論争が起こったのである (Cambodge Soir 2002: 1,7)。この動きは、アンコール地域の僧院が規律に欠け、宗教的に無秩序状態になっているので、観光客の前で「恥をかかない」ように宗教を再組織するという名目で、テープ・ヴォン師によって最初に提唱されたのである。この法令にはこの師と2人の副僧

正が署名し、フン・セン首相が同意した。僧侶たちの不適切な行為に関する師の主張は次の2点にあると報告されている。

(1) 僧院の敷地内に僧侶たちが違法建築を行なった。
(2) 外国人観光客から私用目的で寄付を集めた。

(ABC Radio Australia News: 14 June 2002)

　大衆派のマハニカイ派と王室関係者が擁護しているトマユット派の間に論争があったとか、師が支援しているカンボジア人民党とアプサラ機構の間の論争が師の決断に影響を与えているとの主張もある。「隠されたシナリオ」が完全に姿を現していないが、新しい戦略が見られた。批判の対象になっている僧院の僧侶たちは、一致団結して、政府に新しい僧院を建立するための代替地を要求したのである。その戦略が功を奏して、政府は僧侶の追放を取り消した。しかし、対象になった僧院の入門式は禁止になった。許可が得られれば、ゾーン1の外にある僧院で入門式を行なって、内部の僧院で僧侶になることはできる。これは、アンコール地域住民にとっては深刻な後退である。もし法令が取りやめにならなかったならば、アンコールを「生きている遺産」と呼ぶことはできない。アンコール空間で生活する僧侶や村人たちの生存戦略は、国際社会がアンコールを「生きている」遺産として維持する努力とますます緊密に繋がってきている。
　資金提供国（ドナー）、カンボジア政府と国内外のNGOの代表が1年に2回会って議論する高レベルの国際調整委員会がある一方で、地域住民は、第6章で述べたター・ネイ会議を除いては、自分たちの声を届けたり発言したりする場がない。しかし、地元住民は、国際社会が新しい考え方やアプローチに基づいて仕事を発生させるなど、ポジティブな変化をもたらしていることに気がついている。同時に、国際的な修復や保全プロジェクト、個々の研究者と開発労働者との接触は、自分たちの安全感覚を強化するのに役立っている。改善されたコミュニケーションと選挙政治は、地方に住む人々にとって付加的利便性がある。多くの人々の生活状況が自然災害や人的災害（理不尽と思われる法令や規制の発令を含む）で圧迫された時、関係者は大衆行動に出て政府に訴える。

興味深いことに、2001年にJSAの修復チームの労働者たちが修復労働者の組合を作った。アンコール・クラウ村の村長は、ほとんどの村民が与党の人民党の支持者であると主張したが、2003年6月村に野党のサム・ラインシー党の看板が立っていた。サム・ラインシー党の主な支持者は都市部に住む工場労働者やシクロ（前に客を乗せる2輪車をつけた自転車）の運転手たち低所得者だが、地方にも徐々に支持者が増えてきていることが、政党の看板の数の増加からも窺える。特に2003年7月27日の総選挙前には、政党の新しい看板が次々に立てられた。

カンボジアでは、ゆっくりではあるが、着実な市民社会の発達が見られる。その発達には、政府のパフォーマンスにしばしば批判的な立場を取るNGOの存在とその発展と増加がある。国内外メディアは、権利を剥奪された人々や社会経済的に恵まれない人々について報道することに熱心である。社会経済的支援を行なっている各国政府は、カンボジア政府のパフォーマンスの評価にメディア以上に厳しい (Phnom Penh Post May 25-June 7, 2001: 1-2)。

2001年6月東京で開かれたドナーの諮問グループ (Consultative Group of Donors: CG) 会議では初めて、今後4年間カンボジア政府への直接支援を再開すると発表しながらも、政府の制度改善の速度が遅いことに対するフラストレーションをあからさまにした。「ドナーは、(改善の) 実行についての要求に (かつてより) もっと強い言葉を使った」 (Phnom Penh Post June 22-July 5, 2001: 2)。2003年1月のCG会議でのドナーからのメッセージは、2年前とあまり変わり映えがしなかった。ドナーの代表は、カンボジア政府の言行不一致と鍵になる分野での制度改善の遅さについて懸念を表した。地域住民の声を直接公式な場で聞くことができる仕組みはまだあまりないが、ICCに代表される国際社会は、遺跡保護や開発のためにアンコールで地域社会を巻き込む必要があることに気がついている。国際社会が「舞台裏」でカンボジア政府に圧力をかけることが地域住民の戦略や行動に直接繋がってはいないが、カンボジア政府機関や役人個人の度を越した行為によって、バランスが地域社会に有利に傾いている。

❖ 個々の戦略

個々の生活戦略は、いつも雑多で相互に関連している。いくつかの戦略は、

氏族や村社会の中で入手可能な資源を強固にする集合的な戦略の一部を形成する。その良い例が、伝統的なまたいとこ婚や村内結婚である。婚姻戦略以外に、居住地、教育、農業、生計、保健、宗教などは、村のハビトゥスの一部を形成する。村人たちが将来まで生き抜くためにどのような生存戦略や技術訓練をしているかについてこれから述べていきたい。これらの活動は、伝統的な生産の空間からの周辺化によって生じた社会経済問題と関連し、若者たちに新しい活動や場を求めるように駆り立てる。活動の地理的範囲は、アンコール、シェム・リアップ市と近隣の郡の主な町などに拡大している。

新しい社会経済活動に関わっている若者たちの中には、収入を教育や新しい知識や技術の習得に投資したり、現在携わっている仕事をもっと「良い」仕事を得るための踏み台にしたりする者がいる。こうした若者のほとんどは、仕事を得るために組織や担当者に直接出向いていったり、自分で活動を開始したりしている。行動を起こす時、村人たちは驚くほど直接的な行動をとる。活動規制が敷かれた時、管轄当局に直接詳細を尋ねに行き、交渉したり、直訴したり、抗議したりする。中には、賄賂を払ったり、監視の目を潜り抜けたりする者もいる。

カンボジアでは、しばしば階層や序列間にコミュニケーションの問題があるが、時には自分に有利なように、意図的に命令を誤解した振りをすることがある。例えば既に第5章で述べたように、遺跡警察署長は地元の村人たちがアンコール・トムの環濠を継続して耕すことを保証していたが、アンコール・トムに駐留しているこの地域管轄の部下が村人にドン・ポウの耕作を禁止した。遺跡警察署長の部下の何人かは、高齢の村人から譲り受けて、ドン・ポウの一部を耕していた。ドン・ポウに水田を所有している3人の女性は、耕作禁止に関して直接遺跡警察署長に面会に行き、遺跡警察にも耕作を許すということで、自分たちも継続して耕作できることを確約させた。アンコール・トムに駐留している遺跡警察は、村人たちが環濠の水田耕作を継続できるようになったことを受けて、水田調査の名目で各水田の所有者から500リエルずつ徴収した。プレア・カン寺院の前に配備されている遺跡警察は、寺院のすぐ前にあるトンレ・スグオットの水田の持ち主の1人に稲作を禁止した。この水田は禁止令には含まれていない。そこで、この農民はアンコール・ワット前の遺跡警察署本

部に出向いて、稲作の許可書を書いてもらい、4000リエルを支払った。この場合、賄賂というよりも、警察も金銭を支払わないと仕事をすぐにはしてくれないからである。とにかく、この手紙によりトンレ・スグオットの稲作は継続できることになり、今後遺跡警察署本部からの手紙も必要なくなった。村人たちは、自分たちに非がない時や当局の代表と部下の命令が矛盾している時、直接行動に出ることを厭わず、最高責任者またはその代理人に会いに行く。農民が単なる受動的な犠牲者であるというステレオタイプのイメージはここでは当てはまらない。女性が男性に従属しているとか、警察と直面することを恐れているということが当てはまらないのと同様である。

　もっと長期的な戦略に関して言えば、多くの親は子供のために教育が最も重要であると考えている。知識を持つことの効果や影響力、特に公教育による知識は、カンボジア人の間で価値があると見なされている。教育は貧困と従属のサイクルから逃れられる手段として考えられているからである。村社会で貧富の差はそれ程大きくないが、比較的収入が多い人々は遺跡修復労働者で、子供たちを小学校より上の学校まで送っている。自転車でシェム・リアップ市の小学校、中学校や高校へ通ったり、市内の寺院に無料で住まわせてもらいながら学校に通ったりする。村のほんの一握りの子供たちだけが中学校まで修業することができる。そのうちの何人かは大学まで行き、教師、建築家、薬剤師や、観光ガイドになりたいと考えているが、経済的な理由で大学まで進めたものは2003年まではいなかった。2010年には、アンコールの中心部の村で1人から3人の若者が観光ガイドになっていた。

　貯金があれば、多くの村人は、オートバイ、テレビや他の電化製品に投資したり、妻や家族の他の成員が商売を始めることに投資したりする。このような投資は、子供の教育と共に、修復労働者の間では明らかに望ましい生存戦略になっている。投資する商売は、雑貨屋、うどんやおかゆの屋台、(シェム・リアップの市場から買ってきた)魚の行商、(自家発電のための)車のバッテリー屋、玉突き屋、脱穀所、酒屋、ミシンを備えた呉服屋などである。需要と供給がうまくいかないと、店じまいする。玉突き屋は、同じ商売をする人が増えて、商売が成り立たなくなって閉じた所が出てきた。

　別の機会に発見したのは、広大な水田を持ち、遺跡の修復に関わっている比

籠を作るアンコールの女性。

較的経済的に恵まれている家族が質屋も営んでいることである。月々支払われる利子が貸し高の10％という高額である。このことから、かつて物々交換や労働の相互扶助で成り立っていた村の経済が徐々に貨幣経済に侵食されているのがわかる。一般的には、搾取的な金融業が村に入り込んでいるのは心配なことである。貸付レートがあまりに高いと、社会的な問題を引き起こしやすく、コミュニティの生活の調和に波風を立てるかも知れない。しかし、アンコール・クラウ村の調和や互助は、内戦のあった1970年代以前にもそれ程強くなかったようである。多くの研究者が、ポル・ポト政権以降伝統的な相互扶助の伝統が衰退したと論じているが、キム（Kim 2001）のアンコール・クラウ村での修士論文の調査結果は、このことに反論を示すものだった。しかし、彼のインフォーマントは数が少なく、たまたま相互扶助のネットワークが豊かな人、または、近隣の人々との信頼関係が良い人たちだったのだろう。それとは裏腹に、私が聞き取りをした少なからぬ数の村人の証言によると、近親以外の村人たちは今も昔もあまり助け合わないということである。

　過去、アンコール・クラウ村では、稲作の副業として修復労働、樹脂や薪の

収集、松明や炭の生産、篭や茣蓙を編むこと以外、収入を稼ぎ出す選択の余地がほとんどなかった。これらの活動からの収入は貯金ができる程ではなく、貧しい家族は食べ物が不足したので、口減らしをする戦略を考案した。子供を農業労働者としてもっと経済的に余裕のある農家に送ったり、僧侶になるために僧院に送ったりした。もっと貧しい農家は入門式にかかるかなり高額な費用を捻出できず、息子を僧侶にすることができなかった。戦略は、村に学校がない時、息子の教育機会や基本的な生存を保障するように考案された。ある若者たちは乾季の農閑期にトンレ・サップ湖に出かけて、漁師と共に働いた。1人のインフォーマントは、漁師から賃金はもらわなかったが寝床と食べ物を与えてもらったと語った。彼に収入がなかったにしても、家族の食い扶持を減らすことができ、彼自身も飢えずにすんだのである。

　1990年代のシェム・リアップ－アンコールにおける急速な観光開発は、小規模ではあるが地元の村人に雇用拡大をもたらした。アンコール・クラウ村の子供や若い女性たちは、アンコール・トムやアンコール・ワットで観光客に飲み物、ガイドブック、本、絵葉書などを売っていた。最初、遺跡警察に頼んで、毎月1ドルずつ支払うことで、飲み物を売る許可をもらった。シェム・リアップの商売人から、1ヵ月に通常10缶から20缶のソフト・ドリンクを借り受ける。飲み物の値段は買い手との交渉によって決まり、収入は観光シーズンにより変動する。観光のピーク時は1日に8ドルから10ドルを売り捌き、そのうち約半分が純益である。シーズンオフには3ドルから5ドルを稼ぐが、純益は2ドル程である。収入の幾分かは親に渡し、残りは学費としてしまっておく。聞き取りをした女性全員が、この仕事が特に好きなわけではないので仕事を変わりたいが、今までいいチャンスがなかったと言う。このうち2人は、アンコール寺院が好きなので、掃除係になりたいと思っている。1人は後に寺院の監視員になり、次に会った時には、寺院ではないが、トイレの掃除係になっていた。

　アンコール・クラウ村出身の3人の若者は、シェム・リアップで展開している当時フランスのNGO（後にカンボジアのNGOに移行）、アルティザン・ダンコール [Artisan d'Angkor]（アンコールの職人）が組織している職人芸の訓練を受けている。この組織は、養蚕と絹織物のプログラムをプオック郡で始め、シェム・リアップ州都周辺の貧しいコミュニティ出身の若者に、木彫、石彫、漆細工、

第7章　地域住民の生活戦略と遺産管理をめぐる論争　　307

ター・プロム寺院。観光客にみやげものを売る地元の子供たち。

家具製作（大工仕事）などの6ヵ月にわたる技術訓練を実施した。前述の3人の若者のうちの1人が語ったところによると、

> 僕は、漆細工を選んだ。選んだ理由は、漆細工について前に聞いたことがなかったからだ。訓練はときどき難しいけど、農業よりましだ。僕は訓練をよく理解している。大好きだし、ずっと続けたい。職人の知識や技術を一生懸命盗み取ろうとしているから、おしゃべりする暇はないよ。1年後にコースが終了すると、卒業生を一緒にして、ここで製品を作らせると聞いている。僕は大した野心はないが、できるだけたくさんのことを学び取ろうとしている。僕は長男だから、弟や妹のよいお手本になりたいと思っているんだ。（2000年8月8日聞き取り）

最初の訓練の間、訓練生は80ドルの月給を支払われている。この額は修復プロジェクトの非技能労働者の給料よりは高い。選ばれた訓練生は、60ドルの月給をもらいながら、あと6ヵ月間追加の訓練を受けることができる。上記

砂糖椰子の葉でみやげもの作る女性。　　ター・プロム寺院付近でミニ・クレープを焼く村人。

　の3人の訓練生の1人は、最初大工仕事の訓練を6ヵ月間受けたあと、訓練を継続せずに辞めたが、後の2人は訓練の第2段階を継続して受けた。収入は地域内で稼ぐことができる多くの仕事から得る収入よりはるかに高く、シェム・リアップまで2台のオートバイで通っている。先のインタヴューに応えてくれた男性の母親は、1年後に息子が恋人と一緒にシェム・リアップに住んでいると教えてくれた。このことは、修復労働者である父親の後に従うのではなく、また、伝統的な農民の生活ではない、彼が望んだ経済的かつ社会的に自立した人生を送るという夢をかなえる方向に動き出したということである。この若者のような存在は、村の他の若者が辿ろうとするモデルになるに違いない。

　アンコール・クラウ村の4人の若い女性は、シェム・リアップのグランド・ホテルで庭師として働いている。2人は1997年から、もう1人は1998年から、最後の1人は1999年からここで仕事をしている。1週間に6日働いて、月給は30ドルだった。そのうちの1人は夫の家族がいるバッタンボーンで生活するために離職したが、その時に代わりに父親に仕事を引き継がせてもらえるように上司にかけ合った。修復労働者の場合のように、仕事を継続できない場合、自

第7章　地域住民の生活戦略と遺産管理をめぐる論争

分の家族の他の人に代わりとして雇ってくれるように依頼し、それは大方受け入れてもらえる。

庭師たちは朝5時半に家を出て、シェム・リアップまで自転車通勤し、7時から午後5時まで働く。彼女たちは公教育の恩恵にあまり恵まれなかったので、低給ながら仕事があるだけで嬉しいと語った。そのうちの1人は「私は10人兄弟がいて、両親が貧しいのでほとんど学校に行っていない。でも、家族のために一生懸命働かなければならない」と語った。給料は家計の足しにするために両親に全額渡している。この女性は近くの寺で昼休みに英語の勉強をしており、英会話が上手である。もう1人の女性は「私は村の学校で3年生まで勉強したけど、シェム・リアップに自転車で薪を売りに行く途中で車にぶつかって足を骨折した。だからそれ以上勉強を続けることができなくなった」と語った。もう1人は、父親が学校の教師だが、9人兄弟がおり、生活できないので2年間しか学校に行っていない。食べ物が充分になかったために働かなければならなかったのである。この女性は、クメール語をもっと学び、外国語やビジネスの技能を修得して、もっといい職業につきたいと考えていた。

バナナの茎を細く裂き乾燥させて紐を作って売るアンコールの村人。

若者から中年の男性、時には若い10代後半の女性も、シェム・リアップ市でしばしばホテル建築のための季節労働に従事している。日当は4000リエルから7000リエルまでの範囲である。労働者募集の話を聞くと、通常、雇用担当者に会いに行き、雇ってくれるように頼む。ある現場では、あまりに就職希望者が多いので、最初に5000リエル払った者から雇われている。極貧者は最も基本的な仕事にさえアクセスできないのである。他の事例では、日当が5000リエルと約束されたが、実際支払われた額は4000リエルのみだった。建築業

の賃金はあまりに低いので、仕事を得ても燃料費がかかるのでオートバイでは通えず、長い距離を自転車で通うことになる。

　アンコール・クラウ村の若者には、州の文化集団が行なっている古典舞踊と民族舞踊の訓練に参加している者や、象使いとして働いている者がいる。地雷を踏んで身体障害者になった村の若い女性は、シェム・リアップで買った古着を村で売って生計を立てている。踊り子たちは、収益が宿泊費、食費、衣装代などに使われるので、無給である。象使いは30ドルから50ドルの月給を得るが、休暇がない。古着を売っている女性は、水田もなく、家族もいないので、ぎりぎりの生活をしている。ほとんどの若者は、搾取的または限界的生活環境で、やっと何とか生きているといった様子だった。

　観光業の発達とアンコールにおける観光客の増加で、村人に新しい仕事の可能性も開かれてきている。就職に有利になるように、子供も若者も村や僧院で英語を学んでいる。かつて子供たちは観光客を自主的にガイドしたり、飲み物を売ったり、ただ付いていったりして、外国語を学んでいた。1999年8月にアプサラ機構は、大きな遺跡周辺で子供たちがこのような活動をすることや、身体障害者や貧者が物乞いをすることを禁じた。禁止の背景には、子供たちが学校に行かないだけでなく、アンコールを訪れる人たちが子供たちや物乞いの活動によって悩まされ、アンコールの荘厳なイメージや旅の気分を害することを、当局が憂えた事実がある。実際、多くの日本人観光客が執拗な子供の物乞いにうんざりしていた。大きな遺跡地域ではみやげ物屋周辺以外では物売りの子供たちを見かけなくなったが、小さい遺跡などでは継続する方策を見つけた。このことについては後述する。

❖個人の戦術

　ある個人の社会空間が他者の空間に侵犯され、その時に2者の社会的、政治的力関係が同等でない場合、問題解決には、あからさまな集団の対立から空間の放棄まで、あまり選択肢がない。空間がどのように侵犯されたか、仲介者の特徴がどのようなものかなどによって、脅威に対抗するために可能な手立てが決まる。多くの場合、面と向かった衝突や空間の放棄は最後の手段で、ほとんどの場合、その中間の方策が採られる。それは、いやおうなしに、空間を共有

することを意味する。

　その活動が合法、非合法にかかわらず、地元の村人たちはアンコール空間で日常生活を維持するために、稲作や樹脂の採取など、慣習的な実践を続けようと頭をめぐらせる。代替手段を与えられずにある活動が禁止された時、村人たちは戦略を戦術に転換せざるを得なかった。おまけに、新参者とどのように空間を共有するのかについて、彼らにはあまり選択肢がない。それは、優勢な集団が主に決定権を持っているからである。個人が使える戦術の範囲は、回避、馬鹿のふり、従属を装う、従属、隠れた非合法な活動まで様々である。状況が耐えがたくなった時、前述したように、個人が対抗者や論争の相手より高い地位にいる他の集団に嘆願する道をとる場合もある。禁止令の押し付けが厳しさを欠いた時、住民が最も頻繁に使った戦術は、馬鹿のふりと遺跡警察を避けることである。

　遺跡警察創設以来、彼らに従うことが、地元の村人が最初から最も日常的に使った戦術である。それは、村人たちがアンコール・トムに水田を持ち、みやげ物や飲み物を売り、神像や仏像を世話しているからである。遺跡警察に要求された金を支払うことは、現状を持続させたり、支配と従属の権力構造を双方に認識させたりすることに繋がる。不服従により、ター・トゥオット湖の水田の所有者は遺産を奪われた。

　アプサラ機構が1999年8月に子供の物売り、ガイドや乞食の活動をアンコールで禁止した後で、多くの子供はこれらの活動を止めた。しかし、あまり目立たない遺跡では、仕事を継続するために遺跡警察に賄賂を支払った。両者は低い給料や貧困のために「協力」が必要である。子供たちの稼ぎが両親よりいい場合、親は子供の稼ぎに頼る。

　2000年の禁止令の前でも、遺跡警察を避けることは、アンコール・トムに村人が入るために通常使う戦術だった。というのも、カンボジア人にとって「警察は、トラブルを意味する」からだ。アンコール・クラウ村の住民は、門を通るより、アンコール・トムの壁の壊れている2ヵ所の「裏口」を使い、牛を放牧に連れて行ったり、自然の産物を収集したり、稲作に行くことを好んだ。禁止令発令の後は、遺跡警察が壁の「裏口」に障害物を置いて、通れないようにした。しかし、子供たちはひそかに牛や水牛をセントミア湖に連れていった。

アンコール・トムの北西の壁。アンコール・クラウ村からの裏口。

　村長は、アンコールで違法に樹木を伐採したのはほんの数人の村人だったことを認めた。しかし、遺跡警察署長の報告を信じるならば、アンコール遺産内で村人は樹木に傷をつけて嵐の後倒れやすくする戦術を使った。地面が軟らかくなる雨季には、地元の村人は木のまわりの土砂を掘り利上げて樹根を切ったという。そうすることによって、嵐が来た時、木は自動的に倒れる。乾季に村人は木の1ヵ所に火をつけて浸み出してきた樹脂を取り、火を消し忘れたふりをして放置する。その結果、木の基盤は完全に焼けて切り倒されたという。
　観光客に売る木製の楽器を作るために村人が使った方法は、ナイフや斧を使う代わりに、木の皮を鋸で剥がし木を死なせるやり方だという。ター・ネイ会議におけるS氏の貢献は、もし遺跡の保全主義者たちが人々を充分に食べられないような状況に置いたなら、人々は木を切り続けるだろうということを我々に想起させてくれたことである。
　また、頻度が増した遺跡警察の捜査で捕まることを避けるために、木製の手工芸品を製作している地元の村人は、バンティアイ・スレイ地域で買った材木を隠すべく牛車の底を二重にしたことを田代（2001: 246）が報告している。この

ことは、スコットの提示した、限界まで追い詰められた生存維持確保のいい例である。「もし支配がとりわけ厳しいならば、それに応じた激しさを持つ隠されたシナリオも生み出される」(Scott 1990: 27)。

　個人と遺跡警察の戦略と戦術は、かくれんぼやいたちごっこのように進む。もし村人が遺跡警察の要求に従って違法伐木に協力するならば、報酬は、モノや利益の山分けである。不服従は、活動の禁止を意味する。禁止により、遺跡警察は陰で違反者から賄賂を受けることもできるし、違反者を逮捕し見せしめにすることもできる。このことはまた、警察が自由裁量に管轄空間を独占し、違法行為を目撃者なしに行なうことができることも意味する。「法律」が正しくすべての人に適用されないならば、遺跡警察は明らかに優位にあり、どちらに転んでも失うものがない。村人たちは、戦略的服従、不服従（このことは、社会空間からの排除を意味する）から危険な裏工作までの限定的な選択肢を持っている。同時に、村人たちの中には、観光産業で新しい雇用機会がある（明らかに最下層の仕事であるとしても）都市部へ社会空間を拡大しようと試みた者もいる。

❖ セクション1のまとめ

　これまで、アンコールの村人たちが使った戦略を様々な角度から見てきた。集合的戦略は、一方でアンコール空間への帰還を目指しているが、他方で個々の戦略と戦術はアンコールで失った資源の回復と社会経済的サバイバル、そしてアンコールとその周辺地域で新しい活動や資源を求めることと関係している。国家組織内で影響力のあるパトロンに集団で直訴することは、長い間緊急措置として実践されてきた。強い権力者への集団直訴は、ますます一般的で効果的になってきている。人々が一緒に行動した時の影響力について、国家組織も人々も互いに気がついている。近代化、メディアのグローバリゼーションと民主主義のイデオロギーが、国民の間で集合的な行動様式の変化をもたらしている。地元の村人たちが国家組織の違法行為について知っているという事実は、彼らを道徳的に強い立場に立たせる。国際社会が政府のパフォーマンスに注目していることも、人々に有利に働く。個人の戦術は、生存維持が危機的なところまで来ているという事実を反映している。

　村人たちは、アンコールの社会空間が自分たちの空間から徐々に他者の空間

になっていると感じている。地元のほとんどの村人はアンコールへの訪問者を歓迎する一方で、自分たちが遺産から引き離されてきていることが大きな心配事である。遺産を失った人々は、アンコールと新しい関係を築くために、別の形で戻ることを望んでいる。空間と再び関わることができない人々は、アンコールとの関係が薄れ、疎外された気分になるかも知れない。新参者とアンコール空間に家族の遺産を持ち合わせない人々は、アンコールと新しい形の関係性を構築し始めた。

アンコールの意味は、家族と個人の間で、過去にどの程度アンコールに依存し、現在どの程度関わっているかに応じて変化しつつある。アンコールと深く関わっていた彼らのアイデンティティも、同様に変わってきている。ネアック・スロック・プレイ（森の人）としての共通のアイデンティティも、森との共棲がもはや許されないので、じきに過去の歴史や記憶になってしまうかも知れない。その代わりに、観光業や遺産保全事業で遺跡や遺産地域、それに都市部ともっと関わり、スロック・プサー（市場・町の人）の生活にますます巻き込まれるようになるかも知れない。様々な経験、現金経済への転換と大きな社会のうねりは、アンコールの村人たちが共有していたアイデンティティを、もっと個人的で多様なものに転換していくことになるだろう。

2. 遺産保全主義派ー観光推進派間の綱引き

次に、遺産保全主義派と観光推進派の間に起こっている管理言説について議論し、管理言説と地元住民の経験の間にある距離を示す。前提は、「本当」の問題は遺跡警察と地元社会のレベルではなく、もっと高レベルに存在することである。そこでは住民の声は聞かれず、彼らの生活に関する政策は、何が彼らにとって重要かを他者が解釈し、当人たち不在で決定される。国際社会は遺跡と遺産地域の保全に大いに関心がある。カンボジア政府は文化観光を推進することに熱心である。村人たちの戦略と戦術はこの文脈で理解する必要がある。

1990年代には、アンコール遺跡の状態が自然の力と人災により危機的状態にあったので、アンコール遺跡の修復と保全が最優先課題であった。破壊に導

いたのは、戦争そのものよりも、長い間維持管理がなされなかったことによって、寺院の石組みに樹根が入り込んで大きく成長したり、こうもりの糞が砂岩を劣化させたり、盗掘や彫刻の破壊と違法取引が多かったことによる。流出された多くの文化財は、タイやシンガポールを経由して国際芸術・骨董品市場に転売されていった。文化財の多くが、バンコクの高級ショッピング・モールであるリバー・シティ［River City］の骨董品店で売られている。他に、シンガポール、ロンドンのオークション・ハウス、サザビーズ［Sotheby's］やクリスティーズ［Christies］、アメリカの博物館や研究所、オランダの税関などで発見されたものもある。違法取引された文化財の返還は、この時期、ある程度までの成功を見た（ICC 1998b: 29）。しかし、広大な敷地をカバーする保全事業の必要性と、アプサラ機構の政治的、経済的、かつ技術的問題が重複して、地域社会の境遇に対して支払うべき注意を向けることに遅れを生じさせる結果になってしまった。

国連ボランティアはかつて、包括的参加型開発プロジェクトを通して、アンコール地域の複数の村で直接支援を行なった。このプロジェクトは、間接的にではあるが、地域住民の声を公の場で伝える唯一のチャンネルだった。2000年5月に、プロジェクトの残金を使ってカンボジアのNGO、APDOに組織換えして以来、資金不足に悩まされていた。2002年7月のICCの総会で、ユネスコの科学顧問として派遣されたアゼダイン・ベシャウチ［Azedine Beschaouch］[1]は、「我々が忘れてはならないのは、遺産の最善の保存は、人々がそこに住んでいることで達成できる（なぜならば、人々は自発的に遺産を守ろうとするからである）」と述べて、コミュニティ開発のための資金援助をICCのメンバーに要請した。

しかしながら、ICCは遺跡や周辺の保全や整備などの議論に膨大な時間をかけ、地域社会の問題に関して充分な時間を割いたことがなかった。2000年以来、ICCは遺産の管理の観点から観光問題にだんだん注目をするようになっていった。2000年前半には、文化観光に関する会議やセミナーも行なわれるようになった。[2]

---

[1] チュニジア人で、かつて世界遺産委員会の議長を2回、モデレーターを5年間務めた唯一のアラブ人考古学者である。アンコールが世界遺産に認定された時、世界遺産委員会の議長だった（聞き取り：2001年6月18日）。
[2] 最初に2000年12月、カンボジアの観光省と世界観光機関（WTO）が、アンコールの観光開発に関する国際会議を開催した。次に、ユネスコと協力してアプサラが、2001年7月に国内セミナーを組

2000年の会議と2001年のセミナーでは、「文化観光」の開発に地域社会を巻き込む必要があることを数人の発表者が述べている。しかし、会議では「文化観光」の定義は出されず、それぞれの発表者が「文化観光」の概念を同じように理解しているかのように、その利点を語った。セミナーでは、無制御な大型観光が地域社会や遺跡にもたらすであろう悪影響に関しての警告が発せられ、「文化観光」はアンコールで奨励するにふさわしい理想的な観光の形としてその意義が強調された。セミナーでは、観光の推進とその利益を国の社会経済開発の目標として貧困削減と国の開発のために使う必要があることに、参加者が高い関心を表明した。

　2001年7月のICC総会では、保全と観光推進に関する問題が議論の焦点になった。2002年5月シェム・リアップで行なわれた遺産観光管理に関する東南アジア地域セミナーでは、観光によるインパクトを最小化しつつ、利益を最大化する方策に焦点が当てられ、各発表者は、自国の遺産地における観光がもたらす良いインパクトと否定的なインパクトについて語った。ほとんどの発表者は、わかりやすい事例を紹介しながら、観光産業に地域社会を巻き込む必要性を強調した。[3] カンボジアの代表は大型観光や観光のための乱開発が自然環境や文化環境にもたらす否定的な影響について承知していると述べたが、地域社会をいかに建設的に巻き込むかについて現実的な構想がなく、問題を避けるための具体的な計画も提示することができなかった。

　次に、遺産保全派と観光推進派間の綱引きを紹介する。地域社会の生活に関する問題は、どちらの集団にとっても主たる関心事ではないが、様々な観点から地域社会と彼らの関心との間に密接な関係があることに徐々に気付いてきている。遺産保全派は、地域社会にどのように対応したらいいかについて異なった見解を持っているが、道徳と遺跡管理の両方の観点から、皆、地域社会を巻き込む必要性を認めている。観光推進派にも、地域社会の参加が、倫理的かつ外交上必要なのである。カンボジア政府は、観光収入が国の重要課題である貧困削減を達成することに貢献できると再三主張してきた。この文脈では、「地

織した。第3に、2002年5月、SPAFAが、遺産観光管理について東南アジア地域のセミナーをシェム・リアップで開催した。
3　観光とコミュニティ・アプローチに関しては、マーフィ（Murphy 1985）を参照。

域社会［local community］」や「地方の貧者［rural poor］」などの文言は公的な場でのスピーチに組み込まれ、政府の議論を、戦略的で説得力があり正当化できるものにする。国際社会がカンボジア政府をこの方向に引っ張っていくと、この現象は新しい「公的なシナリオ」になる。

❖遺産保全と観光推進派の政治的景観

ICC舞台

　ICCは、1年に2回、総会と技術委員会を開き、その間に日本、フランス、カンボジア政府とユネスコが4者協議を開く。ユネスコの事務局が準備した議題は、日本とフランスの共同議長による承認を得てからカンボジア政府へ提出される。カンボジアは、日本とフランスが2つの最も影響力のある経済支援国（ドナー）なので、自国の遺跡修復チームが行なっているプロジェクトの成功にも関心がある。

　ICCは、アンコールの管理と開発に関連して重大な問題が発生した時、審議する委員会であり枠組みでもある。ICCは、アンコールやシェム・リアップ地域に関するカンボジア政府の同意事項やコミットメントに反したカンボジア政府の変則的な実践やゾーニング法違反の問題などについて批判的である。問題の多くは、観光産業に関連し、内閣や国家組織が関わっている。

　顕著な例として挙げられるものに、1996年に発見されたマレーシア企業YTLのアンコール・ワットにおける音と光のショーの闇取引、ソカ・ホテル・グループによる入場料回収から派生する観光収益のコントロール、ゾーン2におけるホテル建設や私的カラオケ施設の設置（少なくとも1つは、軍の高官によるもの）である。音と光のショー、カラオケ施設やホテル建設計画のいくつかは撤回され、ホテルの規模や高さの規制を設けることでホテル建設を妥協した場合もあった。また、ニュージーランドの企業によるアンコール・ワット上空でのヘリコプター飛行計画も提案されたが、ユネスコは危険性と世界遺産地で実施することの妥当性に関して忠告し、イクロムとイコモスの専門家に相談することを勧告した。この計画は、後に飛行の高度とルートを修正することで承認された。

　アンコール・ワットの音と光のショーの企画は、2000年前後に再び浮上し、アンコール・ワット付近で上下にだけ動くソカ・ホテルの気球とプノム・バケンへ

アンコール・ワットの環濠のむこうに見えるソカ・ホテルの気球。

のケーブル・カー設置などの新しいプロジェクトも同様である（ICC 2001b: 32-34）。

　ゾーニング令は遺産地域を守るために設定されているが、政府機関に都合のいい部分は守られ、そうでない部分は無視される。それは、各機関の権限の範囲についても同様である。シェム・リアップの3人の副知事の1人は、私のインタヴューの際に、ゾーン2にホテルが建設されている問題について語った。このホテル建設は、ゾーニング令を犯していると見抜かれなかった。このホテルはゾーン2に属しているだけでなく、アンコール時代からの古い水路を狭めて、その上に駐車場を造るためにコンクリートを覆ってしまったのである。この間違いは、ゾーニングが明瞭にわかるように看板や囲いで示していないので起こったが、アプサラ機構という正当な組織を通さずに、公共事業省を通して建設許可を得ていたことがその原因である。この省はアプサラ機構の理事会のメンバーとしてアプサラ機構の一部を構成しているが、アンコール遺産地域でこのような契約書に署名する法的権限はない。無知を装うことが、時に国家組織の戦術としても使われているのかも知れない。

　活動の法的枠組みを無視する戦術は、実際、カンボジアの国家組織の日常的

戦術の一部である。国家組織と国際社会、地域コミュニティと国家組織の関係性は似通っている。ICCの優先事項は、保全事業と統制された観光との調和したアンコールの政治景観の管理にあるのは明らかだ。地域住民の問題は、ICCが問題として把握していても、二次的関心なのである。

　第6章で述べたように、カンボジア政府は保全事業より観光推進により関心があり、ICCと頑固な保全主義者のヴァン・モリヴァン大臣のために、アンコール関係プロジェクトの統制に制限が敷かれていることにフラストレーションを覚えていた。2001年5月ヴァン・モリヴァン大臣は解雇され、部下であったブン・ナリット副事務局長に長官の座を明け渡さなければならなかった。国際社会の目には、この事件は、カンボジア政府が観光産業の推進と開発に移行したことを明示したものだった。このことは2001年7月に文化観光の国内セミナーで明らかになり、同月に開催されたICCの総会でも確認された。

遺跡の保全から観光開発への移行

　ヴァン・モリヴァン大臣の解雇は突然だった。遺跡の修復・保全に関わるすべての組織は、観光開発にこれ以上の遅延を許すことができないというカンボジア政府の意図を明確に理解した。大臣は急速な観光開発が遺跡やその地域の保全と地域社会に否定的な結果をもたらすことを充分に承知していたので、その実施には関心を示さず、政府の方針の足かせになっていた。

　大臣の解雇から2ヵ月以内に「文化観光の国内セミナー」がシェム・リアップとプノン・ペンで開かれた。プノン・ペンの開会式で、閣僚評議会議長で国内観光局の議長でもあったソク・アン上級大臣は、「文化観光」をもっと効果的に推進する政府の意図と決意を表し、「文化観光を発達させる戦略は、更なる推進力を与えられてもいいだろう」という希望を表明した。

　シェム・リアップにおけるセッションでは、ベシャウチがアンコールの開発と調和しながら歴史建造物の保全事業も実施する必要があることを強調し、観光開発の行動計画には（住民の）「生活の質」を考慮に入れるよう、カンボジア

4　Phnom Penh Post (June 8-21, 2001: 6), Cambodia Daily (June 8, 2001: 1-2; June 20, 2001: 1, 13).
5　ソク・アン大臣は、フン・セン首相の右腕で、最も重要な案件の責任者であり、国際会議や高レベルの会合では、ほぼ必ずカンボジア政府を代表して出席する。2011年現在、副首相である。

政府に要請した。更に、考慮すべき優先順位として、コミュニケーション、サービス施設の快適さ、娯楽、文化、場所、伝統、および、観光開発に地域社会が参加し利益を得ることができるように地域社会を意識することなどを挙げた。

それに応えて、ソク・アン大臣は「セミナーが危機の10年から開発の10年に転換したことを強調した」と語り、新しい10年は、環境に（悪）影響を与えることなしに保全と開発の重要な原則に敬意を払いながら、両者を繋げていくことであると付け加えた。アンコールにおける観光開発の展望について熱心に語りながら、大臣は、「観光開発が経済を押し上げ、カンボジアのイメージを改善する手助けになる」といった肯定的な点を強調した。更に、「観光は、他のセクターを前方に動かすエンジンであり、文化観光は、貧しい人々のために雇用拡大と収入増加をもたらし、貧困を減少させる」ことを強調した[6]。次に、大臣は「カンボジアが観光開発の可能性のほんの1％しか使っていない」ことを強調し、シェム・リアップでボクシングなどのスポーツ大会を国家、地域そして国際レベルで開催したり、ゴルフ・コースを造ったりするなど、他の開発可能な分野の例を挙げた。大臣は、「観光客の増加は、収益の増加であり、伝統的な舞踊や歌謡がアンコール・ワットで開催される一方、伝統音楽は年配の楽師を支援する方策として奨励されるし、花屋も利益を得られる」と語った。

カンボジア政府にとって、観光推進を通しての経済開発の展望はあまりに壮大なので、カンボジアの社会問題のほとんどすべてに対する答えと見なされていることは明らかである。カンボジア政府は統制を欠く観光の否定的な影響についてあまり意識していないようだ。多くの国際企業家が首相に接近して投資計画を持ち込んでいることは、カンボジアと関わっている国際社会とカンボジア社会の多くの人々が認めている。

カンボジア政府はアンコール内の交通を再調整するために、アンコール地域で電気自動車を使うことを考案した。そのために韓国の企業から自動車を買う約束を取り交わしたと言われている[7]。交通の再調整は、アンコール・トムやほかの主な観光ルートを通る伐木トラックや他の大型トラックを対象に既に実施

6　ハリソン（Harrison 2001b: 39）は、「多くの開発途上国の国家は、同意した開発政策を実施する能力に欠ける。それは、非効率的なためか、または、いくつかの事例があるように、不正に満ちているからであり、時には、両方の特徴が見られる」と論じている。
7　どういう経緯からか、現実には韓国製ではなく、中国製の電気自動車が導入された。

されている。アンコール・ワットやアンコール・トムへの交通量や遺跡への被害を減らすために、バイパス道路が東側と西側に敷設されたり整備されたりした。シェム・リアップからクラヴァン寺院へ続く新しい道路とアンコール・トムと西バライとの間にある道路が拡張され、新しい道路もその北側に敷設された。アンコール地域の村人たちはバイパス道路を使用することを奨励され、早朝と夕方以外はアンコール・トム内を自転車やオートバイで通過することも許されないという噂があったが、実際その規制はないようである。

　中国企業がプノン・バケンへエスカレーターを建設することを提案し、2001年に開かれたICCの技術委員会の議題として考慮された。私がプノン・ペンにある日本人経営のレストランで食事をしていた時、経営者とその友人が、プノン・ペンからシェム・リアップまでトンレ・サップ川から湖へ運行するホバー・クラフトを売る計画を立て、大分県での試乗にフン・セン首相を招聘したと語っていた。[8]「公式なシナリオ」として計画を早く実現したくてもどかしく思っているカンボジア政府は、いくつこのように隠れた交渉や暗黙の了解（隠されたシナリオ）を交わしているのであろうか。

　文化観光の国内セミナーの3日後に、ICCの第9回総会がプノン・ペンで開かれた（ICC 2002a）。この総会で、閣僚評議会のスム・マニット［Sum Manit］長官が、カンボジア政府の代表を務めた。長官は、アンコールにおけるプログラムが保全の段階から持続可能な開発と遺産地域のプレゼンテーションの段階へ移行したことを強調し、このことがアプサラ・チームの編成を変えた理由であると説明した。カンボジア政府の政策の優先事項は、経済発展と経済部門における技術訓練を通した貧困削減であり、それはクメール文化とアイデンティティの保護と保存に関係していると説明した。地方の貧しい人々へ雇用機会を作り出す重要性を強調しながら、長官は、地域の保全と持続可能なプレゼンテーションと観光開発の間に均衡が必要であることも会議で述べた。

　ソク・アン大臣の提案を受けて、フランスの共同議長は世界遺産登録10周年の記念行事としてアンコールで円卓会議を開催することを提案した。そこで、10年の遺産の保全と保護の段階から新しい開発の段階に入り、円卓会議が未来のプロジェクト活動について熟考する良い機会になるだろうと述べた。

8　このボート会社の創業は、2002年6月である。

日本政府代表はこのコメントに対して、「私自身の知る限りでは保全事業はまだ終わっていない」と批判した。そして、アンコールへ大人数の観光客が押し寄せた時、保全事業がまだ必要であると指摘し、保全から開発の段階への移行について警告を発した。以前同様、日本政府代表はアンコール公園への入場料の回収方法について批判を続け、収益はすべてカンボジア政府に属し、文化芸術省も利益の正当な分配を受けるべきであると主張した。
　日本政府代表によるコメントに対し、スム長官は、「保全段階」ではなく、「緊急保全段階」が終了したと書き直すと述べ、アンコール公園の入場料から得る利益の分配がいまだ充分に満足いくものではないことを認めた。ベシャウチは、アンコールが危機に晒されている世界遺産の状態を脱したので、「緊急保全事業」が終了したことを繰り返した。
　セミナーとICCでカンボジア政府の2人の代表によるスピーチは、アンコールにおける焦点を保全から観光開発へ移行したい政府の願望を明らかにした。
　ター・ネイ会議同様に、ICCは、土地、建物、資金と人材を必要とすることから、隠されたシナリオが突然公開される場である。どのようなプロジェクトも、ICCの監督なしに実行されることは不可能である。同時に、保全地域のホテル建設のいくつかは、アプサラ機構やICCが気づいた時点では完全に変えることができないくらい開発が進みすぎていた。このような変更が難しい既成事実の確立は、他の行為者、主に観光推進派が、現状維持を早急に確立するために国家組織の一部と陰で企む「隠されたシナリオ」になっている。社会的エリートがICCの中枢を担っているにしても、彼らが「地方の貧しい人々」について語ることは、外交上必要である。それというのも、国際社会は、カンボジアの政策が国連の掲げた貧困撲滅の目標に沿うことを期待しているからである。保全主義者と観光推進派は、できるだけ簡単に相手に譲歩しないで自身たちの目的を達成するためにしのぎを削っている。カンボジア政府にとって、観光産業の発達は、「地域」の人々のための雇用を作り出すので、貧困軽減への手っ取り早い解決法である。
　2001年の技術委員会でカンボジア政府団の代表、閣僚評議会のチア・ソポーン［Chea Sophorn］長官は、私的投機に対してICCの承認のペースが遅いことにカンボジア政府がフラストレーションを感じていることをかなり率直に表現

第 7 章　地域住民の生活戦略と遺産管理をめぐる論争　　　323

　　私は1つ残念に思っていることがある。ある企業が、航空観光事業を行な
　うために必要な許可を求めているが、既にもう1年間が経過している。
　我々はまだ遺跡に対する（上空を飛ぶ飛行機やヘリコプターの）飛行の衝撃を分
　析している。（業者に対する）返答に、後どのくらい待たなければならないの
　か。投資家たちをこんな風に扱うと、彼らを怒らせてしまう。この状況は
　変えなければならない。我々は企業家精神を示すべきだ。カンボジア政府
　は投機的プロジェクトに関する回答をもっと早く出すことを希望する…音
　と光のショーのプロジェクト案はじきに委員会に提出される。委員会が回
　答を早めると約束するか、少なくともプロジェクトの是非の回答日を指定
　することを提案する。「アンコールは、寝ている。我々は、アンコールを
　起こす」(ICC 2001a: 8)。

　スム大臣は、「アンコールを保護するという使命に反することなく、企業や
今労働市場に群がってきている若者たちも含めて、人々の希望やニーズに柔軟
に対応しなければならない」と主張した (ibid.: 8)。
　これまでの観察によると、比較的高額所得者用の雇用は、外国語教育を含む
必要な知識を取得した者や雇用者側へコネがあるプノン・ペン、バッタンボー
ン、シェム・リアップなどの都市部の人々に流れている。公教育の恩恵をあま
り受けていない上に、必要なコネをほとんど持たない地元の村人は、最低賃金
の不安定な雇用条件の労働市場だけしかアクセスできる職場がないのである。

観光開発における地域社会の積極的参加
　2001年6月のプノン・ペンにおける国内文化観光セミナーでは、数人の発表
者、とりわけヴェン・セレイブット［Veng Sereybuth］観光大臣と国家組織に属さ
ない数人のカンボジア人スピーカーによって、アンコールの観光間発における
地域社会の関与の重要性が強調された。
　その前、2000年12月にシェム・リアップでカンボジアの観光省と世界観光
機関によって開催された国際文化観光セミナーで、観光大臣は自然や文化資源、

保全事業と地域社会の統合性を明確に繋げ、観光開発には地域社会が参加しなければならないと語った。

> 観光が持続可能であるためには、自然資源と文化資源を保全する一方で、観光の推進力とインフラ整備が必要である。我々は、この世界が驚嘆する顕著な歴史遺産・文化遺産の保護者である我々の義務を認識し、積極的に受け入れて、保護、修復、整備、紹介、解釈する義務を負う。

> 持続可能な観光は、地域住民に利益をもたらさなければならないので、観光政策を形成するために充分に（政治）参加しなければならない。国の観光開発計画において、我々は地域社会の統合性が保全されていることを確認しなければならない。いくつかの対策は、肯定的な文化的影響を強化し、否定的な衝撃のリスクを最小限に抑えるよう管理され、実施されなければならない。地域住民は、観光、その概念、利益、観光政策と計画にいかに参加できるかについて確実に教育されるべきである。

しかし、カンボジアの権力構造におけるヴェン大臣の地位はあまり堅固なものでない。大臣はアプサラ機構の理事会のメンバーであるが、アンコールの管理の政策作成にどのくらい関与しているかは定かでない。

現代におけるカンボジアの権力者の浮き沈みと権力バランスの変動は、政策と約束が将来効率的かつ効果的に尊重・実施される保証を困難にしている。カンボジア政府は国家の問題を自分たちのやり方で解決する決意と願望を表すが、公約と公言した目標のいくつかを達成することがなければ、政府はその政治経済基盤と信頼性に必須な国際社会の支援を失うであろう。遺跡警察と地域住民の間の「猫と鼠のゲーム」は、国際社会とカンボジア政府の間でも実施されている。政策と戦術は、このようにすべての行為者の間でマクロとミクロレベルの政治として考案され、実施される。行為者たちは、絶対支配は不可能だということを認めながらも、もっと多くの空間と空間の最終的管理権を得ようと張り合う。空間の価値が高まれば高まるほど、競争も激化する。世界遺産の概念が、ブランド化の副産物を伴って、地域の誇りを強化する助けになったことは

疑いない。しかし、同時に行為者同士の競争が激化し、遺跡空間の商品化の構想をもたらした。このような貴重な遺産の共有は、カンボジア人にとっては大変難しい挑戦なのである。政府が、社会的な「弱者」に対して、彼らが「生きている」価値と、彼らの文化的知識を遺産と見なし、遺産管理のパートナーとして扱わなければ、遺産の価値や管理の質はきわめて危ういものになるだろう。「隠されたシナリオ」はサブカルチャーを発生させる抵抗運動を形成し、支配的エリートのサブカルチャーに様々な形で対抗するだろう。

3. まとめと提言

　アンコールにおける社会空間と文化・自然資源をめぐる争いは、世界の有名な遺産地域では珍しくない。地域住民の排除や周辺化の問題も同様である。アンコールでユニークな点は、約401平方キロという遺産地域の規模の広さと、2003年時点で10万人を超える人々が生活していることである。おまけに、政策作成者や遺跡の保存修復専門家が参照できる考古学、建築学、美術史学、歴史学、碑文学や地質学などの文献や研究材料の豊かさに比較すると、地域住民の知識や彼らがアンコールに対して抱いている思い、彼らの日常生活についての関心や知識はあまりにも乏しい。場合によっては、故意の無視も含まれる。
　文化に関係した国際機関や政府当局は、遺跡周辺の保全と整備、観光推進に注目したが、地域住民の問題は2003年頃までは大体において軽視され、当局によって背後で処理された。「地域」や「貧しい」という言葉は、都合のいい言葉である。両方の言葉の意味するところは、範囲が曖昧で一般的なので、政治上の美辞麗句のたやすい餌食になる。このような状況を考慮に入れて、アンコール遺産に関する個々の声や知識を紹介し、遺産地域での他の行為者との実践や相互作用を示した。また、人々が、変化の過程にある社会、文化、経済、政治的な現実を通して、いかに生活の舵取りをするかも提示した。2000年に地域住民に強制された規制によって、アンコールから村人たちが排除され、周辺化された歴史について、私は認識を深めた。それはまた研究の焦点と方向性に重大な影響を与えた。その結果、これまでの章は、私の研究の中で生じた疑問

や遭遇の軌跡に沿って構成された。

　国際機関、国際ドナー社会、カンボジア政府の各層、国内のNGOなど様々な影響力のある行為者と地域住民の間に起こった論争は、社会空間と文化・自然資源（遺産）の活用と保護に関するものである。論争を表現するに当たって私が特に注目した点は、周辺化の過程、変わりつつある力関係の社会力学、そして同様に変わりつつあるアンコールの意味、見解、境界線である。論争は、最終的には、ルフェーヴルの概念である、生活体験の代表的な空間と視覚消費のために眺められる遺産管理者の空間の演出に関するものである (Urry 1990, 1995)。

　社会の厳しい領土管理の概念は西洋に由来し、植民地時代の遺産であるが、東南アジアにおける伝統的な社会の概念と管理は人に焦点が当てられていた (Kemp 1988)。遺跡の管理も、西洋、主にフランスのモデルに基づいている。このモデルは、遺跡地域を人々が生活する場所ではなく、訪問して眺めるための公園になるように整備することを優先した。多くのカンボジア政府高官の心は、いまだにこのモデルによって支配され続けている。世界遺産とその候補地は、急速に高級ブランドの文化商品に変わりつつある。その結果、「遺産勧誘者」、即ち、自己利益のために遺産を利用しようとする人々の間で競争が激化している。価値が高くなればなる程、闘争は激しさを増す。これが、アンコールにおける地域社会の問題を研究した文脈の背景である。「リビング・ヘリテージ」の曖昧な概念は、ほとんどの場合、遺産に関心を持っている国際組織や国家の遺産管理組織の一部の人々によって、地域の宗教的な側面を保護するために使われた。しかし、宗教的な内容や意味でさえ、外部者には明確に理解されていない。人々の生活実践のほかの多くの点は明らかにされていない。更に私が主張したい点は、宗教実践が人々の日常生活から切り離して考えられるべきではないということである。そして、地元の村人たちは、最近の禁止令まで、自分たちのやり方で（部分的にはフランスの保存修復専門家たちと一緒だが）遺産を保全し、管理してきたのである。

　アンコールは、地元の村人たちにとって生活の場であり、故郷である。景観は、先祖の活動の軌跡の産物であり、自分たちの喜怒哀楽の記憶が深く留まり、ネアック・ターが棲み、伝説に囲まれて、文化的な知識と経済資源の基盤になっている場所である。アンコール・トム内の遺跡、森と稲作に使った湖沼には、

先祖の名前が付き、伝説が残され、地域住民のための重要なランドマークになっている。アンコールは、戦時に避難所となり、人々の安全を守った。地元住民の生活はアンコール抜きには語れない。端的に言えば、アンコールは1つの包括的な世界であり、常に変化し、人々もその世界の必要不可欠な部分を構成している。アンコール・ワットの僧院も、聖域を守っているだけでなく、地域住民のための道徳、文化、教育センターとして重要な役割を果たしてきた。

プレア・アン・チェークとプレア・アン・チョームの物語は、僧侶と地域の人々が、2体の仏像が不思議な力を持っていると見なして、いかに大事に保護しようと努めてきたかを語っている。アンコールの僧院もまた、ポル・ポト政権が終わった後で、人々の苦悩を軽減し、継続している苦難を乗り越えるための忠告、支援や指標を与えてきた。外部から強制された規制や禁止が、地域住民の場の所有意識をそぎ取ろうとしただけでなく、様々な場所の価値や、寛容、許し、慈悲など仏教の価値と実践を妨げている。

地元住民は、自分たちが樹木を所有し、世話の仕方を知っていたので、生活に必要な種類の樹木を選択して、植え育てながら、草刈りや間伐をし、倒木を処理し、必要な樹木を切り倒し、また新たに植林して、アンコールの森林を積極的に管理してきた。アンコール地域に、樹脂が採取でき、建築材料として優れたフタバガキ科植物が多いことが、アンコールの森林は1次林ではなく、人為的に植樹がなされたことを示している。横山（2001: 147）も、「アンコール地域の植物相には人為的影響が大きい」ことと「アンコール地域の森林は、調査した限り、すべて…フタバガキ科植物を優占種とする2次林である」と述べていることからも明らかである。熱帯の大木は温帯や寒帯の樹木ほど根が地下深くまで伸びないので、降雨、強風、老齢などでたやすく倒れてしまう。このことは、関係者の間ではよく知られていることである。

規制は、地元の村人を森林から排除したのみならず、文化的権利や里山の概念を否定した。[9]「彼らは、『自然』と国や国際的管理者が権利を要求するようになった、自分たちの…先祖の土地で、よそ者のように扱われた」(Fairhead and Leach 1998: 192)。フェアヘッドとリーチは、西アフリカの森林破壊を新しく組み立て

9　ビアンチほか（Bianchi et al 2000; Bianchi 2002: 79-80）は、アンコールの事例のように、世界遺産のガラホナイ公園から、地元住民が周辺化されていることを報告している。

なおし、次のように論じている。

> 森林をめぐる土地利用のインパクトに関して、保全主義者の間で支配的だった見解と、人々が自然環境に活発に働きかけてきたやり方の間に、大きな矛盾が存在する。歴史的資料は、住民が時には土壌や植生を豊かにし、木々を増やしてきたやり方を明らかにする。そのことによって、資料は、正統派（森林保全主義者）の主張が無効と見なした住民自身の見解や景観の解釈をしばしば正しいものとして証明する。

　森林破壊と見なされた部分は、実は人々が森林再生に努めた結果で、まだ深い森を形成するまでに至っていなかったのである。それを保全主義者たちが住民による森林破壊の結果と見誤ったことをフェアヘッドとリーチは資料を通して解明した。

　世界遺産センターのナタラジャン・イシュワラン［Natarajan Ishwaran］も地域に存在する環境知識の重要性を「地域住民は自然の価値を、会議に在席している人々よりもよく知っている」と強調する。「たとえイグアスの違法伐木やコモド島でのダイナマイト漁のような行為が行なわれているとしても、我々はこれらの活動を禁止するのではなく、代替方法を提案すべきである」と主張する。ユネスコは、保存活動は、地域社会を失うともっと仕事が困難になることを認めて、訓練を通して遺産地域を保全・管理する地元の人々の能力を強化する計画を立てている（Khouri-Dagher 2000: 10-11）。

　興味深いことに、カンボジア政府の森林局、FAOやカンボジアで活躍している他の国際的な森林の専門家は、森林保全に地域住民の参加が重要であることを強調している（Fraser Thomas and Boffa Miskell 1998）。しかし、彼らの推薦事項は、大方無視されてきた。この状況は、それでも第8章で述べるように2000年代後半に改善を見た。と同時に、新たな遺産管理の枠組みの下に、地域住民の生活に再び大変な規制が課されるようになってきたのである。

第8章 持続可能な開発へ

　よい開発のために保全し、よい保全のために開発する（アプサラ機構の遺跡・考古学部II部長クオン：ICC 2006a: 120）。

　国際社会とカンボジア政府間で繰り広げられた遺産保全と観光開発推進の駆け引きは、東京会議から10年たったことを記念して、2003年11月に開催されたパリ会議で一定の帰結を見た。この時、アンコールにおけるアプサラ機構と国際社会の使命の段階が、「緊急な遺産保全」から「持続可能な開発」に正式に移行したのである。それでも国際社会は、遺産保全の継続と両者のバランスの重要性を付け加えることを忘れなかった。そのことが、アプサラ機構の遺跡・考古学部II部長クオンによる上記の言葉によく表されている。しかし、この言葉は謎かけのようであり具体性がない。保全と開発のバランスをアプサラ機構がどのように実践しているのかを追求してみよう。

　アプサラ機構は、能力構築と強化の必要が唱えられ、2004年再組織化された。解体された文化・遺産部は、遺跡・考古学部II（DMA-II）に再編成され（ICC 2004: 24-25）、人口統計学・開発部（DDD）と水・森林部（DWF）が新設された。また、アンコール公園における土地の横領、違法建築や違法行為を取り締まるために、軍事警察、州警察、遺跡警察、州の土地登録部、州の森林管理部より構成される混成調停課（MIU）も設立された。行政部に新たにコミュニケーション課（CU）も創設され、それぞれの部署が、地域住民の開発や問題にそれぞれ別の見地から関わることになった（Khuon 2006b: 3）。DMA-IIとDDDは海外から帰国したカンボジアの専門家が、DWFは30代のカンボジア人専門家が部長に就任した。

　国内的にも、2003年にはアンコール公園における違法な活動を停止させるための政府の回覧（No.01/SR）が公布され、それが2004年には政府令（No.02/BB）として発行された。同時に、アンコール公園の保全と開発におけるアプサラ機構の排他的権威が、地域住民のみならず、他政府機関に対しても強調された。

同年、ゾーン1と2における土地利用の標準に関する決定（No.70/SSR）は、政府決定として公布された。この決定は、ゾーン1と2に長い間生活している住民が継続してそこで生活することを認め、アプサラ機構の許可を得て、家の新築や修理、土地の権利の親子間での継承や、生活のニーズに応じて村人へ転売することを認めている。しかし、商業目的の土地の売買や、ホテル、レストラン、カラオケなどの建築は禁止している（ASARA 2005）。この決定に関して地域住民や僧侶には、DMA-IIが中心的に対応することになった。

終章では、この持続可能な開発の段階へのパラダイム・シフト（思考の枠組みの移行）が、何を意味するのか、どのように持続可能な開発を目指すのか、遺産保全、観光開発、地域住民の生活のバランスがどのように変化していくのかを考察する。

1. アプサラ機構の新しい管理体制と実践

❖ コミュニケーション課（CU）

コミュニケーション課は、2004年から2005年にかけて、遺産と持続可能な開発に関する認識キャンペーンを随時行なった。まず、ゾーン認識キャンペーンの一環で、ゾーン1を示す地域には上部を赤く塗ったコンクリートの杭を打ち、ゾーン2を示す地域には青い杭を打った。それ以外にゾーニング地図と区分けの説明の入った看板、および保護区域で生活する住民の家屋や自然資源の使用に関する権利や禁止を盛り込んだ看板を要所要所に設置した。また、関係コミュニティへ法的枠組みに関する情報の公布とパンフレットの配布を行なった。アプサラ機構と住民の直接コミュニケーションを図って、世界遺産地域にある5郡すべてに11のアプサラ機構への郵便箱を設置し、2つの携帯電話をホットラインとして設置した。ラジオ、テレビ、新聞などのマスメディアにもアプサラ機構の政策や発展について情報を提供した（Khuon 2005; 2006b: 6）。

世界遺産地域内の105村すべての村にCUの職員が訪れ、住民に対して遺産保護とアプサラ機構の政策に関する情報提供と教育のための会合が開かれた。各組織やコミュニティへ向けて、遺産保護と持続可能な開発に関するコーチト

レーニングも実施されるようになった。コーチトレーニングの対象者は、アプサラ機構の職員、遺跡警察、州警察、観光警察、MIU、仏僧、学生である。2005年11月、2日半にわたって行なわれた宗教遺産の保全に関するセミナーには、仏教会の高僧と政府高官も参列し、230人以上の主な僧侶と寺院委員会の成員が参加した大がかりなものだった。それというのも、アンコール地域の僧院が、アプサラ機構の許可なしに、しかし州政府などの許可を得て、古い建物を取り壊したり僧坊を新築したりする事例が多発し、僧院とアプサラ機構の間に論争が起こっていたからである。現在、築50年以上たった宗教建造物は保存と維持が求められ、解体や改造は許されていない（Khuon 2006b: 6）。

　CUは、そのほかに月刊誌の出版、シェム・リアップ教員養成カレッジの学生への講義、地元ラジオの週間プログラムや国営放送の月間プログラムなど恒久的な活動も実施している（Khuon 2006b: 6）。CUが広報を担当しているが、時間をかけて地域コミュニティと関わっているのは、DDD、DWF、DMA-II である。

❖ 人口統計学・開発部（DDD）

　DDDは、大きく分けて2つの活動を実施している。第1の活動は、人口統計をとり、人口と構成を明らかにし、データを更新することである。この基本的なデータは、公園内の村人の社会経済状況を改善することを目的としたプログラムには必要不可欠である。第2の活動は、農業技術に関する調査と情報の普及を行なうことである。アンコール公園内の5郡すべてに農学者を派遣し、住民が稲作と有機肥料の生産や活用に関するに新しい技術を取り入れるように訓練する。2005年の米の収穫は優れたものであったと報告されている。また、国際的なホテルやレストランのニーズに応えるために、現在国内生産が不足している西洋野菜を村人たちが生産できるようにする技術開発の実践施設も設置した（Khuon 2006b: 6）。

❖ 水・森林部（DWF）

　DWFは、地域住民と僧院のニーズに応えて、灌漑水利と森林の管理を行なう。2006年までにアンコール・ワットの環濠やスラッ・スラン池（王室の沐浴

場）に水を注ぎ込んでいる古い水路を掃除した。この活動の副産物として、プラダック村の人々は直接的な利益を受けて、乾季でも2度目の米の収穫やスイカやほかの野菜の収穫ができたと報告されている。また、森林再生キャンペーンは、公共サービス職員、村民、生徒や僧侶の参加で開始された。アンコールの樹木の葉は堆肥作りに使用されている。学校とコミュニティに若木を提供するために養木場も設置された（Khuon 2006b: 3）。

❖ 遺跡・考古学部II（DMA-II）

　DMA-IIは地域コミュニティのコーディネーターの役割を司る部署であるが、主な活動は、アンコール公園内の建築許可や建築規制の監視などを実施することである（Khuon 2006b: 5）。遺跡・考古学部IIは、部署の名前と活動内容が一致しないが、2008年に実施されたアプサラ機構の再編成で、部署名が名実ともに一致するように変更した。これについては後述する。DMA-IIの部長は、カナダ国籍のクメール人建築家クオン・クン－ニエイである。就任以来エネルギッシュに活動を始めた。

　この部署の活動も大きく分けて3つある。

　1つ目は、土地利用。ゾーン1と2における土地利用の標準に関する決定（No.70/SSR）が既に公布されているので、ユネスコの法律の専門家などの勧告に従って、ある地域では、法の強化や更新が行なわれている。

　2つ目は、建造物管理である。住民が住宅を新築または増築する時のモデルになるための伝統的な家屋や美的な柵に関するパンフレットも製作・配布され、この部署が、無料で設計、建築に関するアドバイスとフォローアップのサービスも行なっている。基本的には、住民が既存の家を新築、修理、拡張したりすることは、アプサラ機構に許可を申請することで認められているが、新たに新居を建設することは禁じられている。また、伝統的な高床式の家の下部をオートバイや自転車などを収納するためにコンクリートを使うことは許されているが、完全にコンクリートの家や高床式ではない家屋の建築は許可されない。このような建築様式の制御によって、アプサラ機構は「公園の歴史的特長の持続」を目指している。建築関係サービス以外に、飢饉や灌漑組織の維持管理とささやかな贈り物などによる支援も実施されている。

3つ目は、コミュニティ管理である。具体的には、世界遺産地域の中に存在する地域コミュニティ関係のコーディネーターの役割を果たし、コミュニティ参加型モデルを設定し、コミュニティ開発プロジェクトを実施することである。アプサラ機構がアンコールを「生きている遺産」として公園を管理することの成否は、コミュニティとの協議にかかっていることが、クオンの会議発表紙で強調されている（Khuon 2006b: 5）。

2004年からアプサラ機構のプログラムが拡大し、権限が強化され、コミュニティ・サービスも導入されて、持続可能な開発に向けての努力が目に見える形で実施されるようになった。それは、カンボジア政府の1996年以来の社会経済開発計画（SEDP 1)[1]とも連動するものである。

2. 社会経済開発計画と観光開発

❖ 社会経済開発計画と貧困削減

カンボジア政府は国連の地球戦略に従って、持続可能な開発と貧困削減を1996年以降の社会経済政策に組み入れてきた。最初の5ヵ年計画である「社会経済開発計画1996年～2000年（SEDP 1)」では、総合的開発目標が経済成長と社会開発で、貧困削減を強調したものだった。次の2001年から2005年にかけての5ヵ年計画SEDP 2は、SEDP 1の継続で、持続可能な経済成長、社会・文化開発と貧困削減であった。現在の5ヵ年計画「国家戦略開発計画2006年～2010年（NSDP)[2]」も「カンボジア・ミレニアム開発目標（CDMG)[3]」の主目標も継続して貧困削減である（Hing & Huot 2007: 37）。

前述したように、カンボジア政府は、国の社会経済政策目標を達成するために、観光産業が国に高い収益をもたらすことを期待してきた。次に、観光産業がいかに発達したかを見てみよう。

---

1 Socio-Economic Development Plan I.
2 National Strategic Development Plan
3 Cambodian Millennium Development Goals

❖ 成長する観光市場

　カンボジアの観光産業は1995年以来成長を続け、並行して治安、政治的・社会的安定、観光関連インフラ、サービスとビジネス・ネットワークの整備、人材能力強化と国の対外的イメージ・アップが政府の観光開発政策と連動して発達してきた（Hing & Tuot 2007: 31-37）。カンボジアは、1995年から2005年の10年間に1年ごとに20%以上の成長率を遂げ、アジア太平洋地域の中で観光市場最高の成長率を遂げている（UNESCAP 2007: 31-37；Esposito and Nam 2008: 40で引用）。1994年、カンボジアにおける外国人訪問客の数は17万7000人以下だったが、徐々に増加し、2005年には140万人以上に達している（De Lopez, et al, 2006: 7）。2005年、観光業からの総合収益は10億7800万ドルで、GDPの10%以上、約20万の仕事（おそらく「雇用」の意）を発生させた（ICC 2006a: 106）。2007年の観光収入は、国全体で14億万ドル、GDPの16%にあたる（Esposito & Nam 2008: 40）。このように、カンボジアの観光産業の発達は安定している。それでは、この発達が期待されていたように貧困削減に寄与しているか見てみよう。

　世界銀行（World Bank 2006: i-ii）は、カンボジアの貧困率[4]が1994年から2004年までの10年間に47%から35%に落ちていると報告している。貧困率の低下は、まず政府が治安と平和の維持を達成してきたこと、次に、1998年以来観光産業に関連した大きな部分である国際的な投資と貿易の増加によって社会経済的な安定が達成され、輸出増加による経済成長が高率を達成したことに起因すると考えられる。カンボジアの観光開発の特徴は、シェム・リアップ、プノン・ペン、シアヌークヴィルのような都市に集中した都市型観光である（Hing & Tuot 2007: 36）。

❖ シェム・リアップにおける観光開発と地域経済

　観光関連収益は、ある役人によると、約70%がカンボジア外部の企業や人々に流失し、残りの約30%のうちほんのわずかしかアンコール公園の住民には還元されていない（CCC 2002: iv）。しかし、地域経済に関する観光消費の経済インパクトを調べたJICA（国際協力機構）の調査によると、国際観光総消費額は、2004年には9700万ドルである。そのうちシェム・リアップ州における消費額

4　貧困率は、世界銀行の定義では、1日の所得が1米ドルに満たない国民の割合。

は70％と推定され、国内観光の消費額は、3800万ドルである（JICA 2006a: 1-6）。2000年以来シェム・リアップの開発は、土地の価格や販売とホテル建設の増加が顕著である。1994年には、12のホテルに424室存在しただけであったが、2000年から2005年までの5年間に49のホテルが開かれた。2006年の部屋数は、ホテルが7804室とゲストハウスが2722室に増加した。この年の観光収入の約半分は、シェム・リアップの訪問客からもたらされた2億4000万ドルである（Esposito and Nam 2008: 43）。

　アンコールが世界遺産に登録された直後に期待されたのは、訪問者の入園料回収がアプサラ機構を通して遺跡の修復と保全に活用されることであった。これは、しかし、カンボジア政府が1999年4月にソカ・ホテルに排他的免許を与えたために、アプサラ機構にはまったく回収されなかった。この状況は、第6章に既に述べたように、国際社会の批判を受けて、徐々にアプサラ機構にも運営資金が回ってくるようになった。2001年から2005年までの契約は、2005年8月に更新された（De Lopez et al. 2007: 7）。この取り決めにより、アプサラ機構は既に9年以上、かなりの額の観光収入をソカ・ホテルから分与されているので、遺跡の修復と保全同様、観光インフラ建設と持続可能な観光開発にも活用を開始した。2005年以降、国際遺跡保全チームはアプサラ機構のパートナーになった。しかし皮肉なことに、このことによって従業員の給与形態や待遇はカンボジアの標準になって、かつてより減給となり、遺跡修復の仕事は以前程魅力的ではなくなった。

　シェム・リアップ州は、観光収入で潤っているはずなのに、2007年カンボジアで3番目に貧しい州である。州の52％の住民は、貧困率を下回る1日50セント以下で生活している（Hing & Fuot 2007: 27, 39; De Lopez et al 2006: 6; Esposito & Nam 2008: III-36）。

❖ 利益の分配

　増加する観光収入とシェム・リアップ州民の継続している貧困の間に存在する矛盾の理由はいくつも挙げられる。しかし、主な理由は政府のガバナンスの問題と透明性の欠如であると考えられる（ICC 2006b: 28; ADB 2000a）。このことが、利益の不平等な分配を引き起こしている。ヒンとトゥオット（Hing & Tuot 2007:

3) は、「急速な経済成長の利益の分配は、社会集団、経済活動と場所によって一律ではない」ことに注目している。都市型観光開発の特徴は、低所得者層より高所得者層に利益をもたらす傾向にある (ibid.: 30)。ヒンとトゥオットは、更にシェム・リアップにおける貧者支援型観光 [pro-poor tourism] 研究において、生活レベルを、農地、家畜、交通手段、家屋や職業のタイプを含む主な財産の所有に基づいて、富裕層、中間層、貧困層、極貧層の4集団に分類している。富裕層、中間層は、貧者（貧困層と極貧層を含む）より、地理的優位、高い教育や技術、より広い社会的ネットワークとコネや経済的余裕があるために、より有益で長期的な雇用や投資の機会に「適した地位」にある。

多くの貧者は農民で、観光開発との繋がりは一般的に弱い (De Lopez et al, 2007; Hing & Tuot 2007:)。貧者は、しばしば公教育、トレーニング、必要な技術、社会的なネットワークとコネ、健康や経済的余裕が不足している (CCC 2002)。こうした状況から、貧者は、非熟練労働、その中でも圧倒的に建設業に携わる傾向にある。しかし、第7章でも述べたように、たとえ彼らが雇用へのアクセスがあったとしても、仲介者や雇用者にしばしば搾取される (cf. Hing & Tuot 2007: 53)。また、求人よりも応募者が圧倒的に多いために、しばしばリクルートの段階で主に仲介者に斡旋料を支払うことができた者から雇用されるので、極貧層はこのような雇用へのアクセスもほとんどない。

2009年には、世界規模の経済不況のあおりを受けて、海外からの観光客の数が減少し、シェム・リアップ市内のホテルの中には、閉鎖を余儀なくされた大型ホテルが少なくとも5軒報告されている。建築ブームも治まり、雇用状況も厳しくなってきた。建築業関係以外の直接・間接的観光関連雇用先に遺跡の修復や整備、園芸、寺院の警備、下位のサービス業や手工芸セクターがある。しかし、アプサラ機構の労働者を除く、アンコール公園内の食堂、店、土産物、本、食物や飲み物の売り子として働いている人々は、これまでにも何度か述べてきたように、遺跡警察に賄賂を支払わなければ活動できなかった。しかしこの状況は、2010年に変わった。アプサラ機構がアンコール・トム内の店を王宮のテラスより北側に移動し、各店の規模をかつてより縮小したのである。これを機に遺跡警察の長い間の搾取も終わった。しかし、店が狭くなり多くの店がかつてより集中していることから、収入も減少した。シェム・リアップ市、

アンコール公園、または、幹線道路からの地理的距離も、貧者が観光開発からの利益を得る機会があるかどうかを決定する要因の1つである。

　土地、食料、商品などの値段が、シェム・リアップ－アンコールの周辺で高騰してきている。そのため、観光産業との繋がりが薄く、ほかの形で生計を立てる手段も少ない場合、貧者はより一層貧困になる可能性が高い。アンコール遺産の地域住民の中には、かつてよりも生活が楽になったと感じている人々がいる一方、他方で、経済状態がそれほど改善されていないと言う人もいる。極貧層の中には、以前よりもっと経済状態が悪化していると言う人々もいる。アンコールが世界遺産に指定された後で、伝統的な社会経済活動に様々な実践規制が敷かれたことにより、ほかの新しい経済活動に組み込まれていない人々は実際貧困化している。観光業に携わっている人々が多い家庭では、既存の水田を耕作する労働力が不足しているので、耕作可能な水田であっても、耕されない場合や他者に貸す場合も多くなった。アンコール地域の村落では、多くの世帯で、何人かの成員は農業をし、ほかの何人かは建設業、遺産関係雇用や観光産業に携わり、収入を合わせてやっと生存経済を維持している（cf. CCC 2002）。

　どちらにせよ、ヒンとフオット（Hing and Huot 2007: 36）は、コミュニティに基盤を置いた観光を通して、貧困削減に貢献する可能性があると論じている。2004年以降アプサラ機構は、国際パートナーと共に、コミュニティ参加型の観光と持続可能なコミュニティ開発を開始した。同時にいくつかの開発NGOは、文化やコミュニティを持続させるために貢献している。

❖ 何をいかに開発して、持続するか？

　持続可能な開発の大きな動機は、カンボジア政府の観光開発と観光業全体からもたらされる収益の増加への期待から派生する。これには、主に2つの開発概念と戦略がある。初めに地域的なマクロなアプローチがあり、インフラ整備と自然環境の持続や改善、組織力の構築が、文化遺産保護と観光開発との均衡を保って進められること。次に、もっとミクロなアプローチは、地域住民の生活改善を目標にしたものである。

　持続可能な開発のマクロなアプローチの鍵になる概念と問題点は、カンボジ

ア政府からの要請で、JICAがシェム・リアップ－アンコール地域で調査して作製した持続可能な開発計画の統合マスタープランに指摘されている。

マクロ・アプローチ

2006年に完成したJICAのマスタープランは、遺産地域とシェム・リアップ市を開発して持続するために、カンボジア政府が何にどのように注目すべきかを大規模な横断分野の研究成果、分析、奨励事項で構成されている（JICA 2006abc）。このマスタープランの作成に先駆けて、JICAは、1996年から2000年までにシェム・リアップ市の水道設備のための水源の調査と評価を行ない、それを盛り込んだマスタープラン研究を完成させた。重要な点は、アンコール地域に及ぼすインパクトを最小限に抑えることである（ICC 2003: 25）。このマスタープランの目的は、観光産業、都市環境と行政能力の合理的な均衡を達成することである。この目的のために、観光開発と関連して地域経済の推進と多様化などの手段が提案されている。また、技術移転は、政府組織とコミュニティなど、地域の利害関係者の能力強化のためにカンボジア側に提案された。JICAは、現行の観光開発や都市開発は将来持続可能ではないので、自然環境と共存できるように、政策作成者たちが量的観光（マス・ツーリズム）から質的観光へ方向転換を図ることを奨励している。

(1)持続可能な観光開発

持続可能な観光開発は、JICAのマスタープラン完成前にも、国際社会と国家当局双方によって議論されてきた。2006年以降、観光客の数が急増し、アプサラ機構は、この問題に対して危機感を抱くようになった。同年10月「観光と持続可能な開発」のテーマの下に、「アンコールと観光」セミナーを開催した。アプサラ機構のアンコール観光開発部の部長は、2ヵ月後に開かれたICCの総会で、「持続可能な観光のための憲章」の1条から引用して、持続可能な開発の意味について次のように述べている。

　　観光開発は持続可能性に基礎を置き、長期的に生態的に許容可能で、経済的に実現可能、そして地域のコミュニティのために倫理的で、社会的に公

平でなければならない。…持続可能な開発に参加するために、観光は地域経済によって提供される機会の多様性に基礎を置かなければならない。そして、地域経済開発に充分に統合し、肯定的に貢献しなければならない。…観光開発のためのあらゆる選択肢は、すべての人々の生活の質を改善し、それぞれの目的地の社会文化的豊かさに寄与しなければならない。

　アプサラ機構は、アンコール公園とインフラ開発を管理するために、上記に盛り込まれた原則と奨励事項を取り入れた (ICC 2006a: 28-31)。後に、アンコール観光開発部は、ごみ管理と電気自動車のような環境にやさしい交通機関の導入、それにシェム・リアップ川沿岸の寺院めぐり、トンレ・サップ湖、伝統的な村、湖の漁民のコミュニティ、浸水林（雨季に湖の水に浸った森林）、考古発掘や調査現場、それにアンロン・ヴェンの元クメール・ルージュ本部などを含む観光の多彩化に取り組んでいる。更に、宗教的な場としてのアンコールの「真正性」には、「静けさ」が望ましいものとして強調された (ICC 2006a: 106-110; 2006b: 29-31)。真正性の問題は、しかし、宗教儀礼のために遺産を地元の人々が使うことを含む「リビング・ヘリテージ」の概念と矛盾する。アンコール・ワットにおける正月遊びは、既に述べたように、禁止されてしまった。何が真正であるかに簡単な答えはなく、長い間議論の対象になってきた (UNESCO 1996: 11-12)。部長も持続可能な開発のためにアンコール公園への入場券の代価制度の透明性や一貫性を強調している (ICC 2006a: 31)。

　現実では、持続可能な観光開発の方向性は、海外からの観光客が実際に見たがっているものよりも、当局が解釈する「観光客が何を期待しているか」に焦点を当てている。しかし、1998年以降、国内観光客の数の方が海外からの観光客の数を上回っている。2000年以降、その数も1年に約36％の成長率を遂げている。2006年の海外の訪問客は約180万人であるが、国内観光客の数は約776万人にも達している (Hing and Huot 2007: 33)。

　アンコール・ワット群以外の観光スポットは、現在道路の整備が進んでいるとはいえ、JICAのマスタープランが指摘しているように、シェム・リアップ市内のホテル開発の急速なペースに基本的な公共サービスが追いついていない状態である。この状況のために、JICAは、シェム・リアップにおける環境と

都市問題の深刻化に対して政府が真剣に取り組むように奨励しつつ、観光客がほかの観光地を選択するようになり、シェム・リアップ－アンコールが観光地として持続不可能になる可能性も示唆している (cf. JICA 2006a I-41)。

(2) 環境の持続可能性

観光客数の急速な増加率とシェム・リアップ－アンコールへの国内移民による人口圧と環境の持続可能性の問題は、持続可能な観光と地域住民の生活にも深刻な影響を与えている (CCC 2002)。大気汚染とごみの管理以外に、もっと拡大的で地域的な関心は、水や電気の供給、交通などのインフラの既存能力に与える重圧である。

排水のインフラが不充分なために、市内を流れるシェム・リアップ川は雨季にしばしば洪水を起こす。この環境は、地域住民にも観光客にとっても有害である (JICA 2006b: II5-22)。地下水の過剰な汲み上げも問題になっている。2007年、アプサラ機構の水・森林部の部長は、地下水の過剰な汲み上げにより地盤沈下が深刻化していると語った。地下水の汲み上げ量は、地域消費のために1日に1万4000立方メートル、観光客の消費のために1万6000立方メートル、総量3万立方メートルも汲み上げられている。これは、JICAが提示した限度の3倍以上である。地下水面の低下と地盤沈下は、早急に対策が取られなければ、遺跡や経済開発に対する損害をもたらすかも知れない。おまけに、西バライの水位は、近年徐々に低下している (ibid.: 119)。JICAは、給水のための様々な水源の使用、すなわち、トンレ・サップ湖の地下水を水道にあて、東バライと西バライの水を灌漑用水にあてることを提案している (ibid.: II5-16)。地域の水不足の原因には、地球温暖化と森林破壊も関連していると考えられる。

過去30年以上にわたるカンボジアの森林破壊は、環境破壊の大きな原因の1つである。シアヌーク時代にはアンコールの森林は深く、州の林務官、フランスの遺跡保全家や地元の村人たちによって守られてきた。第5章で述べたように、アンコールの森は、1979年から1989年までにかけて軍隊によってかなり激しい森林破壊が行なわれたのである。1994年のゾーニング・ガイドラインには、生態系の多様性を保存・増加するために保護区域における樹木の伐採を規制し、自然資源を管理することの重要性が強調されている。ニュージーラン

ドのボッファ・ミスケル［Boffa Miskell］とフレーザー・トーマス［Fraser Thomas］の2つの企業は、1998年アプサラ機構のためにアンコールの森林についての調査を行なった。この調査は、森林再生の努力と樹木の種類の選択、管理計画に地域住民の積極的な参加の重要性を強調している（Boff Miskell & Fraser Thomas 1998: 9, 30）。

　ほかの地域では、地元の村人が伝統的な生計手段の一環で、農耕、家や牛車の建造や薪を確保するために樹木を切ったり、森を切り開いたりした。第3章でも述べたが、慣習によると、アンコール一帯の樹木は地元の村人たちの遺産である。元遺跡警察長が、警察や軍隊によって行なわれた広域にわたる違法伐採の事実を無視して、地元の村人が自然環境の持続可能性への脅威であると考えたことは、第6章で述べたとおりである。アプサラ機構の水・森林部は、日常生活のために地元住民が森林資源を使わないことは不可能だし、生活できないと明確に認識している。そのために、村と森林保護区の間のバッファー・ゾーン（「一時的ゾーン」と名称されている）に主に日常生活用に植林するように奨励している（APSARA 2004; 2005）。この努力は、環境と地元の人々の生活を持続させる助けになると考えられる。

マクロとミクロの混合アプローチ
（3）地域コミュニティの持続可能な開発

　地域コミュニティを巻き込む開発プロジェクトは、マクロからミクロのアプローチまで幅が広い。全体の目的と最終ゴールはより広いコミュニティのためかも知れないが、パイロット・プロジェクトは成功のためにミクロのアプローチも必要である。

1) UNV-APDOプロジェクト

　アンコールにおける最初のコミュニティ開発プロジェクトは、国連ボランティアがユネスコと考案した「保護区におけるコミュニティ参加」プロジェクトで、ほかの国際機関や国内組織との協力の下に1995年4月に開始された（ICC 1996: 61）。アンコール公園内と周辺で、参与行動調査（PAR）手法を使って、公園内と周辺で生活している村人たちと共にコミュニティ開発と自然資源管理の

APDO支援のバタフライ・センター(蝶園)。

統合的アプローチを実施することを目的とした。調査は、7つの村で入手可能な資源を確認し、村落基盤の小規模の活動を実施するための計画を練り上げするように導いた。1997年このプロジェクトの第2段階は、「アンコール公園で持続可能なコミュニティ参加」と改名された。第2段階は、2年間で8村を対象にして食糧確保と生計手段を強化する、環境的に持続可能な活動を行なう地域コミュニティの能力構築が目的である。関連した活動には、堆肥づくりと手工芸、橋と排水溝設置、村落銀行とクレジット、養魚池、灌漑と井戸の設置、蛙や豚の飼育、農林学、園芸と芸能のトレーニング、非公式教育とミクロ図書館などが含まれる (Irwin 1999: 3)。

　1999年、プロジェクトは上智大学との協同プロジェクトになり、11村落で持続可能な文化遺産活動にも力を入れることになった (UNDP, 1999?; APDO 2000)。2000年にこのUNVのプロジェクトは、カンボジアのNGO、アンコール参加型開発組織 (APDO) に転換した。APDOは、以降様々な国際組織や個人からの資金や技術援助を受けて、アンコール公園内の地元の村を支援する実地の活動を継続しただけでなく、外国人学生が識字、英語、環境保護教育や井戸掘りなどを行なうボランティア観光も開始した。2008年には、小規模ではあるが、地域コミュニティに基盤を置いた環境的に持続可能な雇用を生み出すバタフライ・センター (蝶園) のプロジェクトを開始し、2009年開園した。このように、国連ボランティア－APDOプロジェクトは、公園内のいくつかの貧しい村で村の資源を見つけ出す支援をし、環境や文化を持続するための活動を開発して組織としても発展してきた。

第8章 持続可能な開発へ

2）アプサラ機構プロジェクト

　かつてアプサラ機構はUNV－APDOプロジェクトの実施にあたって協力をしてきたが、2004年以降アプサラ機構独自の開発プロジェクトを実施するようになったことは、前述した通りである。

DDD：農業開発

　アプサラ機構のDDDは、政府の農業部門に属する10ヘクタールのうち5ヘクタールを借りてパイロット・プロジェクトを開始した。有機肥料と有機殺虫剤を開発したり、伝統的な害虫よけの植物を畑に植える指導をしたりするなど、農業生産高の向上に貢献している。2009年9月現地で行なった聞き取り調査によると、地元の熟練した農民28人が樹木や野菜を栽培し、産物は近くの市場で販売し、収益はこの28人で分割している。アプサラ機構に活動レポートを提出しているが、地域農民の自営農場である。

アプサラ機構の森林監視員。

DWF：森林監視員の配備と森林再生地域の指定

　アプサラ機構のDWFは、前述した活動以外に、2008年森林監視員をアプサラ機構の寺院の監視員の中からリクルートして、樹木の違法伐木などを地域ごとに巡回・監視させている。また、森林再生地域は、アンコール・ワットとアンコール・トムの西側で、ヴィアル、クヴィアン、コーク・ター・チャン、コーク・ベーン、アンコール・クラウ村などを含む地域である。緊急性に応じて、提案1の540ヘクタールの地域は10年、提案2の1345ヘクタールの地域は12年、提案3の1885ヘクタールの地域は14年かけて森林再生を図ろうとしている。このプロジェクトは、2003年にデンマーク国際開発事業団（DANIDA）に支援されたカンボジア樹種プロジェクトと2004年にフレーザー・トーマスが

アプサラ機構とユネスコに依頼されて提出したプロジェクト概念に基づく（APSARA 2004）。植林は地域住民を雇って既に開始され、種も学校や村々に配られた。DWFは、ほかに養木場、地下水調査、水路の鋤簾、堆肥作り、植物園の労働にも地域住民を雇っている。それ以外に、森林破壊や寺院の地下水の影響についても地元住民の啓発を図っている（APSARA 2005）。

DMA-II：「遺産との共生プロジェクト」

アプサラ機構のDMA-IIは、2005年に5年間の「遺産との共生プロジェクト［Living with Heritage］」をオーストラリアのシドニー大学、ユネスコ、フランス極東学院などと組んで開始した。このプロジェクトは、アンコール公園の文化地図を確立するために地域コミュニティと協議するという目的と手法を使う。コミュニティによって確認された文化的価値は、遺産地域の将来的な管理に正当性と認識を与えると想定されている。このプロジェクトで確認されたデータは地理情報システム（GIS）で収集され、将来開発プロジェクトで参照され、継続的にモニタリングするための基本になると見なされている。運営委員会には、地域コミュニティの代表や僧侶もコミューン長、民間、NGOや国会議員と並んで含まれ、公園としての価値だけでなく、将来の遺産管理が、認識された価値を維持し、公園を「リビング・ヘリテージ」として継続させることができるよう協議するとしている（ICC 2006a: 121; Khuon 2006b: 7; Mackay & Sullivan 2008）。

このプロジェクトはアプサラ機構を巻き込んでいるが、どちらかというと研究者や遺産管理者向けのプロジェクトである。プロジェクトが終了した今、アプサラ機構がこのデータを使ってリビング・ヘリテージとして地域社会の価値観を生かした遺産管理を行なうようになるかどうかについては、今後注意深く見ていかなければならない。

DMA-II：「アンコールにおける管理計画とコミュニティ・プロジェクト」

DMA-IIはまた、2006年からニュージーランド国際開発庁（NZAID）と5年計画の「アンコールにおける管理計画とコミュニティ・プロジェクト」のパートナーになり、フレーザー・トーマス、APDOの協力を得てコミュニティ・サービスを開始した。プロジェクトは、アプサラ機構による参加型自然資源管

理プロジェクトの実践、即ちアンコールのコミュニティが自然資源から生計手段を得る機会を増やす支援をすることとアプサラ機構とコミュニティの能力向上を図ることを目標にしている。そこで、政府とコミュニティの共同経営の原則を紹介する統合的で持続可能な管理計画を確立することが強調されている。このプロジェクトは最初2年間の優先事項をプロジェクト設計に置き、可能であれば実践に移すようにした。[5]

開始されたサブ・プロジェクトは、数人の若者をサラ・バイ・ホテル・レストラン学校というフランスのNGOによって設立された貧困層の若者向けのホテル業の職業訓練学校の研修に送ったことである。また、2009年ロハール村と北スラッ・スラン村で牛車による村観光プロジェクトを立ち上げている。このプロジェクトは実際に村落コミュニティとアプサラ機構がパートナーになって協働することで、アプサラ機構の持続可能な開発の良いモデルになる可能性があり、2010年後半に始まった。

アプサラ機構の再組織化

2008年5月アプサラ機構は、政府の副条令(No.59 ANK/BK)により再組織化された。DMA-IIは「アンコール公園内の土地計画と住宅管理部(DLHMAP[6])」に、DDDは農業・コミュニティ開発部に変わり、DWFは森林管理・文化的景観・環境部と水管理部に分かれた。アプサラ機構はそれまで8部門存在したが、この副条令により14部門まで増加した。それだけでなく、かつて事務局長の下に各部門の部長が存在したが、この副条令では2人の副事務局長が間に存在することになり、行政が重層化し、また官僚化した(The Royal Government 2008)。同年、シェム・リアップの副知事も3人から13人まで増加した。これは、7月に行なわれた国民総選挙で与党が圧勝したことを受けて、支持者に見返りとしてこのような役職を与えたということである。

ルン・ター・エーク(新しい移住地の地名)の整備

2008年11月、遺産地域の人口は112村で12万人になっている。違法な土地

5　ICC 2006a: 123-125; 2006b: 98; Khuon 2006a: 117; 2006b: 7; http://www.nzaid.govt.nz/about参照。
6　英語名称は、Dept. of Land and Housing Management in the Angkor Park。

の売買や移住による遺産地域の人口増加に悩むアプサラ機構は、古い住民の居住権が2004年の法令で認められているので、彼らを排除することはできないが、バンティアイ・スレイ地域に若い夫婦を対象に1012ヘクタールの土地を用意した (Khuon 2008: APSARA 2008)。この地域はルン・ター・エーク［Run Ta-Ek］と呼ばれ、希望者が生活できるように現在も整備中である。

　ルン・ター・エークでは家屋と農耕用に852ヘクタールの土地を用意し、1世帯あたりの成員を平均5.5人として、1ヘクタールの土地を与えると、850世帯、約5000人を収容できると見ている。近くには、プノン・ペンからシェム・リアップ－シソポンを繋ぐ国道6号線に接続する新しい国道67号線を建設した。この道路は、ポル・ポト派の最後の砦であったアンロン・ヴェンを通ってタイ国境へ繋がる。現在はまだ辺鄙な場所であるが、将来的には開発が進む希望の地のようにアプサラ機構は宣伝し、「持続可能な開発のためのエコ・ヴィレッジ」と称している (Khuon, ibid.: APSARA, ibid.)。

　アンコール地域の住民はこの土地について知らされているが、居住希望者はまだあまりたくさん集まっていない。最初の入村受け入れ100世帯には、アプサラ機構が建設費を負担すると謳い100世帯が登録を完了した。希望者には、シェム・リアップ川沿岸に住んでいる人々で新道路建設のために移住を迫られた32世帯のうち16世帯も含まれている。2011年3月に68世帯が既に移住を完了した。100世帯より後の入居者には、家の建築費が自己負担になる。

　ルンター・エークに関しては様々な憶測や情報が流れている。また、アプサラ機構のパンフレットに書かれていることと、現地で移住の監督をし住人の窓口になっているアプサラ機構のスタッフが説明したことには、いくつかの相異点がある。現場監督の話がより信憑性が高いので引用すると、住人は元の村に帰村することや土地を他地域の人に転売することは許されない。5年後に住人は土地の所有者になれ、土地の売買は住人同士では可能である。

　アプサラ機構は移住希望者たちを何度も何度も会合に呼ぶので、辟易して移住をあきらめたという声も聞く。それでなくても多くの村人は、シェム・リアップのような大きな市場から遠いことと家の建設資金も自分持ちという条件に二の足を踏んでいる。この建築資金の自己負担は、ゾーニング令の17条b－ゾーン1の「移住する住民には、土地や家の建築材料やコミュニティ施設など

を提供して援助しなければならない」とある事項と矛盾する。住民は予算に応じて自由に家の建造ができ、アンコール公園外にあることから、公園内の建築規制にとらわれなくともよいはずであるが、パンフレットには伝統的なモデル・ハウスがいくつも掲載されている。近代的なコンクリートの家は「エコ・ヴィレッジ」にはふさわしくないと判断されていることは明らかである。

　伝統的なモデル・ハウスを設計した若いアプサラ機構の建築家によると、この家の建築費は300万円である。材料を安価にしても最低約100万ドルかかるという。アプサラ機構の理想は、アンコールの地元住民の生活レベルや実態から明らかにかけ離れている。「持続可能な開発」は開発関係者には馴染み深いキャッチフレーズであるが、何を持続するかについて当事者である将来の村民（現在公園内の居住者）との協議はない。当局が設定した「近代的な概念をもって作り直した受け入れ可能な伝統の固定化」がトップ・ダウン式に進められている。このことは、アンコール地域の人々が近代的な快適さや生活様式を否定されていることを意味している。

DLHMAP、DPOC：建築規制強化と村落コミュニティとの緊張関係

　2008年のアプサラ機構の再編成に伴って、「アンコール公園内の土地計画・住宅管理部」は、村内での建築規制の取り締まり強化に乗り出した。この部署からの報告を受けて違法建築を取り締まるのが、MIUに代わる「公秩序・協力部（DPOC）[7]」である。公園内の村人は、既存の建造物の新築、拡張、修復は許されるが、まったく新しい建造物や異なる場所での新築を禁止されている。近代的な家屋や全部コンクリートの家の建築は許されず、伝統的な建築様式で建築することを強いられている。アプサラ機構はそれに関して無料の建築設計サービスを施し、いくつかの可能な伝統建築様式のモデル設計を提示している。このことは、ユネスコの古い保全の理想である「伝統的建築様式」をアプサラ機構が制度化した結果と言える。

　住民は、近代化の影響を最小限に抑えて、生活様式や家屋の軒数を凍結することを強いられ、コミュニティ開発の観点からは対極にある。したがって、アンコールの村々では、2008年の副条例発令以降、急に厳しい監視と規制体制

7　英語名称は、Dept. of Public Order and Cooperation。

が敷かれるようになった。昨今どこでも、家、家畜小屋や柵の建設をめぐって、村人とアプサラ機構の間に大きな軋轢が生じている。建造物に関する規制について村人たちはよく理解していない。アプサラ機構は各村で、半年から1年に1回ほど会合を開いているが、村民全員が参加できず、情報が漏れている人たちがいる。以前、僧院の敷地内での建設規制をめぐって、僧侶たちとアプサラ機構との間に軋轢があった。この時期、アプサラ機構は、おそらく職員数に対する業務量が圧倒的に多かったために、シェム・リアップ市に最も近い村や1991年に政府の強制移住によって作られたプーム・トゥマイ［Phum Thmei］（「新しい村」）を除いては、村人の家屋の建設に関してまで規制を施す余裕がなかったのであろう。

　アプサラ機構の方針も一定しておらず、年毎に村に来る職員が変わり、何が建築可能かについての話の内容も変わると村人たちは語っている。また、会合でアプサラ機構の代表が述べることと、実際に見回りに来るアプサラ職員の言う内容が異なっていることが、いくつもの村で問題になっている。村人たちは何が違法かよく知らされておらず、何人かの村長やコミューン長は、砂糖椰子の葉を屋根や壁に使った伝統的な家屋で小さいものなら大丈夫であろうという判断の下に、村人たちに建設許可証を与えていた。しかし、アプサラ機構はそれらを違法と見なしている。

　建築許可証は、鶏小屋など小さな建造物に至るまでアプサラ機構に提出しなければならず、許可が下りた場合のみ建設可能になる。しかし、建築許可を申請する必要性を知らなかったり、許可証発行が遅いため建築を始めてしまったりして、建設中あるいは完成した家屋を強制撤去させられ、建築材料や道具を持ち去られた事例数は全体で50件を上回る。アプサラ機構は、建築許可申請に45日以内（休日を除いて）に答えると村人たちに誓ったにもかかわらず、3ヵ月以上待たせることは頻繁で、1年以上も回答がない場合も報告されている。強制撤去の際には、明らかに人権侵害、違法行為とみなされる暴力が行使された事例がいくつも語られた。村人たちはアプサラ機構の強制撤去に対して、「自分たちはアプサラ機構の規制を守っているが、アプサラ機構が自分たちのニーズに答えていない」と抗議している。

　また、村人にとって父親的存在で村人の苦情や問題のために尽力してきた村

長やコミューン長が、アンコール地域の管理の全権を任されたアプサラ機構と伝統的なコミュニティ・サービスの役割の間で非常に困難な状況に置かれている。アプサラ機構に協力すると村人から憎まれ、協力しないとアプサラ機構から法に訴えると脅される。村人たちの証言によると、アプサラ機構は、「コミューン長、副コミューン長、村長、副村長がアプサラ機構と協力して『違法建築』の取り壊しに同意して、誓約書に署名した」などと村人たちに嘘をついた場合もあった。伝統的には、子供たちは親から受け継いだ土地に家を建てたり、近くに住んだりしたものだが、この伝統もアプサラの規制により破壊されようとしている。ここで「伝統的な社会構造」が、世界遺産の景観に向ける他者の理想とする「まなざし」のために危機に陥られている。また、村によっては、アプサラ機構のスパイがいると見られ、村内の目に見えない「パイナップルの（監視の）目」が復活し、このような状態を、多くの村人は、第2のポル・ポト時代、いやそれを上回る悪い状況であるとさえ言い始めている。

　A村で活動を行なっている日本のNGOが、2000年に地雷の犠牲者などの身障者やエイズ患者のための支援センターを建造して自立支援をしている。センター設立に関してカンボジア政府とアプサラ機構から正式な許可を得ている。しかし、矛盾することに、ここでもエイズ患者とその家族が建設した16戸の鶏小屋が2010年2月初旬に撤去させられた。その後、丘の下の方に2戸の鶏小屋が再建されたが、これに関しても、アプサラ機構は住民にこれを撤収し、建築許可申請書をアプサラ機構に提出するように命じた。住民がこの要請に応じなかったために、2月末にまたアプサラ機構の職員が数台のトラックと多くのオートバイでやってきた。アプサラ機構のPOCの武装警察は、強制撤去の証拠写真を撮ろうとしたエイズ患者で身障者のリーダーを蹴り、助けようとした仲間のうち3人にも暴力を振るった。そのうちの1人は、ピストルの柄で思い切り頭を殴られて怪我をした。また、殴られた夫を助けようとした妻も髪をつかまれ、投げとばされられた。このことから、このNGOは、80人の署名とA村の500人の指紋つきのアプサラ機構への抗議文をコミューン役場に提出した。NGOのカンボジア事務所長とアプサラ機構のスタッフとの話し合いも持たれたが、事態は解決されていない。

　同村ではほかに、村の奥に家がある子沢山の夫婦が、雨季に家の周辺が洪水

A村。アプサラ機構の撤去の対象になった鶏小屋。

になるため、親から譲り受けた村の中心部の道路わきの土地に簡単な棕櫚の葉を葺いた屋根と壁の家と野菜や雑貨を売る店を建てた。アプサラ機構の職員が見回りに来てこのことに気がつき、POCの職員約60人が後日数台のトラックで建造物を撤去して持っていってしまったということである。その時に親はその場に居合わせず、まだ若い10代の娘が店番をしていて何の抵抗もできなかったという。建築許可の申請書は既にその2ヵ月前に提出していたというが、アプサラ機構から許可証はまだ受け取っていなかった。その後、また仮小屋を作ったところ、アプサラ機構の職員に撤去するように威されたということである。私も、翌朝4人のアプサラ機構の職員が2台のオートバイで再び所有者に家の撤収を迫っていたところを目撃した。

　この村では、2、3日に1度の頻度でアプサラ機構の監視員が見回りに来ている。建築の監視員と撤去を行なうアプサラ機構の職員は、DLHMAPとDPOCと別々の部署に所属し、前者の報告を受けて後者が撤去に来るが、後者は賄賂を受け取ると撤去しないという。しかし、アプサラ機構は富裕層による高額の賄賂は受け取るが、貧乏人の差し出す少額の賄賂は受け取らないと村人たちは

B村。建築が禁止された若い夫婦の家の基礎。

語っている。アプサラ機構の若い寺院監視員の女性が古い家の隣に大きな高床式の木造の家を建設中だった。アプサラ機構に申請して1ヵ月半で建設許可が出たという。若い夫婦用の新しい家の建設を通常アプサラ機構は許可しないので、この場合は異例である。

　B村ではアプサラ機構の職員が1日に2回、朝と夕方村に監視に来るという。村の2組の若い夫婦がアプサラ機構に許可を求めずに小さい家の新築を始めたところ、1組の夫婦の場合、アプサラ機構の職員に見つかって中止させられた。もう片方の夫婦は住む家がないため、村の寺院に頼んで寺に住み込ませてもらっている。アプサラ機構に許可を求める手紙も書いたが、3ヵ月たってもまだ返答を受け取っていないという。

　C村では、「アプサラ機構は、半年か1年に1度くらいしか村で会合を開かないのに、その時に禁止条項などを発表し、村人たちがすぐそれに従うことを望んでいる。しかし、我々は学校教育をあまり受けていないので、すぐにその禁止条項を理解することは難しい。もっと時間が必要だ」と語っていた。現在、アンコールの樹木は伐採が禁止されており、「家の前の棕櫚の木1本でもアプサ

D村。アプサラ機構に禁止されてストップしたままの建築。

ラ機構の許可なしには切り倒すことができない。柵を作ることも禁止されたので家畜を買うこともできない」と村人たちは怒りを露にしていた。

　D村では、ある村人が、家が手狭になったのでアプサラ機構に建設許可申請書を提出したが、なかなか返事が来ないので痺れを切らして、材料を買い揃えて自分たちで家を建設した。アプサラ機構の監視員が尋ねてきた時には、既に新居で2ヵ月間生活していた。アプサラ機構の職員が、許可証ができたから事務所に取りに来て署名してほしいと言ったので、事務所に出向いたら、文書は見せられずにただ署名をするように求められた。後で、この文書は新居を自分で撤去するという誓約書だったということがわかった。このために、家を取り壊さなければならず、現在、壁のレンガのみを残しているが、これも撤去するようにアプサラ機構に命じられている。長年貯蓄したお金をすべて使って材料を買い、8000ドルを費やしたという。建設労働者だった息子が建設したのだが、息子はアプサラ機構の建築規制により、村での建設も少なくなった。これからどうやって生計を立てたらいいのか困惑して、精神的に落ち込んでいるという。隣家（写真）も建設中の家の建設をアプサラ機構に止められている。

第8章　持続可能な開発へ　　　　　　　　　　　　　　　　　　353

F村。アプサラ機構に家を破壊された跡に作った仮小屋。雨季には住めない。

　E村では、ポイ・ペトで兵士だった夫（故人）からエイズを移された妻が、6人の子供を孤児院に預けて病院にしばらく入院していた。その後回復したので退院して3人の子供を孤児院から引き取った。帰宅したら家がぼろぼろになっていたので、椰子の葉を使った簡単な家を建てたところ、アプサラ機構が撤去を要求した。後日3台のトラックと60人のPOCがやってきて、道路を封鎖した。ほかの村人が助けに来ないように10人ずつそれぞれの方角に配置し、女性が家の撤去に抵抗できないように10人に持ち上げられ、助けに来ようとした人にはアプサラ機構の警察のピストルが向けられたという。この女性は家の材料を持ち去られただけでなく、斧、包丁、鍬、金槌などの道具も取り上げられており、アプサラ機構は泥棒だと語っていた。アプサラ機構が泥棒だという話と、賄賂を払う人には許され、貧しい人には許されないのは不平等だという声は、他の多くの村でも聞かれ、今日地域の村人に共通した認識であるのがわかる。
　F村では、村長とコミューン長から建設許可証を得た貧しい村人が、砂糖椰子の葉を葺いた家がぼろぼろになったので同じような家を建設した。アプサラ

H村。アプサラ機構に壊された家の跡。

機構が2回来て家の建設を許可していないと言った。3回目には、クレーンを積んだ約4台の軽トラック、約30台のオートバイと約60人のアプサラ機構の職員が現れ、そのうちの何人かはピストルを携帯していた。持ち主や村人が抵抗しないように、空中に3、4回ピストルを打ち鳴らし威嚇した（この行為は違法）。家主は後ろ手に縛られ電気ショックを与えられた。マスクをしたアプサラ機構の女性職員10人程が家の中のものを全部外に出した後、家は倒され、材木は持ち去られた。アプサラ機構の職員が去った後、家の持ち主の金片、携帯電話、2000バーツ、鉈とナイフがなくなっていた。また、村長は、村人がアプサラ機構の命令に背かないよう、抵抗しないように村人に忠告することを約束した文書に署名させられたという。現在は地面に竹組みの床と砂糖椰子の葉を葺いた屋根のついた仮小屋に住んでいるが、雨季には住めなくなるので、家をどうしたらいいか困惑していた。電気ショックを受けたこの家の持ち主は、家の撤収以来病気で、2010年3月の聞き取り当時もまだ具合が悪かったが、近所の人の話だと、翌月仕事と住居を求めて2人の子供を連れてタイに行き、飯場を点々とする生活をしているという。

アプサラ機構が北スラッ・スラン村に建築した伝統家屋のモデルハウス。

　シェム・リアップ市に隣接したプーム・トウマイのG村では、外部からの流入者が多く、2010年に約70％が外部からの移住者である。強制撤収は2007年に始まり、既に50件以上の家屋がアプサラ機構の手によって破壊されたという。2008年には、当時妊娠8ヵ月だった貧しい女性が借金をしてやっと建てた砂糖椰子の葉を葺いた小さな家を取り壊され、泣きながら死んでしまったと言う。この女性を助けることができなかったことを、副村長は非常に悔いていた。村の中にはコンクリート製の家も建っており、強制撤収が弱いものいじめであることは一目瞭然である。副村長は村人が自分を憎み始めたと感じている。
　H村では、夫がポイ・ペトで働いていて、1人で質素な砂糖椰子の葉の家に住んでいた妊娠中の女性が、2010年3月10日の留守中にDPOCに家を破壊された。この家の建築許可は、コミューン長と村長から得ていたという。強制撤収の際に300ドルと水がめもなくなったという。約60人のアプサラ機構のDPOCのうち、6人の女性を除いて全員がピストルを携帯しており、DPOCが家を破壊しようとした時に、村人たちが100人以上集まった。近所の人が破壊をやめるようにDPOCを抑止しようとしたところ、足元近くに銃弾が6発撃

たれ、1人が顔を殴られたという。このことは、英字新聞『プノン・ペン・ポスト』に報道され (Phnom Penh Post: March 12, 2010: 6)、更にアメリカ合衆国の国際公共放送局であるボイス・オブ・アメリカ［VOA］[8]とカンボジアのラジオが報道し、VOAの提案の下2つの人権団体も被害者にインタビューした。この事件以降アプサラ機構の監視員は来なくなったという。

　住民側の抵抗について言えば、報道メディアに訴える以外に、コミューン長、副コミューン長、村長、副村長が、アプサラ機構製作の「違法建造物破壊に同意する文書」に署名することを拒否した例が少なくない。ほかにも、ある郡のいくつかの村は、アプサラ機構が家屋の強制破壊に来る度に、村の警報を鳴らし、住民が大勢で押しかけ撤収を食い止めた事例を聞いている。このようなアプサラ機構の活動への妨害に対して、機構は法に訴えて「違法建築」の強制撤収を阻止しようとした者を罰すると強気である (ibid.) が、某コミューン内のゾーン2に入っている6村は、4人の代表をプノン・ペンに送り、村人たちの署名と指紋つきの抗議文をフン・セン首相の下に届け、後に首相からのサポートの手紙を受け取っている。

　アプサラ機構の建設規制に関する情報の不徹底、村長やコミューン長、村人の間のコミュニケーション不足と、アプサラ機構によるトップ・ダウン・アプローチや脅しを含む暴力が絡む弊害、村人からの建築申請書に対するアプサラ機構側の遅い対応、貧しい人や弱者の生活に対する配慮に欠けた規則の厳しい施行、アプサラ機構の一部職員の不正取引や不平等な規制の強行ゆえに、双方の間の不信感、誤解やわだかまりが拡大し、「持続不可能な地元住民の生活」がますます明らかになってきている。イデオロギー的国家組織と抑圧的国家組織はいまやアプサラ機構の中で1つになり、地域住民に襲いかかっている。「伝統的景観」の保全のために、貧困の維持を村に押し付けて開発を禁止しているが、しかし例外も認めているのである。村人たちの生活はかつてそれほど貧富の差が目立たなかったが、長い間遺跡修復や観光業に携わってある程度金銭的余裕が出てきた村人といまだに貧しいままの村人の間に経済格差が生じている。また、伝統的な社会組織や権威もアプサラ機構という絶対的な権力組織の前に崩れかかってきており、村社会の結束も不安定になっている。

8　詳しくは、〈www.voanews.com/english/news〉〈ja.wikipedia.org/wiki/ボイス・オブ・アメリカ〉を参照。

アプサラ機構がアンコールで絶対的権力を行使し始めて、地域社会の開発に大きな歯止めがかけられている一方で、新しい形の持続可能な開発が、NGOの企業化や開発の要素を取り入れた企業などを通して活発化している。

3）新しい形の持続可能な開発：企業型NGOから開発企業まで

カンボジア、特にシェム・リアップ－アンコールでは、観光収入を目当てにしたビジネス型NGOやNGOを観光資源に使っている観光業者が興隆している。多くのNGOは、貧困層を対象にした支援のために始まったが、企業化することによって、プロジェクトの持続可能性を高めている。

【クルサー・トゥマイ】

古いところで、1991年にフランス人の ベノア・ドゥシャトー－アルミニョン［Benôit Duchâteau-Arminjon］がタイ・カンボジア国境で設立したカンボジアのNGO「クルサー・トゥマイ［Krousar Thmey］（「新しい家族」の意）」がある。このNGOは、現在カンボジアの7ヵ所で、孤児、遺棄された子供、虐待を受けた子供たち、人身売買の対象になった子供たち、ストリート・チルドレンなどを保護し、教育や社会的な支援を施している。また、発語障害者や視聴覚障害者の教育、およびクメール語の点字も開発している。シェム・リアップには、クルサー・トゥマイが設立した孤児院、視覚障害者の学校とラ・ノリヤ［La Noriya］（「水車」の意）というホテルがある。ホテルの収益の5％は、クルサー・トゥマイに還元される。孤児院出身者は、当初高校を卒業した後に、ラ・ノリアに就職した者もいる。そこでは、1週間に1度古典音楽、小型影絵、古典舞踊や民族舞踊などのトレーニングを受けた孤児院の子供たちが客の前で伝統芸能を披露する。ほかに、マッサージのトレーニングを受けた視聴覚障害者数人がホテルのマッサージ師として働いている（Krousar Thmey）[9]。

【孤児院と影絵細工】

シェム・リアップに孤児院は多く、様々な孤児院経営の形態が存在する。そ

9　2010年3月12日ラ・ノリヤのマネージャー、オリヴィエ・アドリアン［Olivier Adrian］からの聞き取りとクルサー・トゥマイのパンフレットによる。

ロルオス。孤児に影絵細工の技術を教え、
観光収入からの自立を目指す。

の中でも、ロルオス地域にあるクメール人経営の孤児院は、子供たちを学校に通わせながら、空いている時間に影絵細工のトレーニングを施して、観光客に販売している。その収益を運営費に当てている。日本の観光会社のツアーの中にこの孤児院訪問を含んでいるものもある。孤児院を運営していなくとも、貧しい家庭の子を対象に影絵作りを教え、観光客に販売しているところはほかにシェム・リアップ市内とプラダック村にも存在する。

【アルティザン・ダンコール】

　第6章でも述べた近年拡大化の傾向にあるアルティザン・ダンコールは、1992年シェム・リアップ州の貧困層の若者を対象にフランスのNGOとカンボジアの教育省が提携して開発した技術訓練校である。最初、養蚕とクメールの伝統絹織物生産に着手し、後に木彫、石彫、漆器、絹織物、家具製作などの技術訓練を開始した。6ヵ月間のトレーニングを受けた若者は村に帰って工芸品を作り、それをアルティザン・ダンコールが店で販売する。1998年には欧州共同体の資金を得て拡大し、2003年には企業になり、個人の株主が50％、アプサラ機構が30％、職人が20％の株を保有する。シェム・リアップ市周辺に12の職場があり、1100人が雇用されている。その中の800人が職人である。2010年に、訓練生は150人いた。この企業はめざましく発展中で、シェム・リアップとプノン・ペンの空港にも店を出している。年々、工芸品の品質も向上し、種類も多様化している。伝統だけにこだわらず、シルク・スクリーンなど新しい媒体も取り入れている。顧客は主に、富裕層で特に欧米人が多い。

パンフレットには、「フェア・トレードのモデル──開発企業」と銘打ってある。カンボジアにおける新しい社会政策のパイオニアとして、社会的補助や医療補助を施し、職人の5%は身体障害者である。しかし、巷のうわさでは、社員が給料に不満を持っているとのことである。私がコミュニケーション・マネージャーに職人へのインタビューを正式に依頼した時にも、給料や金銭に関する質問は避けるように釘をさされた。しかもマネージャーが在席し、1人だけしかインタビューさせてもらえないということだったので、丁重にお断りした。別の機会に工房を訪れてガイドに説明を聞いた後に給料を聞いたところ、会社のポリシーで給料に関しては口外禁止なので教えられないということだった。公式なプロパガンダと内実にギャップがあるが、発展企業なので、持続可能性はきわめて高いと思われる。企業の発展と共に社員の報酬も比例して増えることにならないと、開発プロジェクトの成功例から搾取企業という失敗例に転落しかねないので注意が必要である。

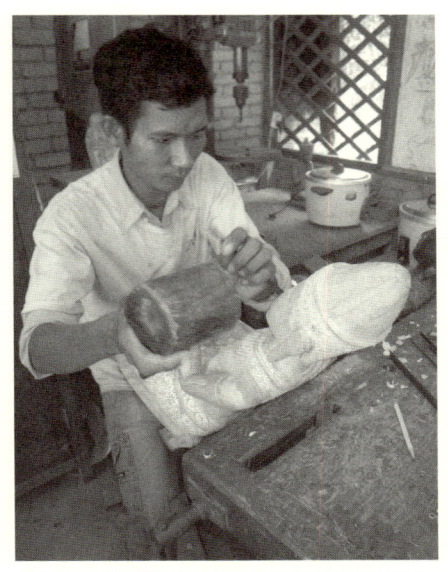

アルティザン・ダンコール。木彫を制作する職人。

【クメール伝統織物研究所（IKTT）】
　所長は、日本人で京都出身の友禅の染色家である森本喜久男である。森本は、タイのウボンやスリン地方で草木染めの織物製作による開発プロジェクトに関わり、バンコクに当時あったヤオハン・デパートにバイ・マイ［Bai Mai］（「木の葉」の意）という名の店を持っていた。
　私がユネスコのカンボジア事務所で無形文化財復興の仕事に携わっていた時に、ユネスコの「クメールの伝統絹織物復活プロジェクト」のコンサルタン

10　カンボジアではしょっちゅう給料を聞かれるので、このような質問は特に失礼とはみなされない。

トとして1995年に招聘し、4ヵ月間にわたって「カンボジアの絹織物生産とマーケティング」を調査してもらった。同年9月、森本はこの調査に基づいて、カンポート州のタコー村で伝統養蚕復興プロジェクトに着手した。1996年には、カンボジアのカンダル州で「クメール伝統絹織物研究所」を立ち上げ、タケオ州からリクルートしてきた数人の織物の熟練者たち（全員女性）を雇った。[11]

　2000年、シェム・リアップに工房を移設して、有給の研修生を受け入れ、同時にギャラリー兼ショップを併設した。研修生の中には、バンティアイ・スレイ地域から、朝5時に出発し、2時間かけて自転車通勤してくる若い女性たちもいた。貧しい女性たちに技術訓練を施し、新しい生活手段で活路を開く場を提供した意義は大きい。森本は優れたクメール織物の真の復活をめざし、生産に関わるすべての材料、技術、人材を最高レベルまで引き上げるために、「伝統の森再生計画」を立ち上げた。ほどなくバンテイ・スレイ郡に23ヘクタールの土地を確保し、新しい村つくり、伝統の森再生、有機農業とクメール人、チャム人、日本人、中国系カンボジア人など複数民族の共生を目指している。現在、この村の住民はカンボジアの5州から集まった約140人で、IKTTの職員を含むと総勢300人以上の大所帯となった。

　森本は2004年には日本人で初めてロレックス賞を受賞した。ロレックス賞は、人類の遺産を現代的な状況の下で守る活動を行なっている人に与えられている。森本のプロジェクトの画期的な点は、織物の伝統文化復興から、主に若い女性の技術訓練と自立への支援、森の再生と有機農業、新しいモデル農村の創造、自給自足と相互扶助の試み、異民族の共生を目指している点で、新しい開発モデル、しかも持続可能性が高いところにあると考える。IKTTの製品は、カンボジアの王室でも評価されており、IKTTの織物が王室の来賓への贈り物に使用されるようになったということである。森本は、もとよりカンボジアに骨を埋めるつもりで活動しているが、既に80％自給自足できるところまでこぎつけているし、IKTTの日常的な維持管理もほとんどカンボジア人職員ができるということである。学校を伝統の森の敷地内に建設し、将来的には、寺院と織物博物館を建設する予定である。

11　詳しくは、IKTTのホームページを参照のこと。iktt.esprit-libre.org/2005/06/post-141.html

ロレックス賞を受賞した頃から、IKTTの活動が各国のメディアで取り上げられるようになり、伝統織物や企業型開発組織の研究のモデル・ケースになって、研究者、ボランティア、観光客が絶えない。伝統文化推進、観光と開発がうまく結び付けられ、持続可能性はますます高まってきている。困難から逃げず、内外からの批判や評価に耐え得る確固とした基盤を持ちながら発展してきたことが、持続可能性に繋がっている事例と言えよう。[12]

【アンコール遺跡の保全と周辺地域の持続的発展のための人材養成支援機構JST[13]】
　代表のチア・ノル［Chea Nol］はシェム・リアップ出身で、ポル・ポト政権下に難民として来日し、13歳以降日本で育った。日本の大学を卒業後、1994年以来シェム・リアップでJSA－JASAのコーディネーターとして活躍する一方、JSAに関わった日本人建築家と結婚し、2人でシェム・リアップにCafé Moi Moi（カフェ・モイモイ）を建設・経営し、2005年にはJSTを立ち上げた。
　チアは、JSTを立ち上げる以前から、JSAの大多数の労働者が住むアンコール・クラウ村で、恩人である日本人のキリスト教神父やほかの支援者の資金援助を得て、村の道路の拡張、小学校の修理、橋の建設などに関わり、村の名士的な存在である。アンコール遺跡の修復保全事業に関わりながら、ビジネスをし、それと連携させて、アンコール・クラウ村の開発NGOを立ち上げたところが、冒頭に引用したクオンの「よい開発のために保全し、よい保全のために開発する」と呼応する。
　個人やほかの団体や組織との協力を得てJSTが行なっている活動は、村民参加型の植林活動、村のコミュニティ・センターになりつつある子供たちのためのフリースクール建設と、そこで行なわれている英語・クメール語・絵画教室、女性のための織物業、窯業従事者職業訓練生の支援、植林絵本の作成と各地小学校への配布、村の公共施設へ井戸の寄付、子供たちへの絵本配布などである。JSTで作成している織物、土器製品、菓子などは、Café Moi Moiで販売し、遺跡修復やJSTの活動現場見学を含めたJSTオリジナルツアーも日本人支援者向けに行なっている。まだ若いNGOであるが、文化遺産と環境の保

12　IKTTのプロジェクトに関しては、森本（2008）を参照。
13　Joint Support Team for Angkor Preservation and Community Development.

護、文化の継承、職業訓練、非公式の教育を通した人材育成に力を入れて、観光産業から得る利益を直接地域の村に還元するという構想に期待が持たれる。代表がカンボジア人で、様々な団体や個人からの支援を得ていることと地域住民参加型の活動が多いことから、充分に持続可能な開発プロジェクトになると思われる。

【バッファロー・トレイル】

「バッファロー・トレイル」[Buffalo Trails]（「水牛の道」の意）は「遺産にやさしいビジネス」を謳い文句にしている。カンボジア人代表のチア・ソパル[Chea Sophal]は、フランス人を妻に持ち、自然保護（特に、水鳥の居住域）、コミュニティ開発、環境教育、エコ・ツーリズムを結びつけたOSMOSE（オズモス）[14]というNGOで4年間働いた経験を生かし、自分の出身村であるトンレ・サップ湖のコンポン・クレアンという超高床式家屋の漁村を含む村型観光会社を2008年に立ち上げた。アンコール地域とトンレ・サップ湖周辺で、村、自然、文化（有形と無形）を基盤にした少人数型の観光製品をいくつも企画している。

例えばアンコール遺跡見学と森の中のトレッキング、村で手工芸見学、伝統料理作り参加、農園や孤児院見学などを含むツアーがあり、ほかに、開発が進む中でいずれ減少し消滅の危機を迎えるであろう水牛の引く牛車に乗り、水田景観、砂糖椰子や茣蓙作りの見学、村の民家に宿泊するスケジュールのツアー、トンレ・サップ湖の浸水林、鳥類保護区、超高床式家屋の漁村、水上生活者のコミュニティ、伝統漁法、造船、鰐の養殖場、市場の見学、釣りなどが、様々な組み合わせで選べる複数のツアーなどが商品化されている。

チアによると、それぞれのツアーは、村人たちと一緒に企画され、村に会社の利益の40%から50%が還元されるという[15]。会社の窓口がアルティザン・ダンコールへの入り口の前にあり、アルティザンを訪れる個人や少人数のヨーロッパ人観光客を主な顧客ターゲットとして設定されていることがわかる。「オーセンティックなシェム・リアップの田舎の生活体験」、即ち、自然、文化、

---

14 トンレ・サップ湖周辺の鳥類保護のために1999年にフランスのNGOとして設立され、2007年ローカルNGOになった環境保護団体。湖の3つの漁村で環境教育、環境保護活動とエコ・ツーリズムによるコミュニティ開発を行なっている。
15 2010年2月24日におけるチア・ソパルへの聞き取りによる。

村人との触れ合いが強調され、ツアーに参加することが村人たちの生活向上に役立つことも謳い文句に入れられている。地域社会を巻き込んだ観光の似たようなモデルは、既にタイの少数民族観光などにも見られるが、外部から入った開発モデルが、このように徐々にカンボジア人を中心に再構築され、これまで観光開発で充分に恩恵を受けていなかった地域の村人たちを「持続可能な開発」に巻き込んでいるのである。

　持続可能な開発
　持続可能な開発には、しっかりとした構想、将来への展望、持続的な人材、資金、受益者の参加、意欲と能力向上、関係者の適切なコミュニケーションと変化に耐えうる柔軟性や進取の気象が不可欠である。何をどう開発し持続することが必要なのか、何をどう保全すべきかを充分に議論して進めることが重要だと考えられる。伝統と文化遺産の保全、環境保全、観光開発がコミュニティ開発と調和したものでなければ、多くの住民が考えるように、アプサラ機構は住民の「貧困の持続」を望んでいると疑われても仕方がない状況にある。トップ・ダウン式や政府主導のやり方が持続可能性を低減していることが、最近表面化してきたアプサラ機構と地元住民の間の論争から窺われる。受益者が主体になれた時、知識やノウハウ、管理を徐々に彼らに移行していくことが、本当の意味の持続可能性に繋がるのではないだろうか。

3. まとめ

　アンコールは、世界遺産登録後、特に、多くの人、関心、金銭を引き付け、人々の多様な価値観がしばしば対立や論争を招いてきた。保全と開発は、そりの合わない連れ合いのようなものである。何を開発し、持続させるかについての統一見解もなければ、どのように開発し、持続させるか、どのタイミングで実施するかの統一見解もない。2003年に緊急保全から持続可能な開発へアンコール管理のパラダイム・シフトが起こったが、同時に、シェム・リアップーアンコールにおける急速な観光開発も展開された。結果的には、地域社会の生

活が犠牲になっている。

　カンボジアに持続可能な開発が必要なことを誰も否定しないが、何をどのように開発し持続させるかの優先順位は対立する場面が多い。優先順位にたとえ同意したとしても、実践の場面での闘争も起こってくる。これまでたびたび述べてきたように、遺産保全、環境保全、コミュニティ開発、観光開発、人材・技術開発と管理能力向上の調和が重要である。空間の繋がりと活動の相互関連性のために、どの1つの要素が欠けても持続可能にはならない。実際、管理能力向上や持続可能で民主的な統治が最優先課題であると考えられる。急速に拡大している観光産業の適切な管理能力が欠けている時に、もし開発のペースがこのままで継続すると、環境は持続不可能になる。環境の状態が更に悪化すると、観光も持続不可能になり、遺産も地域住民の生活も同様に持続不可能になる。異なる価値観の調和が緊急に求められている。

　ユネスコ、イクロム、イコモスと世界観光機関のように遺産の保全と観光推進に関係する国際機関も、過去に遺跡や遺産地域の保護と質的観光の振興に注目するあまり、地域住民の生活実践や知識に充分に注意を払わないできた過ちに徐々に気がついてきた。地域住民を巻き込むことなしに持続可能な開発は考えられない。

　現行の規制は、このような地域住民の専門的知識に矛盾し、その価値を軽視している。カンボジア政府は、国際社会が国の運営に口を出すことをよしとしないが、経済的、技術的、そして時には政治的にも依存している。また、貴重な「地域の」知識と人材を適切に評価し、フルに活用して遺産保護や観光開発に適用することをせず、外国の専門家や投資家に歩み寄っている。このことは、富の他国への流出と文化・自然遺産への被害を増加させるだろう。

　それでは、すべての関係者が満足できるやり方で空間と資源の共有が可能だろうか。ゆっくりと、しかし確実に、2つの競合しているスタンスの統合が水平線上に現れ始めている。

　21世紀初頭より、イクロムは、「地域社会を伝統的に遺産地域から分離させることによって管理の目的を達成させようとしてきた考古学的に重要な地域でリビング・ヘリテージのアプローチを推進する」意図で、新しいプログラムを開始した (ICCROM 2002: 2)。イクロムの第1回東南アジアにおけるリビング・

ヘリテージ戦略会議が、2003年9月にバンコクで開催された[16]。イクロムは、次のように書いている。

> 遺産は、専門家や政府のものではない。また、専門家や政府によって開発された善意の保全の努力でさえも、遺産の定義の過程から大衆を排除したとしたら、たとえ最善の保全の手段を使ったとしても、遺産は（その保全が）失敗の危険に会う。遺産の価値を決定するのは、遺産の定義に反映されている社会の成員である。これは誇張ではなく、20年以上にわたって保全運動で開発された多くのイニシャチブと活動に反映されている（ICCROM 2003: 1）。

イクロムのプログラムのアプローチの中で、下記の点が、アンコールの状況に深く関係している。

- 遺産管理の必要性に取り組むにあたって、伝統的な遺産の管理方法が、「西洋式の」遺産管理計画と同じくらい妥当なものであることを認めること。
- 遺産に関する意思決定の「大衆参加」型に注目すること。
- 遺産地域での過去の保全運動で犯された過ち、即ち、住民を遺産地域から排除し、伝統的な土地利用の実践を禁止・制限し、それによって共同体を遺産から切り離し、遺産保全活動から経済的利益を提供する機会を制限した過ちを認めること。
- 静的な特徴やパターンの保存よりも、むしろ変化の動的な過程に焦点を当てたアプローチ、例えば、管理の変化へ「文化的景観」のアプローチを使う大切さを認めること（ICCROM ibid.: 1）。

経済学者スロスビー（Throsby 1997: 24）は、似たような議論で、「遺産地域の保全に、共同体全体の見解よりも、政府がどのような介入を望むかやどのくらいの頻度で介入を望むかや、『専門家』の意見や隠された関心がしばしば意思決定

16　最初2000年4月にバンコクで開催される予定だったが、地域でサーズが大流行したため延期になった。

に重くのしかかってくる。その結果、一般大衆よりも権力者の関心のためになる政策が作られる」と論じている (cf. Murphy 1985)。前述の意見を集約すると、遺産に関する政策と管理に地域住民の参加が欠けていることに対する批判の声が高い。

　本書は、いかに我々が植民地時代のヨーロッパの「遺産」の概念やそれに基づいた遺産の管理方法を今日でも踏襲しているかを明らかにした。現在の遺産管理を取り巻く問題は、エリートと平民、支配と被支配、受容と排除など、植民地時代のテーマと重なる。世界遺産は、現代主義者たちが自身たちのテーマを自由に演じる舞台となり、そこで、国家当局は凍結してきれいに整備された過去に現代資本の薄絹をまとわせ再登場させたのである。多くの世界遺産では、「顕著な」文化遺産の保存が、エリートの（世界）遺産とエリートの関心の温存に繋がり、従属させられている地域住民のものではない。支配階級の遺産の側面から見た世界遺産の概念と、地域住民の遺産を活かし遺産と人々の相互作用を評価する「リビング・ヘリテージ」の概念には、矛盾が存在する。高木と下間 (Takaki & Shimotsuma 2003) は、ボロブドゥールやスコタイのように住民が地域から排除された遺産地域においても、「観光」が、「宗教」と「国家の記念碑」と共に、「潜在的なリビングの要素」であると考慮されると指摘しているが、これには同意しかねる。厳密に言えば、観光客と訪問者は短期滞在者や通過者で、そこで「生活していない (not living)」。世界遺産登録によってアンコールは、21世紀初頭まではある程度否定的な観光開発を抑えることができたが、それは、ほかの誰でもない、地元住民の生活を犠牲した上に可能だったのである。記念碑は、多くの人が認める「救い」の要素を持つ (Rowland 1999: 129)。そのような「救い」の対象でもあるアンコールから村人が排除や周辺化されたことは、内戦やポル・ポト政権下で辛酸をなめてきた人々の癒しを遅らせているかも知れない。アン・チューリアン (UNESCO/Boukhari 2000) も、「アンコールは、クメールの魂である。絶望的な時に、アンコールだけが唯一の救いの対象なのだ」と述べている。地域住民を単なる工芸品の生産者として観光産業に取り入れるだけでは、世界遺産地域で生活することの複雑な問題を解決することにはならない。地域の知恵から学び、それを奨励し、特定の環境に適する問題解決の戦略を探る方が、「他者」の空間や場を識別し、管理する「普遍的な」概念やアプ

ローチを駆使するよりも遥かに望ましい。

　文化の概念は、アイデンティティや規範を設定する中心的なものとして、社会において重要な役割を果たし続ける。持続性、開発とガバナンスは、社会的統一体としての文化のサバイバルに依存する。政策作成者の哲学と意図がプログラム設計に明確に反映され、出来事や団体組織が政治的弱者への抑圧を増加させないように努めることが必要だろう。この問題に対処するための1つの道は、議論できる場を設けることにある。政策作成とプロジェクトの実施に当たって、鍵となる利害関係者を巻き込み、相談し、参加させることの方が、既に権力の座にある人々の社会的支配を強化させるよりよほど望ましい。

　遺産関係者は、過去の何かを守るだけでなく、生きている人々によって大事にされている価値を強化し、既存の最善の管理実践を受け入れて未来へと発展させるために、遺産概念を再定義する必要がある。遺産関係者は、変化する人間と環境の関係、そして未来を見据えて考察することが必要だろう。また、遺産を無形、有形、人々を分離した要素の集合体として捉えることをやめて、もっと統合したアプローチを採用してはどうだろう。同様に、保全の概念は、遺産の価値と人間の生活を凍結しないように再考されるべきだろう。過去の価値は、その価値を認めて、未来の人々に伝達したいと熱望する、現在生きている人々によってのみ賞賛され、維持され、支持され続ける。

　アンコール全体をすべての関係者にとって真の遺産として持続するために、理想と現実、政策と実践の間の隔たりは克服されなければならない。政府はどこまでこの問題に関与すべきなのか。市民社会の中から自発的に生まれてきた小規模な開発モデルが、環境と文化の保全や地域住民の生活向上に繋がっていくことが、これからの望ましい「持続可能な開発」のヒントを我々に示唆しているように思われてならない。

参照文献リスト

■学術文献

愛川－フォール紀子（2010）『文化遺産の「拡大解釈」から「統合的アプローチ」へ——ユネスコの文化政策にみる文化の「意味」と「役割」——』成城大学民俗学研究所グローカル研究センター．

荒樋久雄（2001）「バンテアイ・クデイ研究（Ⅱ）——先行研究に立脚したバンテアイ・クデイ論考察」『カンボジアの文化復興（18）』上智大学アジア文化研究所．

アンダーソン、ベネディクト著、中島成久訳（1995）『言葉と権力：インドネシアの政治文化探求』日本エディタースクール出版部．

石澤良昭（2000）『アンコール・ワットへの道：クメール人が築いた世界遺産』JTB．

石澤良昭編（2005）『アンコール・ワットを読む』連合出版．

井上孝雄（1996）『白神山地と青秋林道：地域開発と環境保全の社会学』東信堂．

―――（1997）『白神山地の入山規制を考える』緑風出版．

今川幸雄（1969）『アンコールの遺跡：カンボジアの文化と芸術』霞ヶ関出版．

岩波書店『広辞苑』第5版．

グロリエ・ベルナール・P、石澤良昭、中島節子訳（1997）『西欧が見たアンコール：水利都市アンコールの繁栄と没落』連合出版．

合田昭二・有本信昭編（2004）『白川郷：世界遺産の持続的保全への道』ナカニシヤ出版．

河野靖（1995）『文化遺産の保存と国際協力』風響社．

笹川秀夫（2006）『アンコールの近代：植民地カンボジアにおける文化と政治』中央公論社．

周達観（1989）『真臘風土記：アンコール期のカンボジア』東洋文庫507、平凡社．

関雄二（2007）「文化遺産は誰のものか——発掘からの教訓」『民族学』季刊121．国立民族学博物館．

スコット、ジェームズ・C著、高橋彰訳（1999）『モーラル・エコノミー東南アジアの農民反乱と生存維持』勁草書房．

ラオス地域人類学研究所編（2007）『ラオス南部：文化的景観と記憶の探求』アジア地域人類学研究所叢書10、雄山閣．

田代亜紀子（2001）「遺跡保存と住民——アンコール遺跡を事例として」『カンボジアの文化復興（18）』上智大学アジア文化研究所．

―――（2005）「アンコール遺跡と地域社会」、石澤良昭編『アンコール・ワットを読む』連合出版．

ダジャンス、ブリュノ著、石澤良昭；中島節子訳（2008）『アンコール・ワットの時代：国の形、人々のくらし』連合出版．

坪井善明編（2001）『アンコール遺跡と社会文化発展』アンコール・ワットの解明4、連合出版．

西山徳明編（2006）『文化遺産マネジメントの持続可能な関係構築に関する研究』国立民族学博物館．

飛越合掌文化研究会（1996）『世界遺産の合掌造り集落：白川郷・五箇山のくらしと民俗』岐阜新聞社.
フーオッ、タット著、今川幸雄編訳（1995）『アンコール遺跡とカンボジアの歴史』めこん.
フーコー、ミシェル著、田村俶訳（1977）『監獄の誕生：監視と処罰』新潮社.
藤岡通夫・恒成一訓（1970）『アンコール・ワット』毎日新聞社.
ブルデュ、ピエール著、今西仁司・港道隆共訳（1988）『実践感覚1』みすず書房.
ポレ、グイ；エヴリーヌ・マスペロ（2008）『カンボジャ民俗誌：クメール族の慣習』大空社.
松浦晃一郎（2008）『世界遺産：ユネスコ事務局長は訴える』講談社.
丸井雅子（2001a）「第9章 カンボジアにおける口頭伝承と遺跡——アンコール遺跡における口頭伝承と遺跡」、坪井善明編『アンコール遺跡と社会文化発展』アンコール・ワットの解明4、連合出版.
――――（2001b）「バンテアイ・クデイ遺跡出土仏像片に関する考察——第30次（2000年8月）および第32次発掘調査（2001年3月）出土資料——」『カンボジアの文化復興（18）』上智大学アジア文化研究所.
三浦恵子（2006）「保存中心主義から遺産を活かす方向へ——アンコール世界遺産地域におけるプロセス」『文化人類学研究』第7巻：23-45、早稲田大学文化人類学会.
――――（2006）「ヘリテージツーリズムの光と影：世界遺産アンコールをめぐって」『観光文化学』新曜社.
毛利和雄（2008）『世界遺産と地域再生：問われるまちづくり』新泉社.
森本喜久男（2008）『カンボジア絹絣の世界：アンコールの村によみがえる村』NHKブックス.
横山潤（2001）「第6章 アンコール遺跡をとりまく植物とその遺跡に与える影響——遺跡と植物の共存をめざして——」、坪井善明編『アンコール遺跡と社会文化発展』アンコール・ワットの解明4、連合出版.
山下晋司（2008）『観光人類学の挑戦：「新しい地球」の生き方』講談社.
早稲田大学ラオス地域人類学研究所（2004）『文化人類学年報』第1巻.
――――（2005）『文化人類学年報』第2巻.
――――（2006）『文化人類学年報』第3巻.

Adams, K. M. (2003) The Politics of Heritage in Tana Toraja, Indonesia: Interplaying the Local and the Global. In: *Indonesia and the Malay World*, vol. 31, No. 89: 91-107.
Adas, M. (1986) From Footdragging to Flight: The Evasive History of Peasant Avoidance Protest in South and South-east Asia. In: *Journal of Peasant Studies*, vol. 3, No. 2: 64-86.
――― (1992) From Avoidance to Confrontation: Peasant Protest in Precolonial and Colonial Southeast Asia. In: N. B. Dirks, (ed.) *Colonialism and Culture*, Ann Arbor: The University of Michigan Press.
Alejo, E. A. (2000) *Generating Energies in Mt. Apo: Cultural Politics in a Contested Environment*. Manila: Ateneo de Manila University Press.
Althusser, L. (1971) *Lenin and Philosophy and Other Essays*, London: New Left Books.

Anderson, B. (1990) *Language and Power Exploring Political Cultures in Indonesia*, Ithaca and London: Cornell University Press.

―――― (1991) *Imagined Communities.Reflections on the Origin and Spread of Nationalism*, London & N.Y.: Verso.

―――― (2001) Western Nationalism and Eastern Nationalism: Is There a Difference That Matters? In: *New Left Review* No. 9: 31-42.

Ang, C. (1986) *Les êtres surnaturels dans la region populaire khmère*, Paris: Cedoreck.

―――― (1988) The Place of Animism within Popular Buddhism in Cambodia:The Example of the Monastery. In: *Asian Folklore Studies*, vol. 47: 35-41.

―――― (1990) La communauté rurale khmère du point de vue du sacré. In: *Journal Asiatique*, vol. CCLXXVIII, No. 1-2: 135-54.

Appadurai, A. (1990) Disjuncture and Difference in the Global Cultural Economy. In: M. Featherstone, (ed.) *Global Culture: Nationalism, Globalization and Modernity*, London, Thousand Oaks, New Delhi: Sage.

―――― (1995) The Production of Locality. In: R. Fardon, (ed.) *Counterworks: Managing the Diversity of Knowledge*, London & N.Y.: Routledge.

Ascherson, N. (2000) Editorial. In: *Public Archaeology*, vol. 1, 1-4.

Augé, M. (1995) *Non-places: Introduction to an Anthropology of Supermodernity*, London: Verso.

Aymonier, E. (1901) *Le Cambodge II*, Paris: Ernest Leroux.

―――― (1999) *Khmer Heritage in the Old Siamese Provinces of Cambodia with Special Emphasis on Temples, Inscriptions, and Etymology* (translation by Walter E. J. Tips), Bangkok: White Lotus Press.

Bachelard, G. (1997) The Poetics of Space (Extract). In: N. Leach (ed.) *Rethinking Architecture: A Reader in Cultural Theory*, London, N.Y.: Routledge.

Baudrillard, J. (1988) *Selected Writings*, Stanford, California: Stanford University Press.

Becker, E. (1986) *When the War Was Over: The Voices of Cambodia's Revolution*, N.Y.: Simon and Schuster.

Bender, B. (ed.) (1993) *Landscape: Politics and Perspectives*, Oxford: Berg.

―――― (1998) *Stonehenge: Making Space.* Oxford, N.Y.: Berg.

―――― (2001) Introduction. In: B. Bender and M. Winer, (eds.) *Contested Landscapes: Movement, Exile and Place*, Oxford & N.Y.: Berg.

Bianchi, R. (2002) The Contested Landscapes of World Heritage on a Tourist Island: the Case of Garajonay National Park, La Gomera. In: *International Journal of Heritage Studies*, vol. 8, No. 2: 79-80.

Bianchi, R. V., J. I. Trujillo, B. M. de la Rosa and A. S. Talavera (2000) The Political and Socio-Cultural Relations of World Heritage in Garajonay National Park, La Gomera. In: M. Robinson et al., (eds.) *Tourism and Heritage Relationships: Global, National and Local Perspectives*, Sunderland, England: Centre for Travel and Tourism & Business Education Publishers.

Bianchi, R. and P. Boniface (2002) Editorial: the Politics of World Heritage. In: *International Journal of*

Heritage Studies, vol. 8, No. 2: 79-80.

Black, H. & G. Wall. (2001) Global-Local Inter-relationships in UNESCO World Heritage Sites: *Interconnected Worlds. Tourism in Southeast Asia*. Amsterdam, London, N.Y., Oxford, Paris, Shannon, Tokyo: Pergamon.

Bourdieu, P. (1990) *The Logic of Practice*, Cambridge, U.K.: Polity.

Briggs, L. P. (1999) *The Ancient Khmer Empire*, Bangkok: White Lotus.

Carter, E., et al. (eds.) (1993) *Space and Place: Theories of Identity and Location*, London: Lawrence & Wishart.

Casey, E. S. (1996) How to Get from Space to Place in a Fairly Short Stretch of Time: Phenomenological Prolegomena. In: S. Feld and K. Basso (eds.) *Senses of Place*, Santa Fe, New Mexico: School of American Research Press.

Chakravarty, I. (2000) World Heritage Sites and Tourism: A Case Study of the Elephanta Island, Mumbai, India. In: M. Robinson, et al., (eds.) *Tourism and Heritage Relationships: Global, National and Local Perspectives*, Sunderland, England: Centre for Travel and Tourism & Business Education Publishers.

Chandler, D. P. (1991a) *The Tragedy of Cambodian History: Politics, War, and Revolution since 1945*, Chiang Mai: Silkworm Books.

―――― (1991b) *The Land and People of Cambodia*, N.Y.: HarperCollins.

―――― (1992) *A History of Cambodia* (2nd edition), Colorado, USA: Westview Press.

―――― (1996) *Facing the Cambodian Past : Selected Essays, 1971-1994*, Chiang Mai: Silkworm Books.

Chhuong, T. (1994) *Battambang during the Time of the Lord Governor*, Phnom Penh: Cedoreck.

Chou, T.-K. (1992) *Notes on the Customs of Cambodia* (2nd edition), Bangkok: The Siam Society.

Cleere, H. (1996) The Concept of 'Outstanding Universal Value' in the World Heritage Convention. In: *Conservation and Management of Archaeological Sites*, vol. 1, 227-33.

Clifford, J. and G. E. Marcus (eds.) (1986) *Writing Culture: the Poetics and Politics of Ethnography*, London: University of California Press.

Cœdès, G. (1968) *The Indianized States of Southeast Asia*, Hong Kong, London, & N.Y.: Oxford University Press.

Cohen, A. P. (1985) *The Symbolic Construction of Community*, London: Ellis Horwood and Tavistock Publications.

Commission des moeurs et coutumes du Cambodge (195?) *Cérémonies des douze mois: Fêtes annuelles cambodgiennes*, Phnom Penh: Institut Bouddique.

Cravath, P. (1985) *Earth in Flower: An Historical and Descriptive Study of the Classical Dance Drama of Cambodia*. Ph D Dissertation. University of Hawaii.

Cunin, O. (2008) How Many Towers in the Bayon? In E.A. Bacus, I. C. Glover and P.D. Sharrock (eds.) *Interpreting Southeast Asia's Past: Monument, Image and Text*. Singapore: NUS Press.

Curtis, G. (1998) *Cambodia Reborn?: The Transition to Democracy and Development*, Washington, D.C.: Brookings Institution Press.

Dagens, B. (1988) The Face Towers of the Bayon at Angkor and the Number 108 [translated from the original in French]. *Bulletin d'Études Indiennes(Bulletin of Indian Studies)*, No.6: 177-199, Association Française pour les Études Sanskrites (French Association of Sanskrit Studies).

———— (1989) *Angkor: Heart of an Asian Empire*, London: Thames and Hudson.

Daher, R. F. (2000) Dismantling a Community's Heritage "Heritage Tourism: Conflict, Inequality, and a Search for Social Justice in the Age of Globalisation". In: M. Robinson et al., (eds.) *Tourism and Heritage Relationships: Global, National and Local Perspectives*, Sunderland, England: Centre for Travel and Tourism & Business Education Publishers.

de Certeau, M. (1984) *The Practice of Everyday Life*, Berkley: University of California Press.

Delaporte, L. et al. (1998) *Pictorial Journey on the Old Mekong: Cambodia, Laos and Yunnan. The Mekong Exploration Commission Report (1866-1868)*. Bangkok: White Lotus.

Delvert, J. (1961) *Le Paysan Cambodien*, Paris: Mouton & Co La Haye.

Demaine, H. (1978) Magic and Management: Methods of Ensuring Water Supplies for Agriculture in South East Asia. In: P. A. Stott, (ed.) *Nature and Man in South East Asia*, London: SOAS.

Dieulefils, P. (2001) *Ruins of Angkor: Cambodia in 1909*. Bangkok: River Books.

Downie, S. and D. Kingsbury (2001) Political Development and the Re-emergence of Civil Society in Cambodia. *Contemporary Southeast Asia*, 23 (1): 43-64.

du Cros, H. and B. McKercher (2000) World Heritage Listing and 'Best Intentions': A Case Study from Australia. In: M. Robinson et al., (eds.) *Tourism and Heritage Relationships: Global, National and Local Perspectives*, Sunderland, England: Centre for Travel and Tourism & Business Education Publishers.

Dumarçay, J. and B. P. Groslier (1973) *Le Bayon: Histoire Architecturale du Temple*, Paris: EFEO.

Dy Phon, P. (2000) *Dictionary of Plants Used in Cambodia*, Phnom Penh: Imprimerie Olympic.

Ebihara, M. M. (1968) *Svay, A Khmer Village in Cambodia*, Ph D Dissertation. N.Y.: Columbia University.

Ebihara, M. M. et al. (eds.) (1994) *Cambodian Culture since 1975: Homeland and Exile*, Ithaca & London: Cornell University Press.

Edwards, P. (1999) *Cambodge:The Cultivation of a Nation 1860-1945*. Ph D Thesis. Melbourne: Monash University.

Eisenbruch, M. (1992) The Ritual Space of Patients and Traditional Healers in Cambodia. In: *BEFEO*, vol. 79, No. 2: 283-316.

Eliade, M. (1963) *Myth and Reality*, London: Harper Torchbooks.

Engelhardt, R. (2003) Cultural Diversity and Empowerment: Co-operation during Changing Times. In: *SPAFA Journal*, vol. 13, No. 1:16-21.

Entrikin, J. N. (1991) *The Betweenness of Place: Towards a Geography of Modernity*, London: Macmillan.

Erb, M. (2000) Understanding Tourists: Interpretations from Indonesia. In: *Annals of Tourism Research*, vol. 27, No. 3: 709-36.

Escobar, A. (1992) Culture, Practice and Politics. In: *Critique of Anthropology*, vol. 12, No. 4: 395-432.

Evans, Grant (1998) *The Politics of Ritual and Remembrance: Laos since 1975*, Chiang Mai: Silkworm Books.

Evans, Graeme (2002) Living in a World Heritage City: Stakeholders in the Dialectic of the Universal and Particular. In: *International Journal of Heritage Studies*, vol. 8, No. 2: 117-35.

Fairhead, J. and M. Leach (1998) *Reframing Deforestation: Global Analysis and Local Realities: Studies in West Africa*. London & N.Y.: Routledge.

Feld, S. and K. H. Basso (1996) Introduction. In: S. Feld and K. H. Basso, (eds.) *Senses of Place*, Houston: School of American Research.

Fillieux, C. (1962) *Connaissance de l'asie merveilleux Cambodge*, Paris: Société continentale d'éditions modernes illustrées (SCEMI).

Forest, A. (1980) *Le Cambodge et la colonisation: Histoire d'une colonisation sans heurts (1897-1920)*, Paris: L'Harmattan.

———— (1991) Cambodge: pouvoir de roi et puissance de génie. In: A. Forest, Y. Ishizawa and L. Vandermeersch (eds.) *Cultes populaires et sociétés asiatiques: Appareils culturels et appareils de pouvoir*, Paris: L'Harmattan & Tokyo: Sophia University.

———— (1992) *Le culte des génies protecteurs au Cambodge: Analyse et traduction d'un corpus de textes sur les neak tâ*, Paris: L'Harmattan.

Foucault, M. (1977) *Discipline and Punish: The Birth of the Prison*, London: Penguin Books.

———— (1997a) Of Other Spaces: Utopias and Heterotopias.In:N.Leach (ed.)*Rethinking Architecture: a Reader in Cultural Theory*, London & N.Y.: Routledge.

———— (1997b) Space, Knowledge and Power (Interview Conducted with Paul Rabinow). In: N. Leach (ed.) *Rethinking Architecture: a Reader in Cultural Theory*, London: Routledge.

Foucault, M. and C. E. Gordon (1980) *Power/Knowledge: Selected Interviews and Other Writings 1972-1977*, Hertfordshire, U.K.: The Harvester Press.

Frake, C. O. (1996) Pleasant Places, Past Times, and Sheltered Identity in Rural East Anglia. In: S. Feld and K. H. Basso, (eds.) *Senses of Place*, Houston: School of American Research.

Freeman, M. and C. Jacques (1999) *Ancient Angkor*, Bangkok: River Books.

French, L. (1999) Hierarchies of Value at Angkor Wat. In: *Ethnos* Vol. 64, No. 2: 170-91.

Gaudes, R. (1993) Kauṇḍinya, Preah Thaong, and the "Nāgī Somā": Some Aspects of a Cambodian Legend. In: *Asian Folklore Studies*, vol. 52, 333-58.

Gellner, D. N. (1990) Introduction: What is the Anthropology of Buddhism About? In: *Journal of the Anthropological Society of Oxford*, vol. 21, No. 2: 95-112.

Gellner, E. (1964) *Thought and Change*, London : Weidenfeld & Nicholson.

———— (1970) Concepts and Society. In: B. R. Wilson, (ed.) *Rationality*, Oxford: Blackwell.

———— (1977) Patrons and Clients. In: E. Gellner and J. Waterbury, (eds.) *Patrons and Clients in Mediterranean Societies*, London: Gerald Duckworth.

———— (1983) *Nations and Nationalism*, Oxford, U.K. & Cambridge, U.S.A.: Oxford University Press.

Giddens, A. (1990) *The Consequences of Modernity*, Cambridge: Polity.
Glover, I. (2003) National and Political Uses of Archaeology in South-East Asia. In: *Indonesia and the Malay World*, vol. 31, No. 89: 16-30.
Gow, P. (1995) Land, People, and Paper in Western Amazonia. In: E. Hirsch and M. O'Hanlon (eds.) *The Anthropology of Landscape: Perspectives on Place and Space*, Oxford: Clarendon Press.
Green, N. (1995) Looking at the Landscape: Class Formation and the Visual. In: E. Hirsch and M. O'Hanlon (eds.) *The Anthropology of Landscape: Perspectives on Place and Space*, Oxford: Clarendon Press.
Groslier, B. P. (1986) For a Geographic History of Cambodia. In: *Seksa Khmer*, Paris: Cedoreck
Hang, C. S. (2004) Stec Gaṃlaṅ and Yāy Deb.In J. Marston and E. Guthrie (eds.) *History, Buddhism, and New Religious Movements in Cambodia*. Honolulu: University of 'Hawai'i Press.
Hann, C. and E. Dunn (1996) *Civil Society: Challenging Western Models*, London: Routledge.
Harrison, D. (2001a) Less Developed Countries and Tourism: the Overall Pattern. In: D. Harrison, (ed.) *Tourism and the Less Developed World: Issues and Case Studies*, Wallingford, U.K. & N.Y.: CAB International.
────── (2001b) Tourism and Less Developed Countries: Key Issues. In: D. Harrison, (ed.) *Tourism and the Less Developed World: Issues and Case Studies*, Wallingford, U.K. & N.Y.: CAB International.
Harrison, D. and M. Hitchcock (eds.) (2005) *The Politics of World Heritage: Negotiating Tourism and Conservation*. Clevedon/Buffalo/Toront: Channel View Publications.
Hart, G. (1989) Agrarian Change in the Context of State Patronage. In: G. Hart et al., (eds.) *Agrarian Transformations: Local Processes and the State in Southeast Asia*, Berkeley, London: University of California Press.
────── (1991) Engendering Everyday Resistance: Gender, Patronage and Production Politics in Rural Malaysia. In: *Journal of Peasant Studies*, vol. 19, No. 1: 93-121.
Harvey, D. (1990) *The Conditions of Postmodernity: An Enquiry into the Origins of Cultural Change*, Oxford: Blackwell.
Hastrup, K. and P. Elsass (1990) Anthropological Advocacy: A Contradiction in Terms? In: *Current Anthropology*, vol. 31, No. 3: 301-11.
Headley Jr., R., et al. (1977) *Cambodian English Dictionary Vols I, II*, Washington: The Catholic University of America Press.
Heather, B & G. Wall (2001) Global-Local Inter-Relationship in UNESCO World Heritage Sites. In P. Teo & T. C. Chang (eds.) *Interconnected Worlds: Tourism in Southeast Asia*. Amsterdam-London-N.Y.-Oxford-Paris=Shannon-Tokyo: Pergamon.
Heder, S. (1991) *Pol Pot and Khieu Samphan*, Clayton: Monash University.
Heidegger, M. (1997) Building, Dwelling, Thinking...Poetically Man Dwells.In: N. Leach (ed.) *Rethinking Architecture: a Reader in Cultural Theory*, London & N.Y.: Routledge.
Hirsch, E. (1995) Introduction. In: E. Hirsch and M. O'Hanlon (eds.) *The Anthropology of Landscape:*

Perspectives on Place and Space, Oxford: Clarendon Press.

Hitchcock, M. (1998)Tourism, Taman Mini, and National Identity. In: *Indonesia and the Malay World*, vol. 26, No. 75: 124-35.

―――― (1999) Tourism and Ethnicity: Situational Perspectives. In: *International Journal of Tourism Research*, vol. 1, 17-32.

―――― (2001) Tourism and Total Crisis in Indonesia: The Case of Bali. In: *Asia Pacific Business Review*, vol. 8, No. 2: 101-20.

―――― (2002a) Zanzibar Stone Town Joins the Imagined Community of World Heritage Sites. In: *International Journal of Heritage Studies*, vol. 8, No. 2: 153-66.

Hitchcock, M. and F. Kerlogue (2000) Tourism, Development, and Batik in Jambi In: *Indonesia and the Malay World*, vol. 28, No. 82: 221-42.

Hitchcock, M. and V. T. King (2003a) Discourses with the Past: Tourism and Heritage in South-East Asia. In: *Indonesia and the Malay World*, vol. 31, No. 89: 3-15.

―――― (2003b) Concluding Remarks. In: *Indonesia and the Malay World*, vol. 31, No. 89: 161-4.

Hobart, M. (1993) Introduction. In: M. Hobart (ed.) *Anthropological Critique of Development: The Growth of Ignorance*, London: Routledge.

Hobsbawm, E. (1983) Introduction: Inventing Traditions. In E. Hobsbawm and T. Ranger (eds.) *The Invention of Tradition*, Cambridge: Cambridge University Press.

Hooper-Greenhill, E. (1989) The Museum in the Disciplinary Society. In: S. M. Pearce (ed.) *Museum Studies in Material Culture*, Leicester: University of Leicester.

Hou, Y. (1982) The Peasantry of Kampuchea: Colonialism and Modernization. In: B. Kiernan and C. Boua, (eds.) *Peasants and Politics in Kampuchea, 1942-1981*, London: Zed Press, N.Y.: M. E. Sharpe.

Hu, N. (1982) Land Tenure and Social Structure in Kampuchea. In: B. Kiernan and C. Boua, (eds.) *Peasants and Politics in Kampuchea, 1942-1981*, London: Zed Press, N.Y.: M. E. Sharpe.

Humphrey, C. (2001) Contested Landscapes in Inner Mongolia: Walls and Cairns. In: B. Bender and M. Winer, (eds.) *Contested Landscapes: Movement, Exile and Place*, Oxford & N.Y.: Berg.

Hutter, M. (1997) Economic Perspectives on Cultural Heritage: An Introduction. M. Hutter and I. Rizzo (eds.) *Economic Perspectives on Cultural Heritage*, London: Macmillan.

Ishizawa, Y. (1991) A la recherche des fondements de la culture en Asie du Sud-Est et au Japon: les exemples de la coryance aux neak tâ au Cambodge, et du sintô au Japon. In: A. Forest, Y.Ishizawa and L.Vandermeersch, (eds.) *Cultes populaires et sociétés asiatiques: Appareils cultuels et appareils de pouvoir*, Paris: L'Harmattan & Tokyo: Sophia University.

Jacob, J. M. (1978) The Ecology of Angkor: Evidence from the Khmer Inscriptions. In: P. A. Stott, (ed.) *Nature and Man in South East Asia*, London: SOAS.

Jacques, C. and M. Freeman (1997) *Angkor: Cities and Temples*, London: Thames & Hudson.

Kao, K. H. (1999) *Emerging Civil Society in Cambodia: Opportunities and Challenges*, Phnom Penh: Cambodian Institute for Co-operation and Peace.

Keith, M. and S. Pile (1993) Introduction Part 1: The Politics of Place. In: M. Keith and S. Pile (eds.) *Place and the Politics of Identity*, London & N.Y.: Routledge.

Kemp, J. (1988) *Seductive Mirage: The Search for the Village Community in Southeast Asia*, Dordrecht-Holland/Providence RI-U.S.A.: Foris Publications, for Centre of Asian Studies, Amsterdam.

─────── (1991) Process of Kinship and Community in North-Central Thailand. F. Hüsken and J. Kemp (eds.) *Cognation and Social Organization in Southeast Asia*, Leiden: KITLV Press.

Keyes, C. F. (1991) The Case of the Purloined Lintel: The Politics of a Khmer Shrine as a Thai National Treasure. In: C. J. Reynolds, (ed.) *National Identity and its Defenders: Thailand, 1939-1989*, Bangkok: Silkworm Books.

Kim, S. (2001) *Reciprocity: Informal Patterns of Social Interactions in a Cambodian Village nearAngkor Park*. MA Thesis, Northern Illinois University.

Klamer, A. (1997) The Value of Cultural Heritage. M. Hutter and I. Rizzo (eds.) *Economic Perspectives on Cultural Heritage*, London: Macmillan.

Kulke, H. (1978) *The Devaraja Cult*, N.Y., Ithaca: Cornell University Southeast Asia Programme.

Lafont, M. (2004) *Pillaging Cambodia: The Illicit Traffic in Khmer Art*, Paris: McFarland.

Layton, R. (ed.) (1989a) *Who Needs the Past? Indigenous Values and Archaeology*, London & N.Y.: Routledge.

─────── (1989b) *Conflict in the Archaeology of Living Traditions*, London & N.Y.: Routledge.

─────── (1997) *An Introduction to Theory in Anthropology*. Cambridge: Cambridge University Press.

Leach, E. (1990) Aryan Invasions over Four Millennia. In: E. Ohnuki-Tierney (ed.) *Culture Through Time: Anthropological Approaches*, Stanford: Stanford University Press.

Leach, N. (1997) Introduction. In: N. Leach (ed.) *Rethinking Architecture*, London & N.Y.: Routledge

Leask, A. and A. Fyall (2000) World Heritage Sites: Current Issues and Future Implications. In: M. Robinson et al. (eds.) *Tourism and Heritage Relationships: Global, National and Local Perspectives*, Sunderland, U.K.: Centre for Travel and Tourism & Business Education Publishers.

Leclère, A. (1899) *Le bouddhisme au Cambodge*, Paris: Ernest Leroux.

─────── (1916) *Cambodge: Fête civiles et religeuses*, Paris: Imprimerie nationale.

Lefebvre, H. (1991) *The Production of Space*, Oxford, U.K. & Cambridge, U.S.A.: Blackwell.

Lowenthal, D. (1985) *The Past is a Foreign Country*, Cambridge: Cambridge University Press.

─────── (1998) *The Heritage Crusade and the Spoils of History*, Cambridge: Cambridge University Press.

Lukes, S. (1974) Some Problems about Rationality. In: B. R. Wilson, (ed.) *Rationality*, Oxford: Basil Blackwell.

Mabbett, I. and D. Chandler (1995) *The Khmers*, Oxford, U.K. & Cambridge, U. S. A.: Blackwell.

MacDonald, M. (1987) *Angkor and the Khmer.* Singapore, Oxford, N.Y.: Oxford University Press.

Maranda, P. (1972) Introduction. In: P. Maranda (ed.) *Mythology*, Harmondsworth: Penguin Books.

Marcus, G. E. (1995) Ethnography in/of the World System: The Emergence of Multi-sited Ethnogra-

phy. In: *Annual Reviews of Anthropology* No. 24: 95-117.
Markel, S. (1990) The Imagery and Iconographic Development of the Indian Planetary Deities Râhu and Ketu. In: *Journal of the Society for South Asian Studies*, vol. 6, 9-26.
Marston, J.(1997)*Cambodia 1991-94:Hierarchy, Neutrality and Etiquettes of Discourse*.Ph.D. Dissertation. University of Washington.
Martin, M. A. (1994) *Cambodia: A Shattered Society*, Berkeley: University of California Press.
Martinez, D. P. (1992) NHK Comes to Kuzaki: Ideology, Mythology and Documentary Film-Making. In: R. Goodman and K. Refsing, (eds.) *Ideology and Practice in Modern Japan*, London & N.Y.: Routledge.
Meethan, K. (2001) *Tourism in Global Society: Place, Culture, Consumption*, Hampshire & N.Y.: Palgrave.
Merleau-Ponty, M. (1962) *Phenomenology of Perception*, London & N.Y.: Routledge.
Metha, H. & .J. (1999) *Hun Sen: Strongman of Cambodia*, Singapore: Graham Brash.
Miura, K. (2000a) The People of Angkor: Living with a World Heritage Site. *Siksâcakr: Newsletter of the Center for Khmer Studies* (2): 15-19. Siem Reap, Cambodia: CKS.
―――― (2001) Community Empowerment in Conservation Work of Angkor Complex. In: *SPAFA Journal*, vol. 11, No. 1: 23-35.
―――― (2004) *Contested Heritage: People of Angkor*. Ph. D. Thesis. London: Univ. of London, School of Oriental and African Studies.
Mouhot, H. (1868) *Voyauge dans les royaumes de Siam, de Cambodge, de Laos et autres parties centrales de l'Indo-chine*, Genève: Editions Olizane Collection Objectif Terre.
Murphy, P.E. (1985) *Tourism: A Community Approach*, London & N.Y.: Routledge.
Nagashima, M. (2002) *The Lost Heritage: The Reality of Artifact Smuggling in Southeast Asia*, Bangkok:Post Books.
Népote, J. (2000) Le Cambodge (1782-1866) et les Britanniques. In: *Péninsule*, vol. 41, No. 2: 105-35.
Ovesen, J., et al. (1996) *When Every Household is an Island: Social Organisation and Power Structures in Rural Cambodia*, Sweden: Uppsala University (Uppsala Research Reports in Cultural Anthropology).
Parsons, K. D. (2000) Resolving the Conflicts between Preservation, Car Management and Accessibility. In: M. Robinson, et al. (eds.) *Tourism and Heritage Relationships: Global, National and Local Perspectives*, Sunderland, England: Centre for Travel and Tourism & Business Education Publishers.
Peel, J. D. Y. (1984) Making History: The Past in the Ijesha Present. In: *Man* (N.S.) vol. 19, 111-32.
Peet, R. (1998) *Modern Geographical Thought*, Oxford & Malden, M.A.: Blackwell.
Pinney, C. (1995) Moral Topophilia: The Significations of Landscape in Indian Oleographs. In: E. Hirsch and M. O'Hanlon (eds.) *The Anthropology of Landscape: Perspectives on Place and Space*, Oxford: Clarendon Press.
Ponchaud, F. (1978) *Cambodia Year Zero*, London: Allen Lane.
Porée-Maspero, E. (1962, 1964) *Etude sur les rites agraires des Cambodgiens*, vols 1, 2, Paris: Mouton &

Co. La Haye.

Posey, D. (2002) Upsetting the Sacred Balance: Can the Study of Indigenous Knowledge Reflect Cosmic Connectedness? P. Sillitoe, et al., (eds.) *Participation in Development Approaches to Indigenous Knowledge,* London & N.Y.: Routledge.

Poulios, Jannis (2008) *Living Sites: The Past in the Present – The Monastic Site of Meteora, Greece: Towards a New Approach to Conservation,* Ph. D thesis. London: Univ. of London, University College London.

Prentice, R. (1993) *Tourism and Heritage Attraction,* London & N.Y.: Routledge.

Prideaux, B, et al (ed.) (2008) *Cultural and Heritage Tourism in Asia and the Pacific.* London & N. Y.: Routledge.

Putra, I N. D. and M. Hitchcock (2005) Pura Besakih: World Heritage Site Contested. In: *Indonesia and the Malay World,* vol. 33. No. 96.

Robinson, M. et al., (eds.) (2000) *Tourism and Heritage Relationships: Global, National and Local Perspectives,* Sunderland, England: Centre for Travel and Tourism & Business Education Publishers.

Rooney, D. F. (1994) *Angkor: An Introduction to the Temples,* Hong Kong: The Guidebook Company.

Ross, R. R. (ed.) (1987) *Cambodia: A Country Study,* Washington: Congress Library.

Rowlands, M. (1993) The Role of Memory in the Transmission of Culture. In *World Archaeology,* vol. 25, No. 2:142-51.

───── (1999) Remembering to Forget: Sublimation as Sacrifice in War Memorials. In: A. Forty and S. Küchler, (eds.) *The Art of Forgetting,* Oxford, N.Y.: Berg.

Sacher, R. (1964) *A Chef: Ein kambodschanischer Schelmenroman,* Leipzig & Weimar, Germany: Gustav Kiepenheuer Verlag.

Samuel, R. (1994) *The Theatres of Memory, vol. 1: Past and Present in Contemporary Culture,* London & N.Y.: Verso.

Samuel, R. and P. Thompson (1990) Introduction. In: R. Samuel and P. Thompson, (eds.) *The Myths We Live By,* London & N.Y.: Routledge.

Scott, Julie (2002) World Heritage as a Model for Citizenship: the Case of Cyprus. In: *International Journal of Heritage Studies,* vol. 8, No. 2: 99-115.

Scott, James C. (1977) Patron-Client Politics and Political Change in Southeast Asia. In: S. W. Schmidt, (ed.) *Friends, Followers and Factions. A Reader in Political Clientelism,* Berkeley: University of California Press.

───── (1986) Everyday Forms of Peasant Resistance. In: *Journal of Peasant Studies,* vol. 3, No. 2: 5-35.

───── (1990) *Domination and the Arts of Resistance. Hidden Transcripts,* New Haven: Yale University Press.

Shawcross, W. (1979) *Side Show: Kissinger, Nixon and the Destruction of Cambodia,* N.Y.: Simon and Schuster.

——— (1984) *The Quality of Mercy: Cambodia, Holocaust and Modern Conscience*, London: Deutsch.

Shore, C. and S. Wright (1997) Policy: A New Field of Anthropology. In: C. Shore and S. Wright, (eds.) *Anthropology of Policy: Critical Perspectives on Governance and Power*, N.Y.: Routledge.

Smith, K. A. (2000) The Road to World Heritage Site Designation: Derwent Valley Mills, A Work in Progress. In: M. Robinson, et al..(eds.) *Tourism and Heritage Relationships: Global, National and Local Perspectives*, Sunderland, England: Centre for Travel and Tourism & Business Education Publishers.

Smith, N. and C. Katz (1993) Grounding Metaphor: Towards a Spatialized Politics. In: M. Keith and S. Pile, (eds.) *Place and the Politics of Identity*, London & N.Y.: Routledge.

Sok, K. (1985) Quelques documents khmers relatifs aux relations entre le Cambodge et l'Annam. In: *BEFEO*, vol. LXXIV, 403-21.

Stott, P. (1991) Mu'ang and Pa - Elite Views of Nature in a Changing Thailand. In: M. Chitakasem and A. Turton, (eds.) *Thai Constructions of Knowledge*, London: SOAS.

——— (1992) Angkor: Shifting the Hydraulic Paradigm. In: J. Rigg (ed.) *The Gift of Water: Water Management, Cosmology and the State in South East Asia*, London: SOAS.

Strathern, M. (1995) *Shifting Contexts. Transformations in Anthropological Knowledge*, London & N.Y.: Routledge.

Tanabe, S. (1991) Spirits, Power, and the Discourse of Female Gender: the Phi Meng Cult in Northern Thailand. In: A. Turton and M. Chitakasem, (eds.) *Thai Constructions of Knowledge*, London: SOAS.

Thierry, S. (1985) *Le Cambodge des contes*, Paris: L'Harmattan.

Thion, S. (1983) The Cambodian Idea of Revolution. In D. P. Chandler, and B. Kiernan, (eds.) *Revolution and its Aftermath in Kampuchea: Eight Essays*. Monograph Series No. 25. New Haven, Conn.: Yale University Southeast Asia Studies.

——— (1993) *Watching Cambodia*, Bangkok: White Lotus.

Thompson, A. (1993) *Le hau bralin: étude du rite et du texte*, MA Dissertation. Université de Paris III.

——— (2004) The Suffering of Kings: Substitute Bodies, Healing, and Justice in Cambodia. In J. Marston and E. Guthrie (eds.) *History, Buddhism, and New Religious Movements in Cambodia*. Honolulu: University of 'Hawai'i Press.

Thompson, V. (1937) *French Indo-China*. London: George Allen & Unwin.

Throsby, D. (1997) Seven Questions in the Economics of Cultural Heritage. In: M. Hutter and I. Rizzo, (eds.) *Economic Perspectives on Cultural Heritage*. London: Macmillan.

Titchen, S. M. (1996) On the Construction of 'Outstanding Universal Value': Some Comments on the Implementation of the 1972 UNESCO World Heritage Convention. In: *Conservation and Management of Archaeological Sites*, vol. 1, 235-242.

Tonkin, E. (1990) History and the Myth of Realism. In: R. Samuel and P. Thompson, (eds.) *The Myths We Live By*, London & N.Y.: Routledge.

Trankell, I.-B. and L. Summers, (ed.) (1998) *Facets of Power and its Limitations: Political Culture and*

Southeast Asia, Uppsala, Sweden: Acta Universitatis Upasaliensis.

Tuan, Y.-F. (1977) *Space and Place: The Perspective of Experience*, London: Edward Arnold.

Turton, A. (1972) Matrilineal Descent Groups and Spirit Cults of the Thai-Yuan in Northern Thailand. In: *The Journal of the Siam Society*, vol. 60. Part 2. 217-56.

———— (1984) *Limits of Ideological Domination and the Formation of Social Consciousness*, Senri Ethnological Studies 13, Osaka: National Museum of Ethnology.

———— (1986) Patrolling the Middle-Ground: Methodological Perspectives on 'Everyday Peasant Resistance'. In: *Journal of Peasant Studies*, vol. 3, No. 2: 36-48.

———— (1989) Local Powers and Rural Differentiation. In: G. Hart et al., (eds.) *Agrarian Transformations: Local Processes and the State in Southeast Asia*, Berkeley, L. A., London: University of California Press.

———— (1991) Invulnerability and Local Knowledge. In: M. Chitakasem and A. Turton, (eds.) *Thai Constructions of Knowledge*, London: SOAS, University of London.

Ucko, P. (2000) Enlivening a 'Dead' Past. In: *Conservation and Management of Archaeological Sites*, vol. 4, 67-92.

Ucko, P. and R. Layton (eds.) (1999) *The Archaeology and Anthropology of Landscape: Shaping Your Landscape*, London: Routledge.

Urry, J. (1990) *The Tourist Gaze: Leisure and Travel in Contemporary Societies*, London, Thousand Oaks & New Delhi: Sage.

———— (1995) *Consuming Places*, London & N.Y.: Routledge.

van Beek, W. E. A. (1993) Processes and Limitations of Dogon Agricultural Knowledge. In: M. Hobart, (ed.) *An Anthropological Critique of Development*, London, N.Y.: Routledge.

van der Aa, B.J.M. et al (2005) World Heritage as NIBY? The Case of the Wadden Sea. In D. Harrison and M. Hitchcock (eds.) *The Politics of World Heritage: Negotiating Tourism and Conservation*. Clevedon, Buffalo, Toronto: Channel View Publications.

van der Ploeg, J. D. (1993) Potatoes and Knowledge. In: M. Hobart, (ed.) *An Anthropological Critique of Development*, London, N.Y.: Routledge.

Vickery, M. (1984) *Cambodia 1975-1982*, Bangkok: Silkworm Books.

Vijghen, J. and S. Ly (1996) *Decision Making in a Cambodian Village: A Study of Decision Making Processes in a Development Project in Cambodia, Takeo*, Phnom Penh: Cambodian Researchers for Development.

Walters, G. (2005) Elephanta Island: World Heritage, Cultural Conservation and Options for Nature Conservation. In D. Harrison and M. Hitchcock (eds.) *The Politics of World Heritage: Negotiating Tourism and Conservation*. Clevedon, Buffalo, Toronto: Channel View Publications.

Watson, S. (2000) Theorising Heritage Tourism: A Review. In: M. Robinson, et al., (eds.) *Tourism and Heritage Relationships: Global, National and Local Perspectives*, Sunderland, England: Centre for Travel and Tourism & Business Education Publishers.

Winter, T. (2002) Angkor Meets *Tomb Raider:* Setting the Scene. In: *International Journal of Heritage Studies*, vol. 8, No. 4: 323-36.

―――― (2003) Tomb Raiding Angkor: A Clash of Cultures. In: *Indonesia and the Malay World*, vol. 31, No. 89: 58-68.

Winter, Tim, P. Teo and T. C. Chang (eds.) (2009) *Asia on Tour: Exploring the Rise of Asian Tourism.* London; New York: Routledge.

Wright, P. (1985) *On Living in an Old Country: the National Past in Contemporary Britain*, London: Verso.

Yamada, T. (2000) The Spirit of Khleang Moeng in Long Beach, California. In J. Marston and E. Guthrie (eds.) *History, Buddhism, and New Religious Movements in Cambodia.* Honolulu: University of 'Hawai'i Press.

Yang, S. (1990) *Buddhism in Cambodia, 1795-1954*, MA Thesis. Cornell University.

■公式文書

Angkor Participatory Development Organization (APDO) (2000) Introductory paper of APDO, Siem Reap: APDO.

APSARA (1998) *Angkor: Manual for the Past, Present and Future* (2nd edition), Phnom Penh: APSARA.

―――― (2000a) *Yashodara.* No. 3, Phnom Penh: APSARA.

APSARA Authority (2004) *Forestation Project in Siem Reap Angkor Region*, Department of Water and Forestry. Phnom Penh: APSARA Authority.

―――― (2005) *Forest Management in Angkor Park*, Department of Water and Forestry. Phnom Penh: APSARA Authority.

―――― (2008) *Run Ta-Ek: Eco-Village for Sustainable Development: Concept Note of an Ecological Human Settlement.* Phnom Penh: APSARA Authority.

Asian Development Bank (ADB) (2000a) *Cambodia: Enhancing Governance for Sustainable Development*, Manila: ADB.

Boffa Miskell & Fraser Thomas 1998, *Angkor forest rehabilitation Cambodia*, Boffa Miskell & Fraser Thomas, Auckland & Wellington, New Zealand Boukhari, S. and M. A. Dicko (1997) Triumph but Travail in Timbuktu. In: *UNESCO Sources* No. 95:15.

Cooperation Committee for Cambodia (CCC) (2002) 'The impact of the tourism industry in Siem Reap on the people who live in Angkor Park', *CCC*, viewed 25 December 2008, <http://www.ccc-cambodia.org/ADI%20Project/ADI%20Reports/Tourism%20report%20final%20vers-Eng.pdf >

De Lopez, T. et al. (2006) *Towards Sustainable Development in Angkor, Cambodia: Social, Environmental and Financial Aspects of Conserving Cultural Heritage*, Research Report No. 2006-RR5. Phnom Penh: Cambodian Research Centre for Development (CRCD).

Esposito, A and Nam, S. (2008) 'Siem Reap: Urban development in the shadow of Angkor', *Briefing*

Document for the 2008 Pacific Rim Council on Urban Development Forum, 26-29 October. Pacific Rim Council on Urban Development Forum.

Fraser Thomas and Boffa Miskell (1998) *Angkor Forest Rehabilitation and Landscape Enhancement Project*, Auckland & Wellington, New Zealand: Fraser Thomas & Boffa Miskell//Asia Development Assistance Facility Programme.

Hing, V & Tuot, S (2007) 'Pro-Poor Tourism: Siem Reap Case Study', Cambodia Development Resource Institute (CDRI) (ed.), *Pro-Poor Tourism in the Greater Mekong Sub-Region*, Phnom Penh: CDRI.

ICCROM (2003) *ICCROM's Living Heritage Site Programme.* Rome: ICCROM

International Co-ordinating Committee for the Safeguarding and Development of Historic Site of Angkor (ICC) (1996) *Report of Activities*, Phnom Penh: ICC-UNESCO.

——— (1998a) *Fifth Plenary Session*, Phnom Penh: ICC-UNESCO.

——— (1998b) *Annual Report of Activities 1998*, Phnom Penh: ICC.

——— (2001a) *Eighth Plenary Session*, Phnom Penh: ICC-UNESCO.

——— (2001b) *Eleventh Technical Committee*, Phnom Penh: ICC-UNESCO.

——— (2003) *Tenth Plenary Session*, Phnom Penh: ICC-UNESCO.

——— (2004) *Eleventh Plenary Session*, Phnom Penh: ICC-UNESCO.

——— (2006a) *Fifteenth Technical Committee*, ICC-UNESCO.

——— (2006b) *Thirteenth Plenary Session*, ICC-UNESCO.

Inter-Governmental Conference on Angkor (1993) *Safeguarding and Development of Angkor*, Tokyo: UNESCO.

Irvin, K (1999) *Sustainable Community Participation in Angkor Park CMB/98/V04 Progress Report: 1st May-31st July 1999*. Phnom Penh: UNV/UNDP.

Japan International Cooperation Agency (JICA), Nippon Koei, and Kokusai Kogyo (2006a), *The Study on Integrated Master Plan for Sustainable Development of Siem Reap/Angkor Town in the Kingdom of Cambodia: Final Report, Vol.1, Executive Summary*. JICA, Nippon Koei, and Kokusai Kogyo.

——— (2006b), *The Study on Integrated Master Plan for Sustainable Development of Siem Reap/Angkor Town in the Kingdom of Cambodia: Final Report, Vol.2*, JICA, Nippon Koei, and Kokusai Kogyo.

——— (2006c) *The Study on Integrated Master Plan for Sustainable Development of Siem Reap/Angkor Town in the Kingdom of Cambodia: Final Report, Vol.3*, JICA, Nippon Koei, and Kokusai Kogyo.

Khouri-Dagher, N. (1999) World Heritage: Living Places Managed by Local People. In: *UNESCO Sources, Special Issue: UNESCO 2000-2001*, No. 115: 10-11.

Luco, F. (2002) *Between a Tiger and a Crocodile: Management of Local Conflicts in Cambodia. An Anthropological Approach to Traditional and New Practices*, Phnom Penh: UNESCO.

Mackay, R. & S. Sullivan (eds.) (2008) *Angkor: Heritage Values and Issues*. Sydney: Univ. of Sydney.

(http://acl/arts.usyd.edu.au/angkor/lwh/index/php?option=com_content&task=view&id=2 41&Itemid=147：アクセス 2010 年 3 月 31 日)
Nou, L. and E. Brown (1999) *Conference Report on the Meaning of Community in Cambodia*, Phnom Penh: Working Group on Social Organization in Cambodia (SOWG).
Pressouyre, L. /UNESCO (1996) *The World Heritage Convention, Twenty Years Later*, Paris: UNESCO.
The Royal Government (2008) Sub-Decree regarding Organisation and Functioning of the Office of Director-General of the APSARA Authority. Phnom Penh: The Royal Government.
United Nations Educational, Scientific and Cultural Organization (UNESCO) (1983) *Conventions concerning the Protection of the World Cultural and Natural Heritage*, Paris: UNESCO.
―――― (1993a) *UNESCO in Cambodia:1951-1993*, Phnom Penh: UNESCO.
UNESCO (1993b) *Safeguarding and Development of Angkor* (for the Inter-Governmental Conference on Angkor), Tokyo: UNESCO.
UNESCO/World Heritage Centre (WHC) (1999) *Operational Guidelines for the Implementation of the World Heritage Convention*, Paris: UNESCO-WHC.
―――― (2000b) *World Heritage: Heritage – a Gift from the Past to the Future*, Paris: UNESCO/WHC.
World Bank (2006) *Cambodia: Halving Poverty by 2015?*: Poverty Assessment 2006, prepared by the World Bank for the Consultative Group Meeting, Phnom Penh.

■未発表報告書・会議発表論文
Ang, C. (1996) *Collective Memory in Ancient Cambodia* (translation by Elizabeth Moore), Paper presented at Leiden: Association of South East Asian Archaeologists in Europe.
APSARA (2000b) *APSARA Authority Activity Report for the Period June-December 2000 for ICC TC, December 2000*. Phnom Penh: APSARA.
Commaille, J. (1912) *Rapport de la conservation d'Angkor* (computer version). Paris: EFEO Archives.
Groslier, B. P. (1960a) *Note sur la conservation de la forêt d'Angkor* (unpublished internal report), Siem Reap: EFEO.
―――― (1960b) *Rapport de la conservation d'Angkor* (computer version). Paris: EFEO Archives.
―――― (1962) *Rapport de la conservation d'Angkor* (computer version). Paris: EFEO Archives.
―――― (1966) *Rapport de la conservation d'Angkor* (computer version). Paris: EFEO Archives.
Hitchcock, M. (2002b) *Bali: A World Heritage Site Resisted*. Paper presented at The Politics of World Heritage Conference, 2-4 September 2002, London: University of North London.
International Centre for the Study of the Preservation and Restoration of Cultural Property (ICCROM) (2002) *ICCROM's Living Heritage Site Programme*.
―――― (2003a) *Background Paper prepared for ICCROM Living Heritage Sites Programme Strategy Meeting*, Bangkok, 9-11 April, 2003.
―――― (2003b) *Living Heritage Site Programme Workshop: Summary of Results*, The ICCROM's Living Heritage Sites Programme First Strategy Meeting, Bangkok (17-19 September, 2003): ICCROM.

Khuon, K-N 2005, 'Angkor: a Living World Heritage Site' paper, presented at ICCROM/SPAFA workshop of Living Heritage: Empowering Community, Phrae, Thailand, 21-25 November.
―――― 2006a, 'A Commitment to Community Engagement', *Proceedings of Phnom Bakheng Workshop of Public Interpretation,* Center for Khmer Studies, Siem Reap, Cambodia（アクセス：2008 年 3 月 15 日）(http://www.khmerstudies.org/events/conferences/phnom%20Bakheng%20 Workshop/Khuon%).
―――― 2006b, 'Angkor–Site Management and Local Communities', paper presented to the conference, Angkor–Landscape, City and Temple, University of Sydney, Australia, 17-22 July.
Marchal, H. (1924) *Rapport de la conservation d'Angkor* (computer version). Paris: EFEO Archives.
―――― (1926) *Rapport de la conservation d'Angkor* (computer version). Paris: EFEO Archives.
―――― (1931) *Rapport de la conservation d'Angkor* (computer version). Paris: EFEO Archives.
―――― (1932) *Rapport de la conservation d'Angkor* (computer version). Paris: EFEO Archives.
―――― (1934) *Rapport de la conservation d'Angkor* (computer version). Paris: EFEO Archives.
Miura, K. (2000b) *A Living World Heritage Site:Challenges in Angkor,* paper presented at the ICC Tenth Technical Committee, 14-15 December, 2000, Siem Reap, Cambodia.
Provincial Forestry and Wild Life Department, Siem Reap. (1998) *Forestry Issues in Angkor Park*, Discussion paper for the ICC Fifth Plenary Session, Phnom Penh.
Sok, A. (2001) *Opening speech* at the National Seminar on Cultural Tourism, Siem Reap-Phnom Penh, 2-3 July, 2001. Phnom Penh: Royal Government of Cambodia.
Sum, M. (2001) *Speech. ICC Working Documents.*Eighth Plenary Session, Phnom Penh, 6 July, 2001.
Takaki, A. and K. Shimotsuma (2003) *What is "Living Heritage Site"?*, The ICCROM's Living Heritage Sites Programme First Strategy Meeting, Bangkok (17-19 September, 2003): ICCROM.
UNDP (1999?) *Project Brief: Sustainable Community Participation.* Phnom Penh: UNDP.
Walters, G. (2002) Elephant Island and Natural Heritage Conservation: Is There a Proxy Effect due to its World Heritage Site (Cultural) Status? Paper presented at The Politics of World Heritage Conference, 2-4 September 2002, London: University of North London.

■パンフレット
Buffalo Trails
Krousar Thmey

■新聞記事
Cambodia Daily
　(June 8, 2001: 1-2) Overseer of Temples Fired From Apsara.
　(June 9-10, 2001: 3) Construction Permits Cited in Apsara Firing.
Cambodge Soir
　(14 March, 2002: 1, 7) Ordre de Démolition des Pagodes du Site d'Angkor.
Phnom Penh Post (PPP)

(March 14-27, 1998: 1, 6) Developers' Strip Trees from Angkor.
(Oct. 2-15, 1998: 3, 6) Talks, Rockets and a Brand New Parliament.
(September 17-30, 1999: 4) Militias Bring Spectre of Lynch Mobs.
(December 10-23, 1999: 14) Swift Trial and a Slow Death in Phnom Penh.
(Sep. 1-14, 2000: 8) Jolie and 'Tomb Raider' Set to Storm Angkor Wat.
(Dec. 8-21, 2000: 16) Surviving the Raiders of Angkor Wat.
(Jan. 19-Feb. 1, 2001: 12) Resin Tappers Face Extinction from Illegal Logging.
(March 16-29, 2001: 12) Resin Farmers Protest Tree-Felling.
(May 25-June 7, 2001: 1-2)Donors Talk Tough Ahead of CG Meeting.
(May 25-June 7, 2001: 16) The Mountain of Doomed Love.
(June 8-21, 2001: 1-2) Government Rejects Global Witness Claims.
(June 8-21, 2001: 1, 4) Clear Sailing Expected for Tokyo CG.
(June 8-21, 2001: 6) Apsara Head Rolls After Allegations.
(June 22-July 5, 2001: 2) CG Reaps Direct US Aid for AIDS.

■ DVD

Warrack, S. 2003. *Living Heritage at Angkor. The Restoration of Ta Reach*. The German APSARA Conservation Project (GACP).

■インターネット・サイト：

APDO: http://www.apdoangkor.org/apdo_profile.htm
ICOMOS: http://www.international.icomos.org/world_heritage/visit.htm
IKTT: http://iktt.esprit-libre.org/2005/0/post-141.html
New Zealand's International Aid (NZAID) & Development Agency.'Pro-poor Tourism', *Cambodia: 2008/2009 Allocation | $4.4 million.*
　　　　http://www.nzaid.govt.nz/programmes/c-cambodia.html (access: 15 July 2008).
ユネスコと世界遺産：
http://www.unesco.org/whc/ or http://whc.unesco.org/nwhc/pages/home/pages/homepage.htm
- Cultural Landscapes: http://whc.unesco.org/nwhc/pages/doc/mainf3.htm
  http://whc.unesco.org/exhibits/cultland/landscape.htm
- Cultural Landscapes: History and Terminology:
  http://whc.unesco.org/exhibits/cultland/histerm.htm
- Message from the Director-General of UNESCO, Koichiro Matsuura. (General Assembly Resolution A/RES/56/8 - United Nations Year for Cultural Heritage 2002). 2002. http://portal.unesco.org/culture/ev.php?URL_ID=1549&URL_DO=DO_TOPIC&URL_SECTION=201&reload=1023453010. United Nations Year for Cultural Heritage. Protection of the World Cultural and Natural Heritage. 2002.
- UNESCO/Boukhari (2002 年 5 月 28 日) Heritage: Angkor's Role in the Search for a Lost

Unity. *UNESCO New Source,* Paris: UNESCO.

- 無形文化遺産：http://www.unesco.org/culture/inc.index.php?lg=EN&pg=home

ABC Radio Australia News

(14 June 2002) Monks Ordered to Leave Angkor Wat.

Guardian

(31 January, 2003) Thais Cut Links with Cambodia after Riots.
(http://www.guardian.co.uk/Print/0,3858,4595298,00.html)

索引

あ行

ICC……40, 41, 51, 52, 214, 274, 277, 278, 279, 302, 315, 316, 317, 318, 319, 321, 322, 323, 329, 334, 335, 338, 339, 341, 344, 345
アジア開発銀行（ADB）……235, 290
アジア文化保存セミナー……46
アシュヴァッターマン Aśvatthāman ……126
阿修羅 Asura ……241
アチャー achar ……57, 113, 116, 129, 134, 145, 167, 174, 179, 180, 186, 204, 205, 206, 210, 220, 221, 224, 298, 300
アチャー・カー achar kar ……57
アチャー・ヨキ achar yoki ……57
アディティヤヴァムシャ Ādityavamśa ……124
アドボカシー……56
アパデュライ,アルジュン Appadurai, Arjun ……92, 95
アピバール aphibal ……272
アピレア aphireak ……272
アプサラ apsara ……40, 41, 49, 50, 51, 52, 57, 66, 67, 83, 89, 158, 159, 181, 184, 201, 213, 227, 245, 247, 248, 251, 253, 255, 256, 258, 259, 260, 262, 265, 266, 269, 270, 271, 272, 274, 275, 276, 277, 278, 279, 281, 282, 286, 288, 299, 300, 301, 310, 311, 315, 318, 321, 322, 324, 329, 330, 331, 332, 333, 335, 336, 337, 338, 339, 340, 341, 343, 344, 345, 346, 347, 348, 349, 350, 351, 352, 353, 354, 355, 356, 357, 358, 363
甘瓜の王……141
アヤイ ayai ……200
アラック arak ……161, 164, 165, 166, 172, 173, 174, 220
アラック・スヴァーイ Arak Svai ……166
アラック−ネアック・ター arak-neak ta ……172, 173
アラック・バッコー Arak Bakko ……161, 172, 173, 174
アルティザン・ダンコール Artisan d'Angkor ……306, 358, 359
アン・チャン Ang Chan ……168, 169
アン・チューリアン Ang Chouléan ……83, 255, 258, 266, 366
アン・ドゥオン Ang Duong ……70
アン・メイ Ang Mei ……70
アンコール・クラウ……37, 38, 51, 57, 59, 77, 113, 115, 116, 118, 120, 123, 125, 133, 137, 140, 147, 153, 154, 155, 156, 157, 158, 161, 172, 173, 176, 177, 178, 179, 181, 182, 183, 184, 186, 187, 188, 189, 191, 192, 193, 194, 196, 197, 199, 203, 204, 205, 206, 207, 208, 211, 212, 213, 216, 217, 218, 219, 220, 222, 223, 224, 226, 227, 231, 239, 240, 241, 242, 248, 249, 253, 264, 268, 280, 299, 302, 305, 306, 308, 310, 311, 312, 343, 361
アンコール・グループ……38, 40, 253
アンコール・トーイ Angkor Toch ……142
アンコール・トム……38, 52, 53, 57, 59, 63, 64, 65, 66, 77, 78, 86, 89, 92, 96, 97, 103, 115, 116, 117, 118, 119, 121, 123, 130, 132, 133, 134, 135, 136, 137, 142, 154, 157, 158, 162, 173, 176, 177, 178, 180, 181, 182, 183, 184, 187, 188, 190, 191, 192, 193, 194, 195, 197, 199, 200, 201, 202, 203, 204, 205, 206, 212, 213, 216, 217, 218, 219, 220, 221, 222, 223, 226, 227, 231, 239, 240, 241, 242, 244, 245, 246, 247, 248, 249, 250, 253, 254, 263, 264, 265, 266, 267, 268, 269, 280, 284, 285, 286, 287, 288, 298, 300, 303, 306, 311, 312, 320, 321, 327, 336, 343
アンコール・ボレイ Angkor Borei ……132
アンコール・ワット……38, 39, 49, 50, 53, 63, 64, 65, 66, 70, 71, 72, 73, 74, 78, 80, 87, 89, 90, 91, 92, 93, 96, 113, 115, 118, 119, 125, 141, 142, 143, 144, 145, 146, 148, 149, 150, 154, 158, 162, 169, 177, 180, 181, 182, 194, 195, 200, 209, 210, 211, 212, 213, 214, 215, 216, 220, 222, 227, 243, 244, 247, 248, 249, 260, 261, 285, 290, 300, 303, 306, 317, 318, 320, 321, 327, 331, 339, 343
アンコール遺跡救済国際調整委員会（ICC）……40
アンコール遺跡の保全と周辺地域の持続的発展のための人材養成支援機構（JST）……361
アンコール公園……39, 53, 63, 155, 202, 213, 221, 241,

255, 278, 283, 298, 322, 329, 331, 332, 334, 336, 337, 339, 341, 342, 344, 345, 347
アンコール公園内の土地計画と住宅管理部(DLHMAP) ……345
アンコール参加型開発機関（APDO）……255
アンコール保存事務所……120, 144, 161, 177, 212, 220, 221, 222, 223, 224, 225, 246, 277, 285
アンダーソン，ベネディクト Anderson, Benedict …… 70, 72, 163, 231
アンテルム，ミシェル Antelm, Michel ……83, 124
アンロン・ヴェン Anglong Veng ……71, 339, 346
イアン Yeang ……77, 78, 183, 188, 190, 192, 221, 226, 240, 241, 246
イエイ・コウム Yiey Koum ……120
イエイ・スオン Yiey Suon ……193, 194, 217
イエイ・チャープ Yiey Chap ……194, 218
イエイ・ティエム Yiey Thiem ……115, 116, 200, 217
イエイ・テープ Yiey Tep ……131, 145, 171
イエイ・プローイ Yiey Plây ……224
イエイ・ポーム Yiey Phâm ……224
イエイ・ミア Yiey Mea ……137, 140
イエイ・モーイ Yiey Moch ……161
イエイ・ユーン Yiey Yeung ……116, 137, 139, 161, 170, 171, 174, 175, 195, 223, 224
イエイ・ラープ Yiey Lap ……116
イエイ・ロム Yiey Rom ……169
イクロム ICCROM ……45, 49, 67, 317, 364, 365
イケー yiké ……200
イコモス ICOMOS ……49, 317, 364
イサラク Issarak ……39, 91, 135, 146, 147, 209, 219, 220, 221
遺産学……41, 42, 79, 100
遺産管理者……43, 67, 88, 326, 344
遺産言説……42, 100
遺産産業……52, 80, 201
遺産保護……42, 43, 44, 45, 46, 48, 49, 51, 52, 53, 66, 81, 99, 149, 257, 260, 265, 330, 337, 364
遺跡警察署長……253, 255, 257, 259, 260, 261, 262, 264, 266, 267, 268, 271, 274, 275, 279, 281, 288, 291, 303, 312
遺跡・考古学部Ⅱ（DMA-II）……329, 332
遺跡修復チーム……66, 317
遺跡修復労働者……57, 193, 212, 222, 304
一時的ゾーン……341
イデオロギー的国家組織 Ideological State Apparatus ……283, 356
違法建築……52, 301, 329, 347, 349, 356
違法発掘……66, 276
イヤック yeak ……110
インダパッタ Indapatta ……125, 127
インドシナ戦争……210
インドラヴァルマン2世 Indravarman II ……130, 131
インドラ神……91, 111, 113, 138, 140, 142, 149, 150, 205
インドラプラスタ Indraprastha ……124, 125
ヴァーヴォン Vavong ……204
ヴァン・モリヴァン Vann Molyvann ……277, 281, 319
雨安居……119, 176, 189
ヴィアル Veal ……147, 158, 216, 220, 243, 343
ヴィアル・アンダフ Veal Andas ……147, 220
ヴィエンチャン Vientiane ……38
ヴィクトル・ゴルベフ Victor Goloubew ……131
ヴィシュヌ……39, 74, 133, 143
ヴィスヴァカルマン Visvakarman ……91
ヴェトナム軍……103, 222, 226, 237, 238, 240, 241, 242, 244, 265
ヴェン・セレイブット Veng Sereybuth ……323
ウォーク Uok ……146
ウオン・ヴォン Uong Vong ……285
ヴォン・シル Vong Syle ……205
ヴォン・ティア Vong Tia ……204
ウドン Udong ……39
ウナロム寺院 Wat Ounnalom ……177
占い師……58, 113, 116, 133, 161, 166, 167, 224
ウルル・カタジュタ国立公園 Uluru-Kata Tjuta National Park ……45
エイサイ eisei ……122, 123, 124
エイズ AIDS ……136, 349, 353
エイモニエ，エティエンヌ Aymonier Étienne ……130, 195, 196, 211
エーク Ek ……146, 159, 345, 346
エコ・ヴィレッジ eco-village ……346, 347
エコ・ツーリズム……98, 362
エビハラ，メイ・M Ebihara, May M. ……160, 188
エメラルド……70
エリアーデ，ミルチャ Eliade, Mircea ……109
エンテパット Entepat ……125
王位継承……85, 125, 150
王即神……96, 110, 111
王朝年代記……59, 107, 124, 125, 126

索引

応用人類学……55
王令……155, 263, 265, 266
オートバイ・タクシー……49, 181
伯父さんの川の門……117
OSMOSE（オズモス）……362
音と光のショー……317, 323
踊り子……52, 87, 310
オペレーショナル・ガイドライン Operational Guidelines……81, 82, 102
オムナーイ âmnach……232
オムプル・タッコー Âmpil Takko……157
オリエンタリスト Orientalist……99
オンカー angkar……224, 225, 237
オンコニュ angkonh……200

か行

カーチョン・カムポック Karchon Kampok……269
開発ボランティア（VDC）……58
カウ爺さんの門……117
ガウデス, ルディガー Gaudes, Rüdiger……125, 127, 132, 142
カウンディニャ Kaundinya……126, 127, 132
カエト khaet……160
カオト・クラーイ kaot klach……232
華僑……244
隠された脚本 hidden transcript……256
隠されたシナリオ……293, 294, 296, 301, 313, 321, 322, 325
閣僚評議会……71, 262, 319, 321, 322
影絵細工……357, 358
ガネーシャ Ganeśa……120
Café Moi Moi（カフェ・モイモイ）……361
カムナン kamnan……196, 209
カムラテーン・ジャガット・ター・ラージャ kamrateṅ jagat ta rājya……110
カラオケ……50, 317, 330
ガラホナイ国立公園 Garajonay National Park……45
カルマ……141, 175
環濠……63, 65, 66, 86, 96, 117, 142, 187, 193, 194, 201, 202, 203, 206, 214, 239, 244, 248, 266, 286, 287, 303, 318, 331
観光資源……43, 357
観光市場……101, 334
観光消費……82, 99, 334

観光人類学……47, 104
監視塔……89
慣習法……192, 233, 235, 258, 259
観世音菩薩……119, 131, 143
乾田……183, 187, 188
カンプジャ Kambujā……125, 127
カンプチア・クロム Kampuchea Krom……38
カンプチア共和国……238
カンプチア人民共和国（PRK）……40, 238
カンボジア・ミレニアム開発目標（CDMG）……333
カンボジア国（SOC）……36, 39, 40, 68, 70, 71, 219, 234, 238, 241, 242, 257, 258, 357
カンボジア国連暫定統治機構（UNTAC）……36, 241
企業型開発組織……361
記号論による抵抗 semiotic resistance……272
北スラッ・スラン Srah Srang Khang Cheung……78, 144, 145, 158, 169, 253, 345
北テアックセン Teaksen Khang Cheung……158, 243
北寺……146, 147, 148, 213, 214
牛車……63, 77, 149, 150, 190, 213, 215, 219, 312, 341, 345, 362
旧兵士……58
強制移住……71, 96, 99, 101, 154, 157, 158, 224, 226, 243, 348
強制撤去……348, 349
巨石群遺跡……80
キンマの葉……133, 173, 177, 207
クイ族 Kui……157
クヴィアン Khvien……248, 253, 257, 343
空間実践 spatial practice……87, 88
空間代表 representations of space……88, 89
クオン・クンーニエイ Khuon Khun-Neay……332
クダ・バエン kda baen……214
クニョム knhom……201
クバン kben……134, 196
クマオーイ・チャウ khmaoch chhau……164
クム khum……159
クメール・ルー Khmer Loeu……41, 157
クメール・ルージュ Khmer Rouge……36, 39, 40, 71, 96, 145, 222, 223, 224, 225, 226, 238, 239, 240, 242, 251, 284, 339
クメール正月……92, 115, 119, 162, 181, 186, 200, 248, 256, 260
クメール伝統織物研究所（IKTT）……359
クライン・モーン Khleang Moeung……168, 169

クラヴァス, ポール　Cravath, Paul……111, 119, 126
クラヴァン　Kravan……144, 158, 247, 253, 321
クラエップ　Klaep……196
クラチェ　Kratie……241
グランド・ホテル　Grand Hotel d'Angkor……278, 308
クリスティーズ　Christies……315
クルー　kru……90, 164, 165, 166, 220
クルー・コムナウト　kru komnoet……164, 166
クルー・メーモアット　kru memôt……164, 165, 166
クルサー・トゥマイ　Krousar Thmey……357
クレアン　Khleang……258, 362
クロム・サマキ　krom samaki……239
グロリエ, ベルナール・P　Groslier, Bernard P.……87, 119, 160, 163
クロン・ペアリー　Krong Pealy……129
クワウ　Khvau……146
郡警察……58
軍事警察……64, 118, 245, 249, 288, 329
軍事行動……245, 278, 280
経済資源……44, 67, 68, 86, 104, 183, 232, 240, 251, 298, 327
ケー・ドムナエル　ker dâmnael……77, 83
ケー・モロドック　ker morodâk……77, 83, 103, 298
ゲッティ・コンサベーション研究所　Getty Conservation Institute……78
ケット・メリア　Ket Mealea……91, 113, 142
建設労働者……52, 352
建築規制……52, 60, 66, 89, 181, 332, 347, 352
コア・ゾーン……40, 65
構造化されたインタビュー　structured interview……55
構造化されないインタビュー　unstructured interview……55
公秩序・協力部（DPOC）……347
公的な脚本　public transcript……256
公的なシナリオ……293, 317
高度な宗教　high religion……108
幸福の井戸……122
交霊祭……166, 167, 170, 174
コーク・カンダール　Kôk Kandal……157
コーク・ター・チャン　Kôk Ta Chan……137, 157, 158, 192, 194, 218, 239, 248, 253, 280, 343
コーク・ター・チャン村　Phum Kôk Ta Chan……137, 158, 194, 218, 239, 280
コーク・ター・トゥルー　Kôk Ta Tru……216, 217, 218

コーク・ター・ナーク　Kôk Ta Nak……217, 227, 240
コーク・チョック・コミューン　Kôk Châk Commune……154
コーク・トゥナオト　Kôk Thnaot……157, 253
コーク・トゥロック　Kôk Thlok……120, 123, 125, 127
コーク・ドーン　Kôk Doung……157, 158, 192, 194, 218, 239, 243, 257
コーク・ベーン村　Phum Kôk Beng……137, 157, 158, 194
コーチトレーニング　coach training……330, 331
五戒……134, 174, 176
こぐ川の門……117
国際協力機構（JICA）……334, 337
国際美術品市場……67
国際文化機関……83
国際連合食糧農業機関（FAO）……255
国際労働機関（ILO）……299
国内観光機構……72
国民統合の言語……257
乞食……58, 311
互酬性……230
国家戦略開発計画2006年～2010年（NSDP）……333
コッ・ケー　Koh Ker……280
コミュニケーション課（CU）……329, 330
コミュニティ参加型開発……58
混成調停課（MIU）……329
コン・ライ　Kon Rei……137, 138, 139, 140, 141
コンポン・チュナン　Kompong Chhnang……139
コンポン・トム　Kompong Thom……148, 220, 241, 280

さ行

再帰的人類学……55
最高国民評議会（SNC）……36
サエム師　Lôk Ta Saem……116
サザビーズ　Sotheby's……315
サット・ペー　Sat Phe……224
砂糖椰子……190, 193, 216, 217, 227, 240, 308, 348, 353, 354, 355, 362
サム・ラインシー　Sam Rainsy……302
サムナン　Sâmnang……224
サロット・サル　Saloth Sar……39
サン・アントニオ　San Antonio……91

索引

産婆……58, 116, 166, 167
参与観察……55, 58, 125, 166
シアヌークヴィル Sihanoukville ……334
シヴァ神……85, 108, 110, 111, 133
JSA……38, 51, 184, 255, 271, 302, 361
ジェイコブ，ジュディス Jacob, Judith ……160
シェム・リアップ川……103, 192, 241, 339, 340, 346
シエン・ナム Sieng Nam ……269, 279, 280, 283
視覚消費……68, 99, 326
資金提供国（ドナー）……301
資源人類学……47
死者の門……117, 118
自然公園……81
持続可能な観光のための憲章……338
シソポン Sisophon ……39, 219, 346
シソワット Sisowat ……196
実践人類学……55
指導の言説 hegemonic discourses ……108
指導霊……90, 164, 166, 175
支配的エリート……73, 293, 325
地盤沈下……340
至福千年説……37, 133
絞め殺し植物……113
4面顔……119, 121, 122, 134
4面塔……123
社会経済開発計画（SEDP 1）……333
社会の空間……85, 172
社会の動態……54, 59, 84, 276, 282, 291
JASA……51, 184, 361
シャム Siam ……39, 70, 73, 87, 112, 154, 168, 173, 195, 196, 209, 210, 211, 217, 234
ジャヤヴァルマン7世 Jayavarman VII ……38, 39, 85, 86, 111, 112, 117, 119, 122, 125, 131, 132, 136, 156, 220
宗教的空間……85, 87
集合財産……77, 83
集合の記憶……59, 96, 107, 108, 109, 132, 141, 151, 202
私有財産制度……77
周達観 Chou Ta-Kuan ……85, 86, 87, 118, 119, 124, 128, 131, 201
住民参加型……43, 46, 362
守護霊……49, 73, 86, 89, 97, 101, 108, 112, 164, 167
須弥山……117, 119, 142
主霊……143, 144, 161, 169

上座仏教……39, 57, 85, 112, 132, 151, 175, 176, 262
勝利の門……117, 118
所有権……47, 54, 58, 82, 88, 96, 187, 192, 237, 240, 242, 243, 246, 250, 251, 278
地雷……40, 158, 239, 242, 243, 251, 310, 349
人口統計学・開発部（DDD）……329, 331
神聖性……96, 97, 104, 117, 120, 124, 133, 136, 148, 151, 162, 164
神像……52, 57, 63, 64, 66, 74, 101, 108, 114, 143, 201, 245, 249, 252, 285, 298, 300, 311
森林管理・文化的景観・環境部……345
森林管理官……246
森林産物……66, 104, 287
森林資源……97, 183, 185, 190, 239, 249, 341
森林破壊……261, 267, 290, 328, 340, 344
水田税……286, 287, 288
スヴァーイ・リエン Svay Rieng ……257
スヴァーイ・ルー Svai Loeu ……146, 223, 226
スコット，ジェームズ・C Scott, James C ……59, 230, 256, 294, 313
スダーイ・トロソック・パエム Sdach Trâsâk Ph-aem ……141
スダーイ・ドンボーン・クロニューン Sdach Dâmbâng Kronhung ……141
ストゥン・トレン Stung Treng ……241
ストーンヘンジ Stonehenge ……44
スドク・コーク・トム Sdok Kôk Thom ……110
スバエク・トム sbaek thom ……200
スパファ SPAFA ……45
スム・マニット Sum Manit ……321
スラー・トー slar thor ……170
スラウ・カンダール srau kandal ……187, 188
スラウ・スラル srau sral ……187, 188
スラウ・トゥグン srau thngun ……187, 188
スラエ・ター・トゥオット Srae Ta Tuot ……193, 245
スラッ・スラン Srah Srang ……78, 144, 145, 146, 158, 169, 219, 248, 253, 264, 267, 272, 331, 345, 355
スラッ・スレイ Srah Srei……216, 217, 218
スリヤヴァルマン2世 Sūryavaruman II ……38, 90, 132, 142, 220
スロック srok ……157, 159, 160, 163, 169, 182, 199, 314
スロック・クメール Srok Khmer ……163
スロック・クラオム Srok Kraom ……163
スロック・スラエ Srok Srae ……163

スロック・バライ Srok Baray ……157
スロック・プサー Srok Phsar ……163, 182, 314
スロック・プレイ Srok Prey ……163, 182, 314
スロック・ルー Srok Loeu ……163, 199
スン・サオン Sun Saon ……116, 117, 123, 135
政治難民……209
生存維持経済……239, 246, 251
世界遺産条約……66, 75, 81, 82
世界遺産センター……43, 82, 103, 328
世界遺産リスト……43, 47, 65, 103, 183, 229
世界観光機関（WTO）……213, 315, 323, 364
世界記念碑基金（WMF）……50
セデス，ジョルジュ Cœdès, George ……110, 125, 126
前近代文化……91, 92
占星術師……149, 196
セントミア Senthmea ……117, 137, 139, 141, 194, 311
千年王国……133
千福年説……133
僧正……116, 119, 146, 148, 173, 177, 178, 179, 180, 218, 280, 281, 300
創造の共同体……44
相続財産……41, 77, 83, 191, 194, 197, 266, 275, 285
壮大な物語 meta-narratives ……108
象使い……310
僧侶……53, 54, 57, 61, 63, 73, 77, 86, 92, 97, 119, 122, 133, 134, 135, 146, 147, 148, 169, 176, 177, 178, 179, 180, 181, 194, 196, 201, 204, 205, 207, 212, 213, 214, 215, 216, 217, 218, 219, 225, 227, 233, 234, 244, 256, 260, 262, 279, 280, 281, 298, 300, 301, 306, 327, 330, 331, 332, 344, 348
ソーヴォン Sovong ……204
ソートニコム Sautnikum ……223, 226, 258
ゾーニング令……66, 318, 346
ゾーン1……40, 41, 54, 57, 65, 155, 158, 159, 231, 251, 265, 301, 330, 332, 346
ゾーン2……40, 41, 65, 231, 317, 318, 330, 356
ソカ・ホテル Sokha Hotels ……278, 293, 317, 318, 335
ソキメックス Sokimex ……278
ソク・アン Sok An ……72, 319, 320, 321
ソマ Somā ……126, 127, 132
ソムノム・ソンヴァー sâmnom sângvar ……165
ソンヴァー sângvar ……165, 166
ソンヴァー・ペッチ Sângvar Pech ……161
村長……58, 157, 159, 196, 209, 225, 239, 243, 248, 253, 264, 280, 302, 312, 348, 349, 353, 354, 355, 356
村落開発委員会 Village Development Committee ……58, 299

た行

ター・オーイ Ta Ouch ……161
ター・クアン Ta Kuan ……145
ター・クー Ta Ku ……144
ター・クオン・ムチャ・プーム Ta Kuong Mchas Phum ……161
ター・クデイ Ta Kdei ……145
ター・クリエル Ta Kriel ……217, 218
ター・ケオ Ta Keo ……78
ター・コル Ta Kol ……145
ター・サーン Ta San ……116, 150, 165, 166, 172, 173, 174, 186, 188
ター・サエム Ta Saem ……116, 224
ター・サオ Ta Sao ……224
ター・スヴァーイ Ta Svay ……144, 145
ター・スム Ta Sum ……115, 116, 195, 200, 217
ター・ソーン Ta Sâng ……116, 192
ター・チャイ Ta Chhay ……116, 134, 193, 224
ター・チャム Ta Chham ……116, 120, 123, 124, 130, 132, 285
ター・チャン Ta Chan ……137, 157, 158, 192, 194, 218, 224, 239, 248, 253, 280, 343
ター・チュオップ Ta Chuop ……116, 134, 147, 149, 186, 224
ター・トアン Ta Toan ……161
ター・トラウ湖 Baoeng Ta Trau ……194, 218, 269
ター・ドンボーン・ダエク Ta Dâmbâng Daek ……131
ター・ナーク Ta Nak ……193, 194, 195, 196, 200, 201, 217, 218, 223, 225, 227, 240
ター・ニエム Ta Niem ……223
ター・バンティアイ・トム Ta Banteay Thom ……161
ター・プラック Ta Prak ……217
ター・プラネット Ta Pranet ……161
ター・プルッ Ta Pruh ……145
ター・プローイ Ta Proch ……218
ター・プロム Ta Prohm ……65, 78, 86, 118, 137, 145, 158, 180, 246, 265, 268, 307, 308
ター・ペッチ Ta Pech ……144
ター・ミア Ta Meas ……194, 218

索引

ター・モック　Ta Mok……71
ター・ヨアン　Ta Yoan……218
ター・ラック　Ta Lak……144
ター・リエイ　Ta Reach……74, 142, 143, 144, 145, 169
ター・リエット　Ta Riet……194, 216, 239, 244, 250, 286, 287
ター・ロアム　Ta Loam……116, 145, 146, 210
タート・ルアン　Tat Luang……210
タートン，アンドリュー　Turton, Andrew……254
タイ　Tai……35, 39, 45, 70, 71, 72, 86, 99, 143, 157, 161, 173, 177, 181, 182, 186, 195, 209, 219, 224, 238, 254, 260, 315, 346, 354, 357, 359, 363
ダイ・スラエ　dei srae……183
ダイ・トゥマイ　Dei Thmei……158, 243, 244
大乗仏教……39, 85, 111, 112, 119, 175, 176
代表空間　representational spaces……88
タエ・レアクサ　thae reaksa……272
ダオイ・チュバブ　daoy chbab……233
ダプ・チュオン　Dap Chhuon……135, 146, 147, 148, 220, 221
タマリンド　tamarind……193
ダラニンドラヴァルマン２世　Dharanindravarman II……156
タン・チャイ　Tan Chay……245, 246, 253, 257, 266
チア・シム　Chea Sim……238
チア・ソパル　Chea Sophal……362
チア・ソポーン　Chea Sophorn……322
チア・ノル　Chea Nol……361
チェーク師　Lôk Ta Chek……218
チェン・ヴォッサー　chenh vossa……176
チェン・チア・ラン　ch'en-chia-lan……86
チクレン郡……130
チャオ・セン　Chao Saen……137, 138, 139, 140
チャオル・チュン・コンサエン　chaol chhung kânsaeng……200
チャム　Cham……41, 87, 116, 120, 123, 124, 125, 130, 132, 196, 205, 208, 285, 360
チャンドラー，デーヴィッド　Chandler, David……110, 128, 130, 135, 142, 143, 219, 220, 221, 234
チャンパ　champa……125, 126, 205
チャンパサック　Champasak……47
中央祠堂……89, 142, 145
チュー・ティアル　Chheu teal……77
チュヌオ　chhunuor……166
徴収金……66, 285, 286

チョーム　chom……142, 145, 146, 147, 148, 149, 166, 220, 327
チョムカー　châmkar……183
チョン・リアン　Chong Reang……244, 250, 286
チョンボック　châmbâk……113
地理情報システム（GIS）……344
チリュー　Chriev……189
地霊……73, 77
鎮静の儀式……150
通過儀礼……55, 92, 129, 171, 176, 185
創られた伝統　invented tradition……296
ディアスポラ　diaspora……69
ティエン・プロアット　tienh proat……200
デヴァ・ラジャ　devarâja……96
テヴァダー　tevoda……133, 220
テープ・ヴォン　Tep Vong……177, 280, 281, 300
テーマ・パーク……80
展開型……114
伝統医療……55
伝統絹織物復活プロジェクト……359
伝統治療師……58, 90, 113, 118, 166, 167, 204, 217, 220
伝統の森再生計画……360
デンマーク国際開発事業団　DANIDA……343
トアン・チャイ　Toan Chay……290
トゥヴィア・クマオイ　Tvear Kmaoch……117
トゥヴィア・ター・カウ　Tvear Ta Kau……117
トゥヴィア・ダイ・チュナン　Tvear Dei Chhnang……117
トゥヴィア・チェイ　Tvear Chey……117
トゥヴィア・トンレ・オム　Tvear Tonle Om……117
トゥーム・レイダー　Tomb Raider……105
ドゥオン　Duong……70, 177
トゥガイ・セル　thngay sel……162
トゥクトゥク　tuk-tuk……181
トゥネン・チェイ　Thnenh Chey……205, 207
トゥノール・トートゥン　Thnal Totueng……253
トゥノール・ボンダオイ　Thnal Bandaoy……253
トゥルヴェ，ジョルジュ　Trouvé, George……144
登録基準……68, 75, 76, 81, 82, 102, 103
ド・コート，ディオゴ　do Couto, Diogo……87
ド・セルトー，ミシェル　de Certeau, Michel……294, 295, 296
トーン　Thân……224
ドーンレーク山脈……132
土地法……242

土地利用……102, 271, 328, 330, 332, 365
ドナーの諮問グループ Consultative Group of Donors
　……302
土鍋の門……117, 118, 155, 217, 222, 223, 224, 241, 249
トベーン Tbaeng……146
トマユット Thommayuth……177, 178, 301
トム湖 Baoeng Thom……216, 269
ドムナック寺 Wat Dâmnak……147, 148
トラーイ Trach……77, 78, 183, 188, 241
トラウマ trauma……200, 238
奴隷……79, 86, 90, 196, 201, 234, 236
トロット trot……186, 200, 260
ドロナ Dorona……126
トロペアン trâpeang……63, 116, 145, 155, 158, 192, 193, 194, 206, 207, 210, 214, 217, 221, 222, 225, 241, 243, 244, 248, 253
トロペアン・ヴィエン Trâpeang Vien……155, 217
トロペアン・セッ Trâpeang Seh……63, 116, 145, 158, 192, 194, 210, 214, 221, 222, 225, 241, 243, 244, 248, 253
トロペアン・ター・チェイ Trâpeang Ta Chey……206, 207
トロペアン・ター・ヌーク Trâpeang Ta Nouk……193, 194, 217
トン・チェイ Ton Chey……203, 205, 206, 207, 208
ドン・ボウ Don Poeu……248, 264, 303
ドン・ミア Don Mea……137
ドンボーン・クロニューン王 Sdach Dâmbâng Kronhung
　……116, 142, 149
トンレ・サップ湖 Tonle Sap……41, 183, 216, 280, 306, 339, 340, 362
トンレ・スグオット Tonle Snguot……156, 187, 249, 303, 304

な行

ナーガ nāga……91, 110, 120, 121, 122, 123, 124, 125, 126, 128, 129, 130, 140
内戦……35, 37, 71, 96, 148, 180, 183, 261, 288, 289, 298, 305, 366
ナギ Nāgī……124, 125, 126, 132
南大門……64
ニアイ・アムボウ neai ampoeu……196
ニアック neak……120, 121, 123, 124, 127, 130, 132
ニアン・ニアック Neang Neak……120, 121, 123, 124, 127, 132
ニアン・ポウ Neang Poeu……138
ニアン・メーオ neang meo……186
日本国際ボランティア・センター（JVC）……35
日本国政府アンコール遺跡救済チーム（JSA-JASA）
　……38, 50, 51
入園ゲート……89
入魂式……171, 173
ニュージーランド国際開発庁（NZAID）……344
入場券販売所……63
庭師……52, 308, 309
ネアック・スロック・プサー neak srok phsar……182
ネアック・スロック・プレイ neak srok prey……182, 314
ネアック・ター neak ta……73, 74, 77, 88, 89, 96, 101, 104, 108, 110, 112, 113, 114, 118, 120, 129, 131, 133, 142, 143, 144, 145, 158, 160, 161, 162, 163, 164, 167, 168, 169, 170, 171, 172, 173, 174, 179, 183, 185, 186, 187, 220, 228, 232, 233, 327
ネアック・ター・ムチャ・スロック Neak Ta Muchas Srok
　……163
ネアック・ター・ムチャ・プーム Neak Ta Muchas Phum
　……161
ネアック・ター・ワット neak ta wat……161, 174
ネアック・ターの王……169
ネアック・ター祭り……144, 145, 161, 183
猫と鼠のゲーム……324
年次儀礼……55, 162, 176
年代記編者……87
農業・コミュニティ開発部……345
ノム・バンチョック nom banhchok……170
ノロドム・シアヌーク Norodom Sihanouk……39, 103, 111, 148, 180, 195, 200, 218, 221, 222, 234, 277, 334, 340

は行

バー・プオン Ba Puon……117, 216, 218, 223, 224
バー・プノム Ba Phnom……143, 168
パートゥアン pa thu'an……182
バイ・マイ Bai Mai……359
バイサイ baysei……170
ハイデガー, マーティン Heidegger, Martin……67, 94
パイナップルの（監視の）目……224, 349
貝葉……59, 107, 206, 208
バイヨン寺院……51, 64, 117, 118, 119, 120, 121, 122,

123, 129, 130, 131, 132, 136, 218, 222, 223, 285, 286, 300
ハウ・プロルン　hau prolin ……170, 171
バウエン　bauen ……67
バガン王国……38
場所代……52
バタフライ・センター　Butterfly Center ……342
八戒……134, 174, 175, 176, 177, 181, 285, 300
バッファー・ゾーン……40, 65, 341
バッファロー・トレイル　Buffalo Trails ……362
パトリ　patri ……83
パトリモアン　patrimoine ……75, 79, 83
パトロン　patron ……179, 185, 232, 235, 236, 274, 279, 280, 298, 313
パノプティコン　panopticon ……88
パノプティシズム　panopticism ……88
ハビトゥス　habitus ……153, 174, 197, 236, 297, 303
パブリック・セクター　public sector ……290
バライ　Baray ……157, 192, 212, 218, 219, 223, 321, 340
パラダイム・シフト　paradigm shift ……330, 363
バラモン神……85, 119, 122, 133, 134
パリ和平条約……36
パリンプセスト　palimpsest ……100, 102
パワー・プレーヤー　power player ……235
バン・ター・トラウ　Baoeng Ta Trau ……216
ハンセン氏病……122
バンテアイ・クデイ　Benteay Kdei ……65, 78, 86, 144, 145, 158, 180, 216, 219, 246, 248
バンテアイ・スレイ　Banteay Srei ……40, 146, 247, 273, 312, 346, 360
バンテアイ・チュマール　Banteay Chhmar ……241
バンテアイ・バット　Banteay Bath ……217
バンテアイ・ミアンチェイ　Banteay Meanchey ……134
ヒエラルキー　hierarchy ……42, 54, 141, 145, 151, 168, 169, 175, 199, 221, 225, 232, 233, 234, 281
ピスヌカー　Pisnukar ……90, 91, 142
碑文……59, 80, 90, 107, 110, 111, 112, 114, 120, 124, 126, 130, 131, 156, 160, 201, 325
ピミアナカス　Phimeanakas ……195
ピラミッド型……113, 114, 119, 136, 169
貧困率……334, 335
貧者支援型観光　pro-poor tourism ……336
ヒンドゥー教……39, 74, 85, 86, 97, 108, 110, 112, 113, 114, 119, 120, 124, 132, 134, 141, 142, 149

檳榔子……133, 170, 173, 177, 207
フーコー，ミシェル　Foucault, Michel ……84, 88, 89, 108, 211, 229, 230
扶南……125, 126, 127, 129, 130, 132
ブーム　phum ……159, 160, 161, 163, 164, 178, 197, 206, 216, 243, 245, 348, 355
ブーム・アー・チェイ　Phum A-Chey ……206
ブーム・トゥマイ　Phum Thmei ……243, 245, 348
フェア・トレード　fair trade ……358
プオック　Puok ……146, 189
プオック川……103
複数サイト・アプローチ……54, 55
副法令……242, 262, 264
フタバガキ科……183, 241, 327
プチュン・ベン　phchum ben ……92, 162
仏像……52, 57, 63, 64, 66, 70, 74, 86, 87, 101, 120, 122, 136, 142, 145, 146, 147, 148, 171, 172, 173, 174, 176, 186, 189, 201, 218, 245, 249, 250, 252, 261, 281, 285, 286, 298, 300, 311, 327
仏陀王……111, 131, 141
ブッダラージャ　Buddharāja ……111, 119, 122, 136, 150, 151
ブッダリエイ……111
物理的空間……85
プナウ　phnou ……193
プノム・クーレン……71, 78, 96, 110, 122, 123, 130, 135, 136, 147, 148, 183, 220, 223, 224, 280, 283
プノム・クラオム　Phnom Kraom ……189
プノム・バケン　Phom Bakheng ……64, 216, 317, 321
プノン・ペン・ポスト　Phnom Penh Post ……105, 356
プラ・タオン　Prah Thaong ……124, 125
プラサート・サラウ　Prasat Salau ……156
プラサート・ター・ウアン　Prasat Ta Uan ……155, 204, 205, 227
プラサート・ター・トゥオット　Prasat Ta Tuot ……193
プラサート・ター・バンテアイ　Prasat Ta Banteay ……156
プラサート・チャ　Prasat Chas ……156
プラサート・トップ　Prasat Topp ……155
プラサート・トム　Prasat Thom ……156
プラサート・トロペアン・ヴィエン　Prasat Trâpeang Vien ……155
プラサート・バンテアイ・トム　Prasat Banteay Thom ……156
プラサート・プレイ　Prasat Prey ……155

プラサート・レアック・コーン　Prasat Leak Kon ……205
プラダック村　Phum Pradak ……143, 183, 186, 219, 268, 332, 358
フランス極東学院　École Française d'Extrême-Orient ……131, 144, 160, 212, 213, 223, 255, 344
ブランパル・ルヴェーン僧院　Wat Prampil Lveng ……136, 178, 192
プリエイ　priey ……164, 165, 169
ブルデュ, ピエール　Bourdieu, Pierre ……95, 153, 167, 197
プレ・ループ　Pre Rup ……224, 267
プレア　preah ……71, 77, 80, 86, 91, 111, 112, 117, 119, 120, 121, 122, 123, 124, 125, 127, 130, 132, 133, 134, 135, 136, 138, 140, 142, 145, 146, 147, 148, 149, 156, 170, 172, 177, 183, 187, 188, 189, 191, 192, 193, 209, 216, 218, 220, 222, 240, 241, 246, 249, 281, 287, 303, 327
プレア・アン　Preah Ang ……111, 142, 145, 146, 147, 148, 149, 172, 177, 220, 327
プレア・アン・コーン・チュム　Preah Ang Kâng Chum ……172
プレア・アン・チェーク　Preah Ang Chek ……142, 145, 146, 147, 148, 149, 220, 327
プレア・アン・チョーム　Preah Ang Châm ……142, 145, 146, 147, 148, 149, 220, 327
プレア・ヴィヒア　Preah Vihear ……71, 122, 209, 241
プレア・エン　Preah En ……111
プレア・カン　Preah Khan ……77, 86, 111, 156, 183, 187, 188, 189, 191, 192, 240, 246, 249, 287, 303
プレア・セア・メトレイ　Preah Se-ar Metrei ……119, 133, 177, 216, 222
プレア・タオン　Preah Thaong ……91, 119, 120, 121, 122, 123, 124, 125, 127, 130, 132, 140
プレア・バッコー・チュム　Preah Bakko Chum ……172
プレア・バット・シアヌーク　Preah Bat Sihanouk ……111
プレア・パリライ　Preah Palillay ……133, 134, 193
プレア・ピスヌローク　Preah Pisnulok ……80
プレア・ピトゥ　Preah Pithu ……112, 117, 132, 133, 134, 135, 136, 220
プレア・プット　Preah Puth ……111, 138
プレア・ンゴーク　Preah Ngok ……218
プレイ・ヴェン　Prei Veng ……257
フレーザー・トーマス　Fraser Thomas ……341, 343, 344
プロアン　Plong ……156, 157, 187, 194, 242, 253
プロック・ポアル　Prok Poal ……220

プロップ・カイ　prâp kay ……200
プロム・ケル　Prohm Kel ……116, 149, 150
プロム・モク・ブオン　Prohm Muk Buon ……119
プロルン　bralin ……170, 171
フン・セン　Hun Sen ……71, 238, 277, 279, 280, 281, 283, 301, 319, 321, 356
ブン・ナリット　Bun Narith ……277, 319
文化間言説……55
文化観光……71, 98, 213, 314, 315, 316, 319, 320, 321, 323
文化機関……74, 79, 81, 83
文化経済学……78
文化資源……44, 47, 158, 176, 227, 232, 252, 297, 323, 324
文化商品……71, 73, 85, 104, 293, 326
文化的景観……40, 48, 82, 102, 103, 104, 105, 345, 365
文化的戦略家……56
文化的動態……60, 293
フンシンペック　Funicinpec ……245, 278, 279, 280
混墥　Hun-t'ian ……126, 127, 140
ブンピアット　pinpeat ……144
平信徒……176
ベシャウチ, アゼデイン　Beschaouch, Azedine ……69, 315, 319, 322
ヘッドリー, ロバート　Headley, Robert ……83, 111
ペティカ　pettika ……83
ペテカポアン　petekaphoan ……83
ヘリテージ・スタディーズ　heritage studies ……41
ヘリテージ・ツーリズム　heritage tourism ……46, 98
ヘン・サムリン　Heng Samrin ……238
ベンダー, バーバラ　Bender, Barbara ……44, 98, 100
ベン・メリア　Beng Mealea ……280
保安料……52
ボイス・オブ・アメリカ（VOA）……356
放牧……66, 86, 97, 104, 191, 200, 202, 248, 249, 272, 311
法令……52, 242, 262, 264, 266, 278, 283, 300, 301, 346
ポーサット　Pursat ……168, 169
保存修復専門家……67, 79, 99, 212, 213, 325
菩提樹……113
ポティ・セン　Pothy Sen ……139, 140
ポチエ, クリストフ　Pottier, Christophe ……212, 213
ボッファ, ミスケル　Boffa, Miskell ……341
ボランティア開発委員会　Volunteer Development

Committee……58
濠……63, 64, 78, 93, 104, 149, 151, 155, 191, 194, 214, 216, 248, 264, 287
ポル・ポト　Pol Pot……35, 36, 37, 39, 49, 53, 59, 71, 143, 147, 148, 150, 169, 176, 180, 199, 206, 224, 225, 226, 229, 234, 237, 238, 239, 243, 244, 260, 261, 305, 327, 346, 349, 361, 366
ポレ=マスペロ，エヴリーヌ　Porée-Maspero, Eveline……90, 108, 123, 129, 132
ボン・サーサナー・チアット　Bon Sasana Chiet……133
ボン・ボット　bâng bât……73, 110, 112, 113, 133
ボン・ラウン・ネアック・ター　Bon Laoeng Neak Ta……161

ま行

マオ・チョイ　Mao Choy……244
マス・ツーリズム　mass tourism……338
マスタープラン　master plan……338, 339
マダーイ・ダウム　mday doem……164, 165
末法時代……133
マハニカイ　Mahanikay……177, 178, 280, 301
マルシャル，アンリ　Marchal, Henri……144, 212, 213, 220
マルセイユ　Marseilles……211
マルタン，マリー　Martin, Marie……158
ミアク　Meakh……144, 161, 166, 174
水・森林部（DWF）……329, 331, 340, 341
水管理部……345
密輸出……67
南スラッ・スラン　Srah Srang Khang Tbong……144, 158, 253, 264
南テアックセン　Teaksen Khang Tbong……158, 214, 243, 273
南寺……63, 146, 213, 222
みやげ物製作者……52
ムオー，アンリ　Mouhot, Henri……99
無形遺産……42, 74, 75, 77, 79, 151
無形文化遺産の保護に関する条約……42
棟上式……171
名誉のテラス　Terrace of Honour……214
メー・サー　Me Sa……168
メーバー　meba……164, 165
メール山　Mt. Meru……117
メコン川……45, 99

モニヴォン　Monivong……195
モハー　moha……125
モラル・エコノミー　moral economy……230, 231, 233, 237
森本右近太夫一房……87
モン・クメール語族……41
モンクット　Mongkut……70

や行

野外博物館……99, 212
夜叉　yaksa……110, 112, 134, 135, 137, 138, 139, 140, 150
ヤショヴァルマン　Yasovarman……125
ヤショダラ　Yashodhara……274
ヤショダラプラ　Yaśodarapura……117
山型寺院……111, 120
闇取引業者……67
有形遺産……42, 44, 74, 76, 97, 107
抑圧的国家組織　Repressive State Apparatus……283, 356

ら行

ラ・ノリヤ　La Noriya……357
ラーマーヤナ　Ramayana……133, 134, 200
ラーマ王子……37, 131, 133, 134
癩王の火葬の寺……130
癩王のテラス……122, 123, 130, 132, 194
癩王の砦……130
ラクスマナ　Laksmana……134
ラナリット殿下　Prince Ranariddh……278, 280
ランドシャップ　landschap……98
リアフ　Reahu……207
リアム・アンコール・ヤエム　Ream Angkor Yaem……195
リアムケー　reamker……200
リバー・シティ　River City……315
リバイバル運動……86
リビング・ヘリテージ　living heritage……43, 45, 48, 53, 60, 63, 66, 104, 326, 339, 344, 364, 366
柳葉　Liu-ye……126, 127, 140
梁書……125, 126
リンガ　linga……108, 110, 111, 119, 120, 123, 170
ルアン　luang……195, 209, 210

ルオン　ruoeng ……77
ルフェーブル，アンリ　Lefebvre, Henri ……84, 85, 87, 88
ルモー　remorque ……181
ルン・ター・エーク　Run Ta-Ek ……159, 345, 346
レアクサイ　Reaksai ……205
レアン・ダイ　Leang Dai ……194, 253, 268
霊能者……167
霊媒……58, 90, 108, 113, 116, 120, 143, 145, 161, 164, 166, 167, 169, 172, 174, 186, 187, 204, 232
ローエンタール，デービッド　Lowenthal, David ……79, 94
ローク・ター・ヴォアー　Lôk Ta Voeur ……180
ローク・ムチャス　Lôk Muchas ……195, 196
ロハール　Rohal ……78, 144, 158, 253, 345
ロベック　Lovek ……39
ロルオス　Roluos ……39, 40, 57, 58, 143, 225, 358
ロン・ノル　Lon Nol ……39, 83, 96, 148, 222, 223, 234, 236, 243

わ行

YTL……317
ワット・アトヴィア　Wat Athvea ……224
ワット・アン・コーン・チュム・プレア・アン・クマウ　Wat Ang Kâng Chum Preah Ang Khmau ……177
ワット・エンテパット・ボレイ　Wat Entepat Borei ……125
ワット・コン・モーイ　Wat Kong Moch ……224
ワット・スヴァーイ　Wat Svai ……219, 224
ワット・スヴァーイ・ローミアット　Wat Svay Romiet ……219
ワット・タン・トック　Wat Tang Tok ……177, 179
ワット・テープ・プラナム　Wat Tep Pranam ……177, 178
ワット・プー　Vat Phou ……47
ワット・プレア・セア・メトレイ　Wat Preah Se-ar Metrei ……177

三浦恵子（みうら・けいこ）
英国ハル大学地域学部（東南アジア地域専攻）卒業
英国ロンドン大学東洋アフリカ学院（SOAS）地域学修士（東南アジア地域専攻）修了
ユネスコ・カンボジア事務所文化部勤務
英国ロンドン大学東洋アフリカ学院（SOAS）社会人類学博士号取得（2004年）
早稲田大学、共立女子大学、津田塾大学非常勤講師を経て
現在、独国ゲッテインゲン大学文化財研究チーム特別研究員

主な著書
Conservation of a 'Living Heritage Site': A Contradiction in Terms? A Case Study of Angkor World Heritage Site. *Conservation and Management of Archaeological Sites (CMAS).* 7(1): 3-18, 2005.
「ヘリテージ・ツーリズムの光と影——世界遺産アンコールをめぐって」山下晋司編『観光文化学』新曜社、2007.
Needs for Anthropological Approaches to Conservation and Management of Living Heritage Sites: From a Case Study of Angkor, Cambodia. In: *Interpreting Southeast Asia's Past: Monument, Image and Text.* (eds.) Elizabeth A. Bacus, Ian C. Glover and Peter D. Sharrock. National University of Singapore: Singapore, 2008.
「アンコールにおける神聖性の創造、転用と身体化のプロセス」『早稲田大学大学院文学研究科紀要第54輯（2008年度）』早稲田大学文学研究科、2009.
World Heritage Sites in Southeast Asia: Angkor and Beyond. In *Heritage Tourism in South East Asia.* (eds.) Michael Hitchcock, Victor T. King, and Michael Parnwell. NIAS, Copenhagen; Univ. of Hawai'i Press, Hawai'i, 2010.

アンコール遺産と共に生きる

初版第1刷発行　2011年5月16日

定価3500円＋税

著　三浦恵子
装丁　臼井新太郎
発行者　桑原晨
発行　株式会社めこん
〒113-0033　東京都文京区本郷3-7-1
電話03-3815-1688　FAX 03-3815-1810
URL: http://www.mekong-publishing.com

印刷　太平印刷社
製本　三水舎

ISBN978-4-8396-0246-8　C1030　¥3500E
1030-1104246-8347

JPCA　日本出版著作権協会
http://www.e-jpca.com/

本書は日本出版著作権協会（JPCA）が委託管理する著作物です。本書の無断複写などは著作権法上での例外を除き禁じられています。複写（コピー）・複製、その他著作物の利用については事前に日本出版著作権協会（電話03-3812-9424 e-mail: info@e-jpca.com）の許諾を得てください。

オリエンタリストの憂鬱 ――植民地主義時代のフランス東洋学者と 　アンコール遺跡の考古学 藤原貞朗 定価4500円+税	★サントリー学芸賞受賞 ★渋沢・クローデル賞受賞 19世紀後半にフランス人研究者がインドシナで成し遂げた学問的功績と植民地主義の政治的な負の遺産が織り成す研究史。
アンコール遺跡とカンボジアの歴史 フーオッ・タット著　今川幸雄編訳 定価2000円+税	カンボジア最大の文化遺産についてカンボジア人自身が解説した唯一の案内書の完訳に、これもカンボジア人の手になる「カンボジア史要約」を加える。
カンボジアの民話世界 高橋宏明編訳 定価1500円+税	カンボジアで古くから語り継がれてきたもっともポピュラーな民話11篇を訳出し、その社会的・歴史的背景を解説。カンボジアの「心」を知るのに最適。
ミャンマー概説 伊東利勝編 定価7000円+税	ミャンマー連邦を構成する8つの「民族世界」の歴史・文化・信仰・民俗・芸能について、日本とミャンマーの研究者が共同執筆。ミャンマー理解の基本書。
ラオス史 マーチン・スチュアート・フォックス著　菊池陽子訳 定価3500円+税	最も充実したラオス通史として定評のある*A HISTORY OF LAOS*の全訳。さらに日本語版のために著者が「1990年以降のラオスの変化」を書き下ろして追加。
タムノップ ――タイ・カンボジアの消えつつある堰灌漑 福井捷朗・星川圭介著 定価3500円+税	川を堰きとめ、あふれた水を周囲の水田に導くという、自然条件を巧みに利用した古来かのシステムを、実地調査と行政文書の解読から明らかにする。
フィリピン歴史研究と植民地言説 レイナルド・C. イレート他著　永野善子監訳 定価2800円+税	アメリカのオリエンタリズムと植民地主義に基づくフィリピン研究を批判。ホセ・リサールの再評価を中心にフィリピンの歴史をフィリピン人の手に取り戻そうという試み。
変容する東南アジア社会 ――民族・宗教・文化の動態 加藤剛編・著 定価3800円+税	「民族間関係」「移動」「文化再編」をキーワードに、周縁地域に腰をすえてフィールドワークを行なってきた人類学・社会学の精鋭による最新の研究報告。